权威·前沿·原创

皮书系列为
"十二五""十三五"国家重点图书出版规划项目

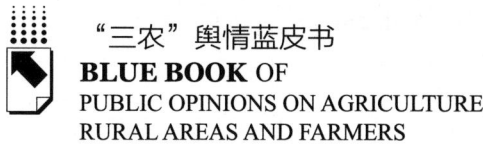

"三农"舆情蓝皮书
BLUE BOOK OF
PUBLIC OPINIONS ON AGRICULTURE,
RURAL AREAS AND FARMERS

中国"三农"网络舆情报告（2016~2017）

THE REPORT ON ONLINE PUBLIC OPINIONS ON CHINA'S
AGRICULTURE, RURAL AREAS AND FARMERS (2016-2017)

农业部信息中心 / 编

社会科学文献出版社
SOCIAL SCIENCES ACADEMIC PRESS (CHINA)

图书在版编目(CIP)数据

中国"三农"网络舆情报告.2016-2017/农业部信息中心编.——北京：社会科学文献出版社，2017.6
（"三农"舆情蓝皮书）
ISBN 978-7-5201-1098-3

Ⅰ.①中… Ⅱ.①农… Ⅲ.①三农问题-研究报告-中国-2016-2017 Ⅳ.①F32

中国版本图书馆CIP数据核字（2017）第168660号

"三农"舆情蓝皮书
中国"三农"网络舆情报告（2016~2017）

编　者 / 农业部信息中心
主　编 / 钟永玲
副主编 / 张祚本　韦　科

出 版 人 / 谢寿光
项目统筹 / 陈　颖
责任编辑 / 薛铭洁

出　　版 / 社会科学文献出版社·皮书出版分社（010）59367127
　　　　　 地址：北京市北三环中路甲29号院华龙大厦　邮编：100029
　　　　　 网址：www.ssap.com.cn

发　　行 / 市场营销中心（010）59367081　59367018
印　　装 / 北京季蜂印刷有限公司

规　　格 / 开　本：787mm×1092mm　1/16
　　　　　 印　张：19　字　数：284千字
版　　次 / 2017年6月第1版　2017年6月第1次印刷
书　　号 / ISBN 978-7-5201-1098-3
定　　价 / 89.00元

皮书序列号 / PSN B-2017-640-1/1

本书如有印装质量问题，请与读者服务中心（010-59367028）联系

▲ 版权所有 翻印必究

中国"三农"网络舆情报告（2016~2017）编委会

顾　问　胡乐鸣　祝华新

主　任　张兴旺

副主任　刘桂才

委　员　张向飞　任万明　陈　铭　韩　涛　高兴明
　　　　　李　彪

主　编　钟永玲

副主编　张祚本　韦　科

撰稿人（以姓氏笔画为序）

马　妍　王明辉　王　钧　韦　科　艾　青
叶　庆　白永浩　白　杨　李文静　李华勇
李婷婷　吴　彤　邹德姣　张文静　张　百
张伟利　张向飞　张　劲　张祚本　张笑琪
赵劲松　赵　婧　钟永玲　施　展　殷　华
高兴明　黄　莎　韩　涛　程　晨　鲁　明

主要编纂者简介

胡乐鸣 农民日报社总编辑。主要研究方向为三农新闻宣传。著有《农业税四千年祭》《科学谋划社会主义新农村建设》《新农村建设铿锵开局》《农业对文化的传承作用》《合作社成为粮食生产主体之创新与挑战——兼议传统习惯与合作社原则的碰撞》《弘扬传统文化,坚定文化自信》等论文数十篇。

祝华新 人民网舆情监测室秘书长,《网络舆情》杂志执行主编,高级记者,国家互联网信息办公室互联网研究中心特约研究员。主要研究方向为新闻宣传史和网络舆论。主持撰写中国社会科学院2007~2014年度社会蓝皮书中的互联网舆情年度报告。主持编写2014中国网络舆论场共识度报告。主持国家软科学研究计划项目"科技舆情监测与形象传播研究"。参与2011年国家社科基金重大项目"突发公共事件舆情应对与效果评估信息平台建设研究",是突发公共事件案例库子课题负责人。在《人民日报》《光明日报》等报刊发表多篇文章,包括《政府如何面对麦克风时代》《舆论场已形成多元治理良性机制》《给地方政府应对网络舆论的10条建议》《互联网上官民关系呈现七大热点》等。

张兴旺 农业部信息中心主任,研究员,农业部市场预警专家委员会委员。主要研究方向为农业信息化、农业市场监测预警、农业品牌化。围绕农业市场化、信息化相关领域,在重点报刊发表专业文章近50篇,主持编著专业书籍十余部。主持编制《全国农业和农村信息化建设总体框架(2007~2015)》和《"十一五"时期全国农业信息体系建设规划》。2014年在《农民日报》开设的《品牌之道》专栏连载25篇文章，对农业品牌建设进行了系统阐述。2016年组织开展从"互联网+"中汲取"三农"工作新动力系列研究（包括"互联网+"粮食安全、市场监管、社会管理、公共服务、环境保护），填补了该领域空白。

刘桂才 农业部信息中心总工程师，研究员。主要研究方向为农业信息化、农产品市场与政策。北京农业工程大学研究生学历，工学硕士。参加《"十三五"全国农业农村信息化发展规划》《"十三五"农业部电子政务发展规划》等编制和国务院发展研究中心"信息化促进中国经济转型升级战略"等课题研究，主持农业部软科学委员会"鲜活农产品价格调控问题研究"等课题研究。多年来，主持、参与主持和主要参加20多个部级及以上信息化、网站建设、信息分析方面的课题研究，其中有6个课题获得省部级奖励；在报纸杂志公开发表文章40多篇，参与编写书籍30多部。

李　彪 中国人民大学新闻学院副教授、中国人民大学新闻与社会发展研究中心副主任、《中国社会舆情年度报告》系列蓝皮书主编、人民网新媒体智库特约研究员。2001~2010年在中国人民大学新闻学院先后获得新闻学学士和传媒经济学博士学位，2010~2012年在中国人民大学经济学院从事理论经济学博士后研究工作。主要研究方向为新媒体传播、网络舆情。出版《谁在网络中呼风唤雨——网络舆情传播的动力节点和动力机制研究》《舆情：山雨欲来——网络事件传播的空间结构和时间结构》《直击人心：社交媒体时代新闻发布与媒体关系管理》《社交网络时代的舆情管理》《新闻传播的大数据时代》等著作。

钟永玲 农业部信息中心舆情监测处处长，高级经济师。中国农业大学经济管理专业硕士。主要研究方向为涉农网络舆情、农业经济。负责实施农业部舆情监测及信息化进展追踪项目。主持和参与主持农业部软科学委员会、中央网信办等委托课题5项。在《农民日报》《中国信息界》《信息化研究》等报纸杂志发表（及合作发表）论文 70 余篇，主要代表作有《网络舆情中的"三农"》《2015 年农村土地网络舆情分析报告》《2015 年农业生产与粮食安全网络舆情特点分析》等。主编或参编《"三农"网络舆情报告 2015》等书籍 10 本。获得北京市科技进步三等奖 2 项。

张祚本 农业部信息中心舆情监测处副处长，助理研究员。主要研究方向为"三农"网络舆情、农业信息化。先后参与国家社科基金、国家软科学、国家信息化专家委、中央网信办、农业部软科学等多项重大课题研究。主要研究成果有副主编《"三农"网络舆情报告》等论著 3 本、参编论著 6 本，在《信息化蓝皮书》《中国信息年鉴》《中国信息化》《中国信息界》《农村工作通讯》等权威期刊上发表论文 20 余篇。主要代表作有《全媒体时代"三农"网络舆情工作的思考》《2015 年中国"菜篮子"产品价格网络舆情分析及 2016 年展望》等。

韦 科 农业部信息中心舆情监测处分析师，新闻编辑。主要研究方向为"三农"新闻报道和网络舆情、农业信息化。主要研究成果有《"三农"网络舆情报告 2015》论著 1 本（任副主编），在《信息化研究》《农村工作通讯》《农业工程技术》《中国乳业》等权威期刊上发表论文 10 篇。主要代表作有《2015 年"互联网+"现代农业网络舆情分析》《2015 年农产品质量安全网络舆情分析及 2016 年展望》等。

摘　要

《中国"三农"网络舆情报告（2016～2017）》由农业部信息中心组织相关专家、学者及该领域一线工作人员编写。本书全面梳理了2016年中国"三农"网络舆情状况，盘点了年度热点话题，分专题、分地区、全方位、多维度解析了"三农"舆情概况和舆情发生、发展特点，回溯了热点舆情事件，呈现了境外媒体声音，并对2017年中国"三农"网络舆情热点进行了展望。

全书由总报告、分报告、热点篇、区域篇、境外篇五个部分组成。总报告对2016年中国"三农"网络舆情进行了高度概括，全面分析了全年"三农"网络热点话题，总结了舆情传播规律和特点，展望了2017年可能出现的热点舆情。总报告指出，2016年我国农业农村改革重大政策措施接连出台，政府部门举措被舆论高度聚焦，农业生产与粮食安全、农民工、产业扶贫、农村土地等话题持续受到关注，全年舆情总量较上年明显增长。在媒体融合发展推动下，"三农"舆情的全媒体报道趋向常态化，多元化的发声渠道使网络空间正能量充沛。

分报告对农业生产与粮食安全、农村土地、农产品质量安全、"互联网+"现代农业、产业扶贫、农村环境、农民工七个"三农"常热话题进行舆情分析，重点解读媒体和网民关于这些话题关注的角度、热点、焦点等。

热点篇对"广东徐闻菠萝滞销事件""北京多家超市'活鱼下架'事件""广西柳州'问题牛奶'流入幼儿园事件""湖南长沙非法拆房致人死亡事件""甘肃康乐杨改兰事件""四川阆中公开宣判违法讨薪农民工事件"六个2016年网络热点事件舆情进行分析，回溯事件发展脉络，呈现相关报

道和帖文数量，梳理归纳媒体和网民主要观点并做简要点评，总结相关启示。

区域篇对上海市、山东省、广东省、陕西省、甘肃省五个舆情较热地区2016年"三农"网络舆情进行分析，盘点各地区"三农"网络热点话题和热点事件，呈现具有地区特点的"三农"舆情。

境外篇分析国外媒体和港澳台地区媒体关于我国2016年"三农"的报道情况，解析境外舆论对我国"三农"的关注热点和焦点，为读者呈现全球视角的中国"三农"。

序
聚焦"三农" 守望"三农"
——网络舆情视角下的"三农"问题

"三农"问题在我国现代化建设进程中具有重要地位。当前，人类社会正在经历信息革命，在互联网快速发展的今天，重视"三农"工作、解决"三农"问题，必须关注"三农"网络舆情。

经过20多年高速发展，互联网已经深度融入中国社会的方方面面，成为支撑整个社会运行的基础要素之一。舆情是社会公众意见和态度的集中表达，互联网的出现和迅速普及也促使舆论环境、媒体格局、传播方式发生深刻变革，为这种表达提供了更加快速、便捷、自由、多样的渠道。就"三农"问题而言，伴随着互联网的强力渗透，"三农"领域的"神经末梢"变得异常丰富而敏感，各种意见表达大量现诸网络空间，对我国农业农村经济工作产生深刻影响。

当前，全面深化改革正处于向纵深推进的关键时期。在一系列外部力量冲击和内部问题困扰下，"三农"工作面临着诸多改革之中的阵痛难题。多种声音意见、多重叙事表达，让互联网成为名副其实的感受"三农"脉动的"听诊器"和传达"三农"声音的"扩音器"。不管是感性表达，还是理性思考，"农业是弱势产业、农村是弱势地区、农民是弱势群体"都成为"三农"问题的舆论共识。透过"三农"网络舆情的镜头，我们可以清晰地看到一幕幕场景：在价低、卖难、滞销等市场难题面前，农业亟待转型和扶持；在留守、空心、污染等社会问题面前，农村急需关注和重视；在欠薪、强拆、强征等冲突事件面前，农民渴盼援助和公正。所有这些现实问题在网

络上映射汇聚，呈现一个讨论倍加热烈、话题倍加敏感的"三农"网络舆论场。

为适应网络舆情格局变化以及"三农"新闻舆论工作需要，从2005年开始，农业部就建立专门机构，引导地方农业部门、联系社会专业机构，共同开展"三农"舆情监测、分析及研究工作。多年的监测与研究让我们认识到，"三农"网络舆情是我国现代化进程中"三农"问题的忠实记录。其中，既有政情、社情、民情，又有农情、行情、灾情。针对"三农"问题，不论是重大政策的权威发布，政务动态的及时公开，发展成绩的积极宣传，还是意见建议的反映，矛盾问题的曝光，都在一笔一画如实刻画着我国"三农"事业的现实图景。

聚焦"三农"，守望"三农"。作为"三农"舆情研究人员，我们身处农业现代化与信息化融合的时代节点，身处"三农"问题与互联网传播交汇的工作前沿。也正因此，我们肩负着一种历史责任，既要做好"三农"舆情的"摄影师"，为"三农"各项实践工作、发展动态"留好影、录好像"；更要做好"三农"舆情的"咨询师"，为"三农"各项工作"建好言、献好策"。进一步而言，我们应以敏锐的视角、准确的研判、及时的反馈，对关涉"三农"问题的网络表达进行系统梳理研究，为政府部门妥善因应"三农"舆情提供服务参考，为社会公众正确认知"三农"问题提供舆情视角，以此推动"三农"工作不断完善。为此，自2013年以来，我们连续编写出版了《中国"三农"网络舆情报告》，全面记录"三农"舆情发生轨迹，总结"三农"舆情传播特点，以期为关心"三农"的广大读者提供有益参考。从今年起，我们以农业部信息中心为主导，联合人民网舆情监测室、环球舆情调查中心、上海市农业委员会信息中心、山东省农业信息中心、广东省农村信息中心、陕西省农业宣传信息中心、甘肃省农业信息中心等权威机构和专业部门，编写出版《"三农"舆情蓝皮书》。我们希望通过多种研究力量的联合、多种研究视角的切入，为广大读者提供一份定位更加精确、内容更加丰富、风格更加多元的"三农"舆情研究报告，同时，也能够促进我国农业新闻舆论工作健康发展，进而为"三农"事业发展营造良好舆论环境。

2016年是我国网络舆论格局继续发生深刻变化的一年。习近平总书记连续发表"2·19""4·19""10·9"等一系列重要讲话，提出"加快构建舆论引导新格局"等一系列新论断、新要求。在全年的"三农"舆情监测及研究中，我们深切地感受到，当前，在网络舆论场蓬勃发展的同时，对于网络空间的管理愈加规范，对于网络舆情的认识更加清晰，对于突发事件的应对更加稳健。同时，由于"三农"问题的重要地位和"三农"话题的民生属性，"三农"网络舆情在数量和热度上也呈现明显的上升态势。所有这些，都不断提醒和敦促我们，要不断提升"三农"网络舆情监测的"时、度、效"水平和分析研究的深度。

本书在组稿、撰稿过程中，得到了各位作者、编委、顾问及所属单位的大力支持和协助。在此，谨代表《"三农"舆情蓝皮书》编委会向所有同人表示衷心感谢！

由于时间仓促、水平有限，本书疏漏、不足之处在所难免，恳请广大读者批评指正。

本书编委会
2017年6月

目 录

Ⅰ 总报告

B.1 2016年"三农"网络舆情分析及2017年展望
　　………………………… 钟永玲　张祚本　韦　科　李婷婷 / 001
　一　2016年"三农"网络舆情总体概况 ………………… / 002
　二　2016年"三农"网络舆情传播特点 ………………… / 011
　三　2016年"三农"常热话题舆情分析 ………………… / 015
　四　2017年"三农"网络舆情热点展望 ………………… / 027

Ⅱ 分报告

B.2 农业生产与粮食安全舆情报告 ………… 钟永玲　张文静 / 031
B.3 农村土地舆情报告 ……………………… 张祚本　邹德姣 / 046
B.4 农产品质量安全舆情报告 ……………… 韦　科　王明辉 / 060
B.5 "互联网+"现代农业舆情报告 ………… 韦　科　张　劲 / 074
B.6 产业扶贫舆情报告 ……………………… 张祚本　赵劲松 / 088

B.7　农村环境舆情报告 …………………………… 李婷婷　张　百 / 101
B.8　农民工舆情报告 ……………………………… 李婷婷　赵　婧 / 113

Ⅲ　热点篇

B.9　广东徐闻菠萝滞销事件的舆情分析 ………… 张文静　王明辉 / 125
B.10　北京多家超市"活鱼下架"事件的舆情分析 …………… 白　杨 / 133
B.11　广西柳州"问题牛奶"流入幼儿园事件的舆情分析
　　　………………………………………………………… 白　杨 / 141
B.12　湖南长沙非法拆房致人死亡事件的舆情分析
　　　………………………………………………… 叶　庆　张伟利 / 150
B.13　甘肃康乐杨改兰事件的舆情分析 ……………………… 马　妍 / 159
B.14　四川阆中公开宣判违法讨薪农民工事件的舆情分析
　　　………………………………………………… 邹德姣　白永浩 / 168

Ⅳ　区域篇

B.15　上海市"三农"舆情分析 ……………………………… 张向飞 / 177
B.16　山东省"三农"舆情分析 ………… 王　钧　黄　莎　李文静 / 189
B.17　广东省"三农"舆情分析 ……………………………… 李华勇 / 203
B.18　陕西省"三农"舆情分析 ………… 韩　涛　殷　华　艾　青 / 213
B.19　甘肃省"三农"舆情分析
　　　………………………… 高兴明　鲁　明　张　百　赵　婧 / 226

Ⅴ　境外篇

B.20　港澳台媒体涉及大陆的"三农"舆情分析
　　　………………………………………………… 施　展　程　晨 / 239

B.21 国外媒体涉及中国的"三农"舆情分析
　　………………………………………… 施　展　张笑琪　吴　彤 / 250

Abstract ……………………………………………………………… / 265
Contents ……………………………………………………………… / 267

皮书数据库阅读使用指南

总 报 告
General Report

B.1
2016年"三农"网络舆情分析及2017年展望

钟永玲　张祚本　韦科　李婷婷*

摘　要： 2016年"三农"网络舆情数据总量较上年明显增长。在媒体融合发展推动下，"三农"舆情的全媒体报道趋向常态化，多元化的发声渠道使网络空间正能量充沛。农业农村改革重大政策措施接连出台，政府部门举措被舆论聚焦。农业生产与粮食安全、农民工、产业扶贫、农村土地等常热话题持续受到舆论关注。展望2017年，农业农村改革将继续备受瞩

---

* 钟永玲，农业部信息中心舆情监测处处长，高级经济师，主要研究方向为涉农网络舆情、农业经济；张祚本，农业部信息中心舆情监测处副处长，助理研究员，主要研究方向为"三农"网络舆情、农业信息化；韦科，农业部信息中心舆情监测处分析师，新闻编辑，主要研究方向为"三农"新闻报道和网络舆情、农业信息化；李婷婷，农业部信息中心舆情监测处分析师。

目,食品安全舆论神经依然紧绷,脱贫攻坚被寄予众望,农民工、农村留守人群易成为舆情燃点,农村土地问题易引发高热舆情。

关键词: "三农"舆情　现代农业　农村改革　全媒体

一 2016年"三农"网络舆情总体概况

2016年,我国农业农村经济发展稳中有进,实现了"十三五"良好开局。农业供给侧结构性改革迈出重要步伐,农村重要领域和关键环节改革深入推进,1000万人的脱贫攻坚任务超额完成,农村社会保持和谐稳定。与此同时,我国互联网普及率继续稳步提高,达53.2%[①]。网络空间的"三农"舆情数量明显增长,农业供给侧结构性改革、农村土地"三权分置"、产业扶贫、"互联网+"现代农业等热点话题备受关注。社会各界对于"三农"工作的关心与关注,为我国农业农村经济发展营造了积极的舆论环境。

1. 2016年"三农"网络舆情概况分析

据对全国性与区域性重要新闻网站、主流商业门户网站、农业行业网站、境外中文网站等网络媒体的涉农新闻,以及微博、微信、论坛、博客等网民自媒体的涉农帖文监测,2016年"三农"舆情数据总量同比明显增长。全年涉农新闻和帖文总量达186.8万篇,同比增长13.6%。整体上看,农业生产与粮食安全、农产品质量安全、农村土地、农民工、产业扶贫、农产品市场、乳业、"互联网+"现代农业、农村环境、转基因等十大话题,是2016年"三农"领域的常热话题。

(1) "三农"新闻舆情总量同比增长30.0%,十大常热话题"六涨四降"

---

① 中国互联网络信息中心(CNNIC):第39次《中国互联网发展状况统计报告》,2017年1月22日。

监测数据显示，全年涉农新闻舆情总量达 67.3 万篇，同比增长 30.0%。其中，上述十大常热话题新闻总量达 61 万篇，约占新闻总量的 90.6%。农业生产与粮食安全、农民工、产业扶贫是网络媒体关注度排行前三位的热点话题，三者合计占十大常热话题新闻总量的 55.7%（见图 1）。

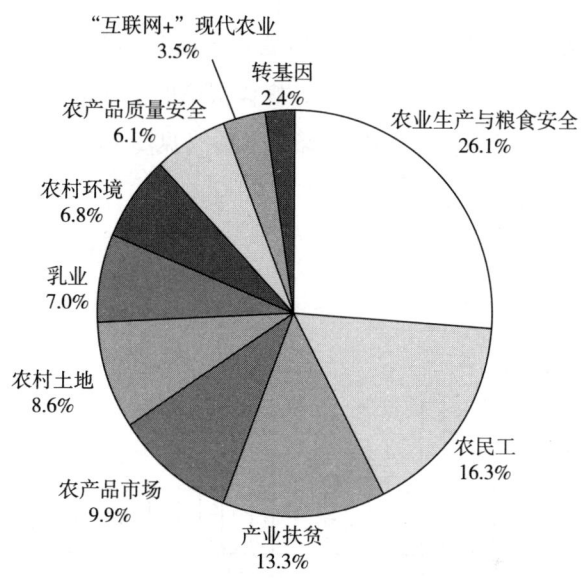

图 1　2016 年媒体新闻舆情"三农"常热话题占比

与 2015 年相比，2016 年十大常热话题新闻总量呈现"六涨四降"特点。其中，产业扶贫、农民工、农业生产与粮食安全、农产品市场、乳业、转基因 6 个话题量有不同幅度上涨，农产品质量安全、农村土地、"互联网＋"现代农业、农村环境 4 个话题量有所下降。在新闻量上涨的话题中，产业扶贫、农民工、农产品市场 3 个话题的增长幅度居前三位。2016 年是向绝对贫困发起攻坚决战的开局之年，作为脱贫攻坚的重要抓手，产业扶贫受到媒体高度关注，新闻报道量达 8.1 万余篇，同比增长 1.4 倍。农民工为经济社会快速发展做出巨大贡献，一直是媒体报道的热点。一年来，我国政府在农民工返乡创业、保障农民工工资支付方面的重大举措被媒体积极传播和深度解读，新闻报道量同比增长 85.6%。农产品市场连着"米袋子"

和"菜篮子",是民生所系。2016年猪肉和蔬菜价格的起伏引发媒体持续关注,导致新闻报道量同比增长42.9%。在新闻报道量同比下降的话题中,农产品质量安全、农村土地话题新闻量降幅明显。农产品质量安全方面,2016年没有发生重大事件,另据农业部统计数据,全年主要农产品例行监测总体合格率为97.5%,相关新闻报道量同比下降约2.1万篇,降幅高达36.1%;农村土地话题热度始终居于高位,承包地确权进展总体顺利、成效初显,农村土地制度改革扎实推进、反应良好,媒体报道的征地拆迁恶性事件较2015年明显减少,相关新闻报道量同比下降29.9%(见图2)。

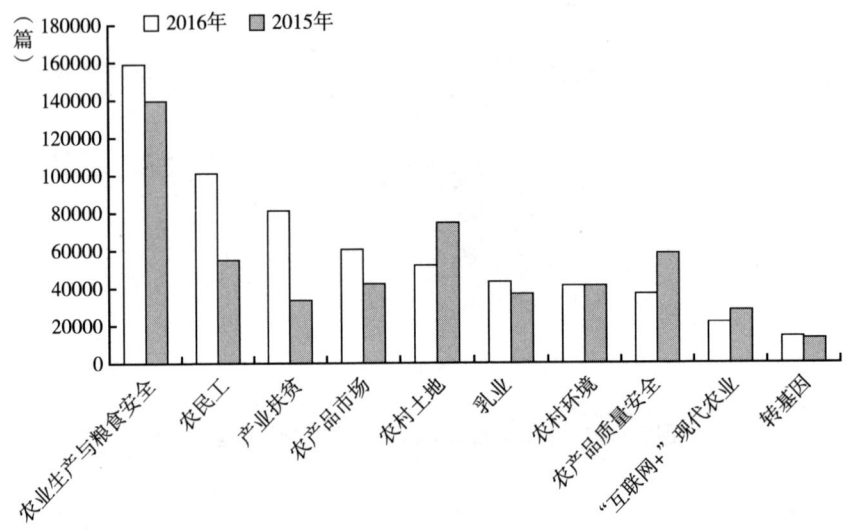

图2 2015~2016年"三农"常热话题媒体新闻量对比

(2)网民"三农"帖文舆情总量同比增长6.0%,十大常热话题"五涨五降"

监测数据显示,2016年网民涉农帖文总量119.5万篇,同比增长6.0%。上述十大常热话题帖文总量113.5万篇,约占涉农帖文总量的95%。其中,农产品质量安全、农民工、农村土地是网民涉农帖文关注度排行前三位的热点话题,其帖文量均突破20万篇,分别达23.4万、21.5万、20万篇,三者合计占十大常热话题帖文总量的57.2%(见图3)。

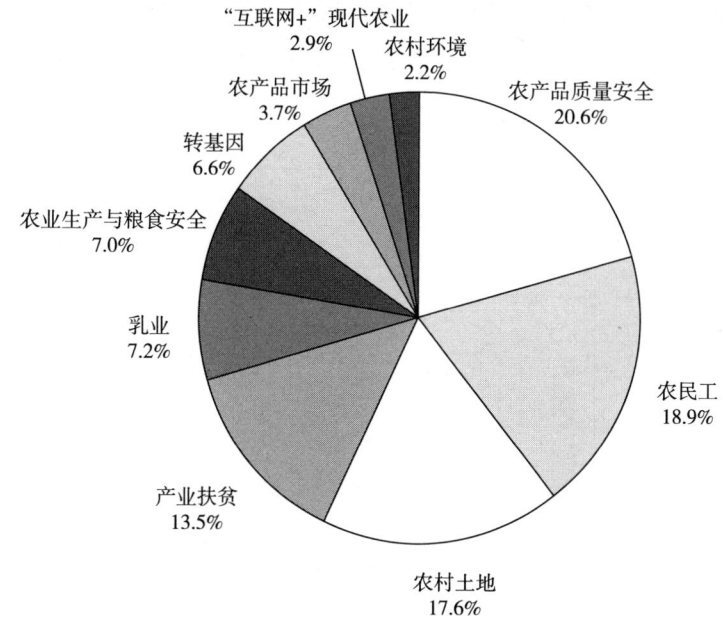

图3 2016年网民帖文舆情"三农"常热话题占比

与2015年相比，2016年十大常热话题网民帖文量同比呈现"五涨五降"特点。其中，产业扶贫、乳业、农村土地、农民工4个话题帖文量增幅居前四位，均在30.0%以上。网民高度关注2016年的脱贫攻坚工作，既对各地扶贫工作成果给予喝彩与期待，也对扶贫领域的腐败与问题表示声讨和反思，该话题帖文量同比增长92.5%。乳品质量安全与网民日常生活息息相关，直接牵动网民神经，食品药品监管部门的情况通报、监测举措引发广泛关注，上海破获假冒品牌婴儿奶粉案、广西柳州"问题牛奶"事件被网民高度聚焦，诸多因素致该话题帖文量同比增长59.2%。农村土地话题一直是网民的焦点议题，2016年，网民积极关注各地农村土地改革实践，高度关注农民的土地权益问题，并热烈讨论一些地方出现的土地矛盾冲突事件，该话题帖文量同比增长40.0%。农民工话题热度一直居高不下，网民对农民工返乡创业、农民工讨薪事件、农村留守现象等予以积极关注，相关帖文量同比增长36.6%。在帖文量下降的话题中，农村环境话题降幅最大，降45.9%，这一定程度上得益于各级政府和有关部门对于环境问题的高度重视、强化治理以及社会各界对于绿色发展理念的深刻认同。其次，转基因话题降幅高达31.7%，从侧面反映出网民对该话题的认知和讨论向更为理性客观的方向发展（见图4）。

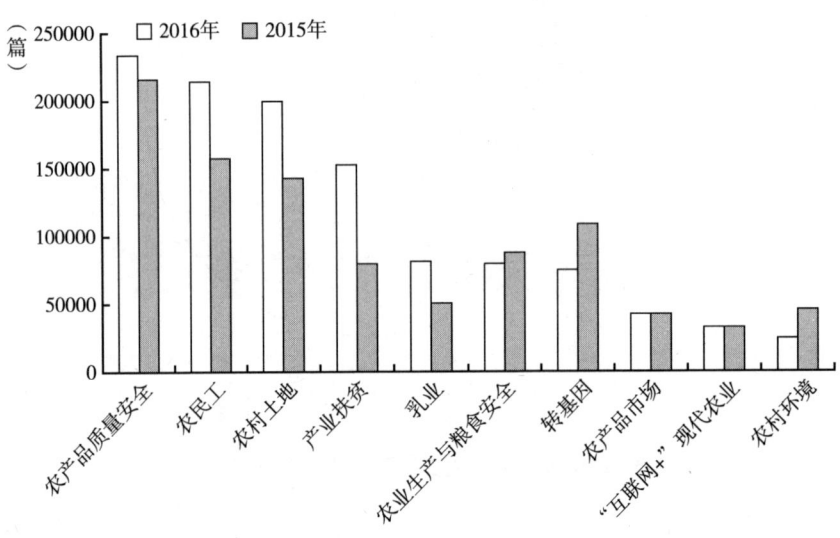

图4　2015~2016年"三农"常热话题网民帖文量对比

2. 2016年"三农"舆情热点事件排行

通过对2016年1~12月"三农"舆情热点事件的新闻、帖文进行监测和统计，在此基础上进行加权计算分析，得出相关热点事件的舆情热度，用以衡量某一"三农"舆情热点事件的网络关注程度。借助这一"三农"舆情指数指标，整理了2016年排名居前100位的"三农"舆情热点事件（见表1）。

表1　2016年"三农"舆情热点事件Top100

排名	热点事件	月份	首发媒体	舆情热度
1	中央农村工作会议召开,重农强农信号持续强化	12	新华网	20058
2	甘肃康乐杨改兰事件	9	新浪微博	19085
3	中央一号文件连续第13次聚焦"三农"	1	新华网	17762

续表

排名	热点事件	月份	首发媒体	舆情热度
4	猪肉价格持续上涨,舆论戏称"飞天猪"	4	《经济参考报》	15561
5	青海老农因土豆卖不出去滞留深圳,当地市民一夜买光32吨土豆	11	微信	15489
6	习近平在宁夏银川主持召开东西部扶贫协作座谈会	7	新华网	14365
7	舆论关注多地洪涝灾害给农业农村造成的影响	7	民政部网站	13602
8	国务院办公厅印发《推动1亿非户籍人口在城市落户方案》	10	中国政府网	12855
9	中办、国办发布《关于完善农村土地所有权承包权经营权分置办法的意见》	10	新华网	12552
10	全国扶贫开发工作会议:减少1000万以上农村贫困人口的任务可超额完成	12	新华网	12042
11	南方多地农民工"摩骑大军"出发,开启铁骑返乡路	1	新浪微博	11777
12	四川阆中农民工违法讨薪被公判事件	3	阆中市法院网站	11175
13	国务院发布《全国农业现代化规划(2016~2020年)》	10	中国政府网	10834
14	习近平在安徽小岗村主持召开农村改革座谈会	4	新华网	9884
15	上海查处假冒品牌婴儿奶粉案	4	最高人民检察院网站	9109
16	上海女孩逃离江西农村假新闻事件	2	篱笆网	8839
17	农业部举行农业转基因新闻发布会	4	农业部网站	8654
18	河北蠡县男童坠落枯井事件	11	新浪微博	8458
19	全国多地菜价上涨,政府部门多举措保生产稳价格	4	《经济参考报》	7337
20	19款"海淘奶粉"抽检不合格率达40%	7	中央电视台	7278
21	国务院印发《关于加强农村留守儿童关爱保护工作的意见》	2	中国政府网	7157
22	国务院发布《土壤污染防治行动计划》	6	中国政府网	7058
23	中央经济工作会议:深入推进农业供给侧结构性改革	12	新华网	7026
24	海口秀英"4·30"拆违冲突事件	4	新浪微博	6973

007

续表

排名	热点事件	月份	首发媒体	舆情热度
25	国务院16条硬措施全面治理拖欠农民工工资问题	1	中国政府网	6956
26	湖南长沙强拆致村民被埋废墟死亡事件	7	天涯论坛	6871
27	袁隆平在青岛研发海水稻	10	新浪微博	6869
28	全国两会"脱贫攻坚"话题	3	新华网	6796
29	舆论关注全国食品安全宣传周	6	新华网	6792
30	"蒜你狠"卷土重来,发改委开展蒜价巡查	11	中国经济网	6441
31	"小马云"走红网络引舆论关注贫困儿童	11	新浪微博	6291
32	国务院印发《关于实施支持农业转移人口市民化若干财政政策的通知》	8	中国政府网	6225
33	第十四届中国国际农产品交易会奏响"秋收歌","省部长推介农产品"成亮点	11	中国网	6160
34	深圳水贝村陷"两亿拆迁赔偿"谣言	10	新浪微博	6108
35	全国"互联网+"现代农业工作会议暨新农民创业创新大会召开	9	中国网	5832
36	转基因检测中心造假遭举报事件	9	知乎	5754
37	全国两会"农业生产与粮食安全"话题	3	新华网	5744
38	郑州一拆迁户持刀伤人致3人死,被警方当场击毙	5	郑州公安局官方微博	5562
39	国办印发《关于支持返乡下乡人员创业创新促进农村一二三产业融合发展的意见》	11	中国政府网	5507
40	十二届全国人大四次会议记者会:韩长赋就"转方式调结构 加快发展现代农业"答问	3	中国网	5489
41	广西柳州"问题牛奶"事件	5	微信	5111
42	国务院印发《"十三五"脱贫攻坚规划》	12	中国政府网	5097
43	国家食药监总局发布《婴幼儿配方乳粉产品配方注册管理办法》	6	国家食药监总局网站	4973
44	汉丽轩烤肉店"鸭肉变牛肉",员工称"骗过全世界"	12	湖南广播电视台	4937
45	北京超市活鱼下架上演"罗生门"	11	北青社区报微信公号	4864
46	百余名诺贝尔奖得主联名签署公开信支持转基因技术	7	新华网	4803
47	春节过后四川留守儿童和母亲分离,哭嚎:你们不能这样对我	2	华西都市报官方微博	4773
48	关注玉米收储政策改革后的首个购销季	10	央广网	4745

续表

排名	热点事件	月份	首发媒体	舆情热度
49	海水种出红色水稻 袁隆平海水稻试种成功	12	中央电视台	4726
50	3月以来多地猪价持续上涨,开启"飞行模式"	3	新华网	4649
51	国务院常务会议:探索进城落户农民对土地承包权等的自愿有偿退出	1	中国政府网	4640
52	中办、国办印发《省级党委和政府扶贫开发工作成效考核办法》	2	新华网	4545
53	全国农村留守儿童精准摸排数量902万,九成以上在中西部省份	11	民政部网站	4358
54	微信文章《陈行甲:精准扶贫中自强感恩教育要跟上》引热议	11	微信	4232
55	河北贾敬龙故意杀人案	10	新浪微博	4200
56	麦当劳在美停用摄入人类抗生素的鸡肉,舆论质疑"双重标准"	8	新浪微博	4123
57	虚假报道"一个病情加重的东北村庄"引关注	2	《财经》微信公众号	4063
58	全国两会"农民工"话题	3	新华网	4025
59	国务院办公厅印发《2016年食品安全重点工作安排》	5	中国政府网	3991
60	陕西铲除3000余亩非法种植转基因玉米	9	《京华时报》	3949
61	国务院办公厅印发《关于推进农村一二三产业融合发展的指导意见》	1	新华网	3945
62	关注"蒜你狠"背后的投机炒作	4	新华网	3916
63	农业部印发《农村土地经营权流转交易市场运行规范(试行)》	7	农业部网站	3908
64	贵州召开全国易地扶贫搬迁现场会,聚焦增强搬迁群众后续发展能力	8	新华网	3846
65	农民工脱鞋跪地取款引发热议	10	新浪微博	3787
66	二十国集团农业部长会议在西安成功召开	6	新华网	3768
67	国务院印发《关于完善支持政策促进农民增收的若干意见》	12	中国政府网	3748
68	黑龙江等地秸秆焚烧再引雾霾争论	11	环保部网站	3726
69	广东徐闻菠萝滞销事件	5	淘宝网	3636
70	节后多地蔬菜价格不降反升	3	新华网	3581

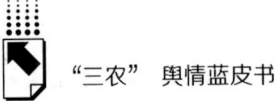

续表

排名	热点事件	月份	首发媒体	舆情热度
71	春节前后多地菜价上涨，舆论戏称"节日青菜劫"	2	《经济参考报》	3566
72	"无籽葡萄抹避孕药"引发多方辟谣	9	新浪微博	3543
73	中办、国办印发《关于进一步加强东西部扶贫协作工作的指导意见》	12	新华网	3452
74	《中国流动人口发展报告2016》发布，留守儿童和留守老人居高	10	国家卫计委网站	3398
75	陕西岚皋县委工作组赴河北为180名农民工讨薪事件	6	法制晚报官方微信	3392
76	卫计委等15部委联合发布《关于实施健康扶贫工程的指导意见》：农村贫困人口全部纳入重特大疾病医疗救助范围	6	卫计委网站	3391
77	国家统计局发布全国夏粮产量公告	7	国家统计局网站	3330
78	国务院新闻办公室发表《中国的减贫行动与人权进步》白皮书	10	中央电视台	3306
79	国庆黄金周生态游、乡村游飘红	10	人民网	3276
80	全国31省份取消农业户口	9	新华网	3240
81	年亩产3075斤，袁隆平华南双季超级稻创新世界纪录	11	澎湃新闻网	3188
82	李克强主持国务院常务会：全面加强农村留守儿童保护	1	中国政府网	3116
83	国务院办公厅印发《食品安全工作评议考核办法》	8	中国政府网	3071
84	玉米临时收储政策调整为"市场化收购"+"补贴"的新机制	4	国家发改委网站	3069
85	天价彩礼成贫困县农民脱贫"拦路虎"	5	《中国青年报》	3069
86	农村电商年货节:找回年味激活乡村	1	中国网	3068
87	山西蒲县"限期卖羊"事件	8	《中国青年报》	2994
88	四川长宁村民遭推土机活埋身亡事件	12	新浪微博	2881
89	农业部发布《关于推进马铃薯产业开发的指导意见》	2	农业部网站	2866
90	黑龙江省明年5月起全面禁止转基因作物	12	中国新闻网	2828
91	全国两会"乳业"话题	3	新华网	2813
92	农民工首次当选中华全国总工会副主席	1	央视新闻客户端	2792
93	君乐宝奶粉香港开售	8	中国经济网	2702

续表

排名	热点事件	月份	首发媒体	舆情热度
94	银监会、国土部印发《农村集体经营性建设用地使用权抵押贷款管理暂行办法》	6	中国银监会网站	2665
95	农业部就农业结构调整有关情况召开新闻发布会	5	农业部网站	2657
96	全国两会期间转基因话题引发关注	3	新华网	2650
97	农业部、财政部联合印发《建立以绿色生态为导向的农业补贴制度改革方案》	12	财政部网站	2630
98	农业部、发改委联合发布《关于推进农业领域政府和社会资本合作的指导意见》	12	农业部网站	2573
99	农村户口"含金量"上涨,有地方现"逆城镇化"	7	新华网	2550
100	习近平对食品安全工作作出重要指示,切实保障人民群众"舌尖上的安全"	1	新华网	2544

对上述 100 个热点事件的信息分析显示,这 100 个事件涵盖了前述十大常热话题,其中农业生产与粮食安全、农民工、产业扶贫、农村土地、农产品市场 5 个话题的热点事件数量居前五位,合计有 72 个。这一排序与媒体新闻舆情和网民帖文舆情排序不完全一致,但是综合反映了二者对相关话题的关注情况。

二 2016 年"三农"网络舆情传播特点

1. "三农"舆情热点集中发生在重大政策文件发布和重要农事活动节点

根据对舆情大数据的分析,"三农"舆情热点集中发生在重大政策文件发布节点和重要农事活动开展节点。本报告研究的前 100 个舆情热点事件显示,在重大政策文件发布方面,1 月、3 月、12 月是关键节点。1 月,关于"三农"工作的顶层部署和政府举措成为舆论关注焦点,出现的 9 个热点事件中有 6 个与此相关。其中,中央一号文件发布后迅速被舆论聚焦,其热度位居全年排行榜第 3 位。3 月,全国两会召开,农业生产与粮食安全、脱贫攻坚、农民工、农村土地、转基因等涉农提案和建言备受舆论关注，十二届全国人大四次会议关于"转方式调结构　加快发展现代农业"的记者会引发媒体积极报道，全月出现的9个热点事件中有6个属于此列。12月，中央经济工作会议、中央农村工作会议及全国农业工作会议、全国扶贫开发工作会议等多个重大会议持续释放重农强农信号，关于促进农民增收、支持返乡创业、推动脱贫攻坚等方面的政策文件接连发布，全月出现的13个热点事件中与此相关的占据了9个。

在重要农事活动开展方面，7月和10月是关键节点。7月，夏收结束，国家统计局例行发布全国夏粮产量，秋粮生产提上日程，高温、洪涝、台风等不利于农业生产的气候条件频现，媒体对此予以高度关注。10月，在迎来秋粮丰收的同时，世界粮食日也如期而至，舆论对玉米收储购销等表现出巨大关注。

此外，每逢春节、清明、中秋、国庆等重大节假日，"三农"热点事件往往集中发生。一方面蔬菜等鲜活农产品价格"逢节必涨"，另一方面大量"返乡体"文章充斥网络，使这些节假日成为"三农"网络舆情的重要发生节点（见图5）。

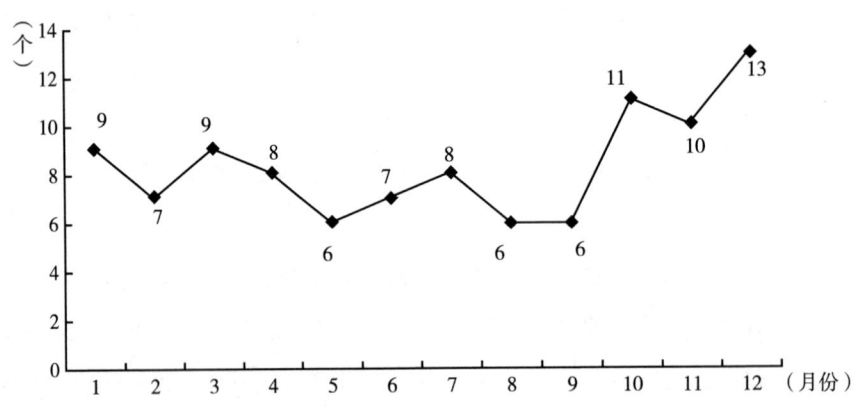

图5　2016年"三农"舆情热点事件（Top100）发生时间分布

2. 新闻媒体、政府网站是"三农"舆情传播主渠道，全媒体报道成常态

总体看，对于"三农"舆情的关注，基本覆盖了新闻媒体、政府网站、微博、微信、论坛、新闻客户端等媒体平台。其中，新闻媒体、政府网站是"三农"舆情传播的主渠道，全媒体报道已经成为常态。

主流新闻媒体发挥着"风向标"的重要舆论引导作用，《人民日报》、新华社、中央电视台、《农民日报》等媒体通过文图声的报道方式，对"三农"领域的中央决策和政府举措进行多方位的立体呈现，成为"三农"舆情正能量的"传声筒"，在"三农"新闻舆论工作中树立了良好标杆。在前100位热点事件中，新闻媒体首发的热点事件数量最多，有45个。

一些区域性媒体也充分发挥舆情监督作用，对个别问题率先发出的报道，成为一些焦点舆情的助燃剂。甘肃康乐杨改兰事件发生后微博中出现零星消息，但未引起舆论关注。2016年9月8日，甘肃《西部商报》发出消息《康乐一家六口相继服毒身亡》，成为报道此事的首家新闻媒体，并迅速引发了全国各大媒体的持续跟进。甘肃康乐杨改兰事件也成为2016年"三农"舆情排行第2位的热点事件。2016年12月25日，湖南广播电视台曝光湖南长沙一家汉丽轩烤肉店用鸭肉假冒牛肉，迅速引爆了汉丽轩牛肉造假事件，引发社会公众对于食品造假问题的关注。

在政府网站上首发的热点事件数量有30个，排名第2位。中国政府网及农业部等相关网站第一时间发布"三农"改革部署、工作举措等最新动态，成为舆论关注焦点。这既体现了政府部门信息公开的力度和成效，也反映了舆论对于政府部门信息发布权威性的关注与认可。

此外，新浪、网易等商业门户网站通过即时报道、专题报道等形式，带动社会公众广泛参与跟帖评论，助力舆情二次传播，成为"三农"舆情的"放大器"。微博、微信等自媒体平台也表现活跃，以便捷、接地气的媒介风格，在推高舆情关注热度方面发挥了重要作用，成为"三农"舆情的"发酵池"（见图6）。

3."三农"舆论场积极向好，网络空间正能量充沛

2016年，我国网络空间治理继续加强，"依法治网"成为深入人心的新理念，《网络安全法》《国家网络空间安全战略》等一系列法律规章接连出台，成为网络行为良性发展的有力保障。在此大背景下，"三农"网络舆论

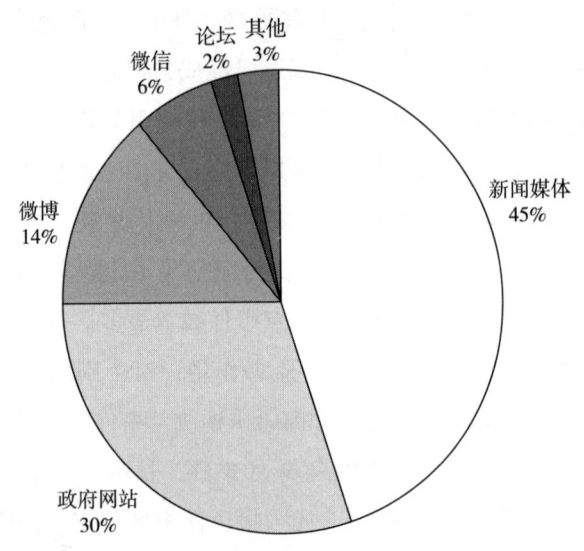

图6 2016年"三农"舆情热点事件（Top100）首发媒体分布

场整体呈现积极态势，舆论对农业农村发展寄予深切期待，网络空间充满正能量。在微博中，大量爱农助农的微话题不时成为抓人眼球的热点。诸如"微博助农""我为三农代言"等微话题频繁出现，其发起人既有地方农业部门、相关行业专家学者，也有从事农业生产经营的组织和个人。这些微话题人气旺盛，具有很高的关注度。针对农民等弱势群体，网上自发的"微公益"也传递着温情与正气，以蓬勃的正能量充盈着网络空间。针对农民工春节返乡购票难问题，微博中出现了"帮农民工买火车票""给农民工适当让会儿座"等微倡议，获得舆论一致点赞。针对2016年夏天的洪涝灾害给多省农业生产和农民生活造成严重损失的情况，社会各界纷纷通过新浪微公益等网络众筹平台伸出援手。针对多地出现的农产品滞销卖难事件，微博、微信不断出现"帮帮农民""爱心购菜"的暖心倡议。所有这些让人切身感觉到，"三农"舆论空间充满温情。

4. "三农"谣言生存空间被压缩，网民发声心态更趋理性

基于网络平台的匿名性和弱规范性等特点，近年来，网络空间不负责任的言论、不辨真伪的负面信息大量出现，网络谣言现象日趋严重，而"三农"领域也始终是网络谣言的重灾区。2016年,随着网络谣言治理的经常化和网络发声渠道的多元化,网民对"三农"谣言有了更深刻的理性反思,"不信谣不传谣"成为网民共识。针对"三农"谣言的辟谣,多部门携手、全媒体联动成为常态,有关部门和媒体"心有灵犀""共打落水狗""不给伤农谣言滋生和传播的机会",有舆论形容"谣言如过街老鼠"。分析全年出现的一些热点谣言事件,网民甄别力和判断力不断提高,其发声心态更为理性。2016年春节期间,针对网上沸沸扬扬的"返乡笔记",不少媒体和网民主动撰文,对其中的虚构杜撰、片面夸大等问题予以揭露和驳斥。一些网民积极跟帖晒家乡美图,对标签化甚至妖魔化农村的行为进行声讨。

5. "三农"舆情发酵场日益多元化,新型媒介形态引发新关注

2016年,微博、微信已成为互联网上举足轻重的平台媒介,"三农"舆情在微博、微信平台上也得到了较大的增长空间。从全年舆情发生情况看,微博、微信是"三农"舆情重要的舆论发酵场。在前100位的热点事件中,通过微博、微信首发的事件有20个。其中一些食品安全、征地拆迁、农村社会治理等突发事件话题在此萌生、酝酿后,成为影响全社会的重大舆情事件。5月,广西柳州发生"问题奶"事件,经微信平台传播后,成为当月影响巨大的热点舆情事件,舆情关注热度持续两周不退。7月,湖南长沙非法拆房致人死亡事件,经微博平台曝光后,在一天时间内,相关微话题的阅读量突破1200万次。

除了微博、微信平台,知乎、果壳等新型媒介形态涌现网络,成为社会公众的网络"新宠"。这些平台以"知识问答""科学思维"见长,针对"三农"领域的转基因、农村留守儿童、农产品卖难等热点问题发表的观点更加专业和科学,是"三农"舆情传播不可轻视的新生力量。

三 2016年"三农"常热话题舆情分析

1. 农业供给侧结构性改革:玉米最吸引舆论关注

供给侧结构性改革事关我国经济发展的全局和长远发展。2016年是供给侧结构性改革的攻坚之年,农业供给侧结构性改革被称为"三农"领域的最大亮点,舆情关注热度贯穿全年及农业生产全过程。总体看,在春耕备耕、"三夏"生产、"三秋"生产等关键农时和生产环节,主流舆论对农业供给侧结构性改革进行了全方位关注。

春耕时节,媒体积极关注春耕生产新动态,对各地着力节水控肥减药、积极实施"粮改饲、米改豆"等新举措进行报道。现代农业、生态农业、循环农业在春耕生产中发挥的"高新尖"作用引发媒体持续关注,舆论称"转方式、调结构"是春耕的新亮点。夏收时节,舆论积极关注"三夏"生产新变化,称"组织化、绿色化、信息化"是夏收的突出亮点。各地呈现的收耕播一体化、农机管理智慧化等新特点,被舆论称为农业供给侧结构性改革中的"靓丽风景线"。全国秋粮收获后,于12月8日发布了《国家统计局关于2016年粮食产量的公告》,称"全国粮食总产量61623.9万吨,比2015年减少520.1万吨,减少0.8%"[1],引发媒体热议。舆论认为,2016年对玉米等高产作物种植面积进行了大量调减,粮食单位面积产量也较上年有所下降。在面积和单产双减的情况下,我国粮食总产量仍然突破1.2万亿斤,使2016年成为粮食产量历史次高年份。对此,有评论称:"今年的丰收,不仅仅是数量的丰收,也是质量的丰收、效益的丰收、绿色的丰收,具有多重意义"[2]。在几大粮食品种中,玉米最吸引舆论关注。2016年,我国首次实施了玉米"市场化收购"加"补贴"的新机制。10月份,汪洋副总理在吉林省调研时强调,以"市场定价、价补分离"为核心的玉米收储制度改革,是农业供给侧结构性改革要打的硬仗[3]。对此,舆论予以积极响应,称玉米收储制度改革在农业供给侧结构性改革中"打头阵"。秋粮收获后,舆论高度关注玉米购销,"市场化新政提振玉米购销信心"成为媒体报

---

[1] 国家统计局:《国家统计局关于2016年粮食产量的公告》,http://www.stats.gov.cn/tjsj/zxfb/201612/t20161208_1439012.html。
[2] 张国庆:《粮食问题不是简单的加减问题》,《农民日报》2016年12月14日,第3版。
[3] 《汪洋在吉林调研农业农村工作时强调 深入推进农业供给侧结构性改革》,《人民日报》2016年10月8日,第2版。

道的主线。

总体看,舆论对全年农业供给侧结构性调整予以积极肯定。2016年底,媒体纷纷对全年农业农村经济发展成果进行了整体盘点。新华社称"农业和农村经济发展精彩收官"①,《人民日报》称"农业结构调整取得了超出预期的成绩"②,《农民日报》称"农业部门在供给侧改革元年提交了一份凝结智慧的答卷"③。舆论表示,伴随着供给侧结构性改革不断推进,农业领域的变化积极而又深刻,希望改革继续加码、政策继续加力,创造"三农"更加美好的明天。

2. 农村土地制度改革:"三权分置"是重大制度创新

2016年,农村土地改革话题是舆论关注的重头戏。在全年"三农"舆情前100个热点事件中,农村土地相关热点事件有12个,居各类话题量第4位。其中,"三权分置"成为网络热词,媒体纷纷用"重大制度创新""释放农村经济发展新活力"等予以形容和评价。10月末,中共中央办公厅、国务院办公厅印发《关于完善农村土地所有权承包权经营权分置办法的意见》。11月初,农业部部长在国务院新闻办公室新闻发布会上对该意见进行了深入解读。舆论对此予以高度聚焦,对"三权分置"的改革部署给予高度评价,称"其积极影响史无前例"。外媒对此也十分关注,盛赞"中国农业深改是巨大进步",英国《金融时报》称"中国宣布的土地权利改革为私营部门投资大规模农业铺平了道路,使世界人口最多国家的农业迈入一个新时代。"④ 微信平台中,多篇文章阅读量超过10万,网民对"三权分置"释放的巨大红利表现出极大兴趣,纷纷表示"有种强烈的冲动回到农村去"。

"确权颁证"是舆论关注的另一个重要热词。2016年,农业部积极推动

---

① 《汗水滴落泥土 梦想放飞田野——2016年农业和农村经济发展精彩收官》,新华网,http://news.xinhuanet.com/photo/2016-12/19/c_1120147299.htm。
② 高云才:《农业结构调整精彩开局》,《人民日报》2016年12月19日,第1版。
③ 江娜:《一盘大棋精彩入局》,《农民日报》2016年12月19日,第1版。
④ 宦佳:《结构改革再出"顶层设计"——中国农业深改是巨大进步》,《人民日报》(海外版)2016年11月9日,第9版。

承包地"确权颁证"工作，农村土地承包经营权确权登记颁证整省推进试点省份达到22个，确权面积近7.5亿亩①，确权成效初步显现，受到广大农民群众的欢迎和支持。舆论称，农民吃了"定心丸"。在此基础上，全国各地土地流转有序进行。

农村集体产权制度改革也是热议焦点。2016年12月末，中共中央、国务院出台《关于稳步推进农村集体产权制度改革的意见》。舆论认为，这是继农村土地"三权分置"后中央部署的又一项管长远、管全局的重大改革，深化农村集体产权制度改革，不仅能唤醒巨额沉睡中的农村集体资产，也将大大激发农民的积极性和创造力，我国农村将因此迸发出新的生机，我国经济将因此筑牢行稳致远的坚实基础。

中央重磅文件接连出台，各地农村土地改革实践也是紧锣密鼓，舆论对此予以积极关注。其中，四川成都首创"合作社+流转土地+农民+保证保险"模式，重庆梁平区试水部分农民退还承包地，福建晋江、四川成都等多地加速探索宅基地有偿退出等，引发媒体持续跟进报道。舆论对各地的改革实践表现出巨大关注，对试点中的突破与创新、问题与不足等进行了深入探讨。其中，如何充分保障农民的土地权益备受关注。农民与土地的关系是农村改革的主线，也是舆论关注的核心。舆论指出，土地是粮食供应和农民生存的根基，改革要坚持"尊重农民意愿、维护农民权益"两大原则。

3. "互联网+"现代农业：新农民创业创新引发舆论期待

"互联网+"现代农业在2016年保持了强劲有力的发展势头，舆情热度持续升温。针对农业部门的一系列部署与行动，舆论评价称，顶层设计与政策落实渐次展开，信息化与农业现代化深度融合，"互联网+"推动现代农业发展实现新跨越，为农业现代化架起了通往未来的桥梁。总体看，"互联网+"现代农业舆情关注点主要集中在改造传统农业、农业电子商务、新农民创业创新三个方面。

在改造传统农业方面，舆论对信息技术、现代装备等对传统农业的巨大

---

① 李朝民：《农村土地确权进展顺利成效初显》，《农民日报》2016年12月6日，第1版。

促进作用表示振奋。春耕期间，农民购买农资、耕耘播种方式出现可喜变化，舆论将其形容为"网上冲浪""掌中种粮"。"三夏"时节，用互联网预约农机、用大数据指导麦收，一系列鲜活案例引发持续关注。"三秋"时节，"互联网+"助力抢种抢收也成为舆论热点话题。

在农业电子商务方面，农业部于2016年1月印发了《农业电子商务试点方案》，舆论将其形容为"农业供给侧结构性改革的突破点"。11月，第14届中国国际农产品交易会成功举办，多家参会的农业电商表现抢眼，被舆论称为"超级买手"。在阿里巴巴举办的以"土货进城、洋货下乡"为主题的第二届农村电商年货节上，"11小时卖掉18万斤陕西洛川苹果""5小时卖出8万瓶贵州辣椒酱"等销售奇迹被舆论热议。"直播+电商"模式尤其吸引舆论关注，重庆秀山直播卖鸡蛋、明星柳岩直播卖枣夹核桃，成为舆论美谈。

在新农民创业创新方面，农业部于2016年9月在江苏苏州召开全国"互联网+"现代农业工作会议暨新农民创业创新大会，备受舆论瞩目。会上，全国各地展示了许多"互联网+"现代农业优秀实践案例，吸引媒体从不同角度进行报道。舆论表示，大众创业、万众创新已成时代大潮，"互联网+"现代农业活力喷薄，为新农民创业创新带来无限可能，"三农"发展前景波澜壮阔、让人满怀期待。11月底，国务院办公厅印发《关于支持返乡下乡人员创业创新促进农村一二三产业融合发展的意见》，再次吸引舆论关注"互联网+"对新农民创业创新的带动作用。在一系列重磅政策强力支撑下，新农民返乡创业渐成热潮。农业部统计显示，我国返乡创业人数已达570多万人。网络上"走，到农村创业去！"的呼吁此起彼伏。对此，舆论表示，各地农村创业创新成果让人备感振奋，农村创客演绎别样精彩。

4. 农产品质量安全：农业部门"零容忍"态度获得盛赞

党和国家高度重视食品安全问题。一年来，习近平总书记多次做出重大批示，要求"落实'四个最严'""切实保障人民群众'舌尖上的安全'"，引发舆论强烈共鸣。全国两会期间，李克强总理在《政府工作报告》中强调"加快健全统一权威的食药安全监管体制"，被媒体广泛报道。农业部部

长在十二届全国人大四次会议记者会上表示,对农产品质量安全问题,农业部门要坚持零容忍①。"零容忍"成为媒体广泛引用的高频词,获得舆论盛赞。

在农业部门以"零容忍"态度严管严控下,2016年我国农产品质量安全形势稳中向好。据农业部新闻办公室2016年12月21日发布的数据,主要农产品例行监测总体合格率为97.5%,全年未发生重大农产品质量安全事件②。农产品质量安全形势与整体的食品安全形势高度一致。总体看,政府监管始终保持高压态势成为二者的突出特点,也是全年舆论关注的主流声音。

盘点全年监管工作,相关部门和各地政府齐抓共管、各司其职的良性机制被积极关注。"食药监总局与农业部联合监管农兽药残留""农业部高压严打生猪屠宰违法行为""山东绘制国内首张'韭菜地图'"等消息被广泛传播。舆论认为,守护"舌尖上的安全"再严都不为过,期待政府部门继续"出重拳""下猛药",以"最严厉的处罚"来震慑潜在违法行为。

微博、微信中的食品安全谣言仍然多发。从内容上看,相关谣言呈无中生有、夸大其词、旧谣新传等特点,如"吃樱桃感染H7N9""小龙虾浑身是虫"等。有专家表示,有关食品安全问题的报道近一半是谣言和传言③。从时间上看,一些谣言多在鲜活农产品集中上市的季节出现,如"激素草莓不能吃""无籽葡萄致不孕""致癌蟹黄""打针西瓜"等谣言,一定程度上引起了消费者的恐慌心理,造成了相关农产品市场销售低迷,严重影响了市场秩序和农民收入。舆论认为,食品安全谣言满天飞折射出的是公众对食品安全信心不足和科学知识缺乏,微博、微信、论坛等谣言重灾区成为最能影响普通百姓感受的"伪信息源",政府部门应在加

---

① 《韩长赋:对农产品质量安全问题坚持零容忍》,新华网,http://news.xinhuanet.com/politics/2016lh/2016-03/07/c_135162906.htm。
② 《农产品质量安全稳中向好》,农业部网站,http://www.moa.gov.cn/zwllm/zwdt/201612/t20161221_5414058.htm。
③ 《食品安全问题报道近一半是谣言和传言》,《中国青年报》2016年6月15日,第4版。

强安全监管的同时，持续加大信息公开力度，用"科学解释"来"手撕谣言"。

5. "菜篮子"市场行情："飞天猪""蒜你狠"折射民生关切

"菜篮子"事关民生，市场行情持续牵动舆论神经。2016年3~4月，多地出现猪肉、蔬菜价格上涨情况，受到舆论热烈围观。"飞天猪""蒜你狠""向前葱"成为媒体报道的高频词，"'二师兄'才是真网红""满嘴葱蒜味儿的才是真土豪"等调侃段子也在微博、微信中大量出现。4月，天涯论坛网帖《今年蔬菜价格飞涨，没有人关心吗？》，当月获取点击量20余万次，网民评论2000余条。针对肉菜上涨情况，政府部门持续回应民众关切。商务部等12部门发文推动公益性农产品市场体系建设，农业部推出五项措施稳定蔬菜价格并发布"全国生猪生产发展规划"，北京等地陆续向市场投放储备冻猪肉。舆论认为，供应不足是推动肉菜价格上涨的主要原因，建议从供给侧改革入手提稳"菜篮子"，该放给市场和社会的权要放足、放到位，该政府管的事也要管好、管到位。11月，第十四届中国国际农产品交易会在云南昆明圆满召开，"省部长推介农产品"成亮点，舆论称其奏响"秋收歌"。

个别农产品卖难问题也是关注热点。自2016年3月份以来，针对部分地区个别果蔬价低滞销情况，《人民日报》等媒体官方微博予以积极关注，引发舆论热议，相关话题多次入选当月微博热点话题排行榜前10位。6月，媒体集中报道了"兰州高原夏菜滞销""山东安丘白菜呈断崖式跌价""陕西临潼200亩芹菜滞销"等卖难问题，舆论在高度关注的同时多角度分析其发生原因并提出诸多解决措施。为缓解"菜贱伤农"，各地积极搭建平台，帮农户对接市场需求，相关举措被媒体积极关注。舆论认为，农产品滞销卖难，供需失衡是根本症结所在，优化升级种植方式、打造优势品牌是破解之策。

6. 奶业发展：民族奶业"振兴"成为核心话题

从2008年"三聚氰胺奶粉事件"发生至今，挫折与困顿中的中国奶业经历了8年蛰伏发展期。2016年，我国奶业发展可圈可点，奶业的进步与跨越受到舆论高度关注，民族奶业振兴成为核心舆论话题。

从政府监管角度看，政府部门重拳监管、乳品企业坚守质量，受到舆论广泛肯定。4月，农业部针对复原乳发布鉴定标准，被评价为"优质乳工程的宣言书"。6月，国家食品药品监督管理总局对婴幼儿乳粉配方发布管理办法，被称为"最严新政"。

从企业发展角度看，舆论积极关注"君乐宝婴幼儿配方奶粉以同款同质同价进入香港市场销售""伊利挺进全球乳企8强"等消息，将其评价为国内乳企的华丽转身，彰显了中国乳业的全球话语权、国际竞争力和品牌影响力。新华网等媒体纷纷以"逆境崛起 浴火重生""中国奶业 以质正名"等来评价中国奶业的进步，指出我国奶业发展正呈现三大积极变化，即规模化养殖成为主流、奶源基地稳定可控、生鲜乳质量指标媲美发达国家，中国奶业以全新面貌呈现在世界面前①。

奶业振兴始终是"三农"舆情关注的热点话题。8月，2016中国奶业20强峰会暨奶业振兴大会在河北省石家庄市召开，会上通过了《中国奶业振兴宣言》。舆论予以积极关注，称宣言"吹响中国奶业全面振兴的前进号角"。9月，《人民日报》文章《中国奶业如何振兴》称"中国奶业走出低谷不会为时太久"，引发10余万网民参与跟帖评论。舆论表示，提升品质与提振信心是奶业振兴的关键，中国乳企卧薪尝胆，正积极推进奶业供给侧结构性改革，加速转变奶业发展方式，不断提升民族奶业的竞争力，把"奶瓶子"牢牢握在自己手里。

在积极关注我国奶业发展成绩的同时，舆论也对奶业发展存在的困难和挑战予以热烈讨论。其中，奶牛养殖企业融资难和奶粉进口量持续增长成为两大焦点话题。舆论指出，生存压力之下，一些地区规模奶牛养殖企业为融资被迫卖牛，"预亏"甚至一度成为乳业的标签。进口奶粉方面，一方面是"洋奶粉"乱象频出、接连"犯事"，另一方面是进口量持续增长、再三提价，"洋奶粉"深陷舆论漩涡。对此，媒体称"洋奶粉"出事，国产奶粉别

---

① 冯华：《中国奶业，以质正名》，《人民日报》2016年8月25日，第3版。

"偷着乐",中国奶企更该奋进。

7. 转基因:政府部门积极发声引导主流舆论

2016年,转基因话题继续保持常热态势,政府部门对转基因的积极发声和重大部署成为关注焦点。4月,农业部就农业转基因情况举行新闻发布会,对转基因问题进行了权威发布、解读和回应,相关话题迅速引爆舆论。主流媒体对转基因问题的国家立场、监管态度、科研政策进行了积极宣传,对于相关网络谣言进行了认真澄清和坚决抨击。特别是在微信平台中,大量媒体公众号使用"农业部这回告诉你真相""亲们都被这些流言骗了多年"等标题,对转基因网络谣言进行反驳,引发舆论热烈反响,多篇文章阅读量超过10万。舆论评价,这次发布会对转基因问题的表态,是国家层面的一次集中回应和权威解读,对于消除转基因偏见、整肃转基因谣言等具有积极意义。8月,国务院印发《"十三五"国家科技创新规划》,其中在"国家科技重大专项"一章中专门设立了"转基因生物新品种培育"专项,再度引发舆论高度关注。舆论认为,国家科技创新规划再次力挺转基因,明确推动转基因发展,展现了国家的战略远见和魄力。

在微博、微信、论坛、博客等社交媒体平台中,转基因问题依然是热议话题。2016年,"百名诺奖得主联名支持转基因""陕西强铲非法种植转基因作物""黑龙江省人大立法禁止省内种植转基因作物"等多个热点话题,均引发网民热议甚至是争论。3月,一群留美大学生计划用镜头记录转基因食品在美国的发展现状,并在公益平台发起众筹,在不到一天的时间内就筹集了3.5万元拍摄资金。11月初,他们的纪录片《转基因食品探索之旅》在腾讯视频发布,3天时间内,点击量突破30万次。许多网民,包括科学界人士在微博、微信中对此进行了大量转发。舆论认为,该片的可贵之处在于"以扎实的方法而不是冲动的情绪去寻找更全面的关于转基因的信息"①。舆论也由此感慨:"真正的科学交流,是和普通民众的交流,是科学精神、

---

① 《转基因食品探索之旅》,腾讯网,http://view.inews.qq.com/a/20161105A01L5900。

科学方法、科学思维的共同提高。是时候该思考一下,如何才能不让科学素养落在经济发展后面了?"①

8.脱贫攻坚:首战告捷振奋舆论信心

2016年是我国"向绝对贫困发起攻坚决战"的首战之年。一年来,消除贫困成为焦点话题,从扶贫考核机制的改革到扶贫资金的整合,从扶贫模式的创新到扶贫成绩的公布,都引发了舆论积极关注。在前100个热点事件中,产业扶贫话题相关热点事件数量有14个,居各类话题量第3位。其中,政府部门的扶贫攻坚部署占较大比重,习近平总书记主持召开东西部扶贫协作座谈会、全国扶贫开发工作会议通报"农村贫困人口减少1000万"被舆论积极关注,位列2016年度"三农"舆情热点事件排行榜前10位。

2016年,政府部门的工作举措赢得舆论高度认同。针对《中共中央国务院关于打赢脱贫攻坚战的决定》,中共中央办公厅、国务院办公厅先后发布10个配套文件,中央国家机关各部门共计出台101个政策文件或实施方案,向扶贫领域的"老大难"问题"开刀"。"财政专项扶贫资金首次突破1000亿元""320个中央单位和21992家民营企业合力帮扶"等消息不断现诸网络,让舆论感受到了党和国家对脱贫攻坚的决心和实力。舆论对此形容为"政策一个比一个过硬"。各地、各部门因地制宜,在产业扶贫、易地扶贫搬迁、劳务输出扶贫、教育扶贫等方面精准发力,让"精准扶贫"成为舆论热词。此外,舆论积极关注扶贫领域的考核督察问责,多起扶贫腐败案件的查处获得力赞,被认为是打赢脱贫攻坚战的强力后盾。

2016年末,媒体纷纷用"数读"的方式,总结一年来的工作成绩。12月,全国扶贫开发工作会议发布消息称"全年减少1000万以上农村贫困人口的任务超额完成",受到舆论高度关注。媒体指出,"1000万"这个数字,

---

① 周琳:《为什么有人就是不肯相信科学家》,《新华每日电讯》2016年11月11日,第13版。

在扶贫人眼里是克难攻坚的付出，在脱贫人眼里是摆脱贫困的喜悦①。对于这一成绩，舆论形容为"首战告捷""有诺必践"，对党和政府给予高度评价。"凝心聚力、合力攻坚"也成为网民热议的核心话题。网民表示，虽然扶贫形势依然严峻，但只要心往一处想、劲往一处使，好日子就在前面。

9. 农民工：欠薪问题与留守现象亟待治理改善

国家统计局数据显示，2016年，我国农民工总量达28171万人；其中，外出农民工16934万人。② 作为推动我国经济社会发展的生力军，农民工在"三农"舆情中占据着重要位置。在前100个热点事件中，农民工话题相关事件数量有16个，居各类话题量第2位。总体看，其关注焦点主要集中在农民工欠薪问题和农村留守现象两大方面。

近年来，拖欠农民工工资现象屡禁不止，成为舆论关注的焦点问题。岁末年初是农民工欠薪问题舆情集中爆发期，政府部门举措、讨薪热点事件是舆论关注两大重点。在政府部门举措方面，2016年1月，国务院办公厅印发《关于全面治理拖欠农民工工资问题的意见》，提出"到2020年，形成制度完备、责任落实、监管有力的治理格局，使拖欠农民工工资问题得到根本遏制，努力实现基本无拖欠。"③ 对此，舆论称"国务院16条硬措施治理拖欠农民工工资问题"。11月，人社部、国家发改委、公安部、司法部、财政部、住房城乡建设部等12部门下发通知，在全国组织开展农民工工资支付情况专项检查。对此，舆论称"12部门联合为农民工讨薪"。针对各地治理拖欠农民工工资问题的工作举措，舆论称"各地打响拖欠工资阻击战"。舆论认为，政府部门对农民工欠薪问题持续发力，表明国家对农民工群体的高度重视，也说明了欠薪问题的严重性，保障返乡过年的农民工足额拿到血汗钱，是各级政府的"年底大事"。在讨薪热点事件方面，与

---

① 林鄂平：《1000万贫困人口靠啥脱贫》，《经济日报》2017年1月3日，第15版。
② 国家统计局：《2016年国民经济实现"十三五"良好开局》，http：//www.stats.gov.cn/tjsj/zxfb/201701/t20170120_1455942.html。
③ 《国务院办公厅关于全面治理拖欠农民工工资问题的意见》，中国政府网，http：//www.gov.cn/zhengce/content/2016-01/19/content_5034320.htm。

2015年相比，农民工讨薪引发的热点舆情事件明显减少，但仍是引发高热事件的舆情燃点。在治理欠薪成为全社会共识的情况下，一些地方仍然曝出农民工讨薪引发的群体性事件，以及农民工讨薪被打事件，引发舆论热议。湖北省武汉市江夏区法院利用网络直播来为农民工讨薪，陕西省岚皋县政府帮农民工跨省讨薪，赢得舆论广泛点赞。舆论指出，"欠薪年年抓，讨薪年年愁"的怪圈需要反思，更要根治。

数量庞大的外出农民工背后，是引人深思的农村留守现象。当前，农村"三留守"（留守老人、留守妇女、留守儿童）现象严重，尤其是留守儿童话题呈现舆情多发态势，相关舆情话题主要集中在留守儿童热点事件和政府部门关爱措施两个方面。在留守儿童热点事件方面，每逢春节、儿童节、寒暑假等特定节假日期间，热点舆情曝出的频次明显增加。其中，农村留守儿童事故伤害事件尤其引人瞩目。针对频频出现的农村留守儿童自杀、性侵、欺凌、溺水等舆情事件，舆论甚至用"时代的伤痛"这样的字眼来形容。在政府部门关爱措施方面，2016年2月，国务院发布《关于加强农村留守儿童关爱保护工作的意见》，提出完善农村留守儿童关爱服务体系、建立健全农村留守儿童救助保护机制等具体措施。同月，民政部正式成立未成年人（留守儿童）保护处。11月，民政部公布农村留守儿童摸底排查工作情况，称我国存在902万农村留守儿童，其中36万人处于无人监护状态。舆论指出，农村留守儿童关爱保护政策不断加码，是我国政府对汹涌澎湃的民意的积极回应，期待政府建立长效保障机制，别让"留守"固化为成长标签。

10. 农村社会：土地、环境、公共安全频曝热点舆情

2016年，土地矛盾、环境污染仍是农村社会问题中的沉疴痼疾，农村公共安全也曝出热点舆情事件。

农村土地矛盾中的暴力强拆、拆违冲突、违法占地等问题突出，暴力强拆依然是高热舆情爆发口。7月，湖南长沙曝出"拆迁村民失踪21天后在自家房屋废墟中找到尸体"，在短短一天内吸引50余万网民参与跟帖评论。12月，河南郑州曝出"挖掘机开道铁锤砸门，村民被抬出扔野外"的强拆事件，仅网易一家网站的网民参与跟帖评论量就突破20万。舆论指出，每一起违法强拆，都是在给法治社会建设"挖坑""埋雷"，对此类击穿底线的"非法治"行为应该"零容忍"。

由垃圾污染、化工污染引发的农村环境舆情较为突出。5~7月，媒体相继报道，陕西、河北、江苏等地部分农村遭遇"垃圾围村"困境。12月，央视集中曝光重庆涪陵、山西吕梁、云南昆明等地因化工非法排污出现庄稼枯竭、家畜熏死、酸雨频现等问题。舆论感慨农村环境污染"触目惊心"，呼吁尽快完善农村环境污染治理的法律和规章，避免在解决环境问题过程中乡村成为"公地悲剧"。

农村公共安全领域发生的舆情事件也引发了舆论关注。11月，河北省蠡县中孟尝村6岁男童跟父亲到地里收白菜，不幸坠落枯井死亡。该事件引发舆论对农村公共空间安全隐患的担忧，"完善农村基础设施建设、强化农村安全防控体系"被舆论重点讨论。

四 2017年"三农"网络舆情热点展望

2017年是推进供给侧结构性改革的深化之年，改革迈向纵深充满挑战。同时，我国网络强国战略继续稳步实施，互联网普及率将进一步提升。"三农"网络舆情也因此面临新的环境，热点话题或将来自以下几方面。

1. 农业农村改革备受瞩目

2016年4月，习近平总书记在安徽小岗村主持召开农村改革座谈会并发表重要讲话，被舆论称为"深化农村改革的重锤响鼓"。一年来，以农业供给侧结构性改革为主线，各地在种植业结构调整、农村土地"三权分置"、农产品价补分离等方面的改革实践呈现出迎难而上、激动人心的多彩画卷，吸引媒体和网民的持续聚焦。12月中旬开始，中央经济工作会议、中央农村工作会议先后对深入推进农业供给侧结构性改革进行顶层部署，"农业供给侧结构性改革"在12月下旬多次登上百度新闻头条，这对未来舆论目光的定焦起到了导向性作用。同时，《人民日报》等媒体也纷纷表示：“推进供给侧结构性改革刚开头，更艰巨任务还在后面。”① 这也表明了舆论对改革关注的承接性和延续性。在此趋势下，种植结构调整后的春耕愿景、玉米收储改革后的农民增收预期、"互联网+"背景下的"三产"融合和创业创新、"三权分置"中的法律权属界定等都将是接踵而至的热点议题。

2. 食品安全的舆论神经依然紧绷

2016年，食品安全舆情态势整体平稳。但"民以食为天"的关注高度始终让舆论的神经处于紧绷状态。由《小康》杂志发布的"2016中国平安小康指数"调查结果表明，食品安全再次位居最让人担忧的十大安全问题之首②。至此，食品安全问题已经连续5年成为最让民众担忧的首要安全问题。食品安全无小事，"小波澜"也能掀起"大风浪"。11月，北京多家超市下架活鱼引发的"罗生门"事件，一方面表明了有关部门在信息公开工作中的欠缺，另一方面也再次凸显民众对食品安全的焦虑情绪。"舌尖上的安全"是最基本的民生，特别是在民众食品安全意识迅速提高的当下，政府部门的监管举措和曝出的热点问题将继续成为舆论关注的"双焦点"。

3. 脱贫攻坚被寄予重望

2015年11月，中央扶贫开发工作会议召开，明确了"到2020年所有贫困地区和贫困人口一道迈入全面小康社会"的目标。这既是发展之要，也是民之所望。一年来，脱贫攻坚战全面展开，受到舆论强烈关注。总结2016年扶贫攻坚的舆情特点可以看出，无论是舆情总量还是热点话题数量，均呈明显上涨态势。中央顶层部署和各地扶贫成效被媒体和网民积极肯定。部分地方曝出的不作为、假作为、"大锅饭"等扶贫走样问题以及扶贫贪腐问题也引发了舆论言辞犀利的批评和客观中肯的建言。2016年减贫1000万人的目标已经实现，中央农村工作会议提出了"2017年再脱贫1000万人以

---

① 人民日报评论员：《坚定不移推进供给侧结构性改革——二论贯彻落实中央经济工作会议精神》，《人民日报》2016年12月19日，第1版。
② 鄂璠：《小康调查：食品安全位列"最让人担忧的十大安全问题"榜首》，中国小康网，http://news.chinaxiaokang.com/dujiazhuangao/2016/0704/45157.html。

上"的目标。使命越重，责任越多，期望越高。如媒体所言，脱贫工作越往后越难，现在所面对的多数是贫中之贫、困中之困，减贫成本更高，脱贫难度更大，需要更大的决心、更明确的思路和更精准的举措①。这也表明了舆论对 2017 年脱贫攻坚寄予的众望，因此，扶贫工作中的形式主义和贪腐等问题就更易被关注并成为热点话题。

4. 农民工、农村留守儿童和贫困群体是舆情燃点

农民工、农村留守儿童和贫困群体具有天然的吸引力，极易让舆论产生代入感和悲悯感，进而引发持续高热的关注和话题多样的激辩。从 2016 年出现的热点事件看，"弱势群体易成舆情传播助燃剂"的传播学观点在上述人群中有着鲜明的体现。四川阆中公开宣判违法讨薪农民工事件引发群情愤慨，四川成都 7 岁留守儿童与亲人分别时哭嚷的"你们不能这样对我"戳中公众泪点，甘肃康乐杨改兰事件将贫困群体的心理危机推至舆论诘问的前台。上述事件虽是个案，但其背后是一个规模庞大、结构复杂、分布广泛的弱势人群，也因此决定了政府部门相关保障工作的艰巨性和舆论关注的持续性。

5. 土地问题导致的农村基层矛盾易发高热舆情

2016 年，由土地诱因引发的冲突事件和极端个案处于多发态势，且涉及利益关系复杂多元，涵盖村民与当地基层组织纠纷、村民与施工方冲突、邻里争端等多个层面。"土地协议未达成一致"成为共性，"村官被杀"也成为多起事件的共同结局。总体看，各地在事件通报时多重点介绍后续处置工作如何开展，而对事发原因往往一笔带过，不免信息披露语焉不详。加之受到暴力强拆、村官贪腐等背景事件影响，民众很容易联想到村霸、不公平的土地纠纷等问题，导致舆论态度的非客观偏向。2017 年，随着改革的深化，舆论将一如既往地关注农村土地问题。而农村土地价值含金量的上涨，也将使土地矛盾处于易发态势。从当前的舆论语境预测，如果舆论引导工作

---

① 新华社评论员：《脱贫攻坚见证行动力——感知逐梦路上的中国力量之二》，新华网，http：//news.xinhuanet.com/2017-01/06/c_1120258639.htm。

不当，或衍生高热舆情。

此外，随着互联网平台的多样化发展，信息源更加繁杂，舆情的传播度和影响力也不断拓宽，为营销炒作现象提供了丰富的媒介环境。2016年，"上海女孩逃离江西农村假新闻事件"、甘肃康乐杨改兰事件、网红"小马云"等热点事件中，均出现了营销炒作的迹象。且还因此推高了舆情热度，并一度掌握舆论话语权。基于互联网平台的资本运作特征，网络营销借舆情之名行逐利之实的现象在2017年将继续在"三农"领域上演，其负面影响值得高度警惕。

参考文献

钟永玲、张祚本、韦科、李婷婷：《为我国"三农"发展营造良好舆论环境——2016年我国"三农"舆情回眸》，《农民日报》2017年1月14日。

詹婧：《2016互联网治理舆情年度回顾 呈现四大新特点》，新华网，http：//news.xinhuanet.com/yuqing/2017-01/09/c_129437781.htm？open_source=weibo_search。

朱隽：《中央农村工作会议在京召开》，《人民日报》2016年12月21日。

分 报 告
Sub-report

B.2
农业生产与粮食安全舆情报告

钟永玲　张文静*

摘　要： 2016年农业生产与粮食安全舆情数量较上年有所增长。媒体高度聚焦农业供给侧结构性改革，积极报道各地在转方式、调结构中呈现的新气象，对玉米收储制度改革后的首个购销季进行全方位和深层次跟进调查报道，并多角度讨论粮食"三高"、卖粮难等现象下的粮食安全问题。网民热议"华南双季超级稻创新世界纪录""袁隆平用海水种出'红色水稻'"等消息。政府部门和新闻媒体配合有力，实现网络舆论有效引导。

关键词： 农业生产　结构调整　粮食安全　舆情

---

* 钟永玲，农业部信息中心舆情监测处处长，高级经济师，主要研究方向为涉农网络舆情、农业经济；张文静，北京乐享天华信息咨询中心舆情分析师，主要研究方向为涉农网络舆情。

2016年，我国农业结构调整开局良好，玉米收储制度改革稳步推进，现代农业发展步伐不断加快，舆论予以充分肯定。全年农业生产与粮食安全相关舆情总量较2015年有所增长，其中，新闻报道量15.9万篇，较2015年增长近2万篇，增幅14.2%。媒体高度聚焦农业供给侧结构性改革，积极报道各地在转方式、调结构中呈现的新气象，对玉米收储制度改革后的首个购销季进行了全方位和深层次的跟进调查。新浪微博、微信、论坛、博客中相关帖文量7.9万条，较2015年略降0.9%。网民也对现代农业在春耕春种、夏收秋收中展现的蓬勃生机和喷薄气势表达赞叹之情，热议"华南双季超级稻创新世界纪录""袁隆平用海水种出'红色水稻'"等消息。

一 热点事件排行分析

通过对2016年1～12月农业生产与粮食安全的新闻、帖文进行监测，并进行加权计算，得出各类事件的舆情热度值，据此列出排行前40位的热点事件（见表1）。

表1 2016年农业生产与粮食安全热点事件Top40

排名	热点事件	月份	首发媒体	舆情热度
1	中央农村工作会议召开，重农强农信号持续强化	12	新华网	20058
2	中央一号文件连续第13次聚焦"三农"	1	新华网	17762
3	舆论关注多地洪涝灾害给农业农村造成的影响	7	民政部网站	13602
4	国务院发布《全国农业现代化规划（2016～2020年）》	10	中国政府网	10834
5	中央经济工作会议：深入推进农业供给侧结构性改革	12	新华网	7026
6	袁隆平在青岛研发海水稻	10	新浪微博	6869
7	全国两会"农业生产与粮食安全"话题	3	新华网	5744
8	十二届全国人大四次会议记者会：韩长赋就"转方式调结构 加快发展现代农业"答问	3	中国网	5489
9	关注玉米收储政策改革后的首个购销季	10	央广网	4745
10	海水种出红色水稻 袁隆平海水稻试种成功	12	中央电视台	4726

续表

排名	热点事件	月份	首发媒体	舆情热度
11	国务院办公厅印发《关于推进农村一二三产业融合发展的指导意见》	1	新华网	3945
12	二十国集团农业部长会议在西安成功召开	6	新华网	3768
13	国务院印发《关于完善支持政策促进农民增收的若干意见》	12	中国政府网	3748
14	国家统计局发布全国夏粮产量公告	7	国家统计局网站	3330
15	年亩产3075斤,袁隆平华南双季超级稻创新世界纪录	11	澎湃新闻网	3188
16	玉米临时收储政策调整为"市场化收购"+"补贴"的新机制	4	国家发改委网站	3069
17	农业部发布《关于推进马铃薯产业开发的指导意见》	2	农业部网站	2866
18	农业部就农业结构调整有关情况召开新闻发布会	5	农业部网站	2657
19	农业部、财政部联合印发《建立以绿色生态为导向的农业补贴制度改革方案》	12	财政部网站	2630
20	农业部、发改委联合发布《关于推进农业领域政府和社会资本合作的指导意见》	12	农业部网站	2573
21	2016年全国粮食再获丰收,粮食总产量61623.9万吨	12	国家统计局网站	2103
22	世界粮食日关注粮食减损增效	10	《人民日报》	2064
23	发改委印发《全国农村经济发展"十三五"规划》	11	国家发改委网站	1861
24	农业部召开全国农业结构调整座谈会	7	农业部网站	1626
25	内蒙古农民无证收购玉米被判刑事件	7	新华网	1440
26	农业部发布《全国种植业结构调整规划(2016~2020年)》	4	农业部网站	1229
27	持续阴雨天气致南方部分小麦产区卖粮难,政府部门多举措化解	6	新华网	996
28	财政部、农业部印发《关于全面推开农业"三项补贴"改革工作的通知》	4	财政部网站	746
29	农业部发布《关于促进大豆生产发展的指导意见》	4	农业部网站	730
30	春耕生产进展顺利,调结构转方式成突出亮点	3	新华网	663
31	粮仓爆满,多地粮食库存面临消化难题	7	《经济参考报》	604
32	马铃薯主食开发成效显著,已有6大系列近300种产品	12	农业部网站	578

续表

排名	热点事件	月份	首发媒体	舆情热度
33	夏粮迎大面积收获，组织化、绿色化、信息化成亮点	6	《经济日报》	552
34	市场化新政提振玉米购销信心	11	《经济参考报》	479
35	高成本扼杀中国粮食竞争力	12	《经济参考报》	461
36	访农业部部长韩长赋：六期同至 农业如何迈入十三五	1	《经济日报》	430
37	农业部在全国100个县试点"粮改饲"	9	《人民日报》	394
38	关注粮食产量、库存、进口"三高"问题	1	《人民日报》	367
39	丰产不增收 种粮大户忍痛"退租"土地	4	《经济参考报》	306
40	种粮大户连续5年为农民发百万年终奖	1	新华网	267

对以上40个热点事件的信息进行分析，发现以下舆情特点。

1. 农业生产与粮食安全热点舆情发生时间和全年农业生产的季节性特点基本吻合

从发生时间上看，40个热点事件与全年农业生产的季节性特点基本吻合。3~4月春耕时节、6~7月三夏时节、10月秋粮全面开镰之际是热点事件集中出现的节点。3~4月，与农业结构调整、促进春耕生产相关的热点较多，主要集中在政府部门的政策部署方面。农业部部长韩长赋在全国"两会"期间就"转方式调结构 加快发展现代农业"问题进行了全面阐述，针对大豆生产和种植业结构调整，农业部依次发布意见规划。玉米"市场化收购"+"补贴"的新机制也顺势出台，农业"三项补贴"改革全面推开。6~7月，各地夏收呈现的组织化、绿色化、信息化特点被称为新气象，阴雨天气致部分地区出现的卖粮难、高库存所致的仓储难等问题被媒体报道。秋收后，玉米收储制度改革迎来的首个购销季被重点聚焦。袁隆平再次成为焦点人物，"华南双季超级稻创新世界纪录"为秋收再添亮色。国务院发布的《全国农业现代化规划（2016~2020年）》也被高度关注。此外，1月和12月是总结规划农业农村工作的关键时段，热点也大量出现。

这两个月的 14 个热点事件中，与顶层部署和政策举措相关的有 7 个，中央一号文件、中央农村工作会议、中央经济工作会议对农业供给侧结构性改革做出顶层设计，农村"三产"融合、促进农民增收、绿色生态农业补贴等方面的政策举措也密集发布。"2016 年全国粮食再获丰收""马铃薯主食开发成效显著""种粮大户连续 5 年为农民发百万年终奖"等年终总结性消息令人振奋。而对于粮食"三高"问题、农业生产高成本等热点事件的出现，舆论也持续关注（见图 1）。

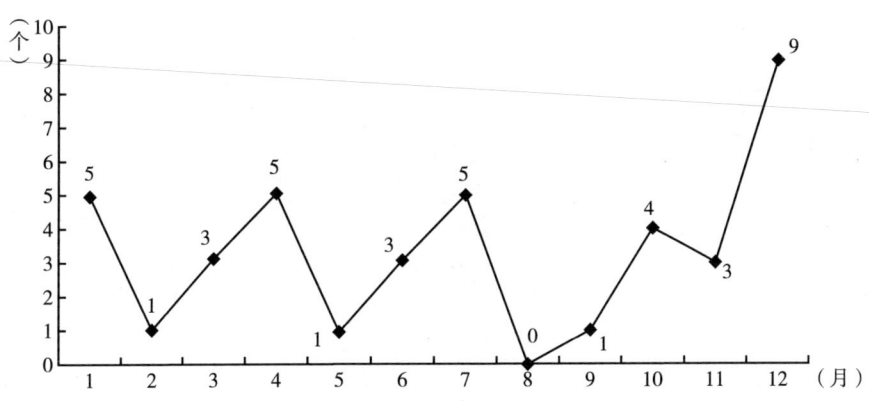

图 1　2016 年农业生产与粮食安全热点事件发生时间分布

2. 农业顶层设计和政策举措相关热点事件占比最大

从热点事件的主题分布看，农业顶层设计和政策举措相关的热点事件最多，有 16 个。其中，农业供给侧结构性改革部署贯穿全年，现代农业规划、农村"三产"融合、促进农民增收等政策措施也不断公布。与粮食生产和农业结构调整相关的热点事件也较集中，有 13 个。关注点主要在两个方面，一个是政府层面的信息发布，如农业部针对农业结构调整召开的新闻发布会、座谈会，国家统计局发布的全国粮食产量公告等；另一个是各地的生产实践，如春耕、夏收中呈现的现代农业"高新尖"特点，全国 100 个"粮改饲"试点情况等。粮食"三高"问题、部分地区卖粮难等问题的相关热点事件有 6 个。春耕备耕期间，个别地区出现的种粮大户积极性不高，"减租退租"现象也引起媒体注意。玉米收储制度改革相关的热点事件有4个，主要集中在第四季度，玉米价格和购销进度等引发持续跟进报道。农业灾害出现了1个热点事件。7月，全国多个省份遭遇多轮强降雨袭击，洪涝灾害给农业生产造成的影响广受关注（见图2）。

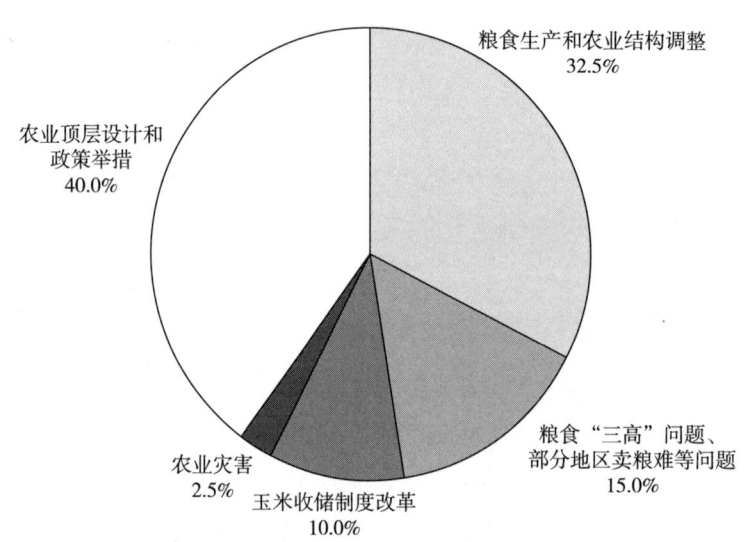

图2 2016年农业生产与粮食安全热点事件主题分布

3. 新闻媒体和政府网站是相关信息发布的主渠道

从热点事件的首发媒体看，新闻媒体和政府网站是信息发布的主要媒介。其中，有23个热点事件源于新闻媒体。新华网作为首发媒体出现的热点事件最多，有10个，重点是对农业改革部署的报道和解读。其次是《经济参考报》，有4个，重点是对部分地区存在的粮食卖难、仓储难，种粮效益下滑等问题的关注。政府网站作为首发媒体的热点事件有16个，主要出自中国政府网、农业部网站、国家统计局网站等，多为相关政策举措的发布和重要政务信息的公开。新浪微博作为首发媒体的热点事件有1个，即"袁隆平在青岛研发海水稻"，该消息在微博中被网民大量点赞，热度居排行榜第六位（见图3）。

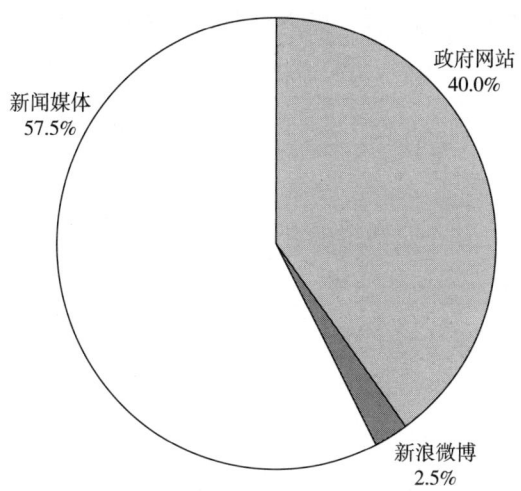

图 3　2016 年农业生产与粮食安全热点事件首发媒体分布

二　热点舆情回顾

1. 强农惠农政策密集发布，农业供给侧结构性改革被聚焦

2016 年，党中央、国务院和有关部门进行了一系列强农惠农政策部署，农业供给侧结构性改革成为舆论关注焦点。1 月发布的中央一号文件《中共中央国务院关于落实发展新理念加快农业现代化　实现全面小康目标的若干意见》连续 13 年聚焦"三农"问题，并对"推进农业供给侧结构性改革"作了部署，受到媒体高度评价。新华社说，中央一号文件首次提出推进农业供给侧结构性改革，为破解农业发展难题开出了药方，也为加快农业现代化指明了方向。《人民日报》指出，推进农业供给侧结构性改革是牵住了问题的"牛鼻子"，是当前和今后一个时期农业农村工作的一项重要任务①。12 月 19 日，中央农村工作会议召开，对农业供给侧结构性改革的全面深入部署

---

① 高云才、王浩：《农业供给侧改革在路上（政策解读·关注一号文件①）》，《人民日报》2016 年 1 月 28 日，第 2 版。

引发舆论多角度解读。其中,"提高农业供给质量"被认为是最大的亮点,"绿色、生态、可持续"被称为改革提速的关键词,"农产品价格改革"被认为是农业供给侧结构性改革的"硬仗"。总体看,舆论对农业供给侧结构性改革满怀信心和期待。

"农业现代化"相关的规划部署也是舆论的关注热点。1月,中央一号文件提出"大力推进农业现代化"。央广网评论称,"农业现代化"连续三年写入一号文件的标题含义深远,农业保供给、保收入、保安全、保生态的压力越来越大,亟待高新技术、科学管理、现代装备等现代技术成果破题①。10月,《全国农业现代化规划(2016~2020年)》(以下简称《规划》)的发布受到高度聚焦。《人民日报》称,《规划》"强农惠民、筑牢根基",是指导未来五年我国农业发展的纲领性文件②。中国经济网指出,《规划》的发布让农业现代化目标越来越清晰,就是要处理好人地关系,释放土地改革红利和经营主体活力③。

农村"三产"融合发展、农业"三项补贴"改革相关的政策举措也被关注。1月初,国务院印发《关于推进农村一二三产业融合发展的指导意见》。中国经济网、《农民日报》等媒体发文,建议农村产业融合要夯实农业生产的"田头"基础,加快推进农业科技应用、引导金融资源对接"三农";要让农民当好农村产业融合的"主人翁",提高他们的创新创业能力和抵御市场风险的能力④。4月下旬,《财政部农业部关于全面推开农业"三项补贴"改革工作的通知》⑤印发。央广网称,据中国农业大学评估显

---

① 杨博宇、满朝旭:《中央一号文件再聚焦"三农"供给侧结构性改革首被写入》,央广网,http://news.cnr.cn/special/zgjj/tt/20160128/t20160128_521266630.shtml。
② 高云才:《强农惠民 筑牢根基(政策解读)》,《人民日报》2016年10月23日,第2版。
③ 秭言:《人地关系是农业现代化的主线》,中国经济网,http://www.ce.cn/xwzx/gnsz/gdxw/201610/28/t20161028_17262246.shtml。
④ 李彦赤:《农村产业融合须夯实"田头"基础》,中国经济网,http://www.ce.cn/xwzx/gnsz/gdxw/201601/07/t20160107_8105809.shtml。桑胜高:《让农民当好农村产业融合"主人翁"》,《农民日报》2016年1月13日,第3版。
⑤ 《财政部农业部关于全面推开农业"三项补贴"改革工作的通知》,农业部网站,http://www.moa.gov.cn/zwllm/zcfg/qnhnzc/201604/t20160426_5108762.htm。

示,"三补合一"改革试点地区,耕地撂荒问题减少,94%的受访农户表示接受改革,补贴资金一次性发放,政策满意度提高①。还有媒体跟进报道称,种粮大户对农业"三项补贴"改革表示欢迎,但也担心土地流转费用将被提高,建议在卖粮时进行补贴,既可避免农民之间产生矛盾,又能提高种粮大户的积极性②。

2. 农业结构调整开局良好,舆情热度贯穿全年

2016年,农业结构调整扎实推进,成效明显,玉米种植面积较上年调减2039万亩,大大超过1000万亩的计划目标,大豆、杂粮杂豆、饲草及青贮玉米面积均有所增加,得到舆论充分肯定。《人民日报》发出的年终评述称,农业结构调整实现精彩开局,成绩超出预期③。

各地在调整农业结构方面的积极举措也引发媒体的持续报道,舆情关注热度贯穿全年农业生产全过程。春耕期间,种植结构调整被媒体称为"一大亮色"。山东、河北等地种粮大户通过统防统治"节水、控肥、减药",降低生产成本;通过"粮地改菜地,玉米改青贮、玉米与大豆间作"调整种植结构;通过"与龙头农企合作、根据下游需求选品种"实现供给侧和需求侧的有效对接等鲜活案例频现互联网。黑龙江部分农区在调整种植结构后呈现的"棚室瓜菜平均万元以上甚至高达五六万元的亩效益""有机豆浆豆每公斤卖22元的高价"等喜人气象被广泛关注,舆论称农业结构调整有了新"靶向"④。4月初,农业部印发《关于促进大豆生产发展的指导意见》,月末,发布《全国种植业结构调整规划(2016~2020年)》;5月初召开农业结构调整有关情况的新闻发布会。舆论将此称为"结构调整

---

① 马喆:《农业三项补贴改革今年全面推开:多种粮多受益》,央广网,http://china.cnr.cn/news/20160509/t20160509_522089653.shtml。
② 郭杰:《"三项补贴"改革,种粮大户有喜亦有忧》,大众网,http://paper.dzwww.com/ncdz/content/20160511/ArticelNC01002MT.htm。
③ 高云才:《农业结构调整精彩开局》,《人民日报》2016年12月19日,第1版。
④ 张桂英:《新型棚室里的别样春耕图》,《黑龙江日报》2016年5月4日,第2版;李伟、张桂英:《农业结构调整有了新"靶向"》,《黑龙江日报》2016年5月8日,第1版。

拉开种植业转型大幕"①,认为农业部首次亮出了中国农业2016年供给侧改革的清单②。随后,《农民日报》赴山西、四川等地,关注当地大豆种植情况,称"种优质优价大豆,效益不比玉米低",同时建议政府部门在品种选育、绿色高产栽培技术等方面加大支持,让精准政策点燃农民的"豆"志③。

9月,"粮改饲"成为关注热点。《人民日报》对农业部在全国100个县试点"粮改饲"进行了重点聚焦。报道对宁夏银川永宁县走访调查,介绍当地"粮改饲"试点取得的经济效益和生态效益,"种植户收入每亩普遍增加了两三百元""奶牛产奶量提高,肉牛、肉羊增重明显""避免秸秆焚烧"④。山东、黑龙江、辽宁等地方媒体也聚焦当地"粮改饲"情况,发出了"山东粮改饲试点县增至19个,农民亩均增收275元""哈尔滨八成以上农户认为粮改饲对畜牧业发展有推动作用""沈阳农民转变种植传统,青贮玉米每公顷增收3000余元"等报道。媒体认为,"粮改饲"这样好的惠民政策不应仅限于区域试点,而应结合当地实际情况,尊重农民意愿,在全国多省份建立基地,开创模式,促进共同发展⑤。

12月8日,国家统计局公布2016年粮食产量为61623.9万吨,比2015年减少520.1万吨。舆论认为,粮食总产量止步"十二连增",实际是"主动调整的结果"。在以玉米为代表的高产作物大面积调减的情况下,我国粮食总产量仍然为历史次高年份,这样的丰收,不仅仅是数量的丰收,也是质量的丰收、效益的丰收、绿色的丰收,具有多重意义⑥。还有

---

① 张晴丹:《结构调整拉开种植业转型大幕》,中国科学网,http://news.sciencenet.cn/htmlnews/2016/5/345687.shtm。
② 陆培法:《中国农业亮出供给侧改革清单》,《人民日报》(海外版)2016年5月6日,第1版。
③ 吴晋斌:《"豆"志,需要精准政策点燃》,《农民日报》2016年5月16日,第3版。
④ 冯华、刘瑞:《粮变肉草变乳农民增收入》,《人民日报》2016年9月20日,第2版。
⑤ 齐羽:《因地制宜的"粮改饲"不妨再多些》,河北新闻网,http://comment.hebnews.cn/2016-09/21/content_5860798.htm。
⑥ 张国庆:《粮食问题不是简单的加减问题》,《农民日报》2016年12月14日,第3版;高云才:《农业结构调整精彩开局》,《人民日报》2016年12月19日,第1版。

媒体说，农业结构调整中的"减"和"加"是农业部门在供给侧改革元年提交的一份凝结智慧的答卷，而粮食综合生产能力的稳定，则是农业部门始终如一的历史担当①。

3. 玉米收储制度改革稳步推进，成为第四季度热点话题

2016年，玉米收储制度改革被称为农业供给侧结构性改革的"硬仗"，受到广泛关注。3月28日，国家发改委有关负责人在媒体通气会上表示，2016年，东北三省和内蒙古将玉米临时收储政策调整为"市场化收购"加"补贴"的新机制②。《经济参考报》评论称，玉米价补分离的新机制有利于化解我国粮食"三高"怪象，但从"政策市"过渡到"市场市"，要谨防出现"卖粮难"③。还有舆论认为，未来一段时间我国玉米价格或将承受一定压力，玉米市场供需结构和农户种植心态也会有所影响，建议有关部门制定相应的配套政策，防范市场风险，切实保障农民利益和粮食安全④。

秋收后，玉米收储政策改革迎来第一个购销季，引发媒体持续跟进报道。10月，新华社、央广网、《瞭望》新闻周刊等媒体纷纷发文，重点关注了玉米价格下跌和需求疲软问题。有舆论分析称，在临时收储政策取消的第一年，玉米市场必然面临重新定价的局面，国内外增产预期也加剧供求失衡矛盾，这些因素决定了国内玉米价格趋势以下跌为主⑤。有舆论说，玉米价格走向市场化存在一定的阵痛，可以通过发挥价格调节作用，鼓励多元主体入市，激活市场主体积极性，将有利于粮农长远利益⑥。11月，玉米价格上扬、购销进度加快引发广泛关注。新华社对吉林多地采访后称，

---

① 姜娜：《农业结构调整一盘大棋精彩入局》，《农民日报》2016年12月19日，第1版。
② 宋若冰：《东北三省一区取消玉米临储 改为"市场化收购"加"补贴"》，中国网，http://www.china.com.cn/newphoto/2016-03/28/content_38127299.htm。
③ 《"价补分离"攻坚粮价市场化》，《经济参考报》2016年4月18日，第5版。
④ 梅雨：《玉米政策"变调"后市场反映如何？》，《种子科技》2016年第4期，第17页。
⑤ 管建涛、王建：《粮食流通迎来"阵痛期"》，《瞭望》，http://www.outlookweekly.cn。
⑥ 《田野上的新变化——从秋收看农业供给侧改革新进展》，新华网，http://news.xinhuanet.com/local/2016-10/16/c_1119726860.htm。

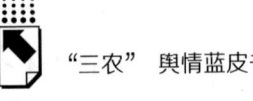

在国家各类政策的共同作用下，国内玉米现货及期货价格稳定上扬，实现东北产区与南方销区"顺价"，这是玉米价格回归市场的一个重要信号①。《经济参考报》对黑龙江多地走访后称，当前东北玉米价格与进口玉米到岸价基本持平，多年来首次具备国际竞争力，玉米购销进度明显快于2015年同期②。同时，玉米市场化风险以及加工、流通领域存在的问题也被讨论。舆论从建立"保险＋期货"模式等新型农业服务方式、开拓粮食加工和流通市场等方面提出建议③。12月末，新华社发出题为《东北四省区：玉米市场化改革"破冰前行"》的总结性报道，称"在玉米市场化改革元年年终回看，玉米降价、加工回暖、贸易走活、进口减少，改革稳步推进并取得明显效果"④。

4. 粮食"三高"、卖粮难等现象依然存在，粮食安全问题引发多角度讨论

2016年，我国粮食存在的高产量、高库存、高进口的"三高"问题引发多角度讨论。1月，"一面连年丰收，一面进口量不断攀升""洋粮入市、国粮入库"等现象受到关注。《人民日报》指出，我国粮食供给结构和需求结构出现了明显偏差，结构要调整，但粮食安全任何时候都不能放松，核心是产能的巩固和提升⑤。11月，新华社关注了"国内粮价倒挂、低价进口粮高企""粮食进口中话语权和定价权缺失"等问题，指出中国粮食行业安全状况不容乐观，完善粮食价格形成机制亟待消除"政策市"⑥。12月，《经

---

① 王存理、郭翔：《临储政策取消后，卖粮难会否重现？——吉林粮食收储见闻》，新华网，http：//news. xinhuanet. com/food/2016－11/02/c_ 1119837779. htm？from＝groupmessage&isappinstalled＝0。
② 管建涛、王建、杨思琪：《东北玉米首现国际竞争力》，《经济参考报》2016年11月24日，第6版。
③ 管建涛、王建、杨思琪：《东北玉米首现国际竞争力》，《经济参考报》2016年11月24日，第6版。
④ 《东北四省区：玉米市场化改革"破冰前行"》，新华网，http：//news. xinhuanet. com/fortune/2016－12/30/c_ 1120222433. htm。
⑤ 冯华：《粮食，到底多了还是少了（特别报道·结构性改革怎么改⑤）》，《人民日报》2016年1月25日，第17版。
⑥ 宫喜祥、潘林青、张志龙：《低价洋粮冲击市场"三高"重压拷问粮食安全》，新华网，http：//news. xinhuanet. com/fortune/2016－11/10/c_ 1119886133. htm。

济参考报》指出，国内外粮食价格倒挂，一方面在于我国粮食最低保护价的不断提高，另一方面在于我国粮食生产成本总体偏高①。

2016年夏粮收获期间，持续阴雨天气致安徽、四川、湖北、河南等省部分粮食产区小麦受灾，品质下降，出现卖粮难。新华社报道称，收获季遇到强降雨，供应足需求还不旺，部分产区的新麦品质较差，市场行情低迷，开秤价格节节下跌，农民遭遇卖粮难②。还有舆论说，小麦种植结构与市场需求不对称是卖粮难的根本原因，应尽快进行小麦的供给侧结构性改革，带动小麦生产由量向质转变③。此外，《经济参考报》还在4月、12月先后发文，关注安徽、江西、黑龙江、广东等省部分地区新型经营主体受种粮收益下滑、土地流转不稳定等因素影响，出现的"减租退租""消极观望"等心态。报道建议各地从生产、流通等环节发力，让种粮有利可图，提振种粮大户的信心④。

三 启示与建议

1. 政府部门和新闻媒体配合有力，实现网络舆论有效引导

2016年，中国政府网、农业部等政府部门网站以及新华网、《人民日报》等央级媒体，是"农业生产与粮食安全"相关网络舆情宣传和引导的主力。在全媒体平台的技术背景下，通过政府网站发布的相关政策部署能够更加迅速地通过媒体及其官方微博、微信完成二次传播。5月，农业部召开农业结构调整新闻发布会。媒体对此发出了"农业结构调整开

---

① 《高成本扼杀中国粮食竞争力》，《经济参考报》2016年12月5日，第5版。
② 黄艳、姜刚、谢佼：《天灾又遇价跌，大热天新麦遇"寒冬"》，新华网，http：//news.xinhuanet.com/fortune/2016-06/16/c_1119055908.htm#cj_test。
③ 孙志平、李钧德、宋晓东：《产粮大省何以出现"买粮难"》，新华网，http：//news.xinhuanet.com/food/2016-10/14/c_1119714090.htm。
④ 姜刚、张志龙、王建、陈晨：《丰产不增收种粮大户忍痛"退租"土地》，《经济参考报》2016年4月5日，第5版。《种粮大户"没钱赚"总想退租别处干》，《经济参考报》2016年12月6日，第5版。

局良好：玉米少了 大豆多了""农业结构调整将为百姓餐桌带来哪些变化"等简单直白、通俗易懂的报道，让改革信息直达民众的同时也能让大家切身感受到改革带来的红利。秋收后，收储制度改革后的首个购销季玉米价格走势引发广泛关注，有媒体针对玉米价低情况发出了"玉米价格跌至5毛多一斤"等报道。对此，媒体采访了有关专家和东北地区玉米种植户，澄清上述报道的不准确性，指出"玉米有干、湿之分，5毛多一斤的玉米只是潮玉米的价格""今年玉米的卖价不是很好，但加上国家的补贴，农民收入能跟去年持平"①。因此，要充分发挥媒体的作用，积极宣传各地农业结构调整、供给侧改革成就，为现代农业发展营造良好舆论氛围。

2. 网民关注农业现代化，"三农"宣传还须再加力

2016年，从微博、微信中"农业生产与粮食安全"相关的热点帖文看，网民对农业现代化关注度较高。"华南双季超级稻创新世界纪录""袁隆平用海水种出'红色水稻'"等消息经"@人民日报""@头条新闻"发出后被网民大量传播。其中，"@青岛新闻网"10月13日发出的消息"袁隆平在青岛研发海水稻市民明年可尝鲜"，当月的网民转评量共计6万余次，位居2016年"三农"热点微博话题排行榜之首。但总体上，"农业生产与粮食安全"相关的帖文呈现总量多但单条关注度不高的特点。以转发量为标准，在全年排行前240条的"三农"热点微博中，与该话题相关的只有16条。以相同文章数为标准，在全年排行前240条的"三农"热点微信文章中，与该话题相关的仅有14篇。这些数据也说明，网民对全国农业生产总体形势的关注度和兴趣度还较低。网络论坛中不乏对农业农村的思考建言，但由于理论性、学术性居多，网民关注度普遍不高。也有新型职业农民发帖讲述自己从事生态农业的经历，往往能引发网民的热烈关注和积极跟帖评论，但类似网帖数量较少。因此，要加大"三农"宣传力度，做更多接地

---

① 沈静文：《陈锡文谈玉米价格："玉米跌至5毛多一斤"不准确》，央广网，http://china.cnr.cn/yaowen/20161101/t20161101_523234897.shtml。

气的报道。比如，可以从鲜活的农业生产案例着手，充分运用"两微一端"等新媒体，通过图片、视频等可视化手段，生动展示现代农业、智慧农业全貌，让类似"袁隆平""超级稻"等具有良好舆情传播效应的关键词不断增加，提高网民对农业农村发展的认知，进而激发全社会关心、支持农业的热情。

B.3
农村土地舆情报告

张祚本　邹德姣*

摘　要： 2016年，农村土地舆情总量较上年有所增长。农村土地制度改革顶层部署和各地改革实践引发媒体积极报道和舆论多角度建言。部分地区出现的暴力征地拆迁事件引发高热舆情，社交媒体是曝光农村土地矛盾冲突问题的重要平台。处理好"农民和土地"的关系是舆论的核心关注点，完善法治，畅通诉求表达渠道，加强宣传和舆论引导是关键。

关键词： 土地制度改革　土地确权　"三权分置"　集体产权

农村土地是舆论关注的常热话题。2016年，农村土地制度改革部署和各地改革实践受到舆论高度评价。媒体在总结一年来的改革成果时指出，中央连续出台重要文件，以土地制度改革为主线，批准开展了一系列探索试点。从土地确权到土地流转，从经营性建设用地入市到宅基地制度改革，农村土地制度改革的广度和深度前所未有，农村改革的"四梁八柱"已基本建立①。同时，部分农村地区因土地纠纷引发的矛盾冲突也广受关注，舆论呼吁通过深化改革和完善司法，切实保障农民的土地权益，让农村土地

---

* 张祚本，农业部信息中心舆情监测处副处长，助理研究员，主要研究方向为"三农"网络舆情、农业信息化；邹德姣，麦之云（北京）信息咨询有限公司舆情分析师，主要研究方向为网络舆情。

① 乔金亮：《奏响三部曲用好三块地——聚焦农村土地制度改革》，中国经济网，http://www.ce.cn/ztpd/xwzt/guonei/yqq/135/135g/201702/28/t20170228_20587746.shtml。

问题形成良性运行机制。此外,相关部门在基本农田保护、耕地占补平衡等方面发布的保障举措也受到舆论肯定。从舆情数量看,媒体舆情和网民舆情有所分化。2016年农村土地话题的相关新闻报道量为5.2万余篇,较2015年减少2.2万余篇,降幅29.7%;有关农村土地话题的新浪微博、微信、论坛、博客等网民帖文总量20余万条,较2015年增加5.7万余条,增幅39.8%。

一 热点事件排行分析

通过对2016年1~12月农村土地话题的新闻、帖文进行监测,并进行加权计算分析,得出相关热点事件的舆情热度,据此列出2016年排行前40位的农村土地相关热点事件(见表1)。

表1 2016年农村土地热点事件Top40

排名	热点事件	月份	首发媒体	舆情热度
1	中办、国办发布《关于完善农村土地所有权承包权经营权分置办法的意见》	10	新华网	12552
2	习近平在安徽小岗村主持召开农村改革座谈会	4	新华网	9884
3	海口秀英"4·30"拆违冲突事件	4	新浪微博	6973
4	湖南长沙非法拆房致人死亡事件	7	天涯论坛	6871
5	深圳水贝村陷"两亿拆迁赔偿"谣言	10	新浪微博	6108
6	郑州一拆迁户持刀伤人致3人死,被警方当场击毙	5	郑州公安局官方微博	5562
7	国务院常务会议:探索进城落户农民对土地承包权等的自愿有偿退出	1	中国政府网	4640
8	河北贾敬龙故意杀人案	10	新浪微博	4200
9	农业部印发《农村土地经营权流转交易市场运行规范(试行)》	7	农业部网站	3908
10	四川长宁村民遭推土机活埋身亡事件	12	新浪微博	2881
11	银监会、国土部印发《农村集体经营性建设用地使用权抵押贷款管理暂行办法》	6	中国银监会网站	2665

续表

排名	热点事件	月份	首发媒体	舆情热度
12	农村户口"含金量"上涨,有地方现"逆城镇化"	7	新华网	2550
13	财政部、国土部发布《农村集体经营性建设用地土地增值收益调节金征收使用管理暂行办法》	6	财政部网站	2262
14	陕西延长县因土地补偿纠纷发生恶性案件	11	新浪微博	2218
15	全国两会"农村土地"话题	3	新华网	2216
16	《中共中央 国务院关于稳步推进农村集体产权制度改革的意见》发布	12	新华网	2135
17	进城落户农民"三权"实行自愿有偿退出	10	《经济参考报》	2077
18	土地管理法将修订,农村土地有望与国有土地同等同价入市	12	新华网	1830
19	国土部等五部委联合发布《关于建设城镇建设用地增加规模同吸纳农业转移人口落户数量挂钩机制的实施意见》	10	国土资源部网站	1602
20	取消农业户口"农转非"不一定要放弃土地	9	《新京报》	1592
21	产权保护意见发布,落实农村"三块地"的用益物权	11	新华网	1533
22	国土部、农业部联合发布《关于全面划定永久基本农田实行特殊保护的通知》	8	国土资源部网站	1363
23	安徽鼓励楼市去库存,农民退出宅基地每亩奖5万	6	《每日经济新闻》	1298
24	国土部印发《关于补足耕地数量与提升耕地质量相结合落实占补平衡的指导意见》	8	国土资源部网站	1120
25	浙江嵊州上百户村民刚住新居又遭拆迁,城镇规划被指折腾人	11	央广网	856
26	成都首创"合作社+流转土地+农民+保证保险"模式保障农民收入	7	《经济日报》	702
27	国土部发布《国土资源"十三五"规划纲要》,进一步明确耕地和基本农田保护面积	4	国土资源部网站	663
28	中国人民银行等部门联合印发《农村承包土地的经营权抵押贷款试点暂行办法》和《农民住房财产权抵押贷款试点暂行办法》	3	中国人民银行网站	587
29	重庆梁平率先在全国试点退出承包经营权	8	央广网	563

续表

排名	热点事件	月份	首发媒体	舆情热度
30	土地承包权探索有偿退出机制,部分地区已开始试点	1	《经济参考报》	552
31	辽宁村民因土地补贴纠纷引发恶性事件	12	梨视频	510
32	河北保定因宅基地纠纷引发恶性事件	12	微信	475
33	国家发改委等7部门共同发布《耕地草原河湖休养生息规划》	11	中国网	432
34	中国社会科学院发布《土地市场蓝皮书:中国农村土地市场发展报告(2015~2016)》	5	中国网	416
35	《全国土地利用总体规划纲要(2006~2020)调整方案》:坚持最严格的耕地保护制度	6	国土资源部网站	339
36	郑州强拆挖掘机开道铁锤砸门,村民被抬出扔野外	12	映象网	325
37	大兴4200宗农村集体土地入市	12	《北京晨报》	261
38	广东阳江违法占地8年 处罚令每平方米只罚1元	7	新华网	236
39	农业部答复十二届全国人大四次会议第6329号关于加快农村土地流转的建议	8	农业部网站	206
40	目前全国三分之一土地已流转	5	《京华时报》	192

对上述热点事件的分析,总结出如下舆情特点。

1. 2016年农村土地相关热点事件大多集中在下半年出现

从发生时间上看,2016年农村土地相关热点事件上半年有14个,下半年26个。特别是12月的热点事件最为集中,有7个。12月末发布的《中共中央 国务院关于稳步推进农村集体产权制度改革的意见》迅速掀起了舆论的关注热情(见图1)。

2. 农村土地制度改革部署相关热点事件数量最多

从热点事件的主题分布看,农村土地制度改革部署引发的热点数量最多,有15个。其中,习近平总书记4月在安徽凤阳县小岗村主持召开的农村改革座谈会受到媒体和网民热烈聚焦。其次,农村土地矛盾相关的热点事

"三农"舆情蓝皮书

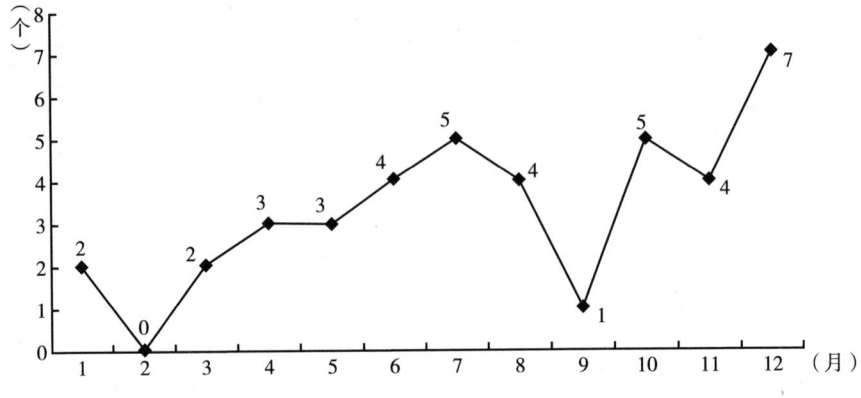

图1 2016年农村土地热点事件发生时间分布

件数量位居第二,有12个。海口秀英"4·30"拆违冲突事件中,当地执法部门虽然是依法拆除违章建筑,但执法人员殴打妇女儿童的网络视频引发舆论一边倒的批评。暴力拆迁事件涉及海南、湖南、河南、陕西、四川、辽宁等多地,且出现数起恶性事件,征地补偿或土地补贴未达成一致成为重要诱因。再次,与各地农村土地改革实践相关的热点事件有8个。最后,耕地保护举措也被关注,相关热点事件有5个(见图2)。

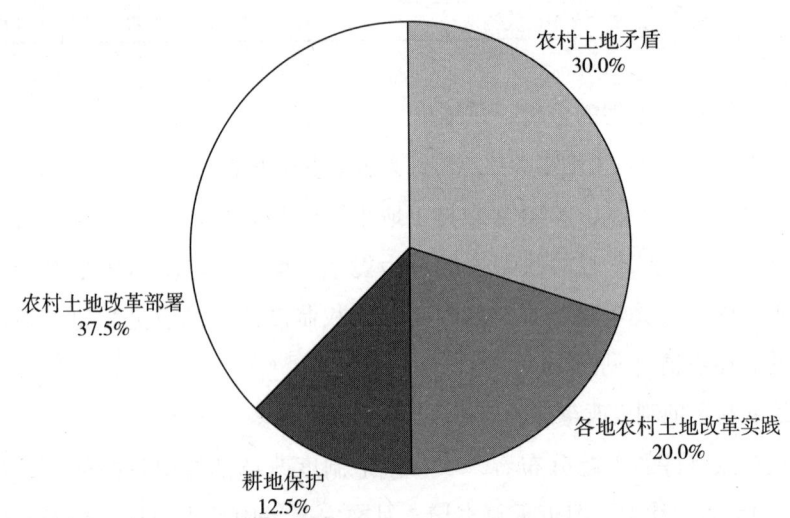

图2 2016年农村土地热点事件主题分布

3. 新闻媒体在农村土地热点事件首发报道中占据半数

从热点事件的首发媒体看，新闻媒体最多，有20个。其首发的热点事件主要集中在农村土地改革方面，有16个，农村土地制度改革部署和各地农村土地制度改革实践各占8个。新华网是热点事件最多的首发媒体。政府网站作为首发媒体的热点事件有11个。新浪微博作为首发媒体的热点事件有6个，均与农村土地矛盾相关，其中5个事件来自网民爆料，1个来自政务微博。此外，微信、论坛和视频平台作为首发媒体，也各出现1个热点事件，均是曝料农村土地矛盾冲突（见图3）。

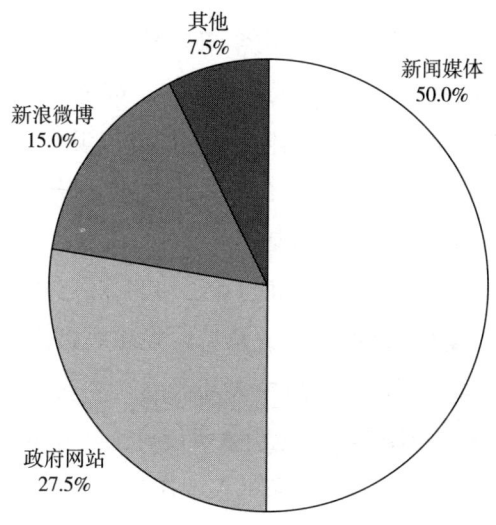

图3 2016年农村土地热点事件首发媒体分布

二 热点舆情回顾

1. 农村土地制度改革向纵深推进，顶层部署受瞩目

2016年，农村土地制度改革相关的顶层部署备受瞩目。其中，农村土地"三权分置"引发高度聚焦。10月末，中共中央办公厅、国务院办公厅印发《关于完善农村土地所有权承包权经营权分置办法的意见》；农业部部长于11月初在国新办新闻发布会上对该意见进行深入解读。舆论对此热烈讨论并予以高度评价,盛赞"三权分置"的积极影响史无前例。《人民日报》等媒体也从"三权分置"重在放活土地经营权、要保障农民权益、让承包权财产化等方面发表评论和建议,指出促进土地资源合理利用、发展多种形式适度规模经营、推动现代农业发展是根本方向。有舆论指出,"三权分置"改革迫切要求现行的法律修改和创新,应进一步明晰"经营权"的法律语境,完善农村土地立法①。有舆论认为,当务之急是明确产权,明确农村集体资产的所有权和使用权,理清乡镇、村、村民小组和农民个人四类主体的产权界限②。有舆论建议,关注由土地流转形成的"种地农民"和"不种地的所谓'农民'"的对立,科学权衡和保护双方利益③。有舆论说,不宜过分强调土地经营权、过度支持资本下乡,改革不应向分离承包权与经营权的方向走,而应向强化土地集体所有权的方向走④。还有舆论表示,目前"三块地"试点改革是封闭运行的,步伐相对偏慢,改革还需要进一步解放思想,切实加大深化农村土地制度改革的力度⑤。

农村集体产权制度改革也是关注焦点。12月末,《中共中央 国务院关于稳步推进农村集体产权制度改革的意见》发布。媒体指出,这是继农村土地"三权分置"重大制度创新后中央部署的又一项管长远、管全局的重大改革⑥。农村集体产权制度改革也引发深度讨论。有舆论指出,目前对农村集体产权制度改革存在误读,改革的根本任务是建立产权明晰、有利于农

---

① 邵海鹏:《土改重大关口:农地"三权分置"仍面临政策难题》,一财网,http://www.yicai.com/news/5147508.html。
② 郑风田:《农村土地"三权分置"如何发挥好政策效力》,《中国青年报》2016年11月1日,第A02版。
③ 邵海鹏:《土改重大关口:农地"三权分置"仍面临政策难题》,一财网,http://www.yicai.com/news/5147508.html。
④ 贺雪峰:《贺雪峰:不宜过分强调土地经营权》,一财网,http://www.yicai.com/news/5155609.html。
⑤ 《赋予农民长期而有保障的土地财产权》,《经济参考报》2016年10月10日,第8版;《多项农地改革试点进入总结阶段》,《经济参考报》2016年11月21日,第1版。
⑥ 王俊岭:《中央力推农村集体产权改革(热点聚焦)》,《人民日报》(海外版)2017年1月4日,第3版。

村长远发展的基层社会经济组织系统，而不是全面建立股份经济合作社或集体产权制度下的股份公司。因此，各地应结合实际情况选择不同的改革路径①。还有舆论说，试点地区在赋予农民对集体资产股份的占有权和收益权方面进行了充分的探索，但有偿退出、继承、抵押、担保等其他几项权利的界定和赋予是改革面临的主要困难②。

相关部门对农地入市的具体部署也被讨论。3月，中国人民银行等5部门针对农村承包土地的经营权、农民住房财产权发布抵押贷款试点办法。此事入列媒体评选的"2016年中国银行业十大新闻"。舆论指出，农村"两权"抵押贷款意义重大，目前"两权"抵押贷款还处在试点阶段，农村土地确权登记、抵押物价值评估、农村产权交易平台等配套制度还需完善③。6月上旬，中国银监会、国土部针对农村集体经营性建设用地使用权发布了抵押贷款办法，被舆论称为"中国农村土地入市改革的突破"④。6月中旬，财政部、国土部针对农村集体经营性建设用地的土地增值收益调节金发布管理办法，其中的"农地入市需征20%~50%调节金"等规定，被解读为"平衡不同区域土地收益差异，保障农民公平分享土地增值收益"⑤。7月，农业部针对农村土地经营权流转交易市场发布运行规范。舆论称，这为土地有序流转提供了程序与依据，将推动农村产权交易市场朝着规范、高效的方向发展⑥。

2. 各地农村土地制度改革实践方兴未艾，改革成效受聚焦

在中央重磅政策的大力支持下，各地对农村土地制度改革进行了积极探

---

① 党国英：《农村产权制度改革要因地制宜》，《经济参考报》2016年8月18日，第2版。
② 林远：《农村集体产权改革顶层设计将出》，《经济参考报》2016年11月8日，第1版。
③ 《2016中国银行业十大新闻》，中国金融新闻网，http://www.financialnews.com.cn/yh/shd/201701/t20170109_110849.html。
④ 王俊岭：《中国农村土地入市改革有突破》，《人民日报》（海外版）2016年6月6日，第2版。
⑤ 陶宁宁：《农村集体土地到底怎么流转？价格不能过低，部分收益上缴》，澎湃新闻网，http://www.thepoper.cn/news Detail forward/481137。
⑥ 梁文艳：《土地流转监管"盲点"仍存》，中国产经新闻网，http://www.cien.com.cn/content-135629.html。

索，受到广泛关注。央广网等媒体总结一年来的改革成果称，截至2016年底，我国农村承包地确权登记颁证工作已覆盖全国二轮承包合同面积的七成，确权面积近8.5亿亩，真正让农民吃上放心投入、放心流转的"定心丸"①。一年来，"农村土地经营权'流'出活力""土地流转开启农业发展新思路"等报道大量涌现。其中，成都邛崃市首创的"合作社+流转土地+农民+保证保险"模式受到社会各界关注和肯定，被称为"给土地流转失约风险砌道'防火墙'"。舆论指出，成都模式不是简单地引入商业保险，而是构建了农村土地流转市场化服务体系，通过引入保险机制、政府补贴保金、专业合作社搭建平台的方式，充分调动和激发了土地流转双方的积极性和创造性，达到了高效配置土地资源、提升农民收入、提升农业效益的目的②。

农村集体产权制度改革实践被关注。2016年初，"浙江湖州市吴兴区八里店镇路村发1528万元分红""上海深化农村集体资产产权改革　车墩七万余社员共享千万元分红"等消息让舆论称羡③。《经济参考报》介绍了贵州省湄潭县实施的"确权确股不确资"、安徽省旌德县开展的农村集体资产确权到户和股份合作制改革等"股改"试点，指出，让农民变成村集体"股东"的农村集体资产折股量化改革试点正在全国多个地区推开，原来的许多集体经济"空壳村"、贫困村甩掉了"穷帽"④。

---

① 沈静文：《农业部：明年将基本完成农村承包地确权登记颁证工作》，央广网，http://china.cnr.cn/news/20170222/t20170222_523613709.shtml。
② 乔金亮：《成都首创"合作社+流转土地+农民+保证保险"模式保障农民收入》，中国经济网，http://www.ce.cn/xwzx/gnsz/gdxw/201607/25/t20160725_14112107.shtml；冯华：《给土地流转"上保险"》，《人民日报》2016年7月24日，第10版。
③ 《浙江湖州：村民喜领"年终奖"》，新华网，http://www.zj.xinhuanet.com/2016-02/04/c_1117986897.htm；《浙江丽水惊现"土豪村"过年向村民发放500万元"红包"》，江南时报网，http://www.jntimes.cn/news/2016/0203/157099.shtml；《村民喜领117万"年终奖"》，《贵州都市报》2016年1月21日，第A18版；《深化农村集体资产产权改革　车墩七万余社员共享千万元分红》，中国上海网，http://www.shanghai.gov.cn/nw2/nw2314/nw2315/nw4411/u21aw1120927.html。
④ 林远、安娜：《农村集体产权制度改革全面提速》，《经济参考报》2016年8月16日，第1版。

部分地区开展的承包地有偿退出、宅基地有偿退出试点也被热议。其中，重庆梁平县试点的"农村土地承包经营权退出"被重点报道。新华社12月报道称梁平全县试点退地的农民有50多户，退地面积60多亩；退地改革总体平稳，风险可控①。有舆论表示，农民承包地有偿退出，是中国农村土地制度的新变革，但退地农民的社会保障、未来退地兑付资金来源等配套政策，仍需在探索中逐一破题②。安徽、四川、福建等地加速探索的宅基地有偿退出机制也被关注。有舆论指出，由于缺少法律支撑，宅基地使用权有偿流转实际操作困难，且面临补偿资金来源不稳定、政策配套不完善、指标回收制度不健全等问题，还应完善宅基地退出引导和监管机制，重视宅基地退出政策之间的衔接与组合③。

3. 部分地区土地矛盾问题严峻，暴力强拆是高热舆情爆发口

2016年，农村土地矛盾问题仍很严峻，部分地区出现的暴力征地拆迁事件不断引发高热舆情。4月，海南海口市秀英区执法人员依法拆除琼华村非法占地违法建筑时与村民发生冲突，执法人员殴打妇女儿童的视频在互联网上大量出现，网民愤慨情绪高涨。新华社指出，棍棒上前的粗暴做法，不仅有损政府形象，而且有可能激化社会矛盾，执法犯法同样要受到法律追究④。7月，湖南长沙岳麓区村民因强拆被埋废墟内死亡。事件曝出的一天时间内，共计50余万网民在新浪、网易等门户网站参与跟帖评论；新浪微博中事件相关微话题阅读量突破1200万次。《人民日报》指出，严格守住法治底线，是遏制强拆悲剧的必由之路⑤。12月，河南郑州曝出强拆事件，

---

① 李松：《有偿退出"变现"农村土地财富——重庆梁平50多户农民退地记事》，新华网，http://news.xinhuanet.com/fortune/2016-12/08/c_1120080821.htm。
② 李松：《承包地"变现"记：进城农民"退地"观察》，半月谈网，http://www.banyuetan.org/chcontent/jrt/201684/205563.shtml。
③ 林远、叶含勇：《多省探索宅基地有偿退出机制》，《经济参考报》2016年9月8日，第1版。
④ 涂超华：《执法犯法同样要受到法律追究》，新华网，http://news.xinhuanet.com/2016-05/04/c_1118801343.htm。
⑤ 王石川：《遏制非法强拆当坚守法治底线》，《人民日报》2016年7月14日，第5版。

"挖掘机开道铁锤砸门，村民被抬出扔野外"①。此事引发了 20 余万网易网民参与跟帖评论。网民认为，强拆的动力多半源自暴利，只有严惩才能让强拆出局。

从全年热点舆情看，征地补偿或土地补贴未达成一致成为农村土地矛盾冲突的重要诱因，部分地区发生极端事件。5 月，河南郑州市惠济区薛岗村拆迁户持刀行凶，致三死一伤，当地民警在鸣枪警告无效后开枪将其击毙。《新京报》称导火索为拆迁矛盾，"去年借债 70 万修房，拆迁补偿仅 50 万，压力较大"②。7 月，浙江省衢州市柯城区万田乡乡长，在丈量土地过程中被下方村村民泼洒的燃烧物烧伤。《京华时报》援引当地村民言论称，"就征地补偿问题，下方村村民一直未与政府达成协议"③。12 月，四川长宁县七旬农妇被施工方推土机碾压身亡。《北京青年报》采访当地村民称，"事发原因系征地赔偿问题没谈妥"④。辽宁沈阳市辽中区浦东街道西荒地村发生村民杀死村会计夫妇、刺伤村长后自杀身亡事件。《华商晨报》采访当地村民称，行凶者将自家的耕地出租，村里把种地补偿款给了租地的村民，便因此事对村会计等人心存芥蒂⑤。

此外，征地补偿款引发的拆迁乱象也频频出现。《云南昆明村庄拆迁按户补偿 全村老少夫妻扎堆办离婚》《海南万宁村民疑为拿征地补偿 在征地范围内盖近百栋简易瓦房》《贵州村民搭"纸片房"骗取拆迁补偿：纸上画瓷砖图案》等消息引发了网民热烈围观。有网民表示啼笑皆非，认为政策和法律缺失是主要原因。也有网民对村民表示同情，认为不应该责怪农民，毕竟拆迁之后他们的生活指望全部就靠这些补偿款。10 月，深圳水贝村还陷入"每家赔偿拆迁款至少 2 亿"的谣言，"拆迁致富"由此成为热点

---

① 王宽：《郑州经开区村民遭强拆：挖掘机开道铁锤砸门，人被抬出扔野外》，澎湃新闻网，http://www.thepaper.cn/newsDetail_forward_1583924。
② 《郑州拆迁户行凶致 3 死 1 伤被击毙》，《新京报》2016 年 5 月 12 日，第 A15 版。
③ 《衢州一乡长遭村民泼可燃物烧伤》，《京华时报》2016 年 7 月 13 日，第 A15 版。
④ 张帆、石爱华：《征地修路农妇阻拦推土机身亡》，《北京青年报》2016 年 12 月 9 日，第 A11 版。
⑤ 仓一荣：《辽中一村民刀杀两人伤一人》，《华商晨报》2016 年 12 月 15 日，第 4 版。

议题。媒体指出，舆论放大了农民从拆迁中的获益，无视农民在整个拆迁过程中的博弈成本①。还有舆论说，城镇化中暴露出来的农村土地问题，与法律尚未赋予农地使用权完整的物权性质直接相关，赋予农民长期而有保障的土地财产权是改革的关键②。

4. 耕地保护政策加码，违法占地问题引发讨论

2016年，我国耕地保护政策不断加码。国家发改委、国土部、农业部针对永久基本农田保护、耕地占补平衡等，联合或单独发布保障举措，引发舆论积极关注和广泛支持。网民说，耕地是我国最为宝贵的资源，关系十几亿人的吃饭大事，必须保护好，对于"狸猫换太子"等滥竽充数的行为要从严管控。部分地区违法占用耕地问题经媒体报道后引发讨论。8月，《经济参考报》报道江西金溪县违法占用耕地，称"1700余亩耕地被种树6年却整改不了"③。10月，《人民日报》刊登读者来信，称浙江临海市桃渚镇南洋村民大量违法占用良田建房，有关部门视而不见④。11月，《法制日报》报道河南新乡一村干部违法占用10余亩耕地建厂房，当地相关部门"集体哑火"⑤。舆论认为，耕地保护意识不强、执法不严是上述问题的集中体现。《人民日报》还说，耕地保护困境，表面上看是执法监管问题，而耕地收益下降、种粮积极性不高则是深层原因；"监管侧"不能失位，"市场侧"亦应有更好作为，最终通过"收益侧"的显著成效，托举起粮食安全⑥。

---

① 王天定：《别只盯着"拆迁致富"表面的光鲜》，《新京报》2016年10月28日，第A04版。
② 《赋予农民长期而有保障的土地财产权》，《经济参考报》2016年10月10日，第8版。
③ 秦宏、胡喆、胡晨欢：《耕地上种树为何6年整改不了》，《经济参考报》2016年8月8日，第5版。
④ 《村民违法占地建房有关部门视而不见（曝光）》，《人民日报》2016年10月18日，第19版。
⑤ 马维博：《瞒天过海耕地变林地举报声中林地变厂房》，《法制日报》2016年11月13日，第12版。
⑥ 李斌：《保护耕地应让种粮"有赚头"（人民时评）》，《人民日报》2016年8月9日，第5版。

三 舆情传播特点

1. 政府部门的政策解读成为新常态，农村土地制度改革获得舆论肯定

2016年，政府部门和主流媒体是农村土地制度改革部署的宣传主力。从传播路径看，政府部门的政策解读成为新常态，也是推高舆情关注热度的积极因素。农村土地"三权分置"、农村集体产权制度改革等顶层设计发布后，农业部均通过国新办新闻发布会对上述改革部署进行权威解读。新华网、中国网对此进行网络直播，人民网、中国新闻网等媒体及时通过官方网站和微博微信发布报道，产生了良好的全媒体传播效应。从舆情反馈看，农村土地改革部署受到舆论的广泛肯定，积极评价和中肯建言成为主流。当然，鉴于农村土地改革的专业性、复杂性、艰巨性特点，政府部门还须继续做好政策解读工作。

2. 从舆论指向看，"农民与土地的关系"是关注核心

"农民与土地的关系"是农村改革主线，也是舆论对相关改革部署的关注核心。4月25日，习近平总书记在安徽调研时关于"深化农村改革仍然以处理好农民和土地关系为主线"[1]的精辟论述，引发舆论强烈共鸣。新浪网转载相关报道后，14.7万网民参与跟帖评论。多位专家学者在《人民日报》、光明网、《中国青年报》等媒体刊文，围绕"如何处理好农民和土地关系"展开深入讨论。舆论认为，"处理好农民与土地的关系"是过去30多年农村改革发展经验的高度凝练，也是未来农村改革发展的重要遵循[2]。同时，在2016年发布的新型城镇化、农业转移人口进城落户等相关政策规划中，涉及农民土地权益方面的具体举措也引发了舆论关注。论坛、微信等自媒体中关于"农转非后如何处置土地权益""不得以退出'三权'作为农民进城落户条件"等思考和建言不断涌现。网民说，土地是农民最大的财

---

[1] 钟欣：《农村土地集体所有制不能改垮了》，《京华时报》2016年4月29日，第A04版。
[2] 叶兴庆：《从两个维度处理好农民和土地的关系》，光明网，http://theory.gmw.cn/2016-05/06/content_ 19976660.htm。

富,对于进城农民而言,最担心的就是农转非失去土地后没有了生活保障。处理好农民与土地的关系,就要引导其依法自愿有偿转让土地权益,增加财产性收入,保证农民进城"留得住、过得好"。

3. 社交媒体成为曝光农村土地问题的重要平台,其中折射的农村基层矛盾应予警惕

2016年,农村土地问题在社交媒体中具有很高的关注度,论坛、微博、微信是曝料热点事件的重要平台。海口秀英"4·30"拆违冲突事件、湖南长沙强拆被埋废墟事件等热点舆情事件均由网民在微博、论坛首曝,其中的图片、视频等可视化呈现成为重要"助燃剂",而媒体随后的跟进报道更是助推了舆情热度的快速升温。另外,在2016年排行前120位的"三农"网络热帖中,农村土地问题的举报维权帖有35个,占29.2%。年度排行前10的网帖中,有7个与此相关,全部来自天涯论坛,总点击量达1970万次。总体看,社交媒体反映出的农村土地问题主要集中在强征强拆、违法占地、贪污挪用征地补偿款和土地补贴资金方面,大多带有对当地村干部和基层相关部门的不满情绪,"村霸""恶霸""不作为""无人过问"等词语易被设置在网帖标题中。可见,土地问题引发的农村基层矛盾应予以高度警惕。一方面,通过土地改革的深入和法律规章的完善,充分保障农民的土地权益;另一方面,加强宣传和舆情应对工作,在引导村民理性维权的同时,还要畅通诉求表达的渠道,让一些苗头性问题在源头处得到有效纾解。

B.4 农产品质量安全舆情报告

韦 科 王明辉*

摘 要: 2016年,农产品质量安全舆情总体平稳,全年没有出现高热舆情事件。媒体关于农产品质量安全的报道量明显下降,但网民关注热情依然高涨。农产品质量安全保障工作受到聚焦;"问题肉"依然多发,数量大、地域多等特点突出;养殖用药问题关注度升温,水产行业易发热点问题。官方通报是主要信源,政府与媒体的良性互动成为常态;微博、微信舆论场分化,在关注热点上各有侧重;食品安全谣言多发、频发,网络环境治理亟待完善。

关键词: 农产品质量安全 问题肉 农兽药残留超标 网络谣言

2016年,农产品质量安全监管工作坚持"产出来""管出来"两手抓,主要农产品例行监测总体合格率为97.5%,同比上升0.4个百分点。农产品质量安全呈现总体平稳、持续向好的发展态势,全年没有发生重大农产品质量安全事件[①]。

从网络舆情看,2016年,农产品质量安全继续成为舆论热点话题。由

---

* 韦科,农业部信息中心舆情监测处分析师,新闻编辑,主要研究方向为"三农"新闻报道和网络舆情、农业信息化;王明辉,麦之云(北京)信息咨询有限公司舆情分析师,主要研究方向为网络舆情。
① 农业部新闻办公室:《农产品质量安全稳中向好》,农业部网站,http://www.moa.gov.cn/zwllm/zwdt/201612/t20161221_5414058.htm。

于全年农产品质量安全形势总体向好,没有发生高热舆情事件,新闻舆情量大幅下降。2016 年农产品质量安全相关新闻量为 3.7 万篇,较上年减少 2.1 万篇,减幅 36.1%。但是,作为重大民生关切,网民对农产品质量安全状况的关注热情始终不减,2016 年农产品质量安全相关的微博、微信、论坛、博客帖文总量 21.7 万条,较上年增长 7.6%。

一 热点事件排行分析

本报告通过对 2016 年 1~12 月有关农产品质量安全的新闻、帖文进行采集,并在此基础上进行定量加权统计分析,得出相关热点事件的舆情热度。据此计算出的全年舆情热度排行前 30 位的农产品质量安全事件(见表1)。

表1 2016 年农产品质量安全热点事件 Top30

排名	热点事件	月份	首发媒体	舆情热度
1	舆论关注全国食品安全宣传周	6	新华网	6792
2	汉丽轩烤肉店"鸭肉变牛肉",员工称"骗过全世界"	12	湖南广播电视台	4937
3	北京超市活鱼下架上演"罗生门"	11	北青社区报微信公号	4864
4	麦当劳在美停用摄入人类抗生素的鸡肉,舆论质疑"双重标准"	8	新浪微博	4123
5	国务院办公厅印发《2016 年食品安全重点工作安排》	5	中国政府网	3991
6	"无籽葡萄抹避孕药"引发多方辟谣	9	新浪微博	3543
7	国务院办公厅印发《食品安全工作评议考核办法》	8	中国政府网	3071
8	习近平对食品安全工作做出重要指示 切实保障人民群众"舌尖上的安全"	1	新华网	2544
9	天津部分小鱼塘滥用兽药被曝光	11	《新京报》	2453
10	重庆市民买回的猪肉夜里发出蓝光	1	《重庆晨报》	2374
11	网传畸形、个大草莓打激素引发多方辟谣	3	微信	2356
12	习近平关注食品安全等六项具体民生问题:群众所盼正是改革所向	12	人民网	2119

续表

排名	热点事件	月份	首发媒体	舆情热度
13	全国两会"农产品质量安全"话题	3	新华网	2023
14	香港检出江苏大闸蟹二恶英超标	11	人民网	1990
15	国务院食安办等五部门联合开展畜禽水产品专项整治	7	国家食药监总局网站	1963
16	研究发现,食品中的抗生素暴露与儿童肥胖关系密切	2	澎湃新闻网	1951
17	食品农残新国标发布,我国农药残留限量标准增至4140个	12	农业部网站	1930
18	疯狂的越南生猪走私:一天上万头偷渡入境中国	11	中央电视台	1344
19	首批国家农产品质量安全县(市)名单公布	12	农业部网站	1330
20	央视曝光珠海私宰注水羊流入市场	12	中央电视台	1233
21	全国食品安全示范城市创建和农产品质量安全县创建工作现场会在成都召开	10	《四川日报》	578
22	央视暗访低价烤肉店:假牛肉、仿鲍鱼、"口水肉"	12	中央电视台	512
23	宁波20批次小龙虾初检出致癌药物	5	央广网	493
24	山东绘国内首张"韭菜地图"产地流向全透明	2	山东卫视	456
25	"蟹黄致癌"谣言登上9月十大谣言榜	9	微信	391
26	深圳警方查获1.3万公斤私宰猪肉,部分检出瘦肉精	12	深圳新闻网	308
27	0.7万公斤毒狗肉、11万只毒鸟流向餐桌 江苏宣判特大制售有毒有害食品案22人获刑	5	法制网	273
28	国家食药监总局发布《食用农产品市场销售质量安全监督管理办法》	1	国家食药监总局网站	251
29	农业部对十二届全国人大四次会议第6329号建议的答复	8	农业部网站	186
30	调研报告显示:问题肉藏身县以下市场	10	《京华时报》	178

1. 农产品质量安全舆情在发生时间上呈现三个特点

通过对上述30个热点事件分析可以看出,农产品质量安全舆情在发生时间上有三个特点。一是，年初年末易发热点。1月出现了3个热点事件，12月出现了7个热点事件。由于1月和12月分别是政府部门对食品安全监管保障工作进行部署、全面总结的时段，因此媒体的相关报道也就更为集中。这两个月出现的10个热点事件中与此相关的有5个。此外，假冒肉问题的舆情热度在12月明显升温，湖南广播电视台12月上旬对汉丽轩"鸭肉假冒牛肉"问题进行首曝，中央电视台在月末又发出了跟进报道，使得汉丽轩假冒肉问题的舆情关注热度持续整月，并成为跨年度的热点事件。二是，热点网络谣言多出现在农产品集中上市季节。"激素草莓""无籽葡萄抹避孕药""蟹黄致癌"等3个热点事件分别出现在3月和9月，与草莓、葡萄和大闸蟹上市时间相吻合。三是，水产养殖相关热点在11月集中曝出。11月出现的4个热点事件中有3个与此有关，分别是"香港检出江苏大闸蟹二恶英超标""北京超市活鱼下架""小鱼塘被曝滥用药"，后两起事件还呈现了明显的舆情关联效应（见图1）。

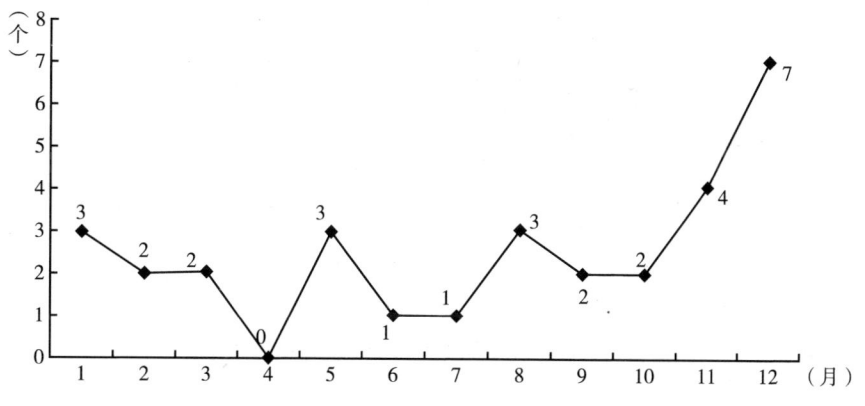

图1 2016年农产品质量安全热点事件发生时间分布

2. 农产品质量安全热点事件主题主要涉及政府部门监管保障、种养殖环节用药问题、流通环节问题、网络谣言等四类

从主题分布来看，上述30个热点事件主要涉及政府部门监管保障、种养殖环节用药问题、流通环节问题、网络谣言等四类。其中，政府部门监管保障事件最多,有13个,占比43.3%。"全国食品安全宣传周"期间,有关部门发布的食品安全抽检结果、表明的监管态度等引发舆论持续关注,"全国食品安全宣传周"也由此登上年度农产品质量安全热点事件排行榜首位。种养殖环节用药问题相关的热点事件有8个,占比26.7%,其中有5个是地方执法部门通报的或媒体报道的养殖滥用药问题。还有3个是因公众对养殖安全的担忧情绪引发的热点事件,如"北京超市活鱼下架""麦当劳在美停用摄入人类抗生素的鸡肉""研究称食品中的抗生素暴露与儿童肥胖关系密切"。流通环节问题相关热点事件有6个,占比20%,主要涉及假冒、私宰、注水等问题,"毒狗肉"是2016年新发热点(见图2)。

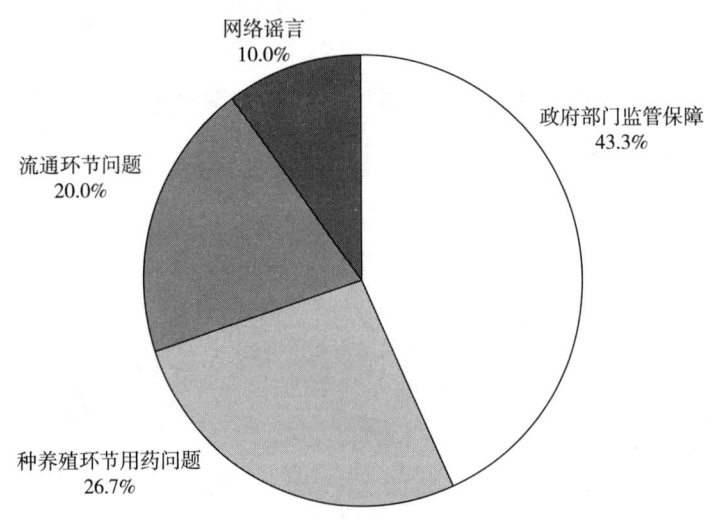

图2　2016年农产品质量安全热点事件主题分布

3.农产品质量安全热点事件首发媒体主要是网络媒体和政府网站

从首发媒体看,年度排行前30位的农产品质量安全热点舆情事件主要来自新闻媒体和政府网站。其中,新闻媒体首发的热点事件有18个,占比60%。政府网站首发的热点事件有7个,占比23.3%。微博、微信首发的热点事件在数量上虽然少,但由于内容主要涉及问题农产品和网络谣言,因此相关事件在舆情热度排行上整体靠前(见图3)。

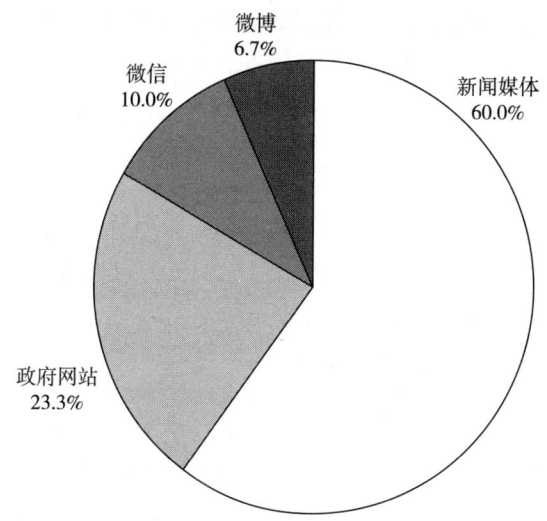

图3 2016年农产品质量安全热点事件首发媒体分布

二 热点舆情回顾

1. 农产品质量安全保障工作被聚焦,"最严"监管彰显民意和政府决心

2016年,农产品质量安全的监管保障工作被媒体和网民持续聚焦,政府对食品安全"最严监管"的定调获得舆论肯定。2016年春节前夕,习近平总书记、李克强总理分别就食品安全工作做出重要指示和批示。"'四个最严'保障'舌尖上的安全'""确保食品安全党和政府义不容辞"等指示内容被媒体大量转述报道,引发网民热烈关注。3月份全国两会期间,网民对食品安全问题的关注热度不减。据新华网发布的"两会"热点调查,"食品安全话题比之去年稳中有升,跃居热点排行第二位"①。政府工作报告中强调的"加快健全统一权威的食药安全监管体制",农业部部长韩长赋在十二届全国人大四次会议记者会上提出的"农产品质量安全问题零容忍""农

---

① 《2016两会关注度调查:数据凸显公约数》,新华网,http://fms.news.cn/swf/2016_sjxw/2_29_lhrd/index.html。

产品监管横向到边、纵向到底"等,成为媒体报道时广泛引用的高频语句。5月中旬,国务院办公厅发布《2016年食品安全重点工作安排》,被舆论称为食品安全领域的"一号文件"。6月中旬,汪洋副总理在全国食品安全宣传周启动仪式上强调"德法并举、社会共治",全面落实"四个最严"的要求。网民表示,政府监管无死角,严惩无例外,消费者积极参与共治,共享食品安全发展成果的美好未来可期。12月21日,习近平总书记在中央财经领导小组第十四次会议上对食品安全监管等百姓关切的6件民生大事发表重要讲话,引发舆论热烈反响。

有关部门和各地政府在食品安全和农产品质量安全方面的工作部署和监管举措也被关注。3月,农业部部长韩长赋在全国两会专场记者会上表示,"农业部从今年起要推行高毒农药的定点经营和实名购买制度"[1]。随后,媒体以"购剧毒高毒农药须实名"为题,广泛报道了福建、广东等省启动的相关工作。7月,国务院食安办、农业部、国家食药监总局等5部门联合发文,部署自2016年8月至2017年12月,在全国开展畜禽水产品抗生素、禁用化合物及兽药残留超标专项整治行动。上述监管工作部署中,"合力监管、联合执法"成为关注焦点。舆论认为,这体现了食品安全从农田到餐桌的全程控制、全链条监管模式,相关部门既各司其职、守土有责,又协同合作、激发监管保障的叠加效应,这是食品安全治理应该遵循的方向。针对注水肉、私屠滥宰等问题,7月,农业部联合多部门对禽肉水分限量标准展开研究,并组织开展生猪屠宰"扫雷行动",严打注水肉等各类违法屠宰行为[2]。舆论认为,不法商贩动物注水手段越来越隐蔽,也越来越难检测出来,修订肉类水分标准十分必要,农业部给注水肉带上"紧箍",百姓的餐桌又多了一道"安心符"。在食品安全标准完善方面,12月末,国家卫计委、农业部、国家食药监总局联合发布《食品安全国家标准食品中农药最

---

[1] 《韩长赋:今年起推行高毒农药定点经营和实名购买制》,中国网,http://finance.china.com.cn/news/special/2016lhcjzt/20160307/3617546.shtml。

[2] 《农业部:将重新修订猪肉水分标准严打注水肉》,中国经济网,http://www.ce.cn/cysc/sp/info/201607/12/t20160712_13747859.shtml。

大残留限量》。新国标规定了 433 种农药在 13 大类农产品中 4140 个残留限量，较 2014 年版增加 490 项①。舆论对此广泛肯定，评价新国标筑牢安全墙、加码执行力，是一剂治理农药滥用的良方。此外，各地政府部门的食品安全监管工作也受到关注，四川、重庆、山东、吉林等地通过"互联网+"、大数据等现代信息技术手段，创新监管办法、提高监管效能的工作举措也获得了广泛肯定。舆论称赞"食品安全监管装上了智能大脑"。12 月，农业部命名的首批国家农产品质量安全县（市）引发各地媒体的踊跃宣传。舆论表示，这是农产品质量安全保障工作在岁末交上的一份满意答卷，希望上榜地方能总结推广好的经验和做法，带动农产品质量安全工作迈上新台阶。

2. 流通环节问题依然多发，数量大、地域多等特点突出

2016 年，病死肉、走私肉、注水肉、假冒肉、毒狗肉等仍呈多发态势，各地司法部门侦办和审理的问题肉制品违法犯罪案件成为媒体报道的主要新闻源。总体看，上述违法犯罪案件主要存在以下几个特点。一是涉案数量大。如，《中国青年报》4 月报道《深圳查获两千余吨走私冻肉初步鉴定部分来自疫区》，正义网 9 月报道《肉贩子收购近 500 余头病死猪 交易额达上百万》等。二是涉及地域广、形成产业链。如，澎湃新闻网 7 月报道《湖南病死猪肉制成腊肉，多家厂商线上线下均销售》。三是部分问题肉进入市场、上餐桌。如，浙江卫视 1 月报道《杭州：注水牛肉案告破 问题肉流入市场》，四川在线 10 月报道《2 万多斤"问题肉"流向攀枝花餐桌 8 名被告受审》等。

从关注度看，毒狗肉相关的违法犯罪案件的舆情热度升温明显。与 2015 年相比，媒体对毒狗肉案报道的频次显著增加，涉及多个省份。与病死猪、走私肉等违法犯罪案相比，毒狗肉案件的案值较小，首发媒体以案发地的媒体为主，新闻转载量总体不高。总体看，毒狗肉案件暴露三大监管问

---

① 农业部新闻办公室：《我国农药残留限量标准增至 4140 个》，农业部网站，http://www.moa.gov.cn/zwllm/zwdt/201612/t20161228_5419643.htm。

题：一是对狗肉制品的监管不足，二是氰化物等剧毒化学品的销售、运输、使用等各环节监管还有待完善，三是城乡接合部、近郊、农村等地餐饮行业的监管仍需加强①。

此外，媒体首曝的走私肉、注水肉、假冒肉等问题依然具有较高关注度，时间主要集中在年末。11月20日，中央电视台《新闻直播间》报道，在广西崇左市宁明县爱店镇，一天有上万头越南生猪走私进入中国，流入内地一些屠宰场②。11月21日，中央电视台《新闻1+1》播出《走私食品，如入无人之境？》，对走私生猪的疫病风险和食品安全隐患、广西宁明相关部门监管失察等问题进行重点关注和讨论③。针对上述报道，网络媒体迅速进行了大量转载，"一天上万头偷渡中国""联合执法形同虚设"成为大部分转载标题中设置的信息。网民也对此广泛关注，网易单条新闻的网民参与跟帖评论量近10万次。11月22日，中国新闻网报道，广西打私办已对涉嫌走私的执法人员展开调查，并对生猪走私进行严打④。媒体建议，打击走私行动应由"专项"变为"常态"，同时建立起切实可行的绿色通道，保证进口的合法化和食品的安全化⑤。

12月，湖南广播电视台《经视焦点》栏目分别在2日、25日对湖南金牛角王餐饮服务有限公司、湖南汉丽轩自助烤肉店用鸭肉冒充牛肉问题进行报道，引发强烈反响。特别是汉丽轩后厨工作人员的一句"骗过了全世界"，被网络媒体大量设置在转载标题中。"汉丽轩烤肉店鸭肉变牛肉"登上27日新浪微博热搜榜。共计20余万网民在新浪、网易等门户网站参与跟

---

① 于英杰：《江苏查获1.4万斤药死狗肉 其中一半最终上了居民的餐桌》，扬子晚报网，http://www.yangtse.com/shehui/2016-06-29/915917.html。
② 《揭开越南生猪走私非法利益链：一天上万头越南生猪走私入境》，央视网，http://news.cctv.com/2016/11/20/ARTIRgSGOFKrljDwpKD9Fnap161120.shtml。
③ 《走私食品，如入无人之境？》，央视网，http://tv.cctv.com/2016/11/21/VIDE33rVQoJVEAWgBAV8YLUz161121.shtml。
④ 林浩：《广西回应生猪走私问题涉案人员连夜受纪律审查》，中国新闻网，http://www.chinanews.com/sh/2016/11-22/8071014.shtml。
⑤ 《越南生猪走私每天入境上万头 廉价猪肉严重冲击国内市场》，央广网，http://country.cnr.cn/mantan/20161124/t20161124_523287283.shtml。

帖评论，质问这样的造假自信来自何处？中央电视台《东方时空》29日对汉丽轩存在的用鸭肉冒充"牛肉"、用其他肉制品冒充鲍鱼、把顾客吃剩的"口水肉"重新端上餐桌等问题予以跟进报道①，再次推高舆情热度，使得汉丽轩肉品掺假事件成为跨年度的热点话题。

3. 养殖用药问题关注度升温，水产行业易发热点

与上年相比，2016年养殖环节用药问题的舆情热度升温，兽药残留超标和滥用问题是关注重点。各地监管部门的日常检测通报成为媒体发布消息的主要信息来源，猪肉、鸡肉、水产等问题比较集中，整体呈现报道总量大但单条转载量不高的特点。但是，各地监管通报的相关问题如果涉及时令农产品、不合格批次多、检验标准缺失等因素，舆情热度便会明显增加。5月13日，央广网报道称："宁波镇海市场监管局对17家小龙虾店初步抽检，有20个批次的小龙虾疑似检出孔雀石绿、呋喃西林等药物成分""这些小龙虾来自江苏南京、盱眙、浙江舟山、湖北等地"②。由于时值小龙虾上市季节，且该起检测通报涉及不合格率高、多地域等因素，引发了后续一连串的舆情反应。11月1日，人民网报道，香港特区食品安全中心9月下旬抽检出两个江苏大闸蟹样本的二噁英含量超标，目前香港已暂停有关水产养殖公司的进口③。随后媒体在跟进报道中披露了"此前江苏检验部门对涉事企业的检验结果均合格""内地对二噁英检测存在标准和技术上的欠缺"④ 等情况。尽管也有媒体称二噁英在环境中的含量极低不会对人体造成影响⑤，但网民对港陆食品安全标准的差异、对大闸蟹的食用安全等依然表示担忧。

---

① 《东方时空》2016年12月29日，央视网，http://tv.cctv.com/2016/12/29/VIDENIjv48WjTKF7xc0Bu9gH161229.shtml。
② 曹美丽、杜金明：《宁波20批次小龙虾初检出致癌药物正做进一步检测》，央广网，http://finance.cnr.cn/gundong/20160513/t20160513_522137058.shtml。
③ 吴玉洁：《香港验出两只大闸蟹样本含致癌物二噁英超标》，人民网，http://hm.people.com.cn/n1/2016/1101/c42272-28826143.html。
④ 温潇潇：《大闸蟹二噁英超标背后：内地仅一机构能检测进出境食物二噁英》，澎湃新闻网，http://www.thepaper.cn/newsDetail_forward_1555457。
⑤ 罗琦、何天骄、邵海鹏、马晓华：《输港大闸蟹"有毒"专家称二噁英超标5倍照吃不误》，第一财经网，http://www.yicai.com/news/5150165.html。

"三农"舆情蓝皮书

12月下旬,深圳市市场稽查局联合福田警方在深圳市、东莞市捣毁5个生猪私宰窝点,缴获私宰生猪1.3万公斤,部分私宰肉检出瘦肉精[①]。对此,金羊网等广东省内媒体进行了图文报道,并迅速被新华网、人民网等媒体转载。由于查获的私宰肉数量较大,并检出瘦肉精,还有"杀猪刀与猪粪便混合在一起"等细节披露,网民纷纷发出"震惊""恶心"等短评,在对当地执法部门的专项行动表示肯定的同时,呼吁继续出重拳、严惩破坏食品安全的不法分子。

从舆情反馈看,媒体曝光对地方相关部门工作起到了推动作用。《新京报》11月29日针对水产品质量安全发出专版报道,曝光了天津塘沽部分私人鱼塘滥用药、违禁药孔雀石绿在网上售卖、问题水产溯源难等问题[②]。其中,天津部分私人鱼塘滥用药问题成为关注热点,"小鱼塘滥用兽药1次撒30余箱""养殖户不吃自养鱼"等报道中提到的情况被广泛设置于转载标题中,引发大量网民参与新闻跟帖评论。对此,天津渔业部门在报道发出的次日即向媒体表示,"养殖不规范属个别情况""已对当地鱼塘展开排查,并将加大力度监管"[③]。

此外,舆论对养殖用药安全的担忧情绪也引发了多个热点舆情事件。2016年2月,澎湃新闻网援引复旦大学的研究报告称"兽用抗生素或主要用于动物的抗生素暴露,与儿童超重或肥胖有明显的联系"[④]。报道引发舆论高度关注,网民观点呈两面分化。有网民对畜禽肉制品的食用安全表示担忧;也有网民对结论表示质疑,发问"会不会是肥胖儿爱吃肉,所以体内残留兽药多;而不是因为体内残留兽药,所以导致肥胖"。媒体也纷纷

---

① 王俊:《东莞2.6万斤私宰肉被缴获不少猪肉含"瘦肉精"》,金羊网,http://news.ycwb.com/2016-12/21/content_23840417.htm。
② 赵吉翔:《小鱼塘兽药失禁养殖户不吃自养鱼》,《新京报》2016年11月29日,第A08版。孙瑞丽、张惠兰:《违禁药孔雀石绿多地水产均曾检出》,《新京报》2016年11月29日,第A10版。
③ 《天津市水产局:养殖不规范属个别情况》,《新京报》2016年11月30日,第A11版。
④ 韩晓蓉、孙国根:《复旦大学发现来自食品的抗生素暴露,与儿童肥胖关系密切》,澎湃新闻网,http://www.thepaper.cn/newsDetail_forward_1434375。

采访儿科医生和食品安全专家,认为报道存在着引用不准确、结论过于武断等问题。养殖业滥用抗生素问题也引起关注,媒体认为目前兽用抗生素的使用存在很大的随意性,还需要强有力的监管,通过加强集约化养殖等方式从源头治理①。8月,"麦当劳宣布在美国停止使用摄入人类抗生素的鸡肉"的相关消息受到网络热烈围观。由于该规定只适用于麦当劳在美国的餐厅,国内媒体和网民纷纷质疑其"双重标准",一方面呼吁提高国内肉制品的检测标准,一方面关注国内养殖用药规范问题。11月,"北京多家超市活鱼下架"相关消息经媒体曝出后,引发舆论对下架原因的众多猜测。其中,"淡水鱼养殖药残超标""水体污染"等成为较具代表性的说法。尽管食药监部门及时发布了水产抽检数据并澄清传言,但舆论依然追问不断。

三 舆情传播特点

1. 官方通报是主要信源,政府与媒体的良性互动成为常态

总体看,政府部门的声音和行动越来越受到媒体关注,舆论监督也越来越快地得到有关部门的反馈,政府与媒体的良性互动成为常态。2016年,病死肉、走私肉等"问题肉"以及养殖滥用药问题是农产品质量安全热点多发的两个话题。分析其信息来源可以看出,大多数的媒体报道来自各地有关部门的日常执法和监管通报。而针对媒体首曝后的上述热点问题,政府部门也能及时予以处置和回应。从信息的首发路径也可以看出,政务微博、官方微信已成为各地执法和监管部门发布第一手消息的优先媒介,而且能较为及时地引发媒体关注。3月10日10时左右,江苏省南通市如东县公安局通过官网微博"@如东警方"发布了当地查获3吨病死猪的图文消息。当日16时,中国新闻网对此发出了相关报道,并使用了"@如东警方"在微博

---

① 《兽用抗生素致儿童肥胖?专家:误传没必要恐慌》,新华网,http://news.xinhuanet.com/local/2016-02/24/c_128745665.htm。

中发出的相关图片①。随后，新华网、人民网、新浪、网易等网络媒体进行了二次转载传播。5月13日下午15时许，央广网报道了宁波20批次小龙虾疑似检出孔雀石绿等物质，并称这些小龙虾来自江苏南京等地。5月13日晚18时许，江苏省南京市食品药品监督管理局通过官方微博"@南京食品药品监管"进行了全面回应。对此，江苏省内的报纸、新闻网站以及电视台均进行了及时报道传播。

2. 微博、微信舆论场分化，关注热点各有侧重

2016年，微博、微信中农产品质量安全相关的热点舆情呈现明显差异。从关注度上看，微信中的舆情热度高于微博。以转发量为标准，在全年排行前240位的"三农"热点微博中，与农产品质量安全相关的有46条，占比19.2%。以相同文章数为标准，在全年排行前240位的"三农"热点微信文章中，与农产品质量安全相关的有114篇，占比47.5%。从内容上看，微博关注热点集中在问题食品和问题农产品方面。其中，"无籽葡萄抹避孕药"和"吃蟹黄可能致癌、给螃蟹打针增重、大闸蟹靠激素养肥"这两条微博谣言消息分别居2016年农产品质量安全热点微博排行榜的第1位、第2位。微信中的关注热点集中在食品安全政府监管保障方面。其中"习近平：不断解决好人民群众普遍关心的突出问题""国务院办公厅印发《2016年食品安全重点工作安排》""韩长赋：对农产品质量安全问题坚持零容忍""2016年全国食品安全宣传周在京启动""我国食品安全国家标准体系年底形成"等相关微信文章的相同文章数居前10位。

3. 食品安全谣言多发、频发，网络环境治理亟待完善

2016年，微博、微信中的食品安全谣言多发。据中国社会科学院研究报告统计，食品安全谣言占我国各类网络谣言总量的45%，位居第1位②。中国食品科学技术学会发布的"2016年食品安全微信十大谣言"中，与农

---

① 徐珊珊：《江苏如东警方查获病死猪肉3吨含两种强传染性病毒》，中国新闻网，http://www.chinanews.com/df/2016/03-10/7792200.shtml。

② 《专家提醒公众警惕四类食品安全谣言》，《光明日报》2016年6月15日，第6版。

产品质量安全相关的谣言占了5个①。从关注领域看，种植业成为谣言重灾区，谣言种类多、持续时间长、涉及地域广。3月的"激素草莓"、5月的"空心菜吸附重金属不能吃""韭菜叶子浓绿宽厚就是毒韭菜""香蕉芯硬是被药水泡过"、8月的"无籽葡萄致不孕"等谣言，大多套上北京、山东、江苏、辽宁等多个地域的"马甲"，打着"为了家人一定要转发"的关爱旗号大量传播。从传播内容看，相关谣言存在着旧谣新传、多版本演绎等特点，如"速成鸡"变成"速成鸭"、"吃猪肉感染H7N9"变成"吃樱桃感染H7N9"等。从传播节点看，一些"爆款"谣言多在农产品集中上市季节出现，成为农产品价低、卖难的重要诱因。从上述几点可以看出，食品安全网络谣言的传播特点是有据可循的，有关部门在严厉打击谣言散布者的同时，通过对谣言传播规律的把握，提前发布提醒消息，把谣言扼杀在"开跑"之前。此外，微博、微信的快速普及使众多谣言与"伪科普"文章被大量阅读和转载，也给政府部门治理食品安全网络环境提出新的挑战，通过生动有趣、易懂易记的科普方式提升民众的食品安全科学素养是破题的关键。

---

① 《2016食品安全微信10大谣言》，《北京青年报》2017年1月11日，第B07版。

B.5
"互联网+"现代农业舆情报告

韦科 张劲*

摘 要： 2016年，"互联网+"现代农业相关国家战略决策和重要部署接连发布。舆论广泛关注"互联网+"与农业全产业链全面、深度融合发展，积极评价"互联网+"在促进传统农业转型升级、农民增收、新农人创业创新、乡村治理等方面发挥的作用。农村电商引发深度思考和多角度建言。

关键词： 互联网+ 现代农业 农村电商

2016年，"互联网+"现代农业保持强劲有力的发展势头，农业生产信息化迈出坚实步伐，经营网络化快速发展，管理信息化快速推进，服务在线化全面提升。农业部实施的信息进村入户工程试点范围扩大到26个省份116个县，益农信息社覆盖2.4万个行政村，开展便民服务1.1亿人次[①]。2016年全国农村网络零售额达8945.4亿元，约占全国网络零售额的17.4%[②]。全年"互联网+"现代农业相关新闻报道量2.1万余篇，较2015年减少6500余篇，降幅23.3%。虽然相关新闻总量较上年有所下降，但报

---

* 韦科，农业部信息中心舆情监测处分析师，新闻编辑，主要研究方向为"三农"新闻报道和网络舆情、农业信息化；张劲，湖北农村信息宣传中心副调研员，主要研究方向为农业新闻、舆论引导、涉农网络舆情、农业信息化。

① 《"互联网+"现代农业掀起农业信息化新浪潮》，新华网转载《农民日报》，http://news.xinhuanet.com/politics/2016-12/16/c_129407703.htm。

② 《2016年农村网络零售额8945.4亿元约占全国17.4%》，中国新闻网，http://www.chinanews.com/cj/2017/03-02/8163845.shtml。

道内容在广度和深度上都有明显提升,既有对政府部门政策保障的大力宣传,也有对各地实践成果的积极推广,还有对目前存在问题和短板的反思及建言。网民在新浪微博、微信、论坛、博客中发布的相关帖文量达 3.3 万余条,与上年基本持平。网民对政策红利的接连释放抱以热情,对"互联网+"推动下的农业农村发展予以肯定和期待。

一 热点事件排行分析

通过对 2016 年 1~12 月"互联网+"现代农业相关的新闻、帖文进行监测和加权计算分析,得出相关热点事件的舆情热度,据此列出 2016 年排行前 30 位的热点事件(见表 1)。

表 1　2016 年"互联网+"现代农业热点事件 Top30

排名	热点事件	月份	首发媒体	舆情热度
1	全国"互联网+"现代农业工作会议暨新农民创业创新大会召开	9	中国网	5832
2	中央一号文件:大力推进"互联网+"现代农业	1	新华网	4345
3	国务院印发《全国农业现代化规划(2016~2020 年)》:加快实施"互联网+"现代农业行动	10	中国政府网	3920
4	广东徐闻菠萝滞销事件引舆论关注农村电商	5	淘宝网	3636
5	农村电商年货节:找回年味激活乡村	1	中国网	3068
6	国务院办公厅:鼓励返乡下乡人员开展网上创业	11	中国政府网	2395
7	农业部等 8 部门联合印发《"互联网+"现代农业三年行动实施方案》	5	农业部网站	2288
8	柳岩与聚划算合作直播,一个小时内卖出枣夹核桃两万多件	5	淘宝网	2189
9	国务院办公厅:大力发展农业新型业态,实施"互联网+"现代农业行动	1	中国政府网	1907

续表

排名	热点事件	月份	首发媒体	舆情热度
10	农业部发布《"十三五"全国农业农村信息化发展规划》	9	农业部网站	1893
11	海南建设互联网农业小镇	8	《海口日报》	1891
12	国务院办公厅：支持农民创业创新,大力发展农产品电子商务	12	中国政府网	1776
13	国务院：把农村电子商务纳入扶贫开发工作体系	12	中国政府网	1524
14	国务院扶贫办等16部委出台《关于促进电商精准扶贫的指导意见》	11	国务院扶贫办网站	1105
15	县长直播卖土产,两小时收获千万点赞	12	中国网	1092
16	农业部印发《关于推进农业农村大数据发展的实施意见》	1	农业部网站	1089
17	农业部办公厅印发《农业电子商务试点方案》	1	农业部网站	1023
18	中国农科院等共同成立国家智慧农业科技创新联盟	12	新华网	877
19	苹果电商销售月行动取得新成效	4	农业部网站	651
20	阿里村淘升级至3.0模式"服务"成关键词	7	《经济参考报》	600
21	发改委与阿里巴巴签署战略合作协议,未来三年建10000个村级服务站	2	新华网	552
22	正大集团、阿里巴巴、蚂蚁金服联手助力农村电商	12	中国新闻网	529
23	第十四届中国国际农产品交易会成功举办,农业电商表现抢眼	11	中国网	453
24	京东家电下乡开专卖店	3	中国经济网	446
25	秀山"村红"直播找土货,5秒卖出4万枚鸡蛋	5	亿邦动力网	428
26	苏宁发布2016年农村电商战略"三化五当"模式	5	中国青年网	417
27	中国农大携手河北涿州建立农业科技成果创新示范园	5	中国新闻网	353
28	"猪联网"让养猪更智慧	1	《科技日报》	241
29	农村淘宝春耕成绩单：2000万村民买千万份农资	3	《羊城晚报》	199
30	安徽长丰一农妇直播鸡生蛋成"网红"	9	人民网	112

从以上热点事件的分析,总结出如下舆情特点。

1. "互联网+"现代农业相关热点事件在岁末年初较为集中

从"互联网+"现代农业相关热点事件发生的时间分布看,在岁末年初较为集中,1月有6个,12月有5个。主要原因在于相关部门扶持政策出台在这两个月更为密集,11个热点事件中有6个与此相关。同时,岁末年初春节临近,电商销售农产品的关注度快速升温。1月下旬开始的"农村电商年货节"再次引发互联网狂欢,事件热度排行居于前列。此外,5月热点事件的数量也明显居高,有6个。农产品电商营销的典型事例占了3个,其中既有网络直播销售农产品的成功案例,也出现了电商助销徐闻菠萝而引发的倒闭破产风波,原因值得深度思考(见图1)。

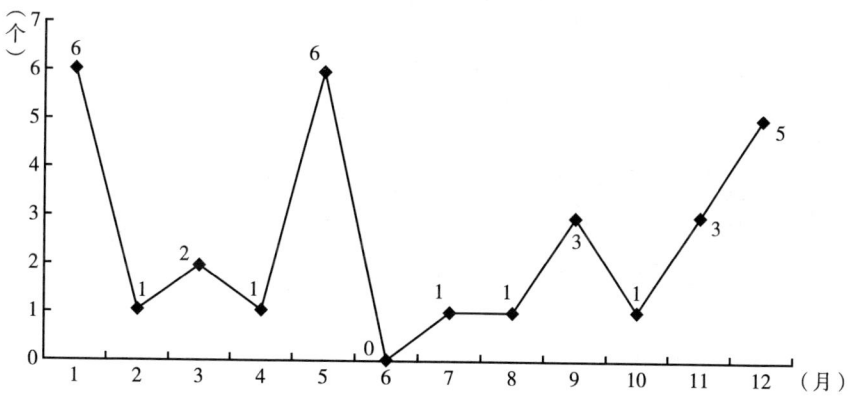

图1 2016年"互联网+"现代农业热点事件发生时间分布

2. 政府部门推进举措和电商营销更受关注

从主题分布看,政府部门的顶层设计占比最大,有11个热点事件与此相关,占36.6%。从政策内容看,农业农村电子商务是重头戏,关涉农业转型升级、新农人返乡创业创新、农民增收、农村扶贫等多个层面。其次是与农产品电商营销相关的热点事件,有9个,占30.0%。其中,网络直播销售农产品是新亮点,直播主角涵盖了农村基层干部、普通农民、网络红人等多个群体,这在当前"内容为王"的新媒体传播生态中,对于农产品营销具有积极参考意义。电商企业布局农村相关的热点事件有 5 个,占 16.7%。主要是阿里、京东、苏宁等电商巨头在多项政策利好的环境下,对农村电商业态的深度建设和布局。与智慧农业、智慧农村相关的热点事件也有 5 个。其中既有政府部门主导建设的"智慧农业小镇",也有科研单位联手搭建的"国家智慧农业科技创新联盟",还有农业科技企业大力推进的"猪联网",从中也体现出了开放、众筹、共享、共赢的互联网思维(见图 2)。

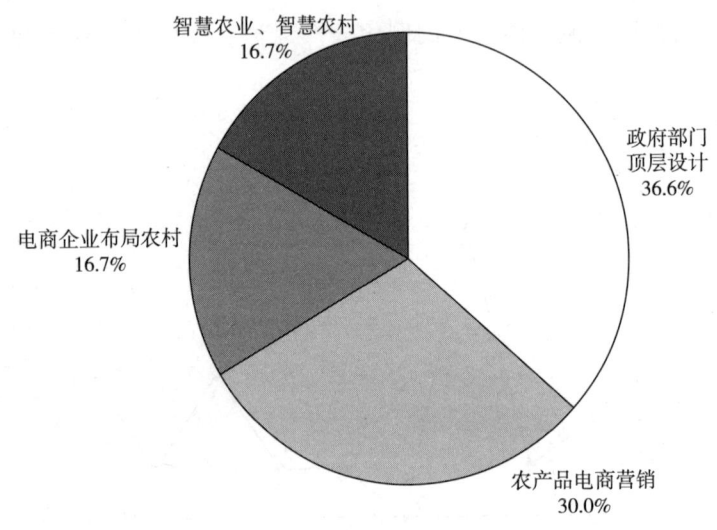

图 2   2016 年"互联网+"现代农业热点事件主题分布

3. 新闻媒体首发热点事件超过半数

从首发媒体看,新闻媒体首发的热点事件最多,有 17 个,占 56.7%。新闻媒体是积极宣传"互联网+"现代农业的主力,且阵容强大,包括了中央级媒体和地方媒体、纸媒与网络媒体、综合类媒体和行业类媒体等多个类型。政府网站首发的热点事件有 11 个,占 36.7%,主要来自中国政府网、农业部网站,内容以政策发布为主(见图 3)。

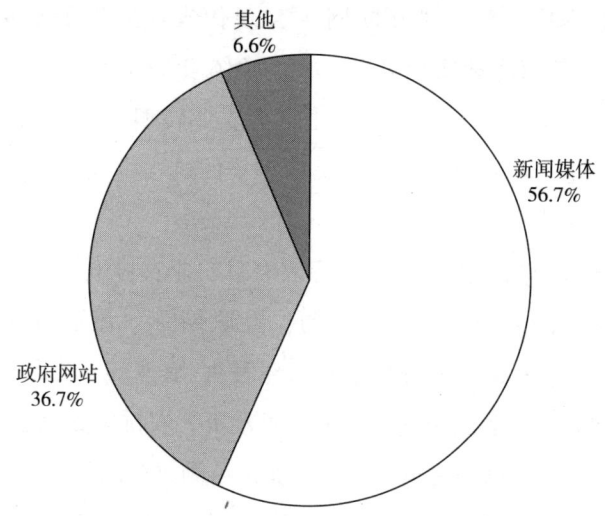

图3　2016年"互联网+"现代农业热点事件首发媒体分布

二　热点舆情回顾

1. 顶层设计与政策落实渐次展开,"互联网+"现代农业前景无限

2016年,"互联网+"现代农业继续受到党中央和国务院的高度重视,相关战略决策和重要部署接连发布,引发舆论持续聚焦。中央一号文件提出,大力推进"互联网+"现代农业①。国务院发布的《全国农业现代化规划（2016～2020年）》提出,加快实施"互联网+"现代农业行动②。农业部等8部门联合发布《"互联网+"现代农业三年行动实施方案》,部署了农业物联网试验示范、农业电子商务示范、信息进村入户等6项重大工程。农业部印发《"十三五"全国农业农村信息化发展

---

① 《中共中央国务院关于落实发展新理念加快农业现代化实现全面小康目标的若干意见》,新华网,http://news.xinhuanet.com/2016-01/27/c_1117916568.htm。
② 《国务院关于印发全国农业现代化规划（2016～2020年）的通知》,中国政府网,http://www.gov.cn/zhengce/content/2016-10/20/content_5122217.htm。

规划》，明确了未来5年"互联网+"现代农业的发展目标①。舆论用"顶层设计与政策落实渐次展开"，评价2016年我国政府出台的重磅举措和实施的工作，认为"互联网+"正在为农业转型升级注入强劲驱动力，将在农业现代化、新农村建设、农民奔小康的过程中发挥越来越重要的作用。

从政策部署的具体内容看，我国政府对农业农村电子商务发展的推动一如既往。国务院办公厅发布实施的"互联网+"流通行动计划中，对"深入推进农村电子商务"进行了专门部署②，农业部办公厅印发《农业电子商务试点方案》③。舆论认为，在政策推动下，农村电商迈上"双向流通"快车道，以农业电子商务为突破口的农业供给侧改革之役已经打响。"互联网+"与农业生产的融合也被大力支持。中央一号文件对"互联网+"推动农业全产业链改造升级进行明确部署。农业部也在未来5年的农业农村信息化发展中，详细规划了物联网、大数据等现代信息技术与种植业、畜牧业、渔业等生产过程的深度融合应用。舆论称，信息化已成为种地的先进手段，中国农业的前景无限美好。"互联网+"现代农业在带动返乡创业方面也接连迎来政策暖风。国务院办公厅在支持返乡下乡人员创业创新、促进农民持续增收等方面先后发文，提出通过实施"互联网+"现代农业行动，丰富农民创业创新方式，开展网上创业④。舆论表示，"互联网+"现代农业活力喷薄，为新农民创业创新带来无限可能。此外，"互联网+"现代农业还是扶贫工作的重要抓手。国务院印发《"十三五"脱贫攻坚规

---

① 《"十三五"全国农业农村信息化发展规划》，农业部网站，http://www.moa.gov.cn/govpublic/SCYJJXXS/201609/t20160901_5260726.htm。

② 《国务院办公厅关于深入实施"互联网+流通"行动计划的意见》，中国政府网，http://www.gov.cn/zhengce/content/2016-04/21/content_5066570.htm。

③ 《农业部办公厅关于印发〈农业电子商务试点方案〉的通知》，农业部网站，http://www.moa.gov.cn/zwllm/tzgg/tfw/201601/t20160118_4988374.htm。

④ 《国务院办公厅关于支持返乡下乡人员创业创新促进农村一二三产业融合发展的意见》，中国政府网，http://www.gov.cn/zhengce/content/2016-11/29/content_5139457.htm。《国务院办公厅关于完善支持政策促进农民持续增收的若干意见》，中国政府网，http://www.gov.cn/zhengce/content/2016-12/06/content_5143969.htm。

划》，将农村电子商务列为精准扶贫的重要载体，对电商扶贫进行了全面部署①。国务院扶贫办等16个部门也联合发布指导意见，促进电商精准扶贫②。舆论指出，通过"互联网+"的杠杆来撬动精准脱贫的硬骨头，是充满智慧的中国方略，"云上中国"的全面小康梦想为期不远③。

从政策实践看，9月举办的"全国'互联网+'现代农业工作会议暨新农民创业创新大会"是精彩缩影。有媒体指出，会议响应了党中央、国务院有关实施"互联网+"行动计划的重要部署，是农业领域一次带有全局性、前瞻性的会议，具有里程碑意义④。有媒体介绍，与会者们赶着信息大集，在主题各异的论坛上交流经验，分享成果，共同推动现代农业发展到新高度，"政府搭台、企业唱戏、农民当主角"的农业信息化建设路径逐渐成为社会共识⑤。网民也纷纷用"振奋人心"等字样对会议予以积极评价，并对"互联网+"背景下的"三农"发展表达了深切期待。

2. 农业变身"高精尖"，"互联网+"助力传统农业转型升级

2016年，"互联网+"在助推传统农业转型升级方面发挥的积极作用受到广泛关注，物联网、大数据、智能装备等现代信息技术给种植业、养殖业等农业生产注入的蓬勃动力引发媒体持续报道。在春耕、"三夏"和秋收期间，农民"掌中种粮""互联网+"助力抢种抢收的鲜活案例层出不穷：湖南湘潭县种粮大户手机一点即可招来无人机喷洒农药，黑龙江省北安市种粮大户使用水肥智能一体化渗灌，浙江温岭农民用装有北斗卫星定位导航的收

---

① 《"十三五"脱贫攻坚规划》，中国政府网，http：//www.gov.cn/zhengce/content/2016-12/02/content_5142197.htm。
② 《关于促进电商精准扶贫的指导意见》，国务院扶贫开发领导小组办公室网站，http：//www.cpad.gov.cn/art/2016/11/23/art_343_241.html。
③ 吴楚、李正穹：《网络扶贫：决胜全面小康的新杠杆》，中国青年网，http：//news.youth.cn/wztt/201611/t20161130_8898933_1.htm。
④ 《让"农民"成为有奔头令人羡慕的职业》，《农民日报》2016年9月8日，第1版。
⑤ 《吹响信息化与农业现代化深度融合的号角》，农业部网站转载《农民日报》，http：//www.moa.gov.cn/fwllm/xxhjs/nyxxh/201609/t20160912_5272047.htm。

割机割稻子，山东农民通过网约收割机精准服务①。"互联网+"在畜禽水产养殖中的突出表现被积极宣传。《湖北日报》报道了武汉木兰山下的智能化蛋鸡产业园，电脑程序化控制蛋鸡养殖的投食、喂水、除粪等全过程，并自动对鸡蛋消毒、分级、喷码，保证了质量安全和来源的可追溯②。据中国水产养殖网报道，江苏无锡养殖户使用水产智能物联网设备进行水质监测、鱼类生长监控以及饵料精确投放，4万余亩水产基地增效4000余万元③。《沈阳日报》报道了"猪联网"管理平台，通过移动互联网、物联网、云计算等，为养殖户提供饲喂、生产、疫病防控、销售等信息技术支撑，打造了"互联网+"时代的养猪新模式④。

"互联网+"现代化大农业引发舆论称赞。有媒体指出，一场以互联网为主要动力的农业科技革命浪潮正在蓬勃兴起，现代农业的实时监控、精准管理、远程控制和智能决策成为现实，"互联网+"加出了农业新高度⑤。有媒体感慨，从"土中种粮"到"掌中种粮"，从"挥汗如雨"到"坐享其成"，农业生产已告别"傻大笨粗"，变得越来越"高精尖强"⑥。还有媒体说，四个现代化，农业是短腿，"互联网+"激发了农业转型升级的活力，各地政府部门还须以市场为导向，借助"互联网+"的力量，促进农产品的标准化、品牌化⑦。

---

① 《春耕里有哪些"高新尖"——春耕时节看我国农业科技之变》，新华网，http://news.xinhuanet.com/fortune/2016-03/21/c_1118395901.htm? search_ jdye3；《温岭农民用上北斗导航割稻子》，中国台州网，http://www.taizhou.com.cn/news/2016-08/04/content_3088196.htm；姬生辉：《兖州农民尝鲜互联网割麦子不再劳心费神花冤枉钱》，齐鲁晚报网，http://www.qlwb.com.cn/2016/0620/650507.shtml。
② 李先宏：《农业"高大上"，底气从何来》，《湖北日报》2016年10月31日，第7版。
③ 《借助物联网江苏无锡四万余亩水产基地增效达4000余万元》，中国水产养殖网，http://www.shuichan.cc/news_view-299840.html。
④ 黄超：《东北猪+互联网的时代来了》，《沈阳日报》2016年12月12日，第A06版。
⑤ 农兴：《"互联网+"描绘"三农"新图景》，中国经济网，http://www.ce.cn/xwzx/gnsz/gdxw/201609/13/t20160913_15849388.shtml。
⑥ 赵新兵、潘林青：《又到一年麦黄时——山东夏收一线见闻》，新华网，http://news.xinhuanet.com/fortune/2016-06/02/c_1118980634.htm。
⑦ 李炜、焦宏、吴砾星、李飞、杨娟：《"互联网+"激荡潇湘源头》，《农民日报》2016年12月27日，第1版。

3. 新农人演绎致富记,"互联网+"促进农民增收和创业创新

2016年,"互联网+"在带动农产品销售、助农增收方面取得的显著成效备受关注。舆论称,"山货"变"网货",农村电商带来农民增收乘数效应。媒体用"红火"来形容一年来的农产品网络销售情况,称2016年我国农产品网络零售交易总额将达2200亿元,比2015年增长46%①。从全年热点看,农村电商年货节上频频刷新的农产品销售数据十分亮眼。《华商报》报道,据农村淘宝后台数据显示,贵州辣椒酱5小时内卖出8万瓶,陕西洛川苹果11小时卖掉9万公斤,安徽宿松陈汉山区2吨的黑猪排骨9小时内全部售罄②。同时,网络直播销售农产品成为新的关注点。"县长直播卖土产,两小时收获千万点赞""'村红'直播卖土货,5秒卖出4万枚土鸡蛋""柳岩在淘宝直播,一个小时卖出枣夹核桃两万多件"等报道吸引了网民目光。针对农产品触网俏销的旺盛势头,舆论展开广泛讨论。有媒体认为,农村电商为农产品和城市消费者之间建立了一条"指尖"上的快速通道,随着农村基础条件的不断改善,农产品和外部市场的对接渠道将更加便捷和高效③。有媒体指出,"土货"引爆市场的过程,是农村在互联网时代的一次电商启蒙和农业产业化的演练过程,其更为深远的效应是为农产品建立严格的品控标准、打响品牌和口碑,这些都将为各地农村发展和农民增收带来长远的效益④。还有舆论说,内容消费时代,"网红"+"直播"的组合拳也给农产品网络销售带来新的启发⑤。但同时,一些地区农村电商"双向流通"中存在的"买的多、卖的少"问题也被舆论关注和建言。

在大众创业、万众创新的时代大潮中,众多返乡创业者乘着

---

① 董峻、任可馨:《2016年全国农产品网络零售交易额猛增近五成》,新华网,http://news.xinhuanet.com/fortune/2016-12/19/c_1120145218.htm。
② 《阿里年货节:找回年味,激活乡村》,《华商报》2016年1月27日,第B6版。
③ 秦宏:《农村电商"催热"中国土特产市场》,新华网,http://news.xinhuanet.com/fortune/2016-01/29/c_1117933140.htm。
④ 《阿里年货节:找回年味激活乡村》,新华网,http://news.xinhuanet.com/fortune/2016-01/26/c_128671479.htm。
⑤ 张若梦:《县长直播卖土产两小时收获千万点赞》,中国网,http://www.china.com.cn/newphoto/news/2016-12/05/content_39852010_7.htm。

"互联网+"的东风,在广袤的农村大地上,演绎着一个个创富故事,吸引了全国媒体的目光。一年来,新华社、中央电视台、《经济报道》等新闻媒体以及"农业电商促进中心""农特微商""创业故事网"等微信公众号,通过文字、图片、视频等方式,广泛宣传各地返乡创业的农民工、大学生、城市白领等群体,通过电商平台销售家乡土特产、特色园艺花卉等的成功案例。其中,"在线直播养鸡"成为关注热点。人民网、湖北广播电视台、《江西都市报》等媒体纷纷发文,报道了安徽长丰、湖北恩施、江西泰和等地返乡创业的新农人,通过互联网直播,让每天数以万计的网民围观土鸡放养、鸡蛋采集等过程,"订单像雪片一样纷至沓来"[1]。有媒体说,在"互联网+"及各地出台的创业政策、搭建的创业平台等支持下,我国农村创业创新呈现出可喜局面,要引导和提升好这股力量,中国乡村经济社会的明天充满希望[2]。

4. 智慧农村呼之欲出,"互联网+"铺设农村发展快车道

2016年,随着农村网络基础设施建设的逐步完善和在线化信息服务的不断提升,"智慧农村"也成为网络热词。海南"互联网农业小镇"广受关注。据人民网舆情频道的数据统计,在一年半的时间内,海南"互联网小镇"的传播量级已突破700万,表明其在全国范围内拥有了较大的影响力,在破解"三农"问题、社会治理创新方面都是有借鉴意义的创新探索[3]。各地在"智慧农村"建设中呈现的农村留守群体佩戴"智慧手环"、VR技术展示乡村全景、远程视频决策村务管理、村民远程诊疗就医等亮点也引发大

---

[1] 刘甜甜:《"互联网+"助力双创长丰"新农人"演绎创富记》,人民网,http://ah.people.com.cn/n2/2016/0912/c358266-28991849-3.html;《360关注宋庆礼恩施大山里的网红"养鸡哥"》,http://news.hbtv.com.cn/p/442144.html;何柳斌:《大学毕业生创办农庄当上"鸡司令"》,中国江西网—《江西都市报》,http://jndsb.jxnews.com.cn/system/2015/05/04/013834198.shtml。

[2] 《返乡下乡创业点燃"星星之火"》,新华网,http://www.fj.xinhuanet.com/kfj/2016-12/20/c_1120155459.htm;林琳:《归去来兮,为乡土增添新红利》,《人民日报》2016年12月20日,第5版。

[3] 《网络社区文化、舆论治理机制、互联网小镇构建互联网治理的"海南样本"》,人民网,http://yuqing.people.com.cn/n1/2016/1222/c408627-28969548.html。

量报道①。同时,"互联网+"带来的农村消费电商化、娱乐线上化等新气象也被积极关注。有媒体晒出了农村淘宝春耕成绩单,称来自全国27个省近300个县的2000万农民网购了超千万份农资②。有媒体列出了农村电商年货节上的村民消费榜单,称东北的屯里空调代替土炕,西北的汉子爱淘酒,天津的村民钟爱美国保健品,江苏的乡亲抢购意大利巧克力③。还有舆论注意到了村民跨年方式的变化,称许多农村人的除夕夜从看春晚变成了摇一摇、集五福,"你摇到了吗"也成为过年期间的热点话题④。

舆论普遍认为,"互联网+"正在潜移默化地影响着农村,推动农村发展驶向"快车道",它改变的不仅仅是农村的传统生产与生活方式,8亿农民消费和农业现代化的启动,将是中国产能转型升级的又一个方向和爆发点⑤。还有媒体展望,未来两到三年时间内,益农信息社将基本覆盖全国所有行政村,"十三五"期间"宽带中国"战略也将在农村深入实施,互联网将驱动和引领中国农业实现现代化之路上的新跨越⑥。

三 舆情传播特点

1. 话题延展面明显拓宽,舆论关注呈现全局性和专业化

与2015年"互联网+"现代农业话题中农村电商相关舆情占据了

---

① 彭辉:《文登:"智慧农村"点亮新生活》,大众网,http://www.dzwww.com/shandong/sdnews/201602/t20160216_13835933.htm;《依托互联网+VR技术周宁美丽乡村建设充满"智慧"》,海峡经济网,http://www.hxjjw.com.cn/roll/2016/1208/18349.html;《智慧村见闻:智能手机控制农业设施私人医生远程诊疗老人》,中国新闻网,http://www.chinanews.com/sh/shipin/cns/2016/06-21/news653263.shtml。
② 《农村淘宝春耕成绩单:2000万村民买千万份农资》,金羊网—《羊城晚报》,http://money.ycwb.com/2016-03/23/content_21633689.htm。
③ 《首份农村电商消费数据出炉来看村里爱买啥》,中国新闻网,http://www.chinanews.com/it/2016/01-22/7728470.shtml。
④ 于斌:《互联网正在悄然改变农村的生活方式和文化》,蓝鲸TMT网,http://www.lanjingtmt.com/news/detail/13696.shtml。
⑤ 陈文文:《农村,电商必争的下一片蓝海》,《浙江日报》2016年1月18日,第10版。
⑥ 《"互联网+"引领现代农业实现新跨越》,中国农业新闻网,http://www.farmer.com.cn/uzt/hlw/cjzs/201609/t20160903_1238002.htm。

大部分比重不同，2016年，"互联网+"与农业全产业链融合发展更加全面、深入，相关话题的舆情延展面也较上年明显拓宽，涉及农业转型升级、农民增收、新农人创业创新、乡村治理等多个层面。从全年关注情况看，主流媒体和专家学者发出的评论类、分析类文章起到了积极的引导作用，舆论对"互联网+"现代农业的思考呈现出全局性和专业化的特点。《人民日报》《光明日报》等中央级媒体发文评论指出"互联网+农业"不只是发展农村电商，农业并非一"网"就灵，要正确认识农业特点，注重"+"后面的内容，找到符合农业产业特点的互联网发展模式，让互联网真正扎根农业、扎根农村、服务农民①。业内许多专家学者也发出大量专业性分析文章，指出认识"互联网+"现代农业需要大视野，互联网越来越成为发展现代农业、培育新型农民和建设社会主义新农村的时代背景、发展环境和崭新工具，要不断从中汲取"三农"发展新动力②。

2. 农村电商持续受关注，"最后一公里"问题被热议

2016年，"互联网+"现代农业政策利好的态势持续推动了电商企业大规模进入农村市场，"政企合力"成为农业农村电子商务繁荣发展的一个重要呈现。"农业部组织开展苹果电商销售月行动""发改委与阿里巴巴签署战略合作协议，未来三年建10000个村级服务站""第十四届中国国际农产品交易会成功举办，农业电商表现抢眼"等消息受到舆论积极肯定。从全年舆情看，舆论已不仅局限于对政策支持和电商巨头下沉的现象性关注，更多的是对各地农村电商发展的深层面思考，是对如何破题"最后一公里"的聚焦。一些地方存在的电商发展过于依赖政策利好、农产品经营同质化严重、质量标准认证难、供应链体系不成熟等问

---

① 赵永平：《农业并非一"网"就灵》，《人民日报》2016年6月26日，第9版；李慧：《"互联网+农业"不只是发展农村电商》，《光明日报》2016年9月12日，第2版。
② 张兴旺：《从"互联网+"中汲取"三农"工作新动力》，《农民日报》2017年1月7日，第3版；胡拥军：《认识"互联网+农业"需要大视野》，《经济日报》2016年12月15日，第14版。

题引发了大量讨论。舆论认为政府部门的扶持要走出"撒钱"模式,要站在"战略性投入"的高度精准施策。培养本土电子商务专业人才、构建地方特色农产品营销模式,完善农村网络、交通、物流建设等,是舆论建言的主要方面①。

---

① 《莫让农村电商成为农业现代化的面子工程!》,中国经济网,http://www.ce.cn/cysc/tech/gd2012/201608/15/t20160815_14887380.shtml;《各路资本争占农村电商"风口"》,《经济参考报》2016年12月15日,第5版;徐丽红:《农业电子商务:农业供给侧结构性改革突破口》,中国财经报网,http://www.cfen.com.cn/zyxw/bjtj/201601/t20160128_1659421.html。

B.6
产业扶贫舆情报告

张祚本 赵劲松*

摘 要： 2016年产业扶贫网络舆情数量较上年增长1倍。脱贫攻坚首战告捷，舆论给予高度评价；各地产业扶贫亮点纷呈，舆论多角度总结成功经验；部分地区被曝扶贫走样和贪腐问题，舆论热议监督机制。从舆情传播特点看，主流媒体是扶贫工作舆论引导的主力，贫困群体更易出现舆情燃点，脱贫攻坚任重道远。

关键词： 脱贫攻坚 产业扶贫 精准扶贫

2016年是我国扶贫开发历史上具有里程碑意义的一年，扶贫工作在重视程度、政策支持力度以及社会资源整合度等方面都达到了新的高度。作为脱贫攻坚的重要抓手，产业扶贫风生水起，受到媒体和网民的热烈关注。舆论高度评价国家出台的相关支持政策，广泛肯定各贫困地区探索产业发展带动脱贫增收的新模式，部分地区存在的扶贫走样和腐败问题也引发舆论声讨和反思。从舆情数量上看，产业扶贫话题的新闻报道量达8.1万余篇，同比增长1.4倍；新浪微博、论坛、博客等相关帖文量15.4万条，同比增长93%。

---

* 张祚本，农业部信息中心舆情监测处副处长，助理研究员，主要研究方向为"三农"网络舆情、农业信息化；赵劲松，吉林省农村经济信息中心数据库科科长，高级农艺师，主要研究方向为三农信息服务、涉农舆情。

一 热点事件排行分析

通过对2016年1~12月"产业扶贫"的新闻、帖文监测,并加权计算得出相关热点事件的舆情热度,据此列出2016年排行前30位的热点事件(见表1)。

表1 2016年产业扶贫热点事件Top30

排名	热点事件	月份	首发媒体	舆情热度
1	甘肃康乐杨改兰事件	9	《西部商报》	19085
2	习近平在宁夏银川主持召开东西部扶贫协作座谈会	7	新华网	14365
3	全国扶贫开发工作会议:减少1000万以上农村贫困人口的任务可超额完成	12	新华网	12042
4	全国两会"脱贫攻坚"话题	3	新华网	6796
5	"小马云"走红网络引舆论关注贫困儿童	11	新浪微博	6291
6	国务院印发《"十三五"脱贫攻坚规划》	12	中国政府网	5097
7	中办国办印发《省级党委和政府扶贫开发工作成效考核办法》	2	新华网	4545
8	微信文章《陈行甲:精准扶贫中自强感恩教育要跟上》引热议	11	微信	4232
9	贵州召开全国易地扶贫搬迁现场会,聚焦增强搬迁群众后续发展能力	8	新华网	3846
10	中办、国办印发《关于进一步加强东西部扶贫协作工作的指导意见》	12	新华网	3452
11	卫计委等15部委联合发布《关于实施健康扶贫工程的指导意见》	6	国家卫计委网站	3391
12	国务院新闻办发表《中国的减贫行动与人权进步》白皮书	10	中央电视台	3306
13	天价彩礼成贫困县农民脱贫"拦路虎"	5	《中国青年报》	3069
14	山西蒲县"限期卖羊"事件	8	《中国青年报》	2994
15	群众眼里的"羊书记"——追记贵州晴隆原县委书记姜仕坤	6	《贵州日报》	2265
16	农业部等九部门联合印发《贫困地区发展特色产业促进精准脱贫指导意见》	5	农业部网站	2099

续表

排名	热点事件	月份	首发媒体	舆情热度
17	中纪委曝光九起扶贫领域腐败问题典型案例	8	中纪委网站	1965
18	脱贫攻坚看贵州 网络媒体"走转改主题采访活动"	1	人民网	1748
19	审计署通报:一亿多扶贫资金闲置 六千万扶贫款打水漂	11	审计署网站	945
20	"李扶贫"治穷记——记河北阜城县扶贫办主任李双星	1	新华网	857
21	陕西小苹果成就脱贫致富大产业	2	《人民日报》	830
22	农业部定点扶贫座谈会:以"产业+扶贫"带动农村贫困户脱贫增收	2	农业部网站	798
23	中央纪委公开曝光九起扶贫领域腐败问题典型案例	11	中纪委网站	789
24	江西赣州发展脐橙产业推进脱贫攻坚精准发力	11	新华网	699
25	山东扶贫出"奇招":一头毛驴牵动中国60万人扶贫大计	5	中国新闻网	603
26	百色芒果喜成"脱贫果",助二十五万余人走上致富路	12	新华网	545
27	甘肃定西:马铃薯产业链串起致富梦	11	新华网	428
28	最高检通报:今年共查办扶贫职务犯罪1623人	12	新华网	362
29	"女愚公"邓迎香获得2016年全国脱贫攻坚奋进奖	9	人民网	307
30	一个贫困村的尴尬扶贫路:8人分一头驴 驴越养越瘦	11	《半月谈》	261

通过对以上热点事件进行分析,总结出如下舆情特点。

1. 产业扶贫热点事件呈年末多发态势

从发生时间分布看,热点事件呈年末多发态势。年末两月共出现12个热点事件。主要原因是,年底正处于年终总结时段,政府对全年扶贫工作的总结部署以及对各地产业扶贫成功经验的宣传更为集中。12个热点事件中有7个与该主题相关。此外,扶贫纪检监察工作也处于年末重点审查通报阶段，因此，扶贫走样、贪腐问题在11、12月出现频次也较高，有4个事件（见图1）。

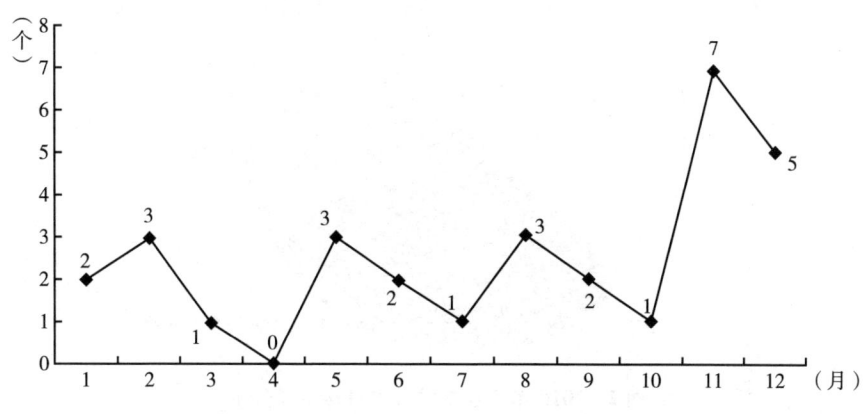

图1 2016年产业扶贫热点事件发生时间分布

2. 扶贫政策举措和各地产业扶贫实践最受关注

从主题分布看，扶贫政策举措相关的热点事件最多，有11个，占36.7%。其中既有党中央、国务院的顶层部署，也有相关部门发布的具体指导意见。媒体用"密集"来形容政府部门全年发布的政策举措。各地产业扶贫实践相关的事件紧随其后，有10个，占33.3%。陕西洛川苹果、江西赣州脐橙、广西百色芒果等特色农业产业扶贫的典型示范受到关注。扶贫走样、贪腐问题相关的热点事件有7个，占23.3%，既有司法、纪检部门的通报，也有媒体的采访调查。还有2个事件反映了部分地区的贫困问题，一个是江西永丰县贫困儿童范小勤因为"撞脸"马云而走红网络，另一个是部分贫困地区"天价"彩礼问题（见图2）。

3. 新闻媒体首发热点事件占七成

新闻媒体是产业扶贫热点事件的主要新闻源，有21个事件首发自新闻媒体，占70.0%，主要来自新华网、《人民日报》等中央媒体。发自政府部门网站的事件有7个，占23.4%。主要是中国政府网、农业部网站发布的扶贫政策举措以及中纪委网站、审计署网站发布的扶贫纪检和审计通报。还有2个热点事件分别出自新浪微博和微信（见图3）。

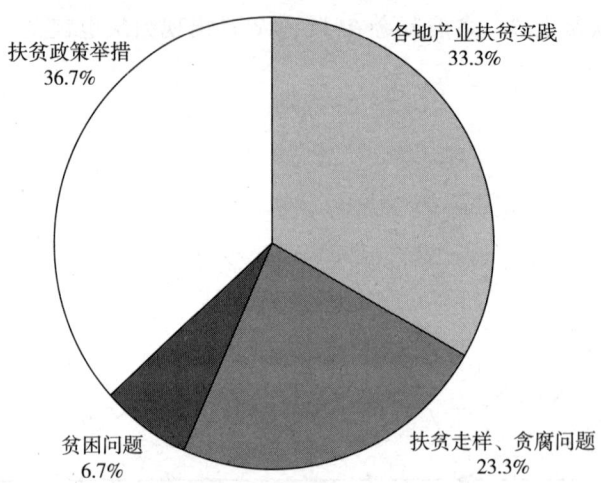

图 2　2016 年产业扶贫热点事件主题分布

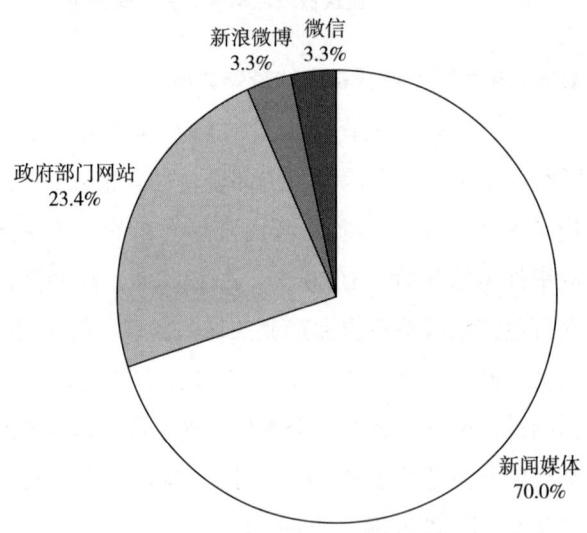

图 3　2016 年产业扶贫热点事件首发媒体分布

二　热点舆情回顾

1. 脱贫攻坚首战告捷，舆论高度评价开局之年成绩单

2016 年是我国向绝对贫困发起攻坚决战的开局之年。脱贫攻坚从组织领导加强到政策体系完善,从扶贫模式创新到考核机制改革,都引发了舆论的积极关注。"动真格,实打实"被评价为全年扶贫工作的主调①。年末亮出的扶贫成绩单"全年减少1000万以上农村贫困人口的任务可以超额完成"②,受到舆论高度肯定。媒体评论说,"1000万"这个数字,在扶贫人眼里是克难攻坚的付出,在脱贫人眼里是摆脱贫困的喜悦,脱贫攻坚首战告捷,凸显了党和政府有诺必践的行动力,令人振奋,更给人信心③。"凝心聚力、合力攻坚"也成为网民热议的核心话题。

从全年舆情看,党中央、国务院对扶贫工作的高度重视和相关政策举措的密集发布,成为报道热点。7月,习近平总书记在宁夏银川主持召开东西部扶贫协作座谈会并发表重要讲话,深刻论述了东西部扶贫协作和对口支援工作的重要意义,并对扎实推进脱贫攻坚决策部署提出明确要求。舆论对此高度聚焦,称这为全面打赢脱贫攻坚战注入了思想动力,提供了重要实践遵循④。同时,媒体纷纷用"数读"的方式,综合汇总一年来的扶贫工作举措。"财政专项扶贫资金首次突破1000亿元""出台10个中央级《决定》文件和101个各部门政策方案""320个中央单位和21992家民营企业合力帮扶"⑤等数据充分展示了国家扶贫的"硬实力"。此外,相关部门因地制宜,在产业扶贫、电商扶贫等方面各有侧重,对扶贫工作中的"老大难"问题进行对症施策,被舆论称为扶贫精准度的力证。

---

① 林鄂平:《数读2016脱贫攻坚:1000多万贫困人口靠什么脱贫》,中国经济网,http://www.ce.cn/xwzx/gnsz/gdxw/201612/29/t20161229_19235944.shtml。
② 李华林:《今年减少1000万以上农村贫困人口任务可超额完成》,中国经济网,http://www.ce.cn/xwzx/gnsz/gdxw/201612/21/t20161221_18902539.shtml。
③ 《脱贫攻坚见证行动力——感知逐梦路上的中国力量之二》,新华网,http://news.xinhuanet.com/2017-01/06/c_1120258639.htm;林鄂平:《数读2016脱贫攻坚:1000多万贫困人口靠什么脱贫》,中国经济网,http://www.ce.cn/xwzx/gnsz/gdxw/201612/29/t20161229_19235944.shtml。
④ 《携手担当脱贫攻坚的时代重任——学习贯彻习近平总书记在东西部扶贫协作座谈会重要讲话》,新华网,http://news.xinhuanet.com/politics/2016-07/22/c_129167408.htm。
⑤ 冯蕾、李慧、邱玥、刘嘉丽:《2016:民生账本里的融融暖意》,《光明日报》2016年12月30日,第7版;林鄂平:《数读2016脱贫攻坚:1000多万贫困人口靠什么脱贫》,中国经济网,http://www.ce.cn/xwzx/gnsz/gdxw/201612/29/t20161229_19235944.shtml。

国务院明确脱贫攻坚责任制、出台考核办法,中央纪委不断加大扶贫领域监督执纪问责力度,也获得舆论力赞,认为这是打赢脱贫攻坚战的强力后盾。

作为脱贫攻坚的重头戏,产业扶贫的顶层设计和政策部署备受关注。央广网报道,习近平总书记在宁夏考察时强调,"发展产业是实现脱贫的根本之策。要因地制宜,把培育产业作为推动脱贫攻坚的根本出路"①。中国经济网报道,国务院发布的《"十三五"脱贫攻坚规划》中,把产业扶贫置于扶贫工作首位,进行了详细部署和规划②。中国政府网消息称,汪洋副总理在全国产业扶贫电视电话会议上指出,"在'十三五'期间,要通过产业扶贫,实现3000万以上农村贫困人口脱贫"③。新浪、网易等门户网站大量转载报道了农业部等9部门联合印发的《贫困地区发展特色产业促进精准脱贫指导意见》。各地产业扶贫政策规划也被关注,新华社报道,各地基本编制完成了省县两级产业扶贫规划,有的地方还编制了专项规划,涉及农业、林业、旅游等多个方面,形成了"1+N"的产业扶贫规划格局④。对此,人民网评论说,产业扶贫是给贫困地区"造血"的有效方式,也将成为现阶段脱贫攻坚战中的"主武器"⑤。中国新闻网说,产业扶贫已经成为中国东西部协作扶贫新"路径"⑥。

2. 各地产业扶贫亮点纷呈,舆论多角度总结成功经验

2016年,各地以市场为导向,以"精准"切题,因地制宜发展特色产

---

① 《习近平治国理政"100句话"之:发展产业是实现脱贫的根本之策》,央广网,http://news.cnr.cn/dj/20160802/t20160802_522858672.shtml。
② 林鄂平:《数读2016脱贫攻坚:1000多万贫困人口靠什么脱贫》,中国经济网,http://www.ce.cn/xwzx/gnsz/gdxw/201612/29/t20161229_19235944.shtml。
③ 《汪洋:推进产业扶贫加快脱贫步伐》,中国政府网,http://www.gov.cn/xinwen/2016-05/23/content_5076007.htm。
④ 《向共同迈向全面小康砥砺奋进——写在中央扶贫开发工作会议召开一周年之际》,新华网,http://news.xinhuanet.com/politics/2016-11/26/c_1119994964.htm。
⑤ 李警锐、董婧、曲金铭:《两会聚焦:打赢脱贫攻坚战各省亮出"硬战术"》,人民网,http://fj.people.com.cn/n2/2016/0309/c350390-27900011.html。
⑥ 《产业扶贫成中国东西协作扶贫新"路径"》,中国新闻网,http://www.chinanews.com/cj/2016/03-13/7795364.shtml。

业的成功案例,引发媒体关注。《经济参考报》称,一些可复制、可推广的产业扶贫模式正在基层实践中逐步形成,呈现出"产业强、民受益、村振兴"的局面①。"陕西苹果扶贫启示:一个产业链脱贫一千万""山东东阿黑毛驴产业扛起扶贫大旗""江西赣州扶贫路上脐橙飘香""广西百色芒果变身'脱贫果'""甘肃定西马铃薯产业助推精准扶贫""贵州羊肉粉衍生扶贫新模式"②等报道大量出现。同时,各地产业扶贫实践中涌现出的代表人物也被广泛宣传。《人民日报》《光明日报》《农民日报》等媒体追记了用羊帮助群众脱贫致富的贵州晴隆县"羊书记"姜仕坤,新华网报道了帮助当地152个贫困村发展设施瓜菜产业的河北阜城县扶贫干部"李扶贫"李双星,人民网报道了带头开山修路、带领村民种植铁皮石斛的贵州罗甸县麻怀村村主任"女愚公"邓迎香,《海南日报》《新安晚报》《河南日报》等地方媒体也纷纷报道了当地的"瓜菜大王""魔芋大王""草莓大王"等带动群众脱贫致富的先进事迹。

针对各地产业扶贫的典型示范,有舆论认为"找准产业,放大当家产业的脱贫效应"是共同特点。《人民日报》说,发展扶贫产业,好比是让贫困群众抱上"金鸡",源源而来的"金蛋"是他们过上好日子的稳定依靠,因此选"鸡"就非常关键③。中国新闻网说,农产品是农村的天然资源禀赋,中西部多省区正积极发挥当地资源优势,开展特色产业扶贫新探索,加

---

① 《地方盲目上项目产业扶贫扭曲走样》,《经济参考报》2016年9月9日,第5版。
② 李冬玉:《陕西"苹果扶贫"启示:一个产业链脱贫一千万》,中国网,http://www.china.com.cn/cppcc/2016-06/27/content_38752804.htm? tn=96100419_hao_pg;朱茂明、张兴国:《东阿黑毛驴产业扛起扶贫大旗》,聊城新闻网,http://news.lcxw.cn/liaocheng/yaowen/20160908/717448.html? tn=96100419_hao_pg;胡晓军:《江西赣州:扶贫路上橙香飘》,光明网,http://news.gmw.cn/2016-11/15/content_22972189.htm? tn=96100419_hao_pg;秦志伟:《百色芒果变身"脱贫果"》,科学网,http://news.sciencenet.cn/htmlnews/2017/1/366875.shtm? tn=96100419_hao_pg;孙海峰:《定西马铃薯产业助推精准扶贫透视》,每日甘肃网,http://gansu.gansudaily.com.cn/system/2016/11/25/016522194.shtml? tn=96100419_hao_pg;刘鹏:《贵州:"羊肉粉"衍生扶贫新模式》,中国新闻网,http://finance.chinanews.com/cj/2016/12-17/8097004.shtml。
③ 《产业扶贫莫盲目》,《人民日报》2016年9月25日,第9版。

速贫困地区实现脱贫①。有舆论认为,政府部门的"问需式扶贫"是调动贫困户积极性的关键。中青在线说,问需式精准扶贫是"让农民说了算",由政府"配餐"转向贫困户"点菜",推动脱贫对象由被动的政策接受者,转变为扶贫项目的参与者、建设者和监督者②。有舆论认为,利益联结机制在激发脱贫动能方面意义重大。《光明日报》等媒体说,产业扶贫不等同于产业发展,理顺贫困户和企业的关系,建立两者的利益联系机制,构建双赢格局,让企业有干劲,让贫困人口可实施、能融入、有增收③。有舆论认为,扶贫中的带头人、"领头雁"角色至关重要。《济南日报》说,如果把精准扶贫比喻成"滴灌"的话,扶贫带头人就好比一根根顺畅的"管道",直接决定着扶贫成效④。《新华每日电讯》说,"给钱给物不如给个好支部",要不断激发村支部带领脱贫、党员队伍示范创业、贫困户勤劳创业的内生动力⑤。还有舆论说,扶贫先扶智,要物质扶贫、精神扶贫双管齐下。《海南日报》说,产业扶贫,要讲好故事、传递好声音,要注重思想扶贫,激励贫困户树立脱贫的远大志向,从"要我脱贫"向"我要脱贫"转变⑥。

舆论还关注了扶贫产业的培育时间问题,认为要建立可持续性的受益机制,对于要几年时间才能见到效益的产业,要完善过渡期间的政策扶持,让贫困户既有收益,产业也能持续发展⑦。有舆论关注了脱贫后的长远性和稳定性问题,认为不经历市场的风雨,脱了贫也未必能站稳,建议充分估计产业扶贫工作的长期性和复杂性,让脱贫成果经得起时间的检验⑧。此外,部

---

① 《中国多地开启果蔬产业扶贫新探索》,中国新闻网,http://www.chinanews.com/cj/2016/12-24/8103885.shtml。
② 袁瑞:《问需式精准扶贫"让农民说了算"》,中青在线,http://news.cyol.com/content/2016-01/14/content_12074104.htm? tn =96100419_ hao_ pg。
③ 李慧:《扶真贫拔穷根》,《光明日报》2016年10月17日,第7版;朱隽:《产业扶贫更需利益联结》,《人民日报》2016年12月11日,第9版。
④ 李小梦:《扶贫路上的带头人》,《济南日报》2016年8月22日,第B01版。
⑤ 刘济美、黎云、盛威:《"给钱给物不如给个好支部"》,《新华每日电讯》2016年10月17日,第7版。
⑥ 侯小健:《扶贫,要讲好故事传递好声音》,《海南日报》2016年12月14日,第5版。
⑦ 赵永平、王浩:《产业扶贫简单化不行》,《人民日报》2016年12月18日,第9版。
⑧ 《扶贫攻坚,要"补苗"而非"拔苗"》,《人民日报》2016年6月8日,第5版。

分地方产业扶贫中存在的缺乏深加工等产业链配套、扶持资金和保障体制不健全等问题也引起舆论注意。《经济参考报》从大力发展扶贫小额贷款、构建开放性产业扶贫平台、因地制宜探索"保险+产业扶贫"新模式等方面提出建议①。

3. 部分地区被曝扶贫走样和贪腐问题，舆论热议监督机制

部分地区扶贫工作走样问题被曝出后引发讨论。有媒体报道了"保姆式扶贫"，称云南、吉林个别地区存在的简单输血式扶贫，导致贫困户产生麻木感，出现了"干部干，群众看""不如直接发钱省事"等不良思想，不利于贫困现状的改善②。有媒体报道了"大锅饭式扶贫"，称山西娄烦县一些贫困村在落实扶贫政策时"撒芝麻盐"搞普惠，村民反映"8人养一头驴，结果驴越养越瘦"③。有媒体报道了"短视扶贫"，称山西蒲县先是以致富为名，鼓励贫困户养羊，不到两年，又以环保为名，要求农民"限期卖羊"④。有媒体报道了"选择式扶贫"，称为了扶贫早见成效，早出政绩，河南西华县出现了"嫌贫爱富""弃贫帮富"的做法，不给贫困村"雪中送炭"，却给富裕村"锦上添花"⑤。还有媒体关注了"过场式扶贫"，称在湖北武汉黄陂区，有扶贫干部"拍完照片再也没来过"⑥。针对上述问题，舆论表示，基层扶贫任务重、时间紧，需要给予更多支持，但无论如何，"虚""浮"现象必须杜绝⑦。新华社建议，从干部状态和作风抓起，建立一支敢于担当、积极作为、善啃骨头的基层扶贫队伍，充分发挥脱贫攻坚的

---

① 《地方盲目上项目产业扶贫扭曲走样》，《经济参考报》2016年9月9日，第5版。
② 高云才：《保姆式扶贫不可取》，《人民日报》2016年8月14日，第11版。
③ 吕梦琦、马晓媛：《八人一头驴一人一只羊——一个贫困村的尴尬扶贫路》，半月谈网，http://www.banyuetan.org/chcontent/jrt/20161114/213392.shtml?tn=96100419_hao_pg。
④ 《山西蒲县"限期十天卖羊令"碾碎农民致富梦》，《中国青年报》2016年8月8日，第4版。
⑤ 彭世繁、廖西春：《基层有的"扶贫"是弃贫帮富》，《人民日报》2016年1月12日，第20版。
⑥ 《武汉曝光多起荒唐"精准扶贫"：有的干部拍完照片再也没来过》，澎湃新闻网，http://www.thepaper.cn/newsDetail_forward_1564574?tn=96100419_hao_pg。
⑦ 李松：《"扶贫大户"造假记：数字是虚的，材料是假的》，半月谈网，http://www.banyuetan.org/chcontent/jrt/2016526/197098.shtml?tn=96100419_hao_pg。

"领头雁"作用①。《人民日报》认为,要瞄准贫困人口分类施策,正视农民真实需求,充分发挥扶贫对象的主观能动性,着力增强他们的内生发展能力②。

扶贫领域贪污腐败案件被司法和纪检监察部门通报后也广受关注。2016年8月,人民网综合广东、山西、宁夏、甘肃4省纪检部门通报称,2016年上半年,上述4省区超2千人因扶贫腐败被查,重点涉截留私分③。11月,《中国青年报》援引审计署通报的数据称,第三季度,有957万余元的扶贫资金被骗取套取、侵占牟利④。12月,新华网援引最高人民检察院通报的数据称,2016年前10个月,全国检察机关共查办扶贫领域职务犯罪1623人,"最后一公里"发案突出⑤。此外,中央纪委监察部以及各地纪检部门通报的"宁夏村官给自己及3个儿子办8个低保""安徽当涂县村官侵占村民养老保险金""重庆丰都挪用3千万危房改造补助金用于形象工程""甘肃秦安县村官截留扶贫款""江苏泗阳县134只扶贫羊被村干部私分"等贪腐案例也引发了媒体的大量报道⑥。针对上述问题,网民说,贪污扶贫款就是瓜分吃拿救命钱,这种贪腐是"劫贫",不仅坑党坑政府,还伤及民心,"苍蝇"虽小但群众更有痛感。人民网厉声指出,对那些"雁过拔毛""借鸡下蛋""趁火打劫""挥霍浪费"的贪官污吏,该"摘帽"的"摘帽",该"下狱"的"下狱",决不能留情⑦。还有媒体呼吁,给扶贫领域涂上制

---

① 吕梦琦:《落实扶贫政策不能"撒芝麻盐"》,新华网,http://news.xinhuanet.com/2016-11/15/c_1119915630.htm?tn=96100419_hao_pg。
② 《脱贫摘帽,警惕大呼隆》,《人民日报》2016年7月31日,第9版。
③ 《上半年4省区超2千人因扶贫腐败被查重点涉截留私分等》,人民网,http://politics.people.com.cn/n1/2016/0810/c1001-28625565.html?tn=96100419_hao_pg。
④ 刘世昕:《一亿多扶贫资金闲置六千万扶贫款打水漂》,《中国青年报》2016年11月26日,第2版。
⑤ 《最高检:今年共查办扶贫职务犯罪1623人"最后一公里"发案突出》,新华网,http://news.xinhuanet.com/legal/2016-12/14/c_129402517.htm?tn=96100419_hao_pg。
⑥ 周炜:《134只"扶贫羊"两年未发到手村干部称私分是怕羊冻死》,正义网,http://news.jcrb.com/jxsw/201608/t20160818_1642665.html?tn=96100419_hao_pg。
⑦ 李泓冰:《十亿扶贫款"滴漏",能照出什么"妖"?》,人民网,http://opinion.people.com.cn/n1/2016/0701/c1003-28515781.html?tn=96100419_hao_pg。

度"防腐剂",晒出"微权力"遏住潜规则,用法律之剑斩断"贪婪之手",力驱"逐臭之蝇"①。

三 舆情传播特点

1. 主流媒体是舆论引导主力,扶贫工作被重点关注

2016年,主流媒体是舆论引导和监督的主力,对扶贫政策的宣传及时透彻,对各地扶贫实践的报道立体生动,并深度反思扶贫工作中存在的问题。如,《经济日报》、央广网等媒体以"数读""图说""大事记"等方式,对于一年来的扶贫政策和工作成效进行全方位综合报道,通俗易懂、一目了然。新华社、中央电视台、《农民日报》等媒体对各地产业扶贫中涌现的先进人物和良好示范,进行以小见大、鲜活厚重的呈现,《群众眼中的"羊书记"》《产业扶贫在行动:马铃薯也会"七十二变"》等报道足见真章。《农民日报》更是以"头版头条"的关注高度,对河南、湖北等地在产业培育、精准脱贫等方面的成效进行积极报道,起到了良好的宣传效果。针对扶贫走样问题,《人民日报》发出了系列文章,《产业扶贫莫盲目》《产业扶贫简单化不行》《产业扶贫别"编故事"》等调查深刻,评论一针见血。除上述新闻媒体的广泛报道外,微博微信中相关话题也有相当的热度。微博中,题为"精准扶贫""脱贫攻坚看陇南""贵州大扶贫"等微话题大量出现,最高阅读量突破6000万次。"@陕西扶贫""@昆明市扶贫办"等政府官方微博也拥有大批粉丝。

2. 贫困群体更易出现舆情燃点,脱贫攻坚任重道远

分析扶贫舆情热点事件的主体可以发现,贫困群体更易出现舆情燃点,甘肃农妇杨改兰、江西贫困儿童范小勤(网红"小马云")等贫困个体背后

---

① 庞革平、罗侠:《晒出"微权力"遏住潜规则》,《人民日报》2016年7月20日,第11版;潘铎印:《莫让扶贫资金成"唐僧肉"》,《经济日报》2016年12月1日,第9版;闲看云起:《莫让扶贫腐败成为民心"痛点"》,荆楚网,http://focus.cnhubei.com/original/201608/t3678637.shtml? tn = 96100419_ hao_ pg。

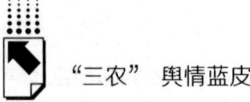

都有着令人唏嘘的故事,也更容易激发舆论"物伤其类"的悲悯情绪。我国的扶贫工作取得了举世瞩目的成绩,但贫困人口的基数依然很大,扶贫任务仍很艰巨。如媒体所言,脱贫越往后越难,现在所面对的多数是贫中之贫、困中之困,减贫成本更高,脱贫难度更大,需要更大的决心、更明确的思路和更精准的举措①。"小马云"走红网络时曾有舆论指出,"小马云"所代表的农村儿童与贫困群体,与马云所代表的富裕群体和城市人群,是命运相连、息息相关的,"小马云"们不脱贫,"马云"们再富也是浮云。这也反映了舆论对"脱贫攻坚,全国一盘棋;全面小康,决胜在合力"的热烈期待。

---

① 新华社评论员:《新华社评论员:脱贫攻坚见证行动力——感知逐梦路上的中国力量之二》,新华网,http://news.xinhuanet.com/2017-01/06/c_1120258639.htm。

B.7 农村环境舆情报告

李婷婷 张百*

摘　要： 2016年，农村环境舆情数量较上年明显下降。媒体高度聚焦国务院对土壤污染防治的顶层部署，积极报道相关部门和各地各级政府在农业面源污染、"垃圾围村"等方面的治理举措，曝光部分地区严重的农村工业污染和化工危废品"下乡"问题。农村环境舆情关涉面广、交叉多元，舆论"代入感"强烈，监管职责是关注焦点，考验政府部门的舆情应对能力。

关键词： 农村环境　农业面源污染　工业污染　垃圾围村

2016年，农村环境话题继续受到舆论广泛关注。媒体高度聚焦国务院对土壤污染防治的顶层部署，积极报道相关部门和各地各级政府在农业面源污染、"垃圾围村"等方面的治理举措，全面剖析部分地区农村污染的深层原因。从舆情数量看，媒体舆情与网民舆情有所分化。据监测，全年农村环境相关新闻报道量4.1万余篇，与2015年基本持平。网民重点关注了部分地区曝出的农村环境污染事件，对政府部门的治理举措也予以积极肯定和广泛建言。2016年农村环境污染相关的热点事件较上年有所减少，网民话题量也明显下降。农村环境相关的新浪微博、微信、论坛、博客中的帖文量近2.5万条，较上年减少2.1万条，降幅达45.9%。

---

* 李婷婷，农业部信息中心舆情监测处分析师，主要从事农业网络舆情监测分析等工作；张百，甘肃省农业信息中心网络舆情分析科科长，助理工程师。

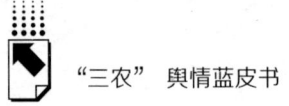
"三农" 舆情蓝皮书

一 热点事件排行分析

通过对2016年农村环境相关的新闻、帖文进行监测，并进行加权计算分析，得出相关热点事件的舆情热度，据此列出2016年舆情热度排行前30位的农村环境事件，如表1所示。

表1 2016年农村环境热点事件Top30

排名	热点事件	月份	首发媒体	舆情热度
1	国务院发布《土壤污染防治行动计划》	6	中国政府网	7058
2	黑龙江等地秸秆焚烧再引雾霾争论	11	环保部网站	3726
3	国庆黄金周生态游乡村游飘红	10	人民网	3276
4	国务院常务会议通过水污染防治法修正案	12	新华网	2133
5	中共中央办公厅 国务院办公厅印发《关于全面推行河长制的意见》	12	新华网	1976
6	中化集团涪陵化工厂污染村庄：庄稼枯竭酸雨频现	11	中央电视台	1957
7	240吨危废品倾倒在湘赣农村，环保公安联合督办14人被逮捕	9	澎湃新闻网	1571
8	山西铝厂肆意排污：农民吃水难，政府踢皮球	12	中央电视台	1360
9	农业部等6部门印发《关于推进农业废弃物资源化利用试点的方案》	8	农业部网站	1321
10	环保部发布《农用地土壤环境管理办法（试行）（征求意见稿）》	11	环保部网站	1293
11	全国两会"农村环境"话题	3	新华网	868
12	河北安新县白洋淀水域养殖场出现大面积死鱼	8	《燕赵都市报》	792
13	央视关注"垃圾围村"，介绍各地有益经验	6	中央电视台	749
14	每年1200万吨粮食受土壤重金属污染	11	法制网	700
15	中央一号文件：加快农业环境突出问题治理	1	新华网	679
16	江西乐平政府为36家企业代缴千万排污费遭质疑	11	新京报网	532
17	陕西乾县农村被曝垃圾堆积如山，乡村垃圾治理刻不容缓	6	《华商报》	447

续表

排名	热点事件	月份	首发媒体	舆情热度
18	石化农业水污染"贡献率"高达50%	7	《经济参考报》	401
19	河北迁安松汀村被钢厂和焦化企业三面包围,被称为"雾霾源头村"	12	网易	353
20	养猪成另类"乡愁":多地网友投诉养猪场排污问题	7	人民网	316
21	跨区域排污事件多发 犹如"生态炸弹"偷袭乡村	7	《经济参考报》	295
22	常州毒地调查:工程层层转包危化废弃物污染邻村	5	《中国经济周刊》	287
23	江南返乡见闻:工厂污染神树枯死 十余人患癌亡	2	财经网	254
24	四川村民送环保局"不作为"锦旗被刑拘	8	《北京青年报》	225
25	报告称农药化学污染物是我国食品污染主要源头	1	《经济参考报》	172
26	山东近万亩水稻疑因灌溉水污染枯死,农民起诉省政府和环保厅	12	北京时间网	151
27	河北立法禁止城市垃圾和危险废物"上山下乡"	7	新华网	106
28	水土污染立法应直面中部环境问题	4	《经济参考报》	93
29	山东固废污染持续寿光农产品安全堪忧	1	《中国周刊》	85
30	中国三大主粮化肥利用率10年提高7.2%,农业面源污染治理效果显现	7	新华网	82

对上述热点事件进行分析,总结出以下特点。

1. 农村环境相关热点事件在年初年末出现的概率较高

分析表1中热点事件发生的时间分布,1月出现了3个,11月和12月各出现了5个。其中,农村工业污染相关热点事件占比较大,农村环境治理方面的政府举措也较为集中。此外,6~8月期间的热点事件也呈多发态势,共出现11个。农业面源污染和"垃圾围村"问题在这个时段被重点关注(见图1)。

2. 农村工业污染相关的热点事件最多

从热点事件的主题分布看,媒体报道的有关农村工业污染的热点事

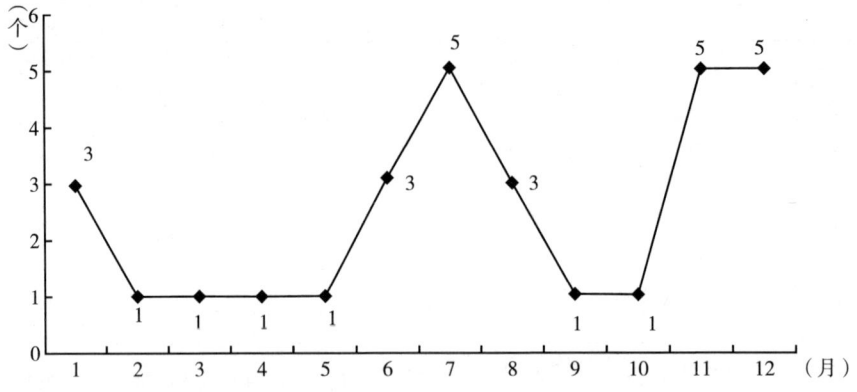

图1　2016年农村环境热点事件发生时间分布

件最多，有13个，占43.3%。从发生区域看，污染涉及河北、山西、江西、江苏、山东、重庆、四川等多个省市。从反映的问题看，工业污染给当地农业生产和村民身体健康造成严重影响，化工"危废品"下乡问题也亟须高度重视。此外，与政府部门治理举措相关的热点事件有10个，占33.3%。国务院发布的《土壤污染防治行动计划》受到聚焦，农业部等6部门印发的《关于推进农业废弃物资源化利用试点的方案》受

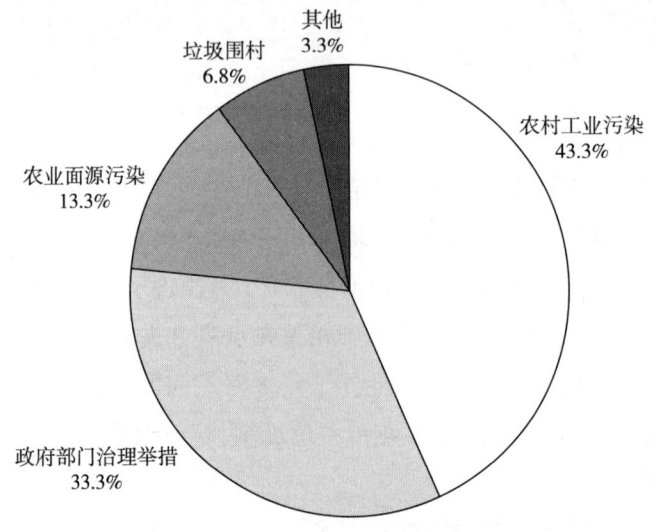

图2　2016年农村环境热点事件主题分布

到肯定，相关部门和地方政府在治理水污染和"垃圾围村"方面出台的举措也被关注。与农业面源污染相关的热点事件有4个，反映的问题主要集中在化肥农药、畜禽粪便和秸秆焚烧给农村环境造成的影响等方面。与农村垃圾问题相关的热点事件有2个，媒体在曝光"垃圾围村"问题的同时，还广泛宣传各地治理经验。此外，"国庆黄金周生态游乡村游飘红"也成为关注热点（见图2）。

3. 农村环境热点舆情事件八成以上首发自新闻媒体

从热点事件的首发媒体看，出自新闻媒体的占绝大比重，有26个。媒体深度报道部分地区出现的农村环境污染问题，广泛宣传我国政府对农村环境的治理举措，在舆论监督和舆论引导方面发挥了重要作用。其余4个热点事件均出自政府网站，主要是与土壤污染、农业面源污染相关的治理举措。

二 热点舆情回顾

1. 环境治理城乡并重，农村环境保护还须专门法律

2016年，我国政府继续大力整治环境污染，坚持"环境治理城乡并重，着力解决农村突出环境问题"的治理原则①，在大气、水、土壤污染防治方面连出重拳，引发持续关注。1月末发布的中央一号文件提出"加快农业环境突出问题治理"②，被舆论称为"一大亮点"。3月，全国"两会"期间，李克强总理在政府工作报告中对"深入实施大气、水、土壤污染防治行动计划"进行了重点部署③，舆论说从中看到了我国政府治理环境污染的决心。环保部部长陈吉宁在十二届全国人大四次会议记者会上就农村环境问题

---

① 《陈吉宁："十三五"期间仍把农村环保作为工作重点》，新华网，http://news.xinhuanet.com/politics/2016lh/2016-03/11/c_135178314.htm。
② 《中共中央国务院关于落实发展新理念加快农业现代化实现全面小康目标的若干意见》，新华网，http://news.xinhuanet.com/2016-01/27/c_1117916568.htm。
③ 《李克强：深入实施大气、水、土壤污染防治行动计划》，证券时报网，http://kuaixun.stcn.com/2016/0305/12612927.shtml。

答问,"农村环保是'十三五'工作重点""着力解决污染上山下乡""严查损害农民利益的环境违法行为"等表述被媒体大量报道①。6月初,国务院发布的《土壤污染防治行动计划》被高度聚焦。舆论将此称为"土十条",并从明确土壤污染信息公开的规范和标准、出台强有力的产业扶持政策、激发土壤污染治理的市场力量等方面广泛建言,提醒政府部门"既要做好打攻坚战的准备,更要具备打持久战的耐心"②。12月,水污染防治相关的顶层部署接连出台。国务院常务会议通过了水污染防治法修正案。中办、国办印发《关于全面推行河长制的意见》,提出在全国建立省、市、县、乡四级河长体系。媒体总结,生态文明建设的上下共识正在凝聚、强大的正能量加快汇集,"美丽中国"的共同愿景正逐步实现③。

农村环境立法也被关注,舆论认为农村环境污染防治亟须专门法律解决。中国法院网指出,我国尚无一部有关农村环境保护的上位法,对农村环境保护的法律规定,散见于环保法、农业法和水利法等法律和一些地方法规中,缺乏系统性和操作性,难以适应当前农村环境保护和治理的需要④。《光明日报》认为,目前的环境保护法律体系带有明显的城市中心主义特征,没有充分反映农村的诉求。在土壤污染、城市污染转移、生态补偿等方面还存在着法律空白⑤。《经济参考报》说,随着工业化向内地快速推进,湖北、江西、湖南等中部地区部分农村的环境污染呈现恶化趋势,水土污染立法应直面中部农村环境问题,采取系统性措施予以应对⑥。法制网建议,

---

① 《陈吉宁:"十三五"期间仍把农村环保作为工作重点》,新华网,http://news.xinhuanet.com/politics/2016lh/2016-03/11/c_135178314.htm。
② 杜铭:《激发治理土壤污染的产业力量》,《经济日报》2016年6月7日,第13版;《像公开PM2.5一样公开土壤污染信息》,《新京报》2016年6月2日,第A02版;徐立凡:《落实"土十条",只有愿景远远不够》,《京华时报》2016年6月2日,第2版。
③ 杜铭、刘蓉:《[中国@2016]盘点绿色发展十件大事》,中国经济网,http://www.ce.cn/xwzx/gnsz/szyw/201612/27/t20161227_19148624.shtml。
④ 张智全:《让法治呵护农村"碧水蓝天"》,中国法院网,http://www.chinacourt.org/article/detail/2016/05/id/1885296.shtml。
⑤ 衡霞:《农村环境监察执法的问题与对策》,《光明日报》2016年12月30日,第15版。
⑥ 《水土污染立法应直面中部环境问题》,《经济参考报》2016年4月5日,第8版。

农村环境立法时要充分核算生态农业所耗费的管理成本，重点应放在农村基础设施的建设、财政资源配置、农村基层治理结构和模式的转换上；我国农业地域广大、区域差异也大，国家立法应为地方立法留足空间①。

2. 农业面源污染形势不容乐观，农业废弃物资源化利用备受期待

2016年，舆论对我国农业面源污染治理取得的效果表示肯定，称"中国三大主粮化肥利用率10年提高了7.2%，农业面源污染治理效果显现"②，但农业面源污染给生态环境造成的影响也引起舆论注意。新华网说，我国农业面源污染局部改善，但总体形势不容乐观，粮食产量刚需压力、施肥方式落后、清洁生产技术应用滞后等问题仍待解决③。《经济参考报》报道了养殖污染以及化肥农药的施用等对长江流域生态环境造成的危害，称农村"远看绿油油，近看污水流"，一些地方50%的水污染来自农业④。安徽、河南等地网民还在人民网"地方领导留言板"上反映生猪养殖污染问题，当地有关部门进行了及时回应。人民网对此发文称，养殖环保日益受到网民和社会的关注，相关部门要尽快采取整治措施，并从源头解决污染问题⑤。此外，秸秆焚烧问题在秋收后成为热点话题。11月，多地频现雾霾天气，"秸秆焚烧"多次出现在环保、气象部门对雾霾成因的分析结论中。黑龙江地区因秸秆焚烧火点数量大被环保部在通报中重点提及⑥，引发舆论热烈讨论。腾讯、网易共计20余万网民在跟帖评论中发表看法。有网民说，治本之策是要充分挖掘秸秆作为资源的价值并有效利用，"秸

---

① 廉颖婷：《农村环境污染亟须专门法律解决》，法制网，http：//www.legaldaily.com.cn/index_article/content/2016 - 02/01/content_ 6470742.htm?node = 5955。
② 吴涛、陆芸：《中国三大主粮化肥利用率10年提高7.2% 农业面源污染治理效果显现》，新华网，http：//news.xinhuanet.com/fortune/2016 - 07/19/c_ 1119245278.htm。
③ 吴涛、陆芸：《中国三大主粮化肥利用率10年提高7.2% 农业面源污染治理效果显现》，新华网，http：//news.xinhuanet.com/fortune/2016 - 07/19/c_ 1119245278.htm。
④ 《石化农业水污染"贡献率"高达50%》，《经济参考报》2016年7月1日，第5版。
⑤ 张政：《养猪成另类"乡愁"：多地网友投诉养猪场排污问题》，人民网，http：//leaders.people.com.cn/n1/2016/0718/c178291 - 28561628.html。
⑥ 刘楚：《环保部：秸秆焚烧火点黑龙江占七成，是大范围雾霾元凶之一》，澎湃新闻网，http：//www.thepaper.cn/newsDetail_ forward_ 1557556。

秆成了卖钱的宝贝疙瘩，谁还舍得烧呢"。还有网民说，根治农民偷烧秸秆，要么补贴到位，要么允许有条件的焚烧，不能把防治雾霾的成本推给农民个体。

舆论还对农业面源污染的治理等进行了讨论分析，认为在解决问题时要转变思路，畜禽粪便、农作物秸秆等是重要污染源，也是"放错了地方的资源"。8月，农业部等六部门联合发布了《关于推进农业废弃物资源化利用试点的方案》，重点部署畜禽粪污、病死畜禽、农作物秸秆、废旧农膜、废弃农药包装物等五类废弃物的资源化利用和有效治理[1]。舆论对此积极评价，认为这是解决农村环境脏乱差、实现农业可持续发展的有效途径。同时，各地在农业废弃物资源化利用方面的有益尝试也被媒体广泛宣传，"变废为宝"成为主题。《人民日报》报道，鸡粪也能变成宝，四川20万只鸡的现代化养鸡场每天产的10吨粪便被传送带直接输送到有机肥厂，发酵处理后以每吨500元的价格销售至茶场、果场、苗木场[2]。《长江日报》报道，武汉农民将秸秆、花生梗、莲蓬壳、杉树枝叶等农林废弃物加工成颗粒燃料，变废为宝富民又环保[3]。

3. 农村工业污染问题严峻，危废品"下乡"监管机制亟待完善

岁末年初，媒体集中报道了严峻的农村工业污染问题。春节后，《财经》杂志记者发出返乡日记，讲述湘西南偏远农村地区在十余年高污染高能耗的工业发展侵染后，山林成片枯死、数百年树龄的古樟树死亡、村中十余人患癌症死亡[4]。网民纷纷表示"痛心疾首"，呼吁监管部门切实作为。2016年11~12月，央视财经频道先后报道了山西晋城、重庆涪陵、山西吕梁、云南昆明等地因化工污染出现的庄稼枯竭、家畜熏死、村民吃水困难、

---

[1] 《关于印发〈关于推进农业废弃物资源化利用试点的方案〉的通知》，农业部网站，http://www.moa.gov.cn/zwllm/zcfg/nybgz/201609/t20160919_5277846.htm。
[2] 刘裕国、杨长喜：《鸡粪也能变成宝（新春走基层·民声面对面）》，《人民日报》2016年2月11日，第4版。
[3] 《武汉首家秸秆收集合作社投产》，《长江日报》2016年4月23日，第8版。
[4] 肖辉龙：《百年神树见证的江南小山城流变｜返乡日记》，财经网，http://yuanchuang.caijing.com.cn/2016/0215/4068533.shtml。

酸雨频现等现象①。舆论反响强烈，"触目惊心"成为高频词。同时，网易以图文报道方式关注了河北迁安松汀村，称其被钢厂和焦化企业三面包围，是"雾霾源头污染村"②。网民纷纷表示"胆寒"，认为以牺牲环境为代价的发展遗患无穷，呼吁地方政府部门警醒，严惩有关企业和相关责任人。此外，"山东近万亩水稻疑因水污染枯死　农户状告政府"③的相关消息也引发广泛反响。网民表示支持农民通过法律讨回公道，并将持续关注该起"民告官"案，希望有关部门从中能有所感悟，不断完善环境治理的常态化机制。

化工危废品"下乡"问题热点多发。澎湃新闻网报道了湖南省环保和公安机关联合督办的特大跨省、区环境污染案，称240余吨危险废液被非法倾倒在湖南、江西两省六市、县的偏僻农村，这些危废品来自湖南岳阳两家化工厂④。《中国经济周刊》对常州外国语学校"毒地"事件进行跟进报道，称这些从"毒地"修复现场拉出去填埋的危化品废弃物被转运至常州新北区春江镇李家村⑤。央广网对河北等地走访调查后指出，农村地区地处偏僻，有很强的隐蔽性，因而成为危废品"下乡"的温床，非法转移倾倒工业固体废物、危险废物案件，呈现向农村跨区域、规模化、团伙化转移的趋势⑥。《经

---

① 《经济半小时》：《关不掉的污染化工厂》，央视网，http：//tv.cctv.com/2016/11/29/VIDEQUgSnbLJsQHpVOvIIJnC161129.shtml；《经济半小时》：《重庆涪陵："污染山"压顶小村庄》，央视网，http：//tv.cctv.com/2016/11/30/VIDExyh3CVbqNzVRHq2J3HKt161130.shtml；《经济半小时》：《山西：铝厂排污黄河告急》，央视网，http：//tv.cctv.com/2016/12/01/VIDEyr5agseufXjzbRP3cCFy161201.shtml；《经济半小时》：《污染"先锋"毒害彩云之南》，央视网，http：//tv.cctv.com/2016/12/04/VIDEQ9aia1Of3KyqOKHoCY8H161204.shtml。
② 《知道｜"雾霾源头"污染村：村民多患脑血栓姑娘不愿嫁此地》，网易，http：//tv.cctv.com/lm/jjbxs/videoset/index.shtml。
③ 《疑水质污染山东万亩禾苗枯死　11农户状告省政府》，北京时间网，http：//item.btime.com/survey/36qvldjg404814878761qj3qeph。
④ 刁凡超：《240吨危废倾倒在湘赣农村，环保公安联合督办14人被逮捕》，澎湃新闻网，http：//www.thepaper.cn/newsDetail_forward_1524943。
⑤ 刘照普：《常州"毒地"事件背后隐现修复工程层层转包》，《中国经济周刊》2016年第17期，第26页。
⑥ 孟晓光：《河北非法排污呈现跨区域趋势　"生态炸弹"偷袭乡村》，央广网，http：//china.cnr.cn/yaowen/20161108/t20161108_523250675.shtml。

济参考报》列举"上海4000吨垃圾偷运至江苏太湖倾倒""从深圳绵延千里排污至江西,被村民发现后遭拦截"等跨境偷排事件,称"生态炸弹"偷袭多地乡村,跨区域排污钻了监管漏洞,危废品转移制度和联合执法机制亟待完善①。

4. "垃圾围村"困局待解,治理还须"接地气"

2016年,农村垃圾污染问题广受关注。央视《焦点访谈》指出,农村垃圾每年产生量是1.5亿吨左右,而垃圾处理率只有50%左右。我国农村环卫体系薄弱,生活垃圾随意倾倒、简单掩埋的情况比较多,一些城市将生活垃圾、建筑垃圾转运到乡村地区,使得很多农村成为城市的垃圾处理厂②。陕西、河北等地"垃圾围村"困局被曝出后成为热点话题。媒体称,陕西乾县"垃圾山高七八十米,宽约二三百米,最陡处达七八十度""恶臭弥漫数公里的乡村""垃圾山一处自燃后,几十天都没熄灭"③;河北辛集多个村庄堆放着周边数百家化工、钢铁、皮革厂制造出来的废弃物,气味难闻村民不敢开窗,饮用水被污染,"村民怪病频发"④。对此,舆论呼吁有关部门立即行动起来,莫让乡愁成为承载庞杂垃圾的"乡臭"⑤。

农村垃圾污染问题引发多角度讨论。有舆论认为,农村垃圾污染凸显环保的"城乡有别",折射出在城市垃圾运输处理、农村人居环境治理等环节依然有不少盲点⑥。有舆论说,解困"垃圾围村",还需要"资金进村",目前农村垃圾治理还缺少足够的财政投入,缺少用于农村的垃圾处理和有关

---

① 《跨区域排污多发"生态炸弹"偷袭乡村》,《经济参考报》2016年7月21日,第5版。
② 《垃圾围村如何突围》,《焦点访谈》,央视网,http://tv.cntv.cn/video/C10326/1266613cd0d1483e8e5689a2f3648eb8。
③ 《垃圾围村》,《华商报》2016年6月5日,第A1版。
④ 《西媒:中国土壤污染十分严重河北部分村庄怪病频发》,参考消息网,http://www.cankaoxiaoxi.com/china/20160707/1220614.shtml。
⑤ 魏圣曜、高健钧:《垃圾出城,莫让乡愁变"乡臭"》,新华网,http://news.xinhuanet.com/city/2016-06/20/c_129075202.htm。
⑥ 薛家明:《"垃圾下乡"背后是环保的"城乡有别"》,荆楚网,http://focus.cnhubei.com/original/201606/t3637148.shtml。《垃圾出城,莫让乡愁变"乡臭"》,新华网,http://news.xinhuanet.com/city/2016-06/20/c_129075202.htm。

污水处理设施的配套①。还有舆论指出，解决"垃圾围村"，既要截断城里来的垃圾，更要处理好农村产生的垃圾。②。

同时，媒体还从多个角度关注各地农村垃圾治理经验和成效，"浙江农民爱上垃圾分类"③"海南建立三级清扫体系生活垃圾治理覆盖七成村庄"④"广西玉林农村垃圾开启微生物处理模式"⑤"天津村民每天按要求扔垃圾可获奖金"⑥"垃圾换鸡蛋，河北邱县农村试行环保新模式"⑦等报道大量出现。舆论对此广泛肯定，《人民日报》说，治理农村垃圾，只有瞄准民生、贴近需求、跟踪痛点，才能真正解决问题，"接地气才能对路子"⑧。

三 舆情传播特点

1. 农村环境舆情关涉面广、交叉多元，舆论"代入感"强烈

总体看，2016年农村环境舆情呈现关涉面广、热点问题交叉多元的特点。农村土壤污染、水源污染、"垃圾围村"等问题，关涉到粮食安全、农产品质量安全、农业可持续发展、城乡协调发展等多个方面，使得农村环境舆情的引发存在着更多复杂的因素，出现热点舆情的概率也就更高。生态环境是重大民生话题，出于"切身之痛"的利益攸关，舆论对环境问题具有

---

① 张东阳：《解困"垃圾围村"需要"资金进村"》，《徐州日报》2016年6月7日，第7版。
② 熊丽：《解决"垃圾围村"要防止治理标准"一刀切"》，中国经济网，http://finance.china.com.cn/roll/20160728/3833713.shtml。
③ 方敏、王丽玮：《浙江农民爱上垃圾分类（美丽中国·调查）》，《人民日报》2016年5月9日，第19版。
④ 《海南建立三级清扫体系生活垃圾治理覆盖海南七成村庄》，海南在线，http://news.hainan.net/hainan/yaowen/yaowenliebiao/2016/01/15/2706240.shtml。
⑤ 陈博：《玉林各地无害化处理生活垃圾有高招》，玉林新闻网，http://www.gxylnews.com/news/html/56/104348.htm。
⑥ 《天津出台农村生活垃圾处理奖励办法》，天津网，http://www.tianjinwe.com/tianjin/tjsz/201606/t201606091011209.html。
⑦ 《垃圾换鸡蛋 邱县农村试行环保新模式》，河北新闻网，http://hebei.hebnews.cn/2016-08/16/content 5740575.htm。
⑧ 姚永亮：《接地气才能对路子（今日谈）》，《人民日报》2016年7月14日，第1版。

强烈的"同理心"和"代入感"。而当前农村环保薄弱的现实,则进一步降低了农村环境问题相关的舆情沸点。央视对重庆涪陵、山西吕梁等地农村工业污染问题的曝光,引发网络媒体的大量转载,共计30余万网民在新浪、网易等门户网站参与跟帖评论。网易对河北迁安松汀村工业污染问题曝光后,单条报道的网民参与跟帖评论量近10万次。面对这样的网络民意,相关职能部门需要的是坦诚回应、彻查问题,行动力决定公信力。

2. 监管职责是关注焦点,考验政府部门的舆情应对能力

2016年,环境监管工作依然是热点议题。从全年舆情看,监管乏力是一些地区农村环境问题中的"并发症",大多存在"利税大户是污染大户""处罚过轻无关痛痒""政府部门互踢皮球"等现象。江西乐平还出现了"企业偷排废水,村民被迫买纯净水,当地政府用财政资金为企业代缴排污费超过千万元"的怪象①。四川绵阳也被曝出"村民送环保局'不作为'锦旗被刑拘"事件②。从舆情反馈看,环境污染中的监管问题更易被聚焦,批评和质疑声不断。在这样的语境下,个别地方政府在事件应对中的失误,则会产生进一步的舆情叠加效应。8月初,河北省安新县新安镇留村发生大面积死鱼,引发舆论高度关注③。安新县政府及时发布了"鱼死因为淡水鱼细菌性败血症和缺氧,水质检测无异常"④的通报,并迅速展开后续处置。尽管部分舆论对通报内容仍存疑虑,但对当地政府部门的主动作为予以肯定,而随后曝出的"环保局官员抢记者手机"⑤,却再次推高此事件的关注度并出现衍生舆情。针对农村环境污染问题,如何面对舆论期待,反映着地方政府的执政观念,也考验着其舆情应对能力。

---

① 王硕:《江西环保督察反馈:乐平市用财政资金为企业代缴千万排污费》,新京报网,http://www.bjnews.com.cn/news/2016/11/17/423902.html。
② 《四川村民送"不作为"锦旗被刑拘》,《北京青年报》2016年8月21日,第A06版。
③ 《保定白洋淀上游百亩养鱼场水质突变黑臭,五万多斤大鱼死亡》,澎湃新闻网,http://www.thepaper.cn/newsDetail_forward_1515308。
④ 吕子豪、于俊亮:《河北安新回应白洋淀局部死鱼现象:水质无明显异常》,中国新闻网,http://www.chinanews.com/sh/2016/08-18/7976374.shtml。
⑤ 林斐然、肖鹏、王飞:《河北安新大量死鱼遍布水面记者采访被官员抢走手机》,http://www.bjnews.com.cn/news/2016/08/18/413871.html。

B.8
农民工舆情报告

李婷婷 赵 婧*

摘 要: 2016年,农民工相关舆情数量较上年大幅增长。舆论关注点集中在农民工讨薪、农村留守群体、农民工返乡就业创业等方面,政府保障该群体利益的相关政策举措也被聚焦。全年曝出四川阆中农民工违法讨薪被公判、陕西岚皋县委工作组赴河北为180名农民工讨薪等热点舆情事件。农民工舆情热度呈现"节日化"特点,舆论呼吁解决相关问题还需常态化。

关键词: 农民工 留守儿童 返乡创业 农民工市民化

农民工作为推动我国经济发展的重要力量,一直是舆论关注的热点。2016年农民工话题的相关新闻报道量为9.9万篇,较2015年增加4.6万篇,增幅达85.6%。媒体积极传播和深度解读我国政府在保障农民工工资支付、促进农民工返乡创业方面的重大举措。全年农民工相关话题的新浪微博、论坛、博客等网民帖文总量为21.5万条,较2015年增加5.7万条,增幅36.6%。部分地区农民工讨薪难、农村留守困境等现象引发网民热烈讨论。

一 热点事件排行分析

通过对2016年1~12月有关农民工话题的新闻、帖文的监测,并在此

---

* 李婷婷,农业部信息中心舆情监测处分析师,主要从事农业网络舆情监测分析等工作;赵婧,甘肃省农业信息中心网络舆情分析科副科长,助理农经师。

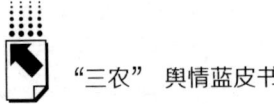

基础上进行加权计算分析，得出相关热点事件的舆情热度，据此列出2016年排行前30位的农民工相关热点事件（见表1）。

表1 2016年农民工热点事件Top30

排名	热点事件	月份	首发媒体	舆情热度
1	国务院办公厅印发《推动1亿非户籍人口在城市落户方案》	10	中国政府网	12855
2	南方多地农民工"摩骑大军"出发，开启铁骑返乡路	1	新浪微博	11777
3	四川阆中农民工违法讨薪被公判事件	3	阆中市法院网站	11175
4	国务院印发《关于加强农村留守儿童关爱保护工作的意见》	2	中国政府网	7157
5	国务院16条硬措施全面治理拖欠农民工工资问题	1	中国政府网	6956
6	国务院印发《关于实施支持农业转移人口市民化若干财政政策的通知》	8	中国政府网	6225
7	国务院办公厅印发《关于支持返乡下乡人员创业创新促进农村一二三产业融合发展的意见》	11	中国政府网	5507
8	春节过后四川留守儿童和母亲分离，哭嚎：你们不能这样对我	2	华西都市报官方微博	4773
9	全国农村留守儿童精准摸排数量902万，九成以上在中西省份	11	民政部网站	4358
10	政府工作报告：让农民工挣钱顾家两不误	3	新华网	3892
11	农民工脱鞋跪地取款引发热议	10	新浪微博	3787
12	《中国流动人口发展报告2016》发布，留守儿童和留守老人居高	10	国家卫计委网站	3398
13	陕西岚皋县委工作组赴河北为180名农民工讨薪事件	6	法制晚报官方微信	3392
14	全国31省份取消农业户口	9	新华网	3240
15	李克强主持国务院常务会：全面加强农村留守儿童保护	1	中国政府网	3116
16	农民工首次当选中华全国总工会副主席	1	央视新闻客户端	2792
17	江西8岁留守儿童陪爷爷奶奶出摊：一天包上万个馄饨	10	微信	2111
18	27部门就农村留守儿童关爱保护工作建立部际联席会议制度	4	中国政府网	1852

续表

排名	热点事件	月份	首发媒体	舆情热度
19	12部门组织开展农民工工资支付情况专项检查	11	人力资源和社会保障部网站	1017
20	越来越多农民工选择节后留在家乡	2	新华网	906
21	国务院:对农民工工资保证金实行差异化缴存办法	6	新华网	862
22	陕西留守妇女遭强奸后自杀事件	1	上游新闻	801
23	西安现"最牛"劳务结算单:农民工讨薪罚款10万元	1	《三秦都市报》	753
24	农村户口"含金量"上涨,部分中小城市农民进城落户意愿不高	7	新华网	627
25	农民工追包工头讨要工资身亡 疑被对方开车拖挂	1	《华商报》	470
26	河北为35万农民工追讨工资35亿元	6	《人民日报》	429
27	七旬老人讨薪:门儿找遍,还是没能拿到血汗钱	1	新华网	304
28	中西部农民工留城意愿不高,66.1%的农民工希望到年龄就回乡	4	《中国青年报》	251
29	山东枣庄10岁留守儿童独居70多天	8	澎湃新闻网	185
30	湖北法院网络直播为农民工讨薪执行案	12	荆楚网	148

分析以上热点事件,可以总结出以下舆情特点。

1. 农民工相关热点事件在春节前后呈多发态势

从热点事件发生时间看,农民工相关热点事件在春节前后呈多发态势,农民工讨薪、农村留守群体、农民工返乡就业创业更易被关注,相关热点事件也更集中。1月出现的热点事件明显高于其他月份,其中农民工讨薪相关的热点事件有4个。2月出现的3个热点事件中,农村留守群体、农民工返乡就业创业分别占了2个和1个。

2. 农民工讨薪和农村留守群体最受舆论关注

从热点事件的主题分布看,农民工讨薪、农村留守群体两大主题的热点事件最多,在30个热点事件中占了19个。其中,农民工讨薪相关的热点事件有10个,占33.3%。部分地区农民工讨薪难问题和政府部门的治理举措

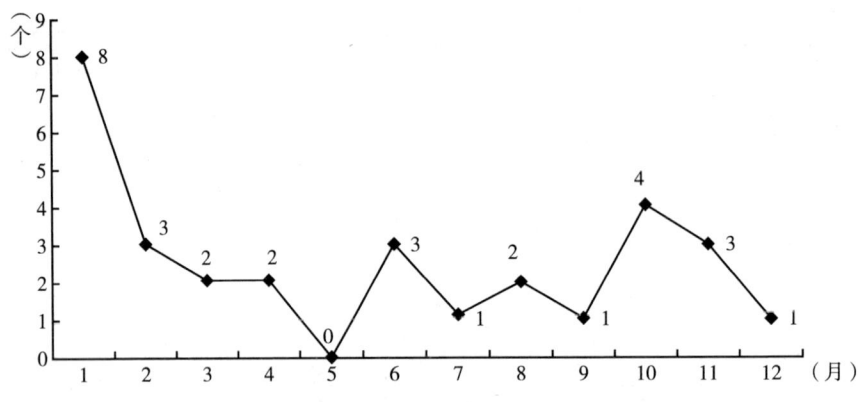

图1　2016年农民工热点事件发生时间分布

各占5个。农村留守群体相关的热点事件有9个，占比为30.0%。政府部门对农村留守儿童的关爱保护政策引发舆论高度关注。农民工市民化相关的热点事件有5个，占比16.7%。在户籍制度改革推进过程中，部分地区农民工融城意愿不高现象成为热点话题。农民工返乡就业创业相关的热点事件有4个，占比13.3%。政府部门在推动农民工返乡就业创业方面的政策举措被聚焦，各地出现的农民工返乡就业创业新气象也被积极关注。此外，还

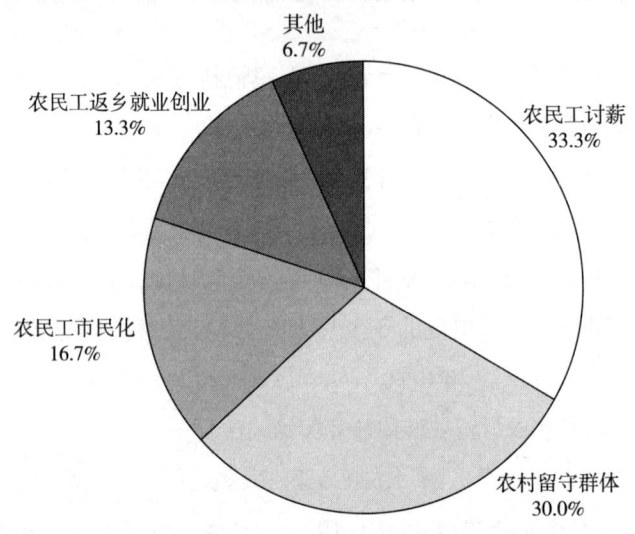

图2　2016年农民工热点事件主题分布

有两个热点事件,分别为"农民工首次当选中华全国总工会副主席""农民工脱鞋跪地取款"(见图2)。

3. 新闻媒体和政府部门网站是农民工信息首发主力

从热点事件的首发媒体看,新闻媒体和政府部门网站是主力,在30个热点事件中占了23个。首发自新闻媒体的热点事件有12个,占40.0%。首发自政府部门网站的有11个,占36.6%。主要来自中国政府网、民政部网站、人力资源和社会保障部网站等。首发自微博的有3个,占10.0%。其中1个发自媒体官方微博,还有2个来自网民微博。首发自微信的有2个。此外,还有2个事件来自央视新闻和《重庆日报》的新闻客户端(见图3)。

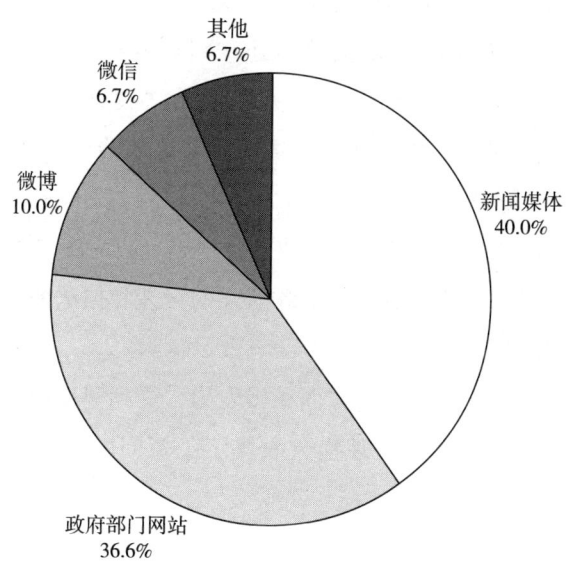

图3 2016年农民工热点事件首发媒体分布

二 热点舆情回顾

1. 农民工被欠薪问题严重,舆论期待保障工作长效性

2016年,保障农民工工资支付工作形势仍很严峻。据人力资源和社

会保障部 12 月信息显示,工程建设领域存在的深层次矛盾还没有得到有效解决,是发生欠薪的重灾区;实体经济困难状况尚未根本好转,钢铁、煤炭等行业产能过剩矛盾突出,不仅增加了工程建设领域的欠薪风险,而且导致其他行业的欠薪问题明显增多①。从全年舆情看,农民工讨薪问题在岁末年初被集中曝出。新华社、《华商报》、《三秦都市报》等媒体发出的"70 岁老人在郑州工地讨薪 140 多天,近半年只拿到 1000 元"②"农民工追包工头讨要工资,被对方开车拖挂身亡"③"农民工 7 进西安讨工钱,4 万块讨了 2 年没要到"等报道,受到舆论热议。上述讨薪问题凸显的农民工弱势地位及权益保障缺失等问题被重点关注。新华网发问:"农民工讨薪何时不再是年末热话题④。"网民感慨:"又是一年讨薪季,又是一年热泪流。"此外,3 月份四川阆中市法院对违法讨薪农民工公开审判,引发一边倒的批评。舆论认为,人性化普法并疏通司法援助渠道才是破题关键。6 月,《法制晚报》通过微信公众号发出报道《陕西一县委工作组赴河北为 180 名农民工讨薪被拒门外》⑤。由于该事件中讨薪的对阵格局由"民工 VS 矿企"升级为"政府 VS 政府",使该报道迅速成为舆论关注焦点。舆论认为,维权农民工、欠薪企业所在地政府间的交涉和据法博弈,应成为解决讨薪问题的常规路径⑥。

国家在保障农民工工资支付方面积极发力,受到舆论积极肯定。1 月 19 日,国务院印发《关于全面治理拖欠农民工工资问题的意见》,制定 16 条

---

① 新华网:《人社部:农民工欠薪形势严峻复杂》,http://news.xinhuanet.com/politics/2016-12/01/c_1120035122.htm。
② 冯大鹏:《一位 70 岁讨薪老人的辛酸生日——来自河南郑州一工地的讨薪日记》,新华网,http://news.xinhuanet.com/fortune/2016-01/17/c_1117800817.htm。
③ 余晖:《农民工讨要工资一天未果追包工头出工地后路边亡》,《华商报》2016 年 1 月 18 日,第 A1 版。
④ 王莹:《农民工讨薪何时不再是年末"热"话题?》,新华网,http://news.xinhuanet.com/politics/2016-12/19/c_129411079.htm。
⑤ 杜雯雯、张喜斌:《陕西一县委工作组赴河北为 180 名农民工讨薪被拒门外》,《法制晚报》微信"深读",http://mp.weixin.qq.com/s?_ _ biz = MzIzNjIwNzI2Mw = = &mid = 2653186260&idx = 1&sn = 5c96f891c30209ff36adf7d910efbd741&scene = 0#wechat_redirect。
⑥ 《家乡政府为民工讨薪是合理"地方保护"》,《新京报》2016 年 6 月 18 日,第 A02 版。

硬措施，明确到 2020 年基本无拖欠的目标。舆论将此称为"最强意见"，认为其中的时间表和路线图都值得期待①。6 月 15 日，国务院常务会议部署"对农民工工资保证金实行差异化缴存"，舆论认为新政体现了良好的市场风气导向和政府管理精细化的进步，有利于从源头上解决农民工工资拖欠问题②。年末，保障农民工工资支付的相关工作再次成为关注重点。人力资源和社会保障部等 12 部门联合在全国组织开展专项检查，各地也积极开展相关工作。舆论对其中的"联合对部分地区重点督查""恶意欠薪企业的新项目全部叫停"等具体措施表示认同，认为强化了治理的威慑力，"体现出更多釜底抽薪的意味"③。同时，湖北法院网络直播为农民工讨薪执行案，也获得大量点赞。总体看，2016 年，政府部门在农民工工资支付方面的保障工作受到广泛支持，舆论称看到了国家在解决农民工工资拖欠问题上的坚强决心，但破解"年年干活年年欠、年年讨薪年年难"的怪圈，政府监管的常态化和高效的执行力才是关键。

2. 农村留守群体之痛牵动舆论神经，政策破题之后更待深化

作为农民工问题的"伴生"现象，农村留守群体广受关注。国家卫计委发布的《中国流动人口发展报告 2016》显示，2015 年末，我国流动人口数量为 2.47 亿人，与大规模流动人口伴生的，是留守儿童、流动儿童、留守老人及流动老人④。舆论认为，流动时代，农村留守群体也应有美好的未来，需要多一些有人情味的制度安排和有远虑的深刻思考⑤。

从全年热点舆情看，农村留守儿童持续牵动舆论神经。虽然全年没有出现高热舆情，但在春节、儿童节、寒暑假等特定节假日期间，相关热点话题

---

① 薛家明：《最强"治赖薪意见"能否终结讨薪悲情？》，人民网，http：//opinion.people.com.cn/n1/2016/0121/c1003 - 28073983.html。
② 亢舒：《缘何向工程建设保证金"动刀"》，《经济日报》2016 年 6 月 29 日，第 5 版。
③ 王琳：《让农民工"薪安"更心安》，《北京日报》2016 年 11 月 18 日，第 3 版。
④ 《2016 年 10 月 19 日专题发布会材料：〈中国流动人口发展报告 2016〉内容概要》，国家卫生和计划生育委员会网站，http：//www.nhfpc.gov.cn/zhuz/xwfb/201610/58881fa502e5481082eb9b34331e3eb2.shtml。
⑤ 王石川：《流动时代，留守儿童也该有美好未来》，《京华时报》2016 年 10 月 20 日，第 002 版。

呈多发态势。春节前后，媒体发出大量图片报道，记录各地农村留守儿童与亲人的团聚与别离。其中，四川成都邛崃市 7 岁留守儿童与返城务工的母亲离别时，哭喊的一句"你们不能这样对我"①，戳中公众泪点。当时情景被《华西都市报》记者手机定格传至网络后，被评价为"最难过的照片""最揪心的一刻"。舆论说，这句哭喊道出了千万留守儿童的心声，应该让更多的人听到，并得到更加迅速、积极的回应②。"六一节"前后，农村留守儿童成为媒体报道的重点群体。孩子们的身心健康被高度聚焦，其内心孤独、营养健康状况待改善、暴力伤害、遭性侵等问题引发网民焦虑，称"一看这些孩子就让人不能平静"。暑假期间，留守儿童的独居困境和环境安全隐患再次被关注。《齐鲁晚报》对山东枣庄一名 10 岁留守儿童独居 70 多天的图文报道被大量转发，网易单条转载报道的网民参与跟帖评论量达 7.7 万次。河北、河南、内蒙古等地出现的留守儿童溺亡事件也令人唏嘘。"从法律和制度发力，破解留守儿童与父母分离的困境"成为舆论建言的核心指向。

2016 年，政府持续加大关爱保障力度，推出多项举措，解决留守群体问题，舆论期待政策执行的深度和实效。1 月，李克强总理主持召开国务院常务会议，部署全面加强农村留守儿童关爱保护；2 月，国务院发布《关于加强农村留守儿童关爱保护工作的意见》。4 月，针对农村留守儿童关爱保护工作，民政部等 27 个部门建立联席会议制度。舆论对此广泛期待，希望有关部门借此契机为留守儿童建立起长效保障机制。随后，各地陆续出台针对留守儿童"未满 16 岁不得独居"等相关政策，也广受关注。11 月，民政部发布最新摸底排查结果，称"全国农村留守儿童总数为 902"③。该数据与全国妇联 2013 年统计的"6102 万"存在巨大差距，被舆论称为"断崖式

---

① 荀明、张元玲、吴小川：《6100 万农村留守儿童的"成都镜像"那声声号啕撕裂了母爱与乡愁》，《华西都市报》2016 年 2 月 18 日，第 A01 版。
② 李桐：《"你们不能这样对我"之心声喊给谁听？》，长江网，http://news.cjn.cn/cjsp/ssdj/201602/t2783836.htm。
③ 罗争光、王思北：《全国农村留守儿童精准摸排数量 902 万人九成以上在中西部省份》，新华网，http://news.xinhuanet.com/politics/2016－11/09/c_1119882491.htm。

锐减",引发多方追问①。民政部随后予以详细回应,有效纾解舆论质疑。媒体指出,902万的统计数字更精准,但不能因此减少解决问题的压力感,更不能因为统计口径的缩小,将广义的留守儿童抛出政策考虑范围②。

3. 返乡就业创业渐成热潮,"双创"助力农民工回乡发展

2016年,农民工返乡就业创业的新动向是舆论关注热点。春节过后,媒体发出相对集中的报道。新华社相继发出了《回到家乡去:中国更多农民工的就业新选择》《越来越多农民工选择节后留在家乡》《越来越多的农民工"留守"折射中国经济社会变迁》等系列报道,称在新常态下,农民工留在本省就业创业渐成热潮,"打工还是家乡好,顾家赚钱两不少"。有媒体分析,国家扶持农民工返乡创业政策不断完善,区域协调发展水平逐步提升,"亲情权重"不断加大,经济形势下行导致大城市用工需求下降等因素,使得更多的农民工选择在家乡打拼,"凤还巢"现象将越来越普遍③。还有媒体认为,返乡就业的大潮正在改变农民工的流动轨迹,对中西部而言,产业发展、城镇化配套能否"承接得住"越来越多的返乡人口,将成为影响农民工务工走向的重要因素④。

政府在扶持农民工返乡就业创业方面的积极举措也被舆论关注。3月,政府工作报告中提出的"发展中西部地区中小城市和小城镇,容纳更多的农民工就近就业创业,让他们挣钱顾家两不误"⑤,被评为政府工作报告中

---

① 段彦超:《全国摸排出留守儿童902万:较此前六千万骤减,民政部释疑》,澎湃新闻网,http://www.thepaper.cn/newsDetail_forward_1558037;《今日热点舆情(11月10日):村留守儿童锐减引媒体追问》,新华网,http://news.xinhuanet.com/yuqing/2016-11/10/c_129359329.htm。

② 刘文嘉:《留守儿童问题,要的是解决不是取消》,《京华时报》,2016年11月11日第002版。

③ 商旸:《农民工为何选择"凤还巢"(民生观)》,《人民日报》2016年2月19日,第13版;陈晨、李松、黄浩、苑骆飞:《农民工务工动向新观察》,新华网,http://news.xinhuanet.com/fortune/2016-02/23/c_1118135327.htm。

④ 陈晨、李松、黄浩苑、骆飞:《农民工务工动向新观察》,新华网,http://news.xinhuanet.com/fortune/2016-02/23/c_1118135327.htm。

⑤ 《李克强:让农民工就近就业创业挣钱顾家两不误》,中国网,http://www.china.com.cn/guoqing/2016-03/05/content_37943785.htm。

的经济"强"音之一①。网民表示,"挣钱顾家两不误"说到了农民工的心坎里,说出了他们的真切期盼,可以从根本上改善他们的家庭生存状态,留守儿童的美好未来可期。11月,国务院办公厅印发《关于支持返乡下乡人员创业创新促进农村一二三产业融合发展的意见》。舆论认为,这将全面激发农民工等人员返乡创业的热情②。

4. 部分地区农民工进城落户意愿不高,以人为本是关键

2016年,农民工市民化问题也受到关注。部分地区农民工进城落户意愿不高、农民工在不同城市之间存在的"想落的不让落,让落的不想落"等现象被媒体持续发问。4月,中国社科院发布《中西部工业化、城镇化和农业现代化:处境与对策》,其中提到"约一半农民工不想进城,另外66.1%的农民工选择到了一定年龄就回乡"③。媒体认为,要读懂农民工不愿进城落户背后的深层原因,让他们切实看到进城的好处,如果这些好处大于留在农村的好处,自然会有更多的农民自愿进城④。7月,新华社对安徽、四川等省部分地区存在的农民进城落户意愿低、"逆城镇化"现象进行深度报道⑤。舆论认为,农村生活成本低、农村户口的利益链条在不断增加和拉长,而城市户口含金量的成色却在下降,如果没有实质利好,快速实现城镇化和农村人流向城市,很难一帆风顺⑥。11月,国家行政学院经济学教研部等科研单位联合发布的城镇化蓝皮书成为报道热点。《新京报》等媒体援引其中内容称,中小城市户籍虽已放开,但鲜有问津;大城市严控落户规模,

---

① 《两会经济之声:政府工作报告十大经济"强"音》,央广网,http://finance.cnr.cn/txcj/20160306/t20160306_521544811.shtml。
② 《让农民工挣钱顾家两不误》,《经济日报》2016年12月21日,第16版。
③ 王品芝:《城市难留66.1%农民工希望到年龄就回乡》,《中国青年报》2016年4月26日,第7版。
④ 郭志钧:《读懂不愿进城背后的现实问题》,《湖北日报》2016年4月27日,第7版;晏扬:《请尊重半数农民不想进城的权利》,《兰州晨报》2016年4月27日,第A02版。
⑤ 秦交锋、徐海涛、许茹、李劲峰:《农村户口"含金量"上涨 有地方现"逆城镇化"——部分中小城市农民进城落户调查》,新华网,http://news.xinhuanet.com/politics/2016-07/19/c_1119241185.htm。
⑥ 鞠实:《"逆城镇化"症结何在》,荆楚网,http://focus.cnhubei.com/media/201607/t3664979.shtml。

农民工却趋之若鹜，使得能够享受户籍福利的农业转移人口比例很低①。

2016年，针对农业转移人口进城落户的相关政策也接连出台。8月，国务院印发《关于实施支持农业转移人口市民化若干财政政策的通知》。10月，国务院办公厅印发《推动1亿非户籍人口在城市落户方案》，国土部、国家发改委、人社部等部门也相继在土地供应、社会保障等方面出台指导性文件。舆论评价这一系列规划清晰描绘了"十三五"期间主要的人口流动和经济发展路径，为新型城镇化装上了政策推进器②。《经济参考报》还提醒，各地在制定农村人口落户方案时，不应过度考虑解决商品房库存问题，而应更多考虑这么多人进城会出现哪些短板。只有把短板消除掉，才不会引发新矛盾③。

三　舆情传播特点

1. 社会各界积极助推，尊重关爱农民工的舆论氛围渐浓

从舆论上看，农民工群体普遍受到积极肯定。李克强总理评价农民工是"家庭顶梁柱和国家脊梁"④，网民称赞农民工是"城市建设的幕后英雄"，"我国农民工首次当选中华全国总工会副主席"等相关消息被广泛点赞。舆论认为这体现了权利公平，彰显了农民工对国家经济发展所做出的巨大贡献，具有十分重要的标杆意义⑤。社会各界在尊重关爱农民工方面合力营造了积极的舆论氛围。政府部门充分利用社交媒体的传播优势，在保障农民工和农村留守群体权益方面不断发力。共青团中央开设的官方微博"@共青

---

① 李玉坤：《蓝皮书称户籍改革不理想：中小城市冷清人都涌去大城市》，新京报网，http://www.bjnews.com.cn/news/2016/11/23/424617.html。
② 王婷婷：《"1亿人"刺激出超3000万套需求去哪儿投资？》，《每日经济新闻》，http://www.nbd.com.cn/articles/2016-10-28/1048406.html。
③ 谭浩俊：《1亿人落户城镇无关房价》，《经济参考报》2016年10月20日，第2版。
④ 《李克强称赞农民工是家庭顶梁柱和国家脊梁》，中国政府网，http://www.gov.cn/guowuyuan/2016-03-26/content_5058559.htm。
⑤ 朱永华：《农民工当选全总副主席具有"标杆"意义》，光明网，http://guancha.gmw.cn/2016-01/18/content_18542755.htm。

团关爱农民工子女志愿服务行动官方微博、济南市劳动就业办公室开设的官方微信"济南农民工"等政务新媒体账号,在大力宣传相关保障政策的同时进一步畅通农民工诉求通道。主流媒体和社会各界也积极助力农民工相关问题的解决。在农民工讨薪多发时段,人民网在《地方领导留言板》栏目开通留言专区,供网民向当地相关部门反映欠薪问题。《华商报》等多地媒体纷纷公布电话专线,联合劳动保障监察部门集中为农民工讨薪。春运期间,@央视新闻、@新浪湖北等媒体发起"帮帮农民工"微话题,呼吁为农民工买火车票、适当让会儿座,受到网民的积极响应。中国石油天然气集团公司连续6年免费为铁骑返乡的农民工提供加油、用餐等服务。其官方微博"@中国石油"发起的微话题"铁骑返乡",话题阅读量突破1亿次。

2. 农民工话题"节日化"特点明显,问题的解决还需常态化

一年来,国家在农民工和农村留守儿童权益保障等方面出台了多项保障举措,但相关问题的解决不是一蹴而就的。从全年热点舆情看,农民工工资拖欠问题还在部分地区继续上演,农村儿童、妇女、老人的留守之殇依旧不断刺激舆论神经。从发生时间上看,相关热点话题"节日化"特征鲜明。春节、妇女节、儿童节、重阳节等特定节日,是农民工及留守群体受到关注的主要节点。在此期间,政府部门以及社会组织开展的各类关爱和保障行动频现互联网。这一方面表明了政府和社会各界对农民工及农村留守群体的重视,另一方面也说明相关日常工作仍存欠缺。《人民日报》指出,过日子不等于过节,仅对留守儿童进行"节日化"的关爱是远远不够的[①]。光明网说,拖欠农民工工资问题多年治理仍不达效果,很大程度是因为地方治理的年末运动战思维太浓[②]。将"节日化"变成"常态化",平日努力作为,建立长效机制,是舆论期待,也是治本之策。

---

① 张烁:《关爱留守儿童不能"节日化"(凭栏处)》,《人民日报》2016年2月18日,第18版。
② 舒圣祥:《治理工资拖欠离不开大数据土壤》,光明网,http://guancha.gmw.cn/2016-01/20/content_18580866.htm。

热 点 篇

Hot Topics

B.9
广东徐闻菠萝滞销事件的舆情分析

张文静 王明辉*

摘 要: 从2016年4月下旬开始,广东徐闻菠萝卖难、价低的相关消息在互联网上持续出现。5月上旬,电商笨鲜生助力徐闻菠萝销售,1天售出60万斤,但因买家收到坏果而引发大量差评。笨鲜生发表声明称,由于徐闻果农坐地起价、掺杂熟果等原因,企业几近破产。徐闻县菠萝专业合作社有关人士则认为,笨鲜生亏损的主因是其包装简单、运输过久导致菠萝烂掉。"徐闻菠萝滞销事件"引发舆论多角度讨论,推动农产品品牌化、遵循市场规律解决卖难、破解生鲜电商的发展瓶颈等成为主要议题。

关键词: 徐闻县 菠萝 卖难 生鲜电商

---

* 张文静,北京乐享天华信息咨询中心舆情分析师,主要研究方向为涉农网络舆情;王明辉,麦之云(北京)信息咨询有限公司舆情分析师,主要研究方向为网络舆情。

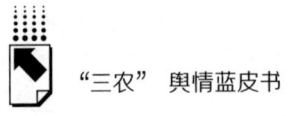

一 事件经过

2016年4月下旬至5月初,"广东徐闻八万亩菠萝滞销,一毛一斤没人买"等消息引起舆论注意,当地政府部门多举措力促市场回暖的相关报道也被广泛关注。

5月8日,电商平台天猫旗舰店笨鲜生(以下简称笨鲜生)通过聚划算平台,以29.9元/10斤的包邮价,1天之内售出徐闻菠萝60万斤,但随后接到大量差评,买家投诉收到的菠萝腐烂变质。

5月14日,笨鲜生发布公告,称因农民坐地涨价、掺杂低品质菠萝等问题,致该店铺损失不低于50万元而面临破产。同时,网络问答社区知乎出现"如何评价'笨鲜生'天猫店帮卖滞销菠萝60万斤却差点破产?"的话题问答,引发网民热烈互动。

5月20日,央广网发表跟进报道《"徐闻菠萝事件"当地合作社:责任全都推到农民头上不公平》,徐闻菠萝协会有关人士针对"果农坐地起价"等问题进行了回应。报道还关注了笨鲜生在此次销售中存在的品控不足、包装不当等销售问题。

二 事件舆情走势

(一)网络媒体舆情走势

5月14~16日,网络媒体对此事的报道较少。从17日开始,网民在知乎、微博、微信中对事件的相关讨论受到个别媒体关注,搜狐网、云浮时刻网等门户网站和地方网络媒体进行综合汇总报道。亿邦动力网等个别行业网站也借此对生鲜电商的发展瓶颈和破解之策发文讨论。但上述消息的舆论关注度均较低。仅《法制晚报》在19日发出的报道《菠萝滞销电商出头反遭坐地起价面临倒闭 谁之过?》引发网易、腾讯等门户网站转载,网易网民参与跟帖评论量近 10 万。

5 月 20 日，网络媒体舆情关注度达到顶点。央广网对事件发布跟进调查，采访了徐闻县农业局以及菠萝专业合作社的有关人士，分析了关涉各方的责任，认为在此次事件中"没有谁是受益方"。新华网、人民网、中国经济网、环球网等媒体予以广泛转载。同时，光明网等媒体发出评论文章，讨论该起事件"究竟亏在哪"。

从 5 月 21 日开始，媒体关注度大幅回落，《农民日报》等部分媒体从农产品卖难、生鲜电商发展困境等方面对事件展开讨论。22 日，媒体舆情走势趋于平息（见图 1）。

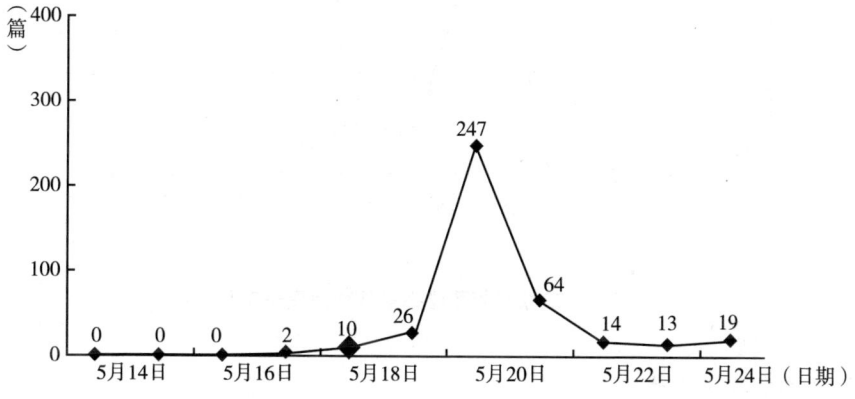

图 1　广东徐闻菠萝滞销事件网络媒体新闻舆情走势

（二）社交媒体舆情走势

1. 微博舆情走势

从时间上看，微博网民对此事的敏感度高于媒体。从微博话题源看，从事电商、农产品产销等行业的网民成为事件热议的主体。笨鲜生天猫店铺发布的声明、知乎发起的相关问答，成为引导微博舆情走势的主要因素。

5 月 14 日 23 时，展销行业人士"@钻展田老"把笨鲜生天猫店铺发布的公告在微博中转发，认为这是典型的"电商销售死亡案例"。微博转评量共计1500余次，网民在跟帖中展开了内容丰富、角度多样的讨论。

同时，知乎中出现的话题"如何评价'笨鲜生'天猫店帮卖滞销菠萝60万斤却差点破产?"也引起网民关注。5月18日，"@大神说"以截图方式将知乎中的部分回答发至微博，当日网民转评量突破万次。

5月20日开始，微博舆情明显回落，趋于平息（见图2）。

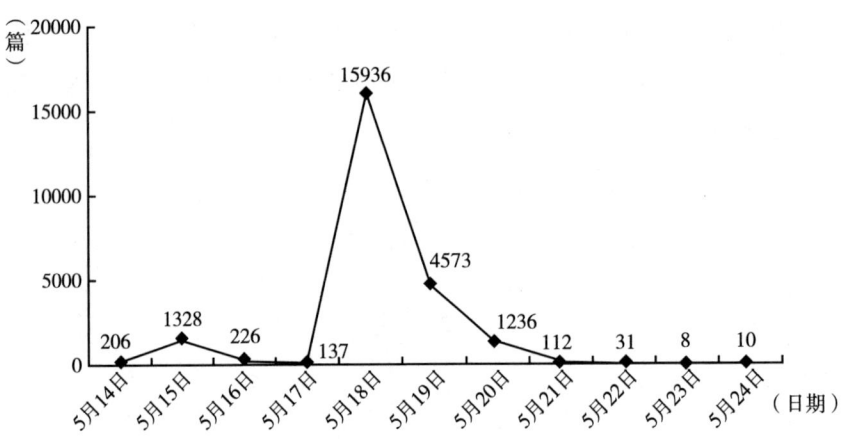

图2　广东徐闻菠萝滞销事件微博舆情走势

2. 微信舆情走势

5月14~18日，微信舆情处于缓慢上升态势。微信关注的重点是笨鲜生发布的公告，"日销60万斤徐闻菠萝却面临破产之境"是主要标题设置，"为何""怪谁"等发问不断。对农民不诚信的批评，对笨鲜生的同情是舆论主流。

5月19~20日，微信关注度处于高峰期。随着媒体调查以及知乎中对事件讨论的不断深入，微信舆论风向也有所转变。针对曝出的"笨鲜生标注的广东徐闻菠萝却从广西南宁发货""包装简陋"等问题，有公众号喊话"笨鲜生出来走两步"。还有微信公众号发布文章，从未来农产品发展趋势、农村电商的前景等层面思考，认为农产品依靠电商平台销售还需更多的支持和关注。

5月21日，微信舆情热度大幅下降，并渐趋平息（见图3）。

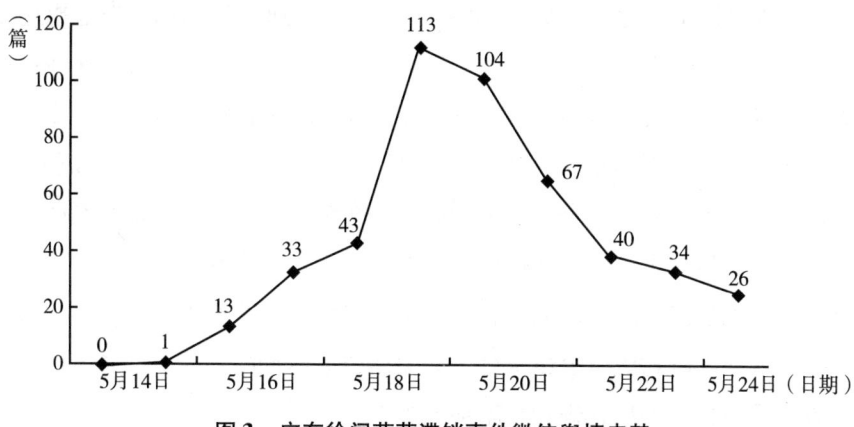

图3　广东徐闻菠萝滞销事件微信舆情走势

三　舆论主要议题

（一）媒体观点摘要

让脆弱的农副产品变"坚强"，尊重市场规律是畅销关键。光明网说，"徐闻菠萝事件"亏在菠萝没有真正成为市场主体，不知道如何在市场竞争中趋利避害。粗放的价值规律是个"坑"，唯有科学有序的宏观调控能将之"填平"。让脆弱的农副产品"坚强"起来，早做准备，早有打算，好过靠"爱心奉献"或"市长吆喝"过日子①。红网说，作为全国菠萝生产第一大县，徐闻还"大而不强"，缺乏自主高端品牌。政府先扶一把，调整种植结构、开拓销售市场、培树自主品牌甚至为种植户"兜底"。把这些前期的工作做到位，也就提升了徐闻菠萝的竞争力。然后让种植户抱团去闯市场，根据市场信息及时做出种植调整，提高应对市场风险的能力，提升消费者的接受程度和黏度，"菠澜"也就不会再起了②。

---

① 光明网评论员：《"徐闻菠萝事件"究竟亏在哪?》，光明网，http://guancha.gmw.cn/2016-05/20/content_20187047.htm。
② 高永维：《改变自己方可避免"菠澜"再起》，红网，http://hlj.rednet.cn/c/2016/05/27/3994048.htm。

关注农产品电商之困。《光明日报》说，与普通电商相比，农业电商是一块"难啃的骨头"。农产品附加值很低，而物流、保鲜成本高，这些都是涉农电商发展中需要面对的挑战。农产品电商要实现良性发展，需要全产业链的升级与重构。创建农村的基础设施之网、诚信之网、金融环境和创业环境之网变得尤为重要①。前瞻网说，供应链和冷链，是生鲜电商发展面临的最主要障碍。目前生鲜电商在供应端存在诸多不足，货源不稳定、产品标准化程度低，无法保证统一的品质，影响了客户体验，使其很难获得突破性发展。生鲜电商冷链物流系统投资巨大，短期内成本过高。而冷链系统的不完善导致产品损耗率大增，进一步增加成本②。

（二）网民观点摘要

对此事件，笨鲜生和菠萝滞销的徐闻农民成为网民热议的两个主体，也有对农产品电商的理性思考，观点主要集中在以下几个方面。

一是对笨鲜生表示同情和理解。"@杨海蓉微博"说，期望所有的深情都不会被辜负，所有的善意都应得到尊重。淘宝进农村，农业电商化还有很长的路要走。"@君子温其如玉"说，看到笨鲜生的回复，一下戳中泪点，感谢一切善良的人。"@包包于包子"说，真心希望大家将心比心，天猫老板也是受害一方，这事就坐地起价、不讲信用带来的崩溃可想而知，淘宝不易做，诚信且珍惜。

二是认为笨鲜生缺乏法律意识和风险意识。"@时光老郑"说，你和农民签协议包销了？还是自己采购了？如果没有，为什么说农民没有契约精神？没有合同文书又何来契约？另外，你又和几个果农口头约定帮你在聚划算供货？还不是有单了再向果农采购。不要抹黑农民，投机失败了，就要认！"@鲁振旺"说，要上聚划算，还不限单，即使成本没问题，三天内能发光六万单吗？去年做柚子，一天1000单都要十几个人称重装箱，这个一

---

① 李慧：《"烂菠萝"折射农产品电商之困》，《光明日报》2016年5月27日，第07版。
② 一支好青年：《倒闭不断的生鲜电商为何如此让资本市场青睐》，前瞻网，http://t.qianzhan.com/fengkou/detail/160527-ffb3b367.html。

天两万单，考虑过打单、装箱、称重需要多少人手吗？我看不是价格出了问题，是根本没有办法发货。"@魔都牧羊人"说，做生意就是做生意，不要提帮忙，电商的心态也有问题。事先应该有严格的商业合同。

三是批评农民不诚信。"@嘆漠"说，如果真如店家所讲，徐闻的果农就是在打脸。"@艾艾侠"说，没有契约精神，小农意识依旧。"@dreaming_zhao"说，农民没有契约精神是事实，我就是农村的！但不能全怪农民，这与农民在交易过程中的弱势地位有关，农民基本没有站在公平的交易端上。

四是爱心助农不是解决农产品滞销的根本途径。"@翁源三华李朱冠威"说，每一个滞销的背后都有其存在的规律和原因，用爱心助农的理念进入，无形中在消耗消费者的信心，也在人为地控制和绑架市场经济。"@吃货老叶"说，虽然我自己家人就是果农，但我从来都不支持任何形式的助农活动，因为根本就治标不治本，你今年帮了，明年呢？后年呢？问题根源在于品种和种植规模，不解决这个是帮不完的。"@徐元林"说，用企业的经营活动方式去助农，既想落好名声，还不想亏钱，实在难以理喻。今年帮助农民销售了，反而会引起果农误以为销售顺畅而进一步加大生产力度增加供给，明年咋办，年年要以此方式助农？

五是农产品产销现状与电商发展的要求还有差距。共青团陕西省委农工部部长"@陕西魏延安"说，这件事不应从道德层面评判经济事件，根本原因是农产品的标准化、农产品的可追溯体系、农产品的质量信任程度得不到电商消费者的认可。知乎网民"剑客笔记"说，农产品电商对品质的要求都比较高，而滞销的农产品很难做品控。农产品电商没有那么大的消化量，滞销规模都是比较大的。好些农产品不适合做产地直达，直发物流成本最终叠加给用户价格就被推高了。"@勤劳农哥"说，电商助农并非不想做，而是没有统一标准或者规范，难帮！

六是电商销售农产品还要不断提高自身能力。"@海淘大哥"说，这是个很典型的电商案例。供应链和品控，是看不见的胜负手。供应过快容易积压，过慢则断货。品控从源头一直到客户端，任何一个环节疏忽就有可能摊上事儿。"@鲜农派"说，农产品网上卖，没有想象的那么简单，前期工作还是要准备好。尽量选择地标性农产品,做好品牌营销策划,还要测试物流耗损。营销的本质还是要回归产品,做好产品品控。"@做生鲜的莫掌柜"说,助农之前要衡量自己团队的能力是否足够。生鲜不简单,单凭一腔热血远不够,需要团队有极强的供应链管理能力。

四 事件启示

从舆情热度上看,"徐闻菠萝滞销事件"与其他"三农"热点事件相比稍逊一筹。但从舆情传播角度看,该起事件有着自身的特点,值得参考。"徐闻菠萝滞销事件"的关注群体更趋行业化,尤其是一些生鲜电商从业者,他们以切身经验分析笨鲜生的失策之处,讲述创业中遇到的困难和感触,引发广泛共鸣。同时,农产品滞销卖难问题也是舆论关注的热点话题,该起事件中涉及的"农民坐地起价""倒闭"等细节,为舆论提供了更充分的谈资。此外,网络问答社区知乎对事件热度的推动作用也值得关注,其发起的提问"如何评价'笨鲜生'天猫店帮卖滞销菠萝60万斤却差点破产?"出现了880多个回答,网民阅读量达61.8万次,其中一些具有借鉴价值的回答被媒体和网民大量援引,成为重要的话题讨论素材。总体看,"徐闻菠萝滞销事件"体现了"互联网+"背景下农村电商发展遇到的新挑战,也凸显了农产品市场存在的老问题,带有一定的偶然性,却也有很多必然因素。"互联网+"对农业的重要性日益彰显,未来,如何以更专业的精神和市场理念促进农业的产销,培育更成熟的市场、更成熟的农业经营者和电商运营者,应是此次事件带来的思考。

B.10 北京多家超市"活鱼下架"事件的舆情分析

白 杨*

> **摘 要：** 2016年11月23日，《北京青年报》等多家媒体报道北京多家超市停售活鱼，又因超市对"活鱼下架"原因说辞不一，致使"水污染导致活鱼下架"的猜测被迅速传播。针对公众质疑，北京市食药监局发布微博消息否认"活鱼下架"源于水体污染。随后，又有报道称活鱼下架是因为国家食药监总局水产品专项检查消息泄露，经营者为逃避检查而采取的措施。这一质疑推动舆情在24日达到顶点。北京市食药监局再次予以否认。随着各大超市25日陆续恢复活鱼销售，舆情开始回落。
>
> **关键词：** 北京市 活鱼下架 水体污染 食品安全 监管

一 舆情概述

2016年11月23日，《北京青年报》《新京报》等多家媒体报道称，因接到市民爆料称北京许多超市停售活鱼，记者走访发现，全市绝大部分超市已停售活鱼。超市工作人员称停售活鱼是接到了下架通知，是何原因、何时

---

* 白杨，人民网舆情监测室主任舆情分析师，主要研究方向为网络舆情与危机处置。

恢复供货均不清楚。《新京报》报道提到，超市近期不能卖活鱼，否则要被罚款20万元，但水产市场商铺仍在正常售卖。网友纷纷猜测活鱼禁售原因，关于水质污染的猜测网络热度值居于首位。

11月23日晚，北京食药监局在其官方微博@首都食药发布消息表示，从未下发通知要求超市下架活鱼。并称，水体污染导致淡水鱼污染的网络传言不可信，北京市水产品抽检合格率常年在90%以上，部分超市活鱼下架系企业经营自主行为。

11月24日，有媒体报道称，超市停售活鱼并不是市场传说的水体污染，而是与国家食药监总局即将开展水产品专项检查消息泄露有关，经营者为了躲避检查而下架活鱼。同日，国家食药监总局在其官方网站发布通知，称将于本月至12月在北京等12个城市针对鲜活水产品的集中交易市场等经营环节进行重点水产品的专项检查①。对此，北京食药监局再次表态说，对水产品进行质量安全抽检是其常规工作，并不涉及保密或泄密问题。

11月25日，北京市商务委发布消息称，截至25日12时，全市八成的连锁超市门店（有289家）都已经陆续恢复销售活鱼。

二 舆情走势

据监测数据显示，自2016年11月23日0时至11月29日8时，涉及"活鱼下架"的相关网络新闻5556篇，报刊文章211篇，微博3053条，博客1015篇，微信文章780篇，论坛贴文606篇。新浪微博话题#北京超市淡水活鱼下架#阅读量约3900次。

11月23日，《北京青年报》《新京报》《法制晚报》、国际在线等多家媒体发布北京多家超市停售活鱼的报道。报道迅速引发各类媒体关注。同

---

① 国家食药监总局：《关于在北京等12个城市开展经营环节水产品专项检查的通知》，国家食药监总局官方网站，http://www.sda.gov.cn/WS01/CL1605/166690.html。

时，由于各家超市对"活鱼下架"的原因说辞不一，致使"因水污染导致活鱼全部下架"这一不实消息被迅速传播，舆情逐渐升温。

11月23日晚，北京市食药监局迅速在其官方微博@首都食药发布消息，否认水污染导致淡水鱼受到污染的传言，被多家媒体转载，有效避免不实信息的进一步扩散。

11月24日，国家食药监总局在其官方网站发布通知，称将于本月至12月在北京等12个城市针对鲜活水产品的集中交易市场、销售企业和餐饮服务单位等经营环节进行重点水产品的专项检查①。舆论质疑"近期将检查水产品的消息被泄露，超市因担忧水产品质量问题遭处罚"，成为"活鱼下架"的真正原因，这一质疑推动舆情在24日达到顶点。针对此质疑，北京食药监局再次做出回应表示，对水产品抽检不存在保密或泄密的问题。

11月25日，随着北京市各主要连锁超市的289家门店陆续恢复活鱼销售，舆情开始回落，并逐渐平稳（见图1）。

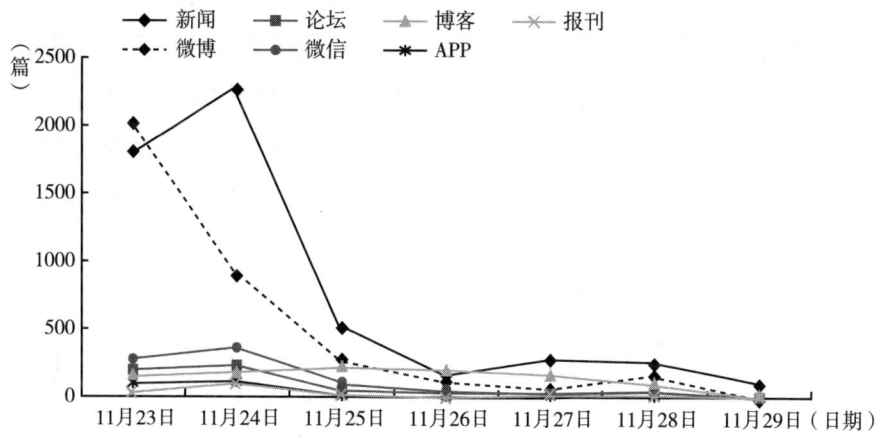

图1 北京多家超市"活鱼下架"事件各媒介关注走势

---

① 国家食药监总局：《关于在北京等12个城市开展经营环节水产品专项检查的通知》，国家食药监总局官方网站，http://www.sda.gov.cn/WS01/CL1605/166690.html。

三 媒体观点分析

1. 政府监管部门应尽快详实地回应民众疑惑

人民网文章《北京"活鱼下架",当以更充分回应安定人心》称,北京市食药监局就其自身职能而言,应该说已经做出了应有的表态。但是老百姓心中还是有不少隐忧疑惑没有得到解答。例如,居民感受到的是超市"基本全部停售",而不是"部分超市停售";同样是在寒冷的冬日,为什么农贸市场仍然在卖鲜活鱼,而购物环境更好的超市却反而停售?"企业自主行为"的真正原因到底是什么?是今后超市都不卖活鱼了吗?诸多的信息不对称和疑问,应该尽快由其他或者综合部门出面给予充分清楚的解释,以更加翔实全面的信息和带有逻辑的证据,瓦解传言,廓清公众猜疑①。

《检察日报》报道《活鱼下架,是正常行为还是非常手段?》称,受季节性因素影响,超市突然集中停售活鱼是企业经营自主行为,这种说法也有一定道理,但还是缺乏足够的说服力。第一,有没有相关的调查证明或相应的数据支持这个结论呢?第二,为什么以往冬天没出现过类似情况,偏偏是今年而且恰好是在即将开展专项检查的时候就集中出现了这种情况呢?希望有关部门高度重视、认真对待该起事件,切实深入开展调查,给居民一个明明白白的、有说服力的交代,尽早消除老百姓的焦虑、恐慌,不再"谈鱼色变"②。

澎湃新闻网报道《活鱼下架:当用最强的监管回应关切》称,超市活鱼下架引发的舆情事件说明,食品安全是个比较敏感的话题,民众对于当前的食品安全状况心存疑虑。因此,监管部门需要加强监测,密切关注舆论,并及时以最强的监管进行回应,将谣言扑灭在萌芽阶段。而那些为了躲避检

---

① 苏秦:《北京"活鱼下架",当以更充分回应安定人心》,人民网,http://opinion.people.com.cn/n1/2016/1124/c1003-28893616.html。
② 李国民:《活鱼下架,是正常行为还是非常手段?》,《检察日报》2016年11月25日,第A04版。

查而停售活鱼的超市，无疑暴露了他们对鱼的质量缺乏信心的事实，这当然会进一步加深民众不信任的心理①。

2. "活鱼下架"让食品安全监督更有保证

《信息时报》报道《"活鱼下架之谜"未尝不是件好事》称，这一现象的出现，主要还是因为国家和地方均加大了对相关食品的检查力度。尽管类似整治会一定程度导致消费者不方便，但食品安全无疑更有保障。从这个角度看，此次超市大量下架活鱼不仅不算坏事，反而是一种利好——倒逼商家更注重食品安全。此外，因严查导致产品下架毕竟不是正常现象，这说明不少商家对自家产品还不够自信。未来，政府执法检查应常态化，一方面，要让不合格食品不敢上市；另一方面，要让市场自信地摆出合格食品②。

《中国经营报》报道《北京多家商超下架活鱼真相 曝食品安全接力监管之痛》称，业内人士表示，该起事件警醒水产品的生产者、经营者，应该把安全作为第一重要的事，同时，政府监管方面存在的责任分段、"九龙治水"现象也应深刻反思③。

3. 对食品安全监管的有效性产生思考

荆楚网报道《"活鱼"可以下架，食品安全不能"下架"》称，提高监管执法人员的保密意识，拒绝来自不法分子的利益诱惑，似乎是食品安全检查的最理想状态。但相关部门更应着力考虑的现实路径，是要经常性地开展食品安全突击检查活动。通过不定时的突击检查行动，促使整个水产品安全链上的各个主体时刻紧绷安全这根弦，切实保障老百姓舌尖上的安全④。

《齐鲁晚报》报道《"活鱼下架"为谁所迫》称，无论超市还是农贸市

---

① 澎湃新闻网"社论"：《活鱼下架：当用最强的监管回应关切》，澎湃新闻网，http：//www.thepaper.cn/newsDetail_ forward_ 1567348。
② 罗志华：《"活鱼下架之谜"未尝不是件好事》，《信息时报》2016年11月25日，第A24版。
③ 厉林：《北京多家商超下架活鱼真相 曝食品安全接力监管之痛》，中国经营网，http：//www.cb.com.cn/zjssb/2016_ 1125/1172705_ 2.html。
④ 陈佳雨：《"活鱼"可以下架，食品安全不能"下架"》，荆楚网，http：//focus.cnhubei.com/original/201611/t3748177.shtml。

场，所有市场主体出售的产品都应置于监管之下，确保食品安全。但这种监管不能只存在于末端，更不能靠对个别经营者的临时抽检来保证。保证淡水鱼安全，既要查超市，还要查鱼塘；既要盯紧淡水鱼饲养者，还要盯紧饲料和兽药生产者，每一个环节都不能缺失。如此，市场才不会草木皆兵，监管才不会顾此失彼①。

4. "他山之石"：其他国家活鱼市场监管参考

央广网报道《北京超市活鱼下架引关注，盘点各国如何监管活鱼市场》称，日本对于食品的安全监管也相当严格，制定了《食品安全基准法》《饲料安全法》《药事法》等相关法规。澳大利亚超市不销售任何鲜活水产品，根据其超市卫生和物流管控要求，所有水产品基本按两种方式销售，或者是切片去骨销售，或者是袋装速冻品销售。俄罗斯活鱼销售的市场份额占整个水产销量1/10。由于活鱼长期保存的高风险，商家销售活鱼要承担40%~50%的额外商业费用。销售活体水产品需有兽医认证，加工水产品需有卫生证明和证书。②

四 网民观点

1. 对"活鱼下架"的真正原因表示疑惑（35%）

35%的网民认为北京市食药监局的回应并没有解释"活鱼下架"的真正原因，期待相关部门的权威解答，以破除谣言。有网民说，为何活鱼会下架？是不是真的有人泄密？泄密者与超市、商贩间，是否存在某些利益勾连？这些值得深究！否则风头一过，乱象再回。还有网民说，总得出一个合理并且权威的解释，才能消除民众心里的顾虑。

2. 暴露出政府公信力的缺失（27%）

27%的网民认为官方辟谣后，舆论依旧质疑食品安全等问题，其实是因

---

① 沙元森：《"活鱼下架"为谁所迫》，《齐鲁晚报》2016年11月25日，第A02版。
② 《北京超市活鱼下架引关注，盘点各国如何监管活鱼市场》，央广网，http://china.cnr.cn/qqhygbw/20161125/t20161125_523289150.shtml。

为民众对政府缺乏信任。有网民说，政府已经陷入了塔西佗陷阱，民众已经不相信了。公信力的缺失不是一天造成的，挽回如今局面也非一朝一夕之功，政府部门需要拿出实际行动来打消公众的疑虑和担忧，公信力回归，谣言自然无所遁形！

3. 质疑存在食品安全问题（22%）

22%的网民从"国家食药监总局通报对水产市场进行检查"这一事实反向推理，得出"因活鱼质量不合格，超市担心遭处罚从而下架"的观点，并对活鱼等水产品安全产生怀疑。有网民说，检查的消息从什么渠道泄露？下架产品的商家为何如此恐慌的原因应彻查，是不是真的有什么问题？还有网民说，是真的加了孔雀石绿什么的致癌物吗，超市担心被罚，索性直接下架？

4. 期待更有效的监管体系（11%）

11%的网民认为食品安全需要更有效的监管体系。有网民说，不管怎么说，希望食品安全监管能有一个更有效的机制，并且能够将此类信息透明化，这样民众才能吃得放心。

5. 呼吁保持理智，谣言会打击水产业（5%）

5%的网民呼吁舆论保持冷静，不信谣、不传谣，因为谣言会对水产养殖业造成打击。有网民说，都冷静一些啊，有些一看就是谣言，传播谣言会对水产业造成致命性打击啊（见图2）！

五　舆情点评

"活鱼下架"事件之所以引发舆论高度关注，至少有两个方面的原因。一方面，近年来食品安全事件频发，导致政府公信力打了折扣，民众对企业的信任程度也有所下降；另一方面，在发生食品安全事件时，监管部门公布信息往往不够及时、不够全面。该起事件也警示政府及相关责任部门，面对突发舆情，唯有快速、全面、专业地予以解答，才能消除公众的误解。

在此次事件中，官方及时通过微博等平台澄清不实信息，有效缓解谣言

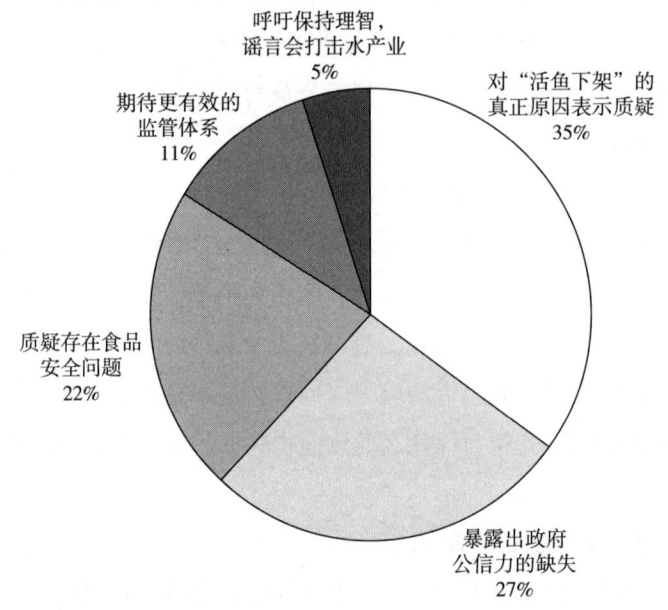

图2　北京多家超市活鱼下架事件的网民观点分布（抽样400条）

扩散。然而数次辟谣虽然一定程度上缓解了民众的恐慌情绪，但官方回应并没有直击舆论关注"痛点"——对"活鱼下架"的真正原因没有明确解答，民众仍持强烈质疑和不满，这也为次生谣言提供了可乘之机。同时，也令民众对政府监管进一步失望，产生"责任推诿"的舆论质疑。

由此可见，在舆情应对方面，简单的辟谣已不能满足需求，监管部门升级应对方式迫在眉睫，在回应质疑时，不仅要澄清谣言，更应主动解答舆论关切的问题，以掌握在舆情处置中的主动权。在食品安全监管方面，建议相关部门做好事前决策的民主化，避免"一刀切"的做法，积极倾听、接收舆论反馈，调整政策与监管动态；对内加强涉密信息管理，避免政策与监管成为"一纸空谈"。同时，利用各类媒体，公布食品安全监管信息，并寻求建立长效化的曝光机制，填补此类信息"不对称"的问题。

B.11
广西柳州"问题牛奶"流入幼儿园事件的舆情分析

白 杨*

摘 要： 2016年5月10日，广西柳州市柳南区食药监局执法人员发现柳南区红日奶牛场涉嫌无证生产、生产许可证过期失效、标注虚假生产日期等问题。这家奶牛场生产的饮品涉嫌销往当地多家幼儿园。该事件经当地主要媒体报道后，引起柳州市民的普遍关注。与此同时，多名幼儿被曝出现呕吐、出血等症状。"问题牛奶"开始引发连锁反应，舆情声量与日俱增。5月24日，柳州市政府召开新闻发布会通报事件调查结果，并对涉事企业做出处理决定后，舆情趋于回落。

关键词： 柳州市 问题牛奶 幼儿园 食品安全

一 舆情概述

2016年5月10日，广西柳州市柳南区食药监局执法人员发现柳南区西鹅乡张表屯的红日奶牛场涉嫌无证生产、生产许可证过期失效、标注虚假生产日期等问题。这家"问题牛奶"场生产的饮品涉嫌销往当地多家幼儿园。

5月12日，柳州市食药监局通报称，柳南区食药监局组织力量紧急调

---

* 白杨，人民网舆情监测室主任舆情分析师，主要研究方向为网络舆情与危机处置。

查核实红日奶牛场产品的销售流向，初步查明柳州市各县（城区）共有29家幼儿园与其有业务往来。广西当地媒体报道该事件后，引发涉事幼儿园家长不满。家长们怀疑近一年来不少幼儿出现腹痛、流鼻血等症状与"问题奶"有关系。同时，"广西柳州几千幼童因问题牛奶集体大出血"的信息开始在自媒体传播，并配有幼儿出血的图片。

5月13日下午至14日，部分家长来到涉事幼儿园要求园方进行解释说明。

5月14日，柳南区政府通报称，经进一步核查，柳南区辖区涉事幼儿园未购进超出许可范围生产的产品。柳南区决定成立由食药监、工商等部门组成的联合调查组，对事件进行深入调查。柳南区教育局责令涉事幼儿园停课整顿。

5月17日，柳州市政府新闻办发布通报，表示各相关部门及城区已经成立专项工作领导小组，对事件进行跟踪调查和处置，将依法处理好此事，给家长和社会一个满意的交代。经食药监部门进一步核查，截至5月16日18时，超出许可范围生产的产品没有进入幼儿园。

5月18日，柳州市食药监局发布通报表示，柳州市产品质量检验所对红日奶牛场的所有产品中进入幼儿园的3种产品进行了抽样检测，结果显示，铅、铜、砷等13个检验项目中，只有蛋白质一项指标不达标。上述3种产品都没有检测出有毒有害物质和非法添加物。

5月22日，涉事幼儿园之一，柳州市鱼峰区西船幼儿园向家长发公开信致歉，并撤销覃碧玉园长职务。

5月24日，柳州市政府召开新闻发布会表示，经查，与"红日奶牛场"有业务往来的幼儿园有46家，没有发现超出许可范围的产品进入幼儿园。拟没收涉事企业违法产品、设备，罚款31.49万元，并且依法吊销其生产许可证。针对此前家长们就涉事奶牛场的产品按照"19项国家标准"进行二次检测的呼吁，柳州市食药监部门表示不会再进行二次检测，同时澄清说，进入幼儿园的产品并不是大家所说的"问题牛奶"或"毒牛奶"，而是许可范围内生产的含乳饮料。

二 舆情走势

监测数据显示，5月12日0时至5月29日24时，有关广西柳州"问题牛奶"流入幼儿园事件的网络新闻1961篇，报刊报道106篇，微博864条，微信公众号763篇，论坛帖文163篇，博客102篇。

5月12日，《柳州晚报》报道《这些问题奶销往柳州市部分幼儿园 别再让孩子喝了》称，柳州市柳南区食药监局执法人员5月10日在辖区西鹅乡张表屯发现一无证乳制品加工点。初步查明该加工点与柳州市各县（城区）共29家幼儿园有业务往来。同时，"广西柳州几千幼童因问题牛奶集体大出血"的信息开始在微博、微信传播，并配有幼儿流鼻血图片。

5月14日，柳南区政府通报称已成立联合调查组对此事进行深入调查，涉事幼儿园已停课整顿。有关"广西一牛奶厂无证生产鲜奶销往部分幼儿园"的新闻报道不断增多，持续引发舆论热议。

5月18日，柳州市食药监局通报称，对进入幼儿园的3个品种的库存产品进行了抽样检测，结果显示，铅、铜、砷等13个检测项目中只有蛋白质一项指标不达标，而且上述3种产品也都没有检测出有毒有害物质和非法添加物。新闻媒体纷纷转载报道通报公布的相关情况，推动舆情走势达到顶点。但有网友质疑国家食药监总局规定的检查项目是19项，但此次的检验项目只是其中不重要的13项，还有6项没有检测。除此之外，还有网友要求公开检测报告以示检测结果的真实性。

同日，柳州市人民检察院发布通报表示，该市柳南区检察院依法履行法律监督职能，介入社会关注的幼儿园涉嫌购入"问题牛奶"事件。随着政府部门的介入调查，有关该事件的讨论热度不断升温。

5月24日，柳州市政府召开新闻发布会，通报对涉事企业的处理；食药监部门回应了家长诉求（即对涉事奶牛场的产品按照"19项国家标准"进行二次检测）。中国新闻网的报道《柳州"问题牛奶"涉案企业拟罚31万 吊销生产许可证》获众多权威媒体转发，其中包括新华网、法制网、环球网等。

《中国教育报》5月27日评论文章《"问题奶"畅行幼儿园才是最大问题》称，要通过这起事件的刺激，真正让各级政府部门高度重视孩子们的生命健康，规范食品供应渠道，加强监管，严厉惩处失职渎职者，切实打造出保障孩子们健康成长的"铜墙铁壁"。评论文章获部分自媒体转载（见图1）。

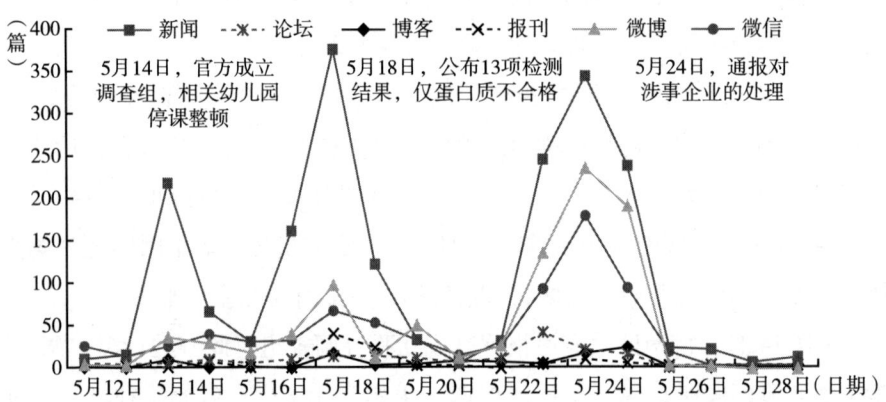

图1　广西柳州"问题牛奶"流入幼儿园事件各媒介关注走势

三　媒体观点分析

1. 深入调查幼儿出现不良症状的原因

正义网发布评论文章称，目前幼儿园孩子出现的不适症状，是不是由这家无证生产企业提供的奶制品造成的，还没有定论。但是根据已经给出的不完整的检测结果，仅仅蛋白质一项指标不达标似乎并不足以导致幼儿出现流鼻血、发烧等症状。相信完整的检测结果出来后，事件的责任方就会更加明晰。总之，要彻底查清事件的真正原因，给孩子家长和社会一个明确、满意的交代。[①]

[①] 王心禾：《柳州"问题奶企"事件拷问幼儿食品监管责任》，正义网，http://news.jcrb.com/jxsw/201605/t20160525_1617444.html。

2. 该事件拷问幼儿食品监管，教育、监管等部门难辞其咎

正义网评论认为，根据有关规定，儿童食品应该从具有《食品生产许可证》或者《食品流通许可证》的单位采购。在食品进货之前必须查验和索票索证，托幼机构应该建立详细的食品采购以及验收记录。柳州市内的29家涉事幼儿园居然都没有做到，是何原因？不能不让人联想到是否存在利益输送？需要有关部门彻底查清楚。而当地的卫生监督执法机构作为监管部门，为什么事前没有觉察到无证奶制品企业在幼儿园的经营行为？监管部门应该将定期和不定期检查作为常态工作手段，对幼儿的食品安全更是要常抓不懈。①

四川在线文章称，幼儿园的食堂监管几乎是一片盲区，只能任凭幼儿园不靠谱的道德自觉与儿童家长柔弱的监督。教育部门管理缺位，他们也有自己的理由，毕竟学前教育不属于义务教育范畴。可是，幼儿园校车、餐厅和所供牛奶等，属于公共安全领域事件，关乎孩子安全与健康，教育部门不可以完全推掉监管责任。因此，教育部门应拥有一定的监管权力，尽最大努力保护孩子舌尖上的安全。②

3. 严厉追责方能为食品安全保驾护航

荆楚网评论认为，我们追问食品问题为何层出不穷，却忽视了根本问题不仅仅是谴责，而是背后追责所带来的"震慑效果"。可以说，暴利背后是因为各个环节形成了共同利益链，以及利益与责任的"倒挂"。只要其中有暴利，被发现之后相关的追责和惩罚就达不到真正意义上的严惩不贷。我们应该反思的不仅仅是简单追问事情发生的原因是什么，而更应该提升相关的违法成本和准确的定责。③

---

① 王心禾：《柳州"问题奶企"事件拷问幼儿食品监管责任》，正义网，http：//news.jcrb.com/jxsw/201605/t20160525_1617444.html。
② 黄齐超：《愿"问题牛奶"能缩紧学前教育管理口袋》，四川在线，http：//comment.scol.com.cn/html/2016/05/011012_1674637.shtml。
③ 刘颂寒：《柳州问题牛奶不能只有追问》，荆楚网，http：//focus.cnhubei.com/original/201605/t3629499.shtml。

四 网民观点

1. 网民评论高频词分析

通过抽取@央视新闻、@人民网、@头条新闻三家媒体官微的1300余条网民评论进行关键词词频分析,可以看出,除了"幼儿园""孩子""牛奶"等涉事主体外,"食品安全""成本太低""罚款""处罚""政府""国家"等关键词的词频较高。上述高频关键词可以大致拼凑出网民观点倾向:面对食品安全问题,政府应发挥主要作用。当前食品安全违法成本太低,应加大处罚力度(见图2)。

图2 广西柳州"问题牛奶"流入幼儿园事件网民评论高频词

资料来源:@央视新闻、@人民网、@头条新闻微博评论,抽样:1300条。

2. 网民观点分析

（1）质疑官方检测结果（22%）

22%的网民对官方抽样结果存在质疑。有网民评论说，只要是官方检测的，肯定没问题，官方的检测报告也不曾公布于众，甚至根本没认真对待检测。还有网民直言指出官方的检测从来都不可信。

（2）重新进行19项检测（17%）

17%的网民认为根据国家食药监总局相关规定，有关部门应重新取样进行完整的19项检测。有网民说，为什么不能重新进行19项检测？发布会毫无诚意。

（3）要求全面追责（15%）

15%的网民认为应该对幼儿园、监管部门进行追责。有网民说这些幼儿园应该吊销执照，公立的换园长！竟然给孩子喝无照经营的牛奶。还有网民表示，孩子明明都已经受到伤害了还能说检验没问题？都是"三无"产品了，还能说检验没问题？应该对监管部门追究责任。

（4）企业犯罪成本过低（15%）

15%的网民认为对涉事企业的处罚过轻，难以起到震慑作用。有网民说，没有重典，何以治国。这样的处罚只会使违法事件更加层出不穷！还有网民说，31万和罚酒3杯有什么区别？罚款应该3000万才有震慑力。

（5）幼儿园及相关部门监管缺失（15%）

15%的网民认为幼儿园、食药监部门、教育管理部门等存在监管缺失。有网民说，只对牛奶厂处罚，涉事幼儿园呢？食品监管部门呢？教育管理部门呢？还有网民说，这单是生产奶源的问题吗？校方负责人没问题吗？质监部门没问题吗？工商部门没问题吗？

（6）谴责涉事企业的违法行径（11%）

11%的网民谴责涉事企业，认为其所作所为缺少良知。有网民说，中国到底怎么了，出事的全是婴幼儿的东西，只能说在我国的犯罪成本太低，利益驱动又太大，不知道这些人的良知在哪里，自己没有儿女吗？

(7) 其他 (5%)

5%的网民对相关部门未公布涉事幼儿园名单表示质疑。有网民说，不公布幼儿园名单？所以说罚的款跟那些喝了假牛奶的孩子一毛钱关系都没有？所以说那些幼儿园还能照常"营业"？所以说很多当事的家长和整个社会都被蒙在鼓里（见图3）？

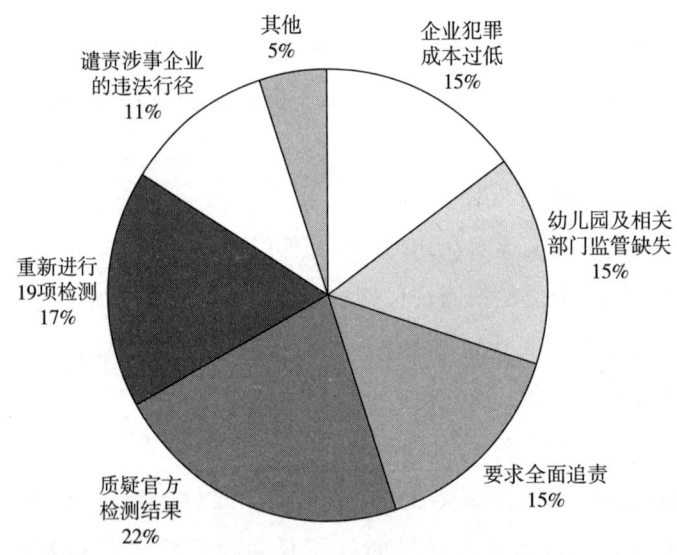

图3　广西柳州"问题牛奶"流入幼儿园事件网民观点分布（抽样1300条）

五　舆情点评

1. 官方检测缩水难获认同　不信任情绪充斥家长群体中

"问题牛奶"事件涉及儿童食品安全，直接利益群体——当地家长关注度极高，纷纷通过微信、微博、论坛等渠道维权，甚至采取线下活动要求涉事幼儿园和有关部门进行解释说明。虽然官方检测13个项目后称仅蛋白质低于标准值，未检出有毒有害物质和非法添加物，但由于不符合国家食药监总局发布的《含乳饮料及植物蛋白饮料生产许可证审查细则》相关检测规定，未能获得舆论认可。在柳州市政府5月24日召开的新闻发布会上，柳州市食药监部门表示不会按照家长们呼吁的"19项国家标准"进行二次检测，进一步加剧舆论质疑。

另外，有家长向媒体爆料，自行带孩子体检被医院拒绝，认为监管部门"欲盖弥彰"，不信任感充斥家长、网民群体中。

2.幼儿出血谣言广泛传播　影响官方回应效果

事件曝光后，"广西柳州几千幼童因'问题牛奶'集体大出血"的信息在微博、微信等自媒体平台大量传播，且配有出血图片，极具视觉冲击力，激起了网民的恐慌和愤怒情绪。虽然柳州市公安机关拘留了一名传播该谣言的男子，但由于辟谣信息仅限于媒体报道，@柳州公安等微博均未发布辟谣信息，导致相关谣言仍在微博、微信大范围传播，甚至被媒体所引用，影响有关部门的回应效果，也导致有关部门在处置时陷入被动局面。

3.发布会释疑效果有限　处罚过轻难以震慑违法行为

柳州市政府5月24日召开新闻发布会后，网民质疑声依旧强烈，尤其是针对涉事企业的处罚。有网民指出，食品安全问题关乎公众健康，食品安全违法现象之所以频繁出现，就是因为处罚力度过轻，犯罪成本过低，难以产生震慑作用。甚至有网民质疑，对涉事企业如此轻的处罚背后或有利益勾连，相关部门有引火烧身的危险。

B.12
湖南长沙非法拆房致人死亡事件的舆情分析

叶 庆 张伟利*

摘 要: 2016年7月7日,"湖南长沙拆迁村民失踪21天后在自家房屋废墟中被找到"的相关网帖引爆网络。"强拆被埋""现场照片惨不忍睹"等词语大量出现在媒体报道标题中,"暴力强拆"被推向舆论的风口浪尖。7月12日晚间长沙市政府发布对事件处置情况的通报,舆情于13日后回落并趋于平息。

关键词: 长沙 拆迁 村民 法治

一 事件经过

2016年7月7日11时,天涯论坛曝出《无法无天!强拆活埋人!!!》的图文网帖。该网帖是湖南省长沙市岳麓区观沙岭街道茶子山村茶山队村民杨君、杨全兄弟二人的求助信。帖文称,6月16日房屋遭到强拆,之后他们的母亲龚雪辉失踪,多方寻找无果;7月7日,龚雪辉的尸体在拆迁废墟里被挖出[①]。14时起,媒体对网帖所曝内容进行跟进调查,引发广泛关注。17时,长沙市委网宣办、网信办官方微博"@长沙发布"发布题为《岳麓

---

* 叶庆,麦之云(北京)信息咨询有限公司经理,主要研究方向为网络舆情;张伟利,麦之云(北京)信息咨询有限公司舆情分析师,主要研究方向为网络舆情。
① 网民"ty_驼驼":《无法无天!强拆活埋人!!!》,天涯论坛,http://bbs.tianya.cn/post-free-5518600-1.shtml。

区依法依规调查处理观沙岭街道茶子山村发现女尸一事》的通报，称当地已成立工作组开展全面调查。

7月8日，"@长沙发布"再发通报，称长沙市公安局、检察院均已展开相关工作；长沙市、区两级党委、政府也表示将依法依规彻查，并对涉事责任单位或人员严肃处理。

7月12日晚间，"@长沙发布"发布题为《长沙严肃处理非法拆除房屋致人死亡责任事故》的通报，认定"这是一起为在村集体建设用地上建安置房，茶子山村村民代表大会违法决议强拆房屋，观沙岭街道办事处非法组织实施，拆除过程中因疏忽大意致人死亡的责任事故"；并对包括岳麓区区委书记、区长在内的27名责任人进行追责或立案侦查[①]。随后，长沙市人民检察院通过官方微博"@长沙检察"发布消息，称岳麓区观沙岭街道党工委书记厉军等7人涉嫌渎职犯罪，已展开立案侦查[②]。

二 舆情走势

（一）网络媒体舆情走势

从7月7日下午开始，天涯网帖爆料内容成为媒体报道重点。《法制晚报》是该事件的首发媒体，于14时43分发表题为《湖南长沙发生被拆迁者废墟内死亡事件 当地回应正依法处理》的快讯。文章采访了龚雪辉的儿媳，通过她简述了拆迁当日情形，关注了岳麓区政府有关负责人"依法处理"的表态，并附上了网帖曝出的挖掘现场照片。20分钟后，新浪网以《湖南拆迁户失踪：数日后尸体现身拆迁废墟》为题进行转载，当日网民参

[①] 长沙市委网宣办、网信办：《长沙严肃处理非法拆除房屋致人死亡责任事故》，长沙市委网宣办、网信办官方微博"@长沙发布"，http://weibo.com/u/3329420380。

[②] 长沙市人民检察院：《长沙检察机关依法决定对"长沙市岳麓区茶子山村非法拆除房屋致人死亡事件"的责任人厉军等7人立案侦查》，长沙市人民检察院官方微博"@长沙检察"，http://weibo.com/u/5241382760。

与跟帖评论量突破15万条。14时55分，澎湃新闻网发出题为《长沙一强拆废墟挖出失踪21天六旬业主，官方：拆迁时是空房》的现场调查，上传了挖掘现场视频和龚雪辉的身份证。网易随即进行了原标题转载，网民参与跟帖评论量突破10万条。此外，京华网、《北京青年报》、凤凰网等媒体也纷纷发文，"强拆被埋""现场照片惨不忍睹"等词语多出现在报道标题中。

7月8日，舆情热度继续升温。长沙市政府部门7日发出的首次通报受到媒体关注，《新京报》《京华时报》等媒体当日报道标题中均体现了"长沙市政府介入调查"等信息。但由于官方通报中未涉及更多实质内容，媒体跟进报道内容仍聚焦在"强拆"方面。龚雪辉家属以及当地村民成为主要采访对象。《新京报》报道的《长沙调查"拆迁村民被埋废墟身亡"》关注度较高。报道以较大篇幅介绍了龚雪辉家属对拆迁当日的详细描述"多人被强行拉出后拆迁"，说明了龚雪辉在邻居中的形象"性格很温和"，并简述了当地政府部门对事件的通报。对此，新华网、腾讯、网易、搜狐等网络媒体均以《长沙调查"拆迁村民被埋废墟身亡"　家属寻找21天》为题转载。其中，网易网民当日的跟帖评论量突破10万条。此外，《法制晚报》还在晚间发出快讯，简要介绍了当地司法部门开展的尸检工作。

7月9日，媒体报道量明显下降。《新京报》发出整版报道《长沙"被拆迁村民"失踪的21天》，详述了从房屋被拆龚雪辉失踪至其在废墟中被发现这21天龚家的经历，简述了2014年茶子山村集体土地被卖时，村民与开发商发生的冲突，并曝出龚雪辉在冲突中被拖拽倒地的照片。报道再次引发大量转载，转载标题多样化，出现较多的是《长沙"强拆致死村民"曾遭威胁：你不签，我就强拆》《长沙村民死于强拆废墟：家人在当地找挖掘机被拒》等。新浪、网易等门户网站对此报道转载后，当日共计近30万网民参与跟帖评论。

7月10～11日，媒体报道内容主要集中在龚雪辉遗体火化、长沙市检察院介入调查职务犯罪等事件后续方面。媒体舆情走势暂入低谷。

7月12～13日，长沙市政府发布对事件处置情况的通报，再次引发媒体注意力的回归，并致舆情走势于13日攀至最高值。媒体多为客观转述官方通报原文，大部分报道标题体现了"长沙严肃处理""27人被追责或立案侦查"等信息。

7月14日，媒体舆情走势快速下降。出现多篇评论文章，主要围绕"依法拆迁""政府部门要严肃问责更要深刻反思"等展开。

从7月15日开始，事件舆情趋于平息（见图1）。

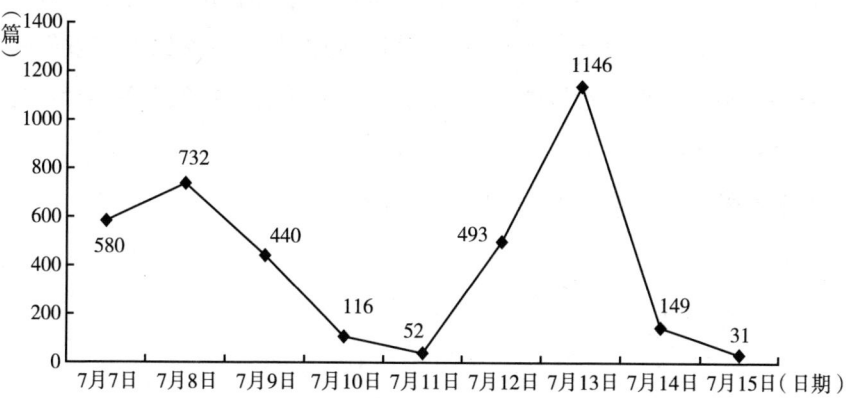

图1 湖南长沙非法拆房致人死亡事件网络媒体新闻舆情走势

（二）社交媒体舆情走势

1. 微博舆情走势

7月7日，即事件曝出当日，微博舆情关注热度即达到顶点。从信源看，事件相关的微博消息由网民首曝。午间，网民"@Passlia"称，我阿姨龚雪辉，长沙岳麓区观沙岭茶子山农妇，由于房屋被强拆，失踪半个月！家人一直发传单寻找，但无果。今日挖土机翻挖被强拆的房屋，翻出我阿姨尸身，赫然已四分五裂连全尸都不得已保存（该条微博后被删除）。消息随后被网民零星转发，未引起过高关注。舆情热度是从15时开始逐渐升温。"@法制晚报""@新京报""@人民日报""@澎湃新闻"等媒体官方微博先后发出相关消息，并发布多张龚雪辉在废墟中被发现的现场照片，引发大量转发和评论。随后，新浪微博中出现了"自家房屋遭强拆时被埋""被拆迁者废墟内死亡""长沙强拆活埋"等多个微话题,关注度最高的微话题在一天时间内阅读量突破1200万条。长沙市政府对事件发布初步通报后,微博话题量在当日晚间明显增加。网民评论中,怒斥强拆、呼吁查清真相成为主要声音。"@人民日报"发出的"还遇难者公道,别让废墟掩埋住真相"的微评论,引发广泛共鸣。

7月8日,微博话题量明显下降,媒体对事件的报道成为主要议题。虽然有微博爆出的一些细节是新发内容,但"强拆"已成网民对该事件的判定,细节上的新意难以激起更大的关注热度。对野蛮强拆的声讨继续成为网民的主要情绪表达。

7月9日起,微博舆情渐趋平息(见图2)。

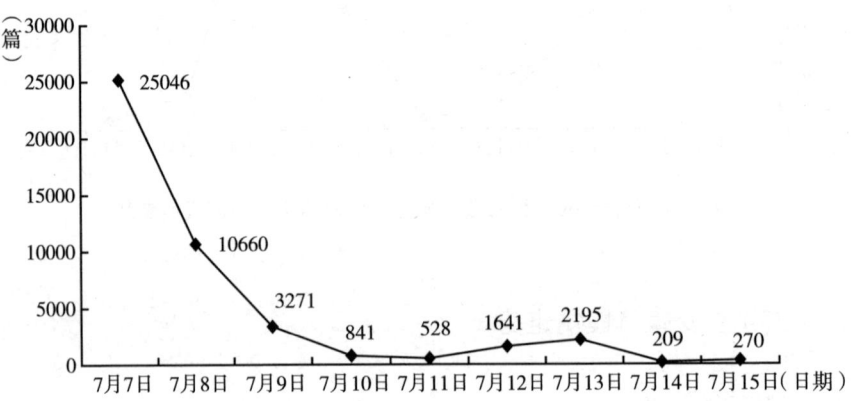

图2　湖南长沙非法拆房致人死亡事件微博舆情走势

2. 微信舆情走势

微信舆情走势共出现2次起伏。7月7~9日,"强拆被埋"成为微信关注焦点,舆情走势于8日达到顶点。微信文章内容主要来自《新京报》等媒体在这几日发出的报道,标题中都出现了"震惊""细思恐极""草菅人命"等表达情绪和态度倾向的词语。部分媒体公众号发出评论文章,呼吁警惕野蛮拆迁成为法治建设的绊脚石。还有部分法律界人士发文,针对是否"故意杀人"等案件定性展开讨论。7月12~14日,长沙市政府对事件的处置通报再次引发了微信舆情走势的小幅波动(见图3)。

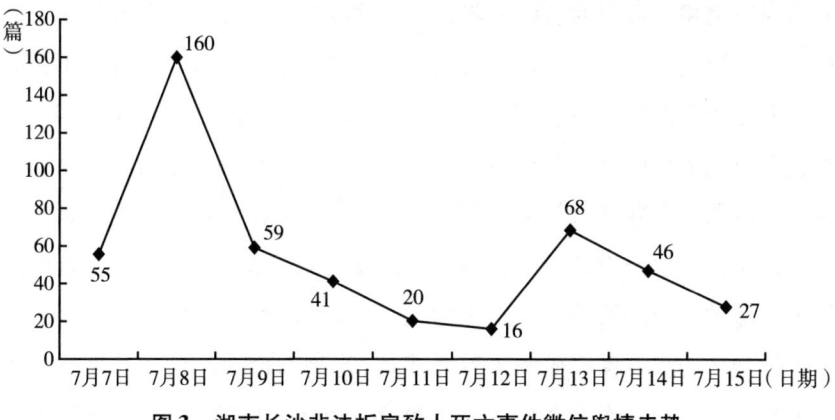

图3　湖南长沙非法拆房致人死亡事件微信舆情走势

三　舆论主要议题

（一）媒体观点摘要

怒斥非法强拆对政府公信力和公民权利的践踏。《南方都市报》说，在野蛮拆迁中，有更多、更宝贵的东西随着房屋的溃塌而一起轰然倒地，比如法律的严肃性与威严性、社会公平和谐的氛围，人与人之间互信互赖的感情基础等。特别是，野蛮拆迁拆掉了政府的公信力。而老百姓的信任，是政府执政与管理社会的基础。这么简单的道理，为何就是不在意，反而装傻充愣、懂装不懂呢?[①] 凤凰评论说，在这起事件中依然能看到被公共舆论反复抨击与斥责的野蛮手段，这种威逼欺瞒兼施的反法治、反文明方式，视生命如儿戏，待权利同草芥。龚雪辉如果真的是死于强拆的挖土机之下，那么真正可怕的是在生命面前没有丝毫敬畏的权力"挖土机"，它摧毁的不只是某一个体的生命与财产，更是公民依法应享有的基本权利[②]。

---

① 刘鹏:《野蛮拆迁频发，到底拆掉了什么?》，《南方都市报》2016年7月10日，第AA02版。
② 傅达林:《老妇被埋:挖土机下的生命之轻》，凤凰评论，http://news.ifeng.com/a/20160708/49317548_0.shtml。

追问当地相关部门的渎职失职。光明网发问,是什么人下令将龚雪辉一家从房子里拖走?龚雪辉失踪,当地政府、警方为何不理、不睬、不找?又是什么人在龚家人雇挖掘机时,授意挖掘机主不要帮忙①?《新京报》说,村委会本应知道村民自治的权力边界,却公然组织村民代表大会违法通过强拆决议。所谓的"集体决议",是否被操纵、有无利益牵连,是个疑问。作为政府机关的街道办事处,不但不制止村委会的越权行为,反而积极配合强拆请求,这种无视法治的"主动作为",动机也值得质疑②。

被拆迁者的权益保障机制还需完善。《半岛都市报》说,各地拆迁矛盾冲突不断,甚至引发血案悲剧,受伤的多是拆迁户。保障拆迁户的正当权益,需要让拆迁户与拆迁方平等博弈,地方政府不能打着城镇化、发展经济之名,疯狂攫取利益,而罔顾民众权益③。财新网说,拆迁过程中,地方政府习惯以"老大"自居,说补偿多少就是多少,往往忽视民众的权利保障。当前务实的做法是,将拆迁工作列入官员政绩考核指标体系并畅通司法权力的救济渠道④。

遏制暴力强拆当坚守法治底线。《人民日报》说,将拆迁纳入法制轨道,是法治时代的基本常识。但从一些强拆事件看,少数干部仍然缺乏法治思维,或者知法犯法,只要效率不要效果,只要政绩而忽略了"政疾"。在拆迁中,如果被拆迁对象和政府部门互相猜疑,我怀疑你不安好心,你怀疑我不知好歹,难免激化矛盾。法治建设的过程,就是规范权力、保障权利的过程,也是塑造全民法治信仰的过程。不漫天要价,不乱开口子,严格守住法治底线,是遏制强拆悲剧的必由之路⑤。长江网说,拆迁过程中,必须将法治精神植根于每个环节。对不依法办事的人员,对默许纵容"违法强拆"

---

① 胡印斌:《每一堆建筑垃圾下都有一个"龚雪辉"》,光明网,http://guancha.gmw.cn/2016-07/08/content_ 20884919.htm。
② 《强拆"疏忽大意"致人死亡,何其轻佻》,《新京报》2016 年 7 月 13 日,第 A02 版。
③ 戴先任:《谁把拆迁户埋在了强拆废墟中》,《半岛都市报》2016 年 7 月 8 日,第 A21 版。
④ 周东旭:《刘东亮:如何反思长沙强拆悲剧》,财新网,http://opinion.caixin.com/2016-07-13/100966094.html。
⑤ 王石川:《遏制非法强拆当坚守法治底线》,《人民日报》2016 年 7 月 14 日,第 05 版。

的官员，坚决严肃问责。只有严守法治精神，才能让废墟死亡的悲剧不再上演①。

（二）网民观点摘要

"野蛮强拆"成为众矢之的。事件曝出后，网民纷纷发出了"惨绝人寰""天理难容"等短评，后缀多个"！"，要求查明真相、严厉追责，愤懑情绪高涨。"@湖边湖边"说，现场图片虽然做了马赛克处理，仍能看出其母双手撑地，挣扎着抬起上身的姿态，真残忍。天津市人民检察院新闻处工作人员"@天津贾岩"说，权力来源于人民的嘱托和党的信任。滥用职权、玩忽职守，必当严惩。"@警察兄弟"说，龚雪辉究竟怎么死的？所谓的"拆迁时屋内人员已搬空"是否属实？还遇难者公道，别让废墟掩埋住真相。"@兔兔擎宇"说，如此草菅人命，简直是骇人听闻、令人发指！彻查！"@凌国华兮"说，龚雪辉被埋一案是否构成故意杀人，当地司法机关必须给出一个让人信服的交代。

讨论"拆迁之乱"。新浪江苏南京网民说，很多征地拆迁有利于社会发展，带动人们生活水平，但有两个问题要关注，一是政府是否借此中饱私囊、贪污腐败，二是民众有没有狮子开大口，漫天要价。"@昊日朔"说，拆迁20多年了还没有一个全国性的法律，使拆迁的双方都有了不合理的预期才造成了当今之乱。网易广东网民说，一些地方政府没找到正确的方法应对拆迁，跟钉子户沟通出现问题才是主因，并不是钉子户一方的责任。"@仲秀"说，强拆大多属于价格谈不拢，如何避免如此激烈的斗争，媒体也应做一定努力，一味指责拆迁方，看似人道，其实也影响了大部分人的生活改善。实事求是地说，拆迁改善了原居民生活，我家就是文中银盆岭拆迁的。

关注官方处置。对于长沙市政府就事件的通报和处置，有网民表示认

---

① 叶归根：《"法治精神"岂能同强拆一并埋入废墟？》，长江网，http://news.cjn.cn/cjsp/sxzt/201607/t2855195.htm。

可。"@百灵仙儿"说,处理快速及时,说明政府还是高度重视的,也是极其关心民众的。网易湖南网民说,政府追责有力,行动迅速。有网民认为当地政府部门应借此反思,引以为戒。"@我家有个医生"说,出事了就判定违法拆迁,上级部门早干吗去了?还有网民不认可"疏忽大意致人死亡"的认定。网易重庆网民说,把剥夺生命,盲目、野蛮、侵犯权益,轻描淡写为疏忽大意,不能让人信服。

四 事件启示

　　征地拆迁一直是备受舆论关注的敏感话题。拆迁执行人员形象每况愈下,相关地方政府的公信力也不断流失。本应为人民群众造福的拆迁建设为什么得不到舆论的支持和理解,个中原因值得深思。从近年多地屡屡发生的强拆事件看,拆迁方暴力拆迁、拆迁户以暴制暴成为顽疾,拆迁悲剧时有发生,加大了民众与政府之间的鸿沟。拆迁中避免暴力,增加拆迁各方对话是解决矛盾的根本途径。

B.13 甘肃康乐杨改兰事件的舆情分析

马 妍*

摘 要： 2016年8月26日，甘肃康乐县28岁的农妇杨改兰将4名亲生子女砍杀后服农药自杀，数日后，其丈夫也服毒身亡。此事经媒体报道后迅速引发舆论高度关注，至9月20日舆论逐渐平息。媒体和网民广泛讨论了事件反映出的扶贫政策落实不到位问题，积极建言事件折射的农村低保困局，并呼吁重视农村弱势群体的精神健康。

关键词： 康乐县 低保 扶贫 精神健康

一 事件经过

2016年8月26日18时，甘肃省康乐县景古镇阿姑山村老爷湾社28岁农妇杨改兰，在其屋后小路上用斧子将4名亲生子女致伤后服农药自杀，杨改兰与子女全部死亡。9月4日，杨改兰丈夫服毒身亡。

9月5日，网民"@乡村人的梦想"在新浪微博中曝出了"甘肃康乐县一家六口人喝农药自杀"的简短消息。

9月8日，《西部商报》刊文《康乐一家六口相继服毒身亡》；微信公

---

* 马妍，麦之云（北京）信息咨询有限公司舆情分析师，主要研究方向为网络舆情。

众号"微甘肃"发文《调查：甘肃康乐县发6人亡惨案 80后母亲强迫亲骨肉喝毒药》，引爆舆论。针对媒体披露的"母亲先让4个孩子服毒后自杀"等内容，康乐县政府官方网站在当日晚间发布初步调查，通报了"杨改兰用斧子将自己的4个子女致伤后服农药自杀""初步确定是一起严重的刑事案件"等情况①。

9月9日，康乐县政府官网发布进展调查，详细介绍了杨家经济收入和财产情况，并回应了舆论关注的杨家"没有纳入低保""住危房"等6个热点问题。通报称，"2013年12月份，在农村低保动态管理中，该户未通过群众评议，在入户调查中，该户人均纯收入高于当年农村低保标准，故核销了农村低保""镇、村社干部曾六次动员，但杨满堂（杨改兰的父亲）以危房改造补助资金少、自己拿不出钱为由，加之其母又极力反对，至今未进行危房改造"②。此外，国务院扶贫办也于9日下午到阿姑山村开展入户调查。

9月16日，康乐县政府官网发布调查处置"续报"，将此事件定性为"特大故意杀人案"，同时指出当地有关部门在工作中存在着"矛盾纠纷排查调处不主动不及时""杨家危房改造工作不深入""扶贫政策的落实不完全到位"等问题，并对副县长等6人予以问责③。

二 事件舆情走势

（一）网络媒体舆情走势

9月8日，事件首曝，当日舆情走势高开，低保问题助推舆情热度升

---

① 康乐县政府新闻办公室：《康乐县景古镇阿姑山村5人死亡刑事案件初步调查情况》，康乐县政府网站，http://www.gskanglexian.gov.cn/zwdt/gsgg/1201.html。
② 康乐县政府新闻办公室：《关于康乐县景古镇阿姑山村5人死亡刑事案件调查进展情况的通报》，康乐县政府网站，http://www.gskanglexian.gov.cn/zwdt/gsgg/1202.html。
③ 康乐县政府新闻办公室：《康乐县"8·26"特大故意杀人案调查处置情况的续报》，康乐县政府网站，http://www.gskanglexian.gov.cn/zwdt/gsgg/1203.html。

温。《西部商报》的报道成为媒体对此事件发出的首篇报道，披露了"母亲先让4个孩子服毒后自杀"等情况，未提及事发原因。网易、腾讯等门户网站对此报道的二次传播，引发舆情关注度的快速攀升。同时，"微甘肃"也发布调查报道，晒出多张杨改兰家生活环境照片，曝出的"贫穷""破败""低保被取消"等词语也引起媒体注意。"甘肃一家六口服毒自杀：3年前低保被取消"的标题设置成为当天下午大部分转载报道的共同特点。

9月9日，关于此事件的新闻量迅猛上涨，媒体调查和官方通报共同推动舆情走势攀至顶点。当日媒体动向主要集中在两方面。一是高度关注康乐县发布的官方通报。康乐县政府官网先后在8日和9日晚间发布事件调查，被媒体大量原文转发。根据通报内容，媒体纠正了此前误报的"一家六口相继服毒"，"甘肃母亲砍杀4子女"等词语纷现报道标题。二是持续关注杨家贫困、没有低保等问题。"微甘肃"8日发出的调查报道被大量转载，"疑似生活极具艰难""住58年危房""低保被取消"等信息被设置在转载标题中。澎湃新闻网还采访了当地村民，披露了"杨家人老实、低保被分给了其他比杨家境况好得多的家庭""李克英（杨改兰的丈夫）系入赘，脑子不太清楚，杨兰芳（杨改兰的奶奶）看不上他"等情况。

9月10~11日，舆情热度下降一个梯度。官方处置情况成为关注热点，国务院扶贫办介入事件调查、康乐县政府此前发布的两次通报均被大量报道。此外，媒体除继续关注杨家"低保补助""危房改造"等问题外，还综合杨改兰"一个人带4个孩子、操持10多亩地"等因素，认为生活压力及家庭矛盾也是酿成悲剧的重要因素。评论文章开始出现，议题主要集中在"扶贫脱困"方面。

9月12~15日，舆情关注度稳中趋降。期间，评论文章成为重头戏，媒体对此事件反映出的扶贫工作执行不到位、农村低保困局、弱势群体精神健康等问题进行了多角度反思。

9月16日，康乐县政府再发案件通报，媒体对此进行大量客观转述，致16日和17日的舆情走势再度上扬。从18日起，舆情渐趋平息（见图1）。

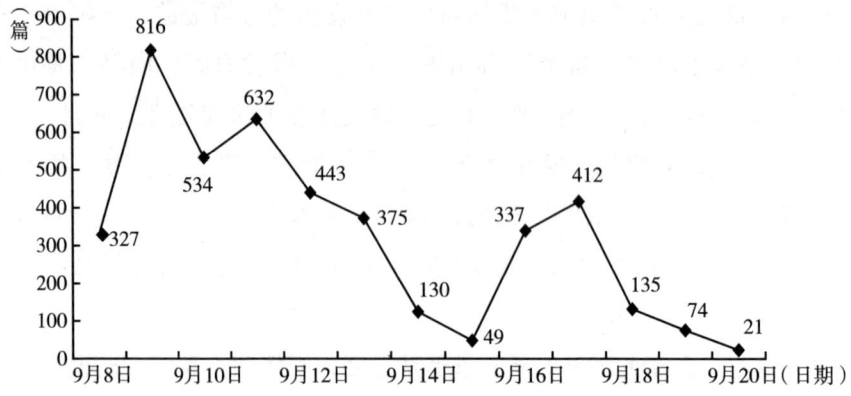

图1 甘肃康乐杨改兰事件网络媒体新闻舆情走势

（二）社交媒体舆情走势

1. 微博舆情走势

9月5日21时许，新浪微博中曝出事件相关的首条消息，但未引起舆论关注。至7日，事件相关消息在微博中零星出现。

9月8日，媒体报道引发微博热度快速上涨，当日舆情关注度即达到顶点。《西部商报》和"微甘肃"的相关报道成为舆情传播的主要信源。"@北京青年报""@财经网"等媒体以"甘肃康乐一家六口服毒身亡：母亲先让4个孩子服毒后自杀"为题，对《西部商报》消息进行原文转载，掀起网民关注的第一波热度。随后，"@头条新闻""@新京报"等媒体以"甘肃一家六口因贫穷服毒自杀：3年前低保被取消"为题，对"微甘肃"的调查报道进行图文转载，网民关注热度迅猛攀升。其中，"@头条新闻"的网民转发量达到2.5万余次。

9月9~11日，舆情关注度呈现逐渐下跌态势。期间，康乐县政府的两次官方通报和澎湃新闻网等媒体的跟进调查成为网民关注重点。网民针对案发原因展开了激烈争论，事件暴露的低保漏洞、扶贫不力等问题也被广泛讨论。

9月12~13日，舆情关注热度再次上涨。随着媒体调查的不断铺开，事件原委的呈现趋于全面化，网民也从事件曝出伊始的高度情绪化趋于冷静，对事件的态度更加理性、客观，延展至贫穷、生活环境、心理问题等多角度进行讨论。此外，微信文章《盛世中的蝼蚁》也被网民在微博中转发和讨论，对推高舆情关注度产生一定影响。

9月16日，康乐县政府再发通报，并对有关责任人予以问责，引发微博话题量小幅上涨。事件尘埃落定之后，从17日开始，舆情走势明显回落并渐趋平息（见图2）。

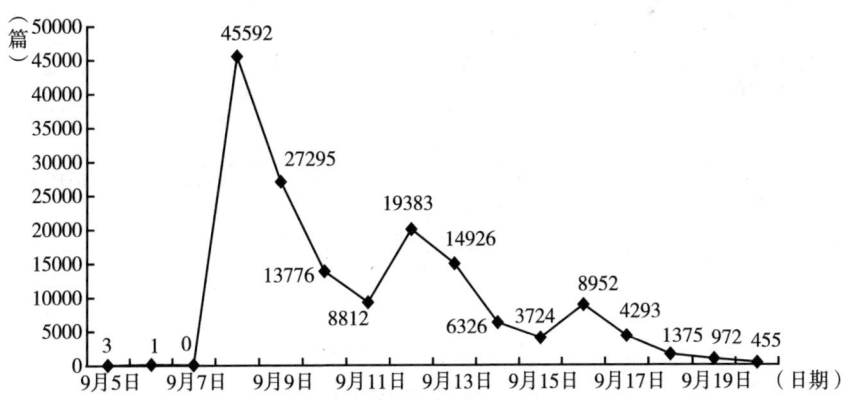

图2　甘肃康乐杨改兰事件微博舆情走势

2. 微信舆情走势

微信舆情走势出现3次波动，完整契合了事件的3个节点。

9月8～10日，微信舆情热度完成了首次起伏过程。微信中的文章主要围绕《西部商报》、"微甘肃"、澎湃新闻网等发出的调查报道，以及康乐县政府官方通报展开，内容多为转述相关内容，但文章标题设置评论性特征明显，如"比贫穷更可怕的是看不到希望""这是生命不能承受的沉重"等，"贫穷""低保被取消"等是关注重点。

9月10～13日，舆情走势出现第二次波动，于12日达到顶点。11日微信公众号"港股那点事"针对此事发文《盛世中的蝼蚁》，在推动舆情热度上涨方面影响较大。

9月16~18日,康乐县政府对该案处置通报,并对相关人员问责,引发舆情出现第三次起伏。微信文章多为转述官方通报内容,标题中的"问责来了!""副县长等6人被处分!"等词语也凸显了舆论的关注重心(见图3)。

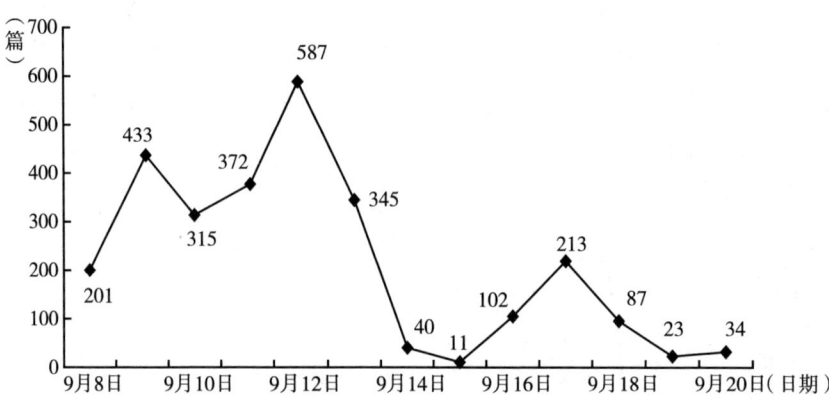

图3 甘肃康乐杨改兰事件微信舆情走势

三 舆论主要议题

(一)媒体观点摘要

关注事件反映出扶贫政策落实不到位问题,认为扶贫还须更"精准"。四川在线说,当地对杨改兰家扶贫资格审查的核算方法非常费解,"圈里的猪、羊按市场价核算,一亩地有四五百元的收成",难道这些都不计成本吗?杨改兰家有年近八旬的老人和四个年幼的孩子,年收入3.6万元,这近似笑话的审核,怎么能令人信服?希望基层部门在落实国家政策时多些人性化考虑,多些深入细致的工作,多些实事求是的严肃①。《济南时报》说,杨改兰家被称为"孤独之家",说明与其他村民交往的很少,因此在低保资

---

① 黄齐超:《谁是农妇杀子惨剧背后的隐形推手?》,四川在线,http://comment.scol.com.cn/html/2016/09/011009_1682158.shtml。

格提议和评审过程中，很难准确反映杨改兰家的真实情况。精准扶贫离不开民主决策，但也要看到，一些贫穷家庭因为在村子中被边缘化、被孤立，将会影响扶贫的精准度①。央广网指出，既要物质扶贫，也要精神扶贫，要以扎实的行动和真切的关爱，给予他们希望和出路。通过发展产业、提升技能、加大精神文明建设等方式，改变农村面貌、带动勤劳致富、提升文明素养。不让弱者绝望，让无力者坚强，是富强文明应有之义②。

建言事件折射农村低保困局。腾讯网"今日话题"指出，由于收入等标准存在模糊界限，农村低保很容易被当作一种村庄的治理手段，就有了"人情保""关系保"等说法。村民评议和公示是为了监督上述问题，但倘若村民代表和村干部之间形成了默契，程序监督就成了过场，陋习依然存在。县乡及更高一级的政府部门是否在制度上做好守卫工作，至关重要③。财新网说，贫困地区的许多家庭条件差不多，低保指标无论给了谁，都容易引起其他人的心理失衡，易引发矛盾纠纷，有的村干部甚至不愿争取低保名额。在评定过程中，即便村民评议或投票，但是村民代表并不一定真正了解村民的家庭状况，其本身也会受到家族关系等因素的掣肘。由于人力不足，民政人员并无能力全面核实低保户的真实情况，村干部拥有更多话语权。解决问题的核心，还在于重建乡村干部与村民之间相互关联又相互制衡的制度纽带和信任关系④。

呼吁重视农村弱势群体的精神健康。《南方都市报》说，借此个案，农村自杀现象再次进入公共舆论视野，相关问题非常值得重视。留守老人和留守妇女的地位相对弱势，成为最易发生自杀行为的群体，其生存状况及精神

---

① 张海英：《压垮这个母亲的，都有哪些"稻草"？》，《济南时报》2016年9月12日，第A02版。
② 曹美丽：《精神扶贫同样不可少》，央广网，http：//news.china.com/domesticgd/10000159/20160912/23535014_all.html。
③ 腾讯"今日话题"：《甘肃贫困母亲杀4子事件：最贫困的人为何得不到低保？》，腾讯网，http：//view.news.qq.com/。
④ 周东旭：《陈锋：甘肃杀子悲剧折射农村治理困境》，财新网，http：//www.qinggua.net/yulu/yulu1/14737719221195438.html。

世界应受到外界更多的关注①。北京晨报网说，农村妇女自杀率高是不争的事实，丈夫外出、父母老去、社会保障相对较弱，勤劳却未必能致富，生活负担让她们日益沉默，并因沉默而被漠视。另外，唾手可得的农药、无处发泄的情绪都让死亡变得轻而易举。农村留守母亲如果不被重视，毁掉的将是一个家庭②。

（二）网民观点摘要

热议案发原因，从贫穷、生活环境、心理问题等多角度剖析此次事件。专栏作家"@连鹏"说，强势的奶奶，懦弱的父亲，老实的丈夫，都不扛事儿，家里家外辛苦都压在杨改兰一人肩上，性格内向不会搞关系，低保被分给家境好得多的家庭。农村的事也复杂，家庭矛盾、邻里纠纷、乱嚼舌根等，我想是种种原因逼她走了极端。要说根源，还是贫穷。"@蓝方金"说，一个女人从小开始劳动，常年劳作十几亩地，带4个小孩2个老人一个强势一个痴呆，1个无用的丈夫，每天来回两个小时送长女读幼儿园，开学前为子女买新衣服，劝堂姑杨艳红不要早婚，对人有礼貌留亲戚在家吃饭，想学刺绣。从这些看，传统妇女的勤劳俭良都有，是环境害了她。"@远山夕雾"说，社会对于育龄女性精神状态关注太少，特别是农村的，可能在承受贫困的经济压力下，还要承受极大的舆论压力。

杨改兰的悲剧人生值得同情，但绝不是其杀子的理由。"@施晓静-along"说，没有人关爱的女人，扛着一个家，撑不下去的时候狠心地选择了悲剧。"@sxjingxuan"说，28岁的母亲，4个孩子，其中大女儿8岁，那她需要在19岁怀孕才可以赶得上这个进度，19岁时我们在做什么？而她又在做什么？这样想想或许我们会更理解她。"@斯小乐"说，杨改兰是惨剧，但惨不是作恶的充足理由，再极端的情况下都不是。"@方舍方得"

---

① 《南方都市报》社论：《农村自杀问题应当引起更多关注》，《南方都市报》2016年9月11日，第AA02版。

② 崔红：《说闻解字：默》，北京晨报网，http://www.morningpost.com.cn/2016/0909/1491039.shtml。

说，谁也不能剥夺别人的生命权，即便那是亲生子女。

关注事件折射的低保执行漏洞。有资深媒体记者曝光称，笔者获悉一份2013年底阿姑山村精准扶贫建档立卡贫困人口花名册，曾担任阿姑山村主任助理、石磊社驻村帮扶队成员的石兴旺向笔者证实了名单上的9人，排在第一位的李进先是石磊社社长。名单上的李进忠，为阿姑山村党支部书记李进军的亲哥哥，李进忠的儿子李克基，即李进军的亲侄子也在名单上。"@郑州朱永杰"说，杨改兰家的贫困程度，与另外73户建档立卡家庭相比，是否做到了公正、公平。它牵涉到人心冷暖，牵涉到这个社会给予他们的是希望还是绝望。中央党校国际战略研究所副所长"@周天勇"说，虽然不能简单地将此案归咎于低保的执行不当，但是低保等一系列扶贫措施的实施不当所引发的社会性问题不能不引起我们的高度关注。"@丁子耘"说，这几年国家扶贫投入了大量的钱财，但真正需要低保的农民有多少还没有拿到钱？这几年不断曝出村干部，甚至镇领导贪污、冒领低保资金的案例，是不是应该反思怎样才能有效地扶贫？怎样让救命钱真正发到需要的人手里？

四 事件启示

甘肃康乐杨改兰事件是全媒体时代网络舆论场的一道考题。从舆论引导角度看，媒体先入为主的报道方式值得商榷。在事件曝出伊始，媒体在报道标题中大量设置了"3年未获低保""低保被取消"等信息，并直接与该起事件相连，对舆情发酵起到了显著作用，影响了舆情走势和网民态度。从舆情应对角度看，当地政府部门的舆情意识和危机处置方式方法也有待提高和完善。事件曝出后，当地进行了迅速、详细的回应，没有回避舆论的质疑，值得肯定。但在案发十多天且由媒体首曝后才发布了官方消息，不免有些"舆论倒逼"的被动，且通报中"家属情绪稳定"的表述缺少人情味，也难免不被舆论批评。虽然这是极端个案，但就基层弱势群体的民生保障工作和政府部门的舆情应对工作而言，此案的警示意义极大。

B.14
四川阆中公开宣判违法讨薪农民工事件的舆情分析

邹德姣　白永浩*

摘　要：2016年3月16日，四川阆中市人民法院以公判大会形式，对8名违法讨薪农民工判处妨害公务罪，引发舆论高度关注。从舆论倾向性看，公判大会广受诟病。媒体发问，农民工合法维权的渠道是否畅通？网民质疑，公判举动是震慑讨薪还是保护欠薪？法律界人士也纷纷发声，批评公判大会是司法的倒退，呼吁司法工作者忠实践行法治，捍卫公平正义。

关键词：阆中市　农民工　讨薪　公判　司法

一　事件经过

2016年3月16日，四川阆中市人民法院在阆中市江南镇举行公开宣判大会。8名违法讨薪农民工分别被判处6～8个月不等的有期徒刑，其中两名宣告缓刑。据财经网转载阆中市法院官方网站16日对案件发布的消息，2015年8月29日，百余名民工到阆中市某商品房项目部索要工资无果，在张某、戚某的煽动下，大量民工围堵阆中市著名景区南津关古镇的大门，希望达到索

---

* 邹德姣，麦之云（北京）信息咨询有限公司舆情分析师，主要研究方向为网络舆情；白永浩，麦之云（北京）信息咨询有限公司舆情分析师，主要研究方向为三农舆情。

要工资的目的。当地派出所民警在维持秩序时,经张某、戚某煽动,有民警被挟持至市政府,沿途大量市民围观,致交通堵塞、秩序混乱①。

3月17日,"四川阆中举行公判大会 8名违法讨薪民工被判刑"成为网络热点议题。据新华网舆情监测系统显示,"阆中公判大会"在当日最热新闻事件排行中位居第4位。17日晚间,阆中市法院官网上撤掉了16日发布的有关公判大会的消息和照片。

3月18日,阆中市政府新闻办发文,就此案涉及的农民工欠薪问题、妨害公务问题进行了详细说明,并表示,针对此案的宣判方式,当地有关部门已启动调查问责程序,将实事求是、依法依规严肃处理,并公布结果。

二 事件舆情走势

(一)网络媒体舆情走势

3月16日16时,阆中市法院官网发布了题为《讨薪演变妨害公务 法院:应理性维权》的图文消息,详细介绍了案情和审判情况。文中配图显示,8名被告人分别由两名法警押解,站在标识为"阆中市人民法院公开宣判大会"的巨型背景板前。此外,当地媒体也对宣判大会进行了图文报道,展示了现场旁听民众以村为单位有序聚集等照片,并称"不少群众表示自己接受了一堂法治教育课"。

3月17日,舆情热度快速升温,相关报道被网易、搜狐、腾讯等门户网站发布在首页醒目位置。从内容看,当日未出现网络媒体跟进事件的新发报道,其均为转载16日相关消息。转载标题以"四川阆中8名讨薪民工被公审获刑,曾挟警到市政府""四川阆中8名讨薪民工被公开审判 曾围堵景区"等为主,能比较全面地体现案件原委。

---

① 宋韶辉编辑《阆中法院举行公开宣判大会:8名讨薪民工围堵景区大门被判刑》,财经网,http://politics.caijing.com.cn/20160317/4090061.shtml。

3月18日，事件舆情走势攀至顶点，媒体评论文章是重头戏，"公判大会"成为众矢之的。从18日凌晨红网发出首篇文章《"阆中公判讨薪民工"的未竟之问》开始，共计20余家报刊和网络媒体对事件发表评论。澎湃新闻网就此汇总发文《多家网站媒体刊发评论文章，同批阆中法院公审讨薪农民工》。从内容看，"法治"成为众多评论标题中的高频词，"公判大会违背法治精神"成为大多数舆论声音。同时，《新京报》发出的两篇报道也有较高关注度。一是，当日整版报道《四川阆中法院举行"公判大会"引争议》。报道中提到的"阆中法院官网撤下相关报道""专家称公判大会与人权保护不相符"等内容被网络媒体大量设置于转载标题中；二是，针对阆中市政府新闻办对事件的回应，《新京报》网站发文《阆中"公判大会"引争议 官方启动问责程序》，重点关注了官方回应中的"审判方式问题"。网易、腾讯等门户网站对此进行了原标题转载。此外，腾讯、搜狐、凤凰网等网站以图片新闻形式，继续传播公判大会现场图片。

3月19日，舆情热度降势明显，"反思"成舆论主调。从报道情况看，阆中市政府新闻办18日对事件的回应被原文转发。媒体视角从批评公判大会转向热议"公判大会"为何遭"公判"，呼吁当地有关部门深刻反思。

从3月20日开始，网络媒体舆情走势渐趋平息。23日，当地曝出"农民工跳楼讨薪"的相关消息，阆中市政府迅速发布了情况通报，《新京报》等媒体对此报道后引发新闻量微涨，但整体降势未变（见图1）。

（二）社交媒体舆情走势

1. 微博舆情走势

3月16日，微博中出现少量消息，信源主要以"@阆中在线""@阆中身边事""@南充快资讯"等当地的媒体和自媒体为主。部分网民发表了跟帖评论，时间段集中在晚间。从评论中出现的"杀鸡儆猴""专挑软柿子捏"等语句已看出网民态度倾向。

3月17日，微博数量快速上涨。"@头条新闻""@财经网""@Vista看天下"等媒体官方微博发出了图文报道。其中，"@头条新闻"午间发出

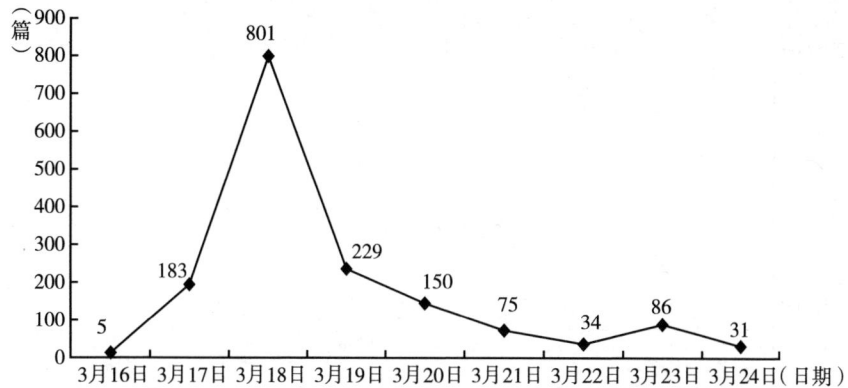

图1 四川阆中公开宣判违法讨薪农民工事件网络媒体新闻舆情走势

题为"四川阆中公判大会 8名讨薪农民工获刑"的图文消息，当日晚间该条微博的转发和评论量近万次。从媒体官方微博发出的消息看，报道内容均为转载16日阆中市法院和当地媒体的相关消息。网民微博评论大量涌现，一边倒地批评"公判违法讨薪农民工"。

3月18日，微博舆情走势攀至顶点。出现多个与该事件相关微话题，其中"阆中公判"话题阅读量当日达800万余次。"@于建嵘""@何兵""@司马平邦""@朱德泉"等网络"大V"纷纷发声，众多法律界人士也通过微博表达观点。其中，"@于建嵘"发出题为"举报阆中市人民法院违反规定"的长微博，当日转发和评论量破万次。此外，阆中市政府新闻办下午对事件做出书面回复，随后也成为关注热点，当日晚间的微博数量明显上涨。

3月19日，微博话题量大幅减少。微博热点话题仍围绕公判大会和阆中市政府回应两方面展开。此外，事件涉及的欠薪项目开发商负责人的背景资料和此前媒体的采访视频被曝出，再引网民揣测，"黑幕""官商勾结"等字样在评论中出现。

从3月20日开始，事件的舆情关注热度进入降势。23日，阆中市政府及时对当地曝出的"农民工跳楼讨薪"发布情况通报，但也引发部分网民将跳楼讨薪事件与公判大会进行关联看待，致使舆情小幅反弹。24日，微博走势明显下跌，随后趋于平息（见图2）。

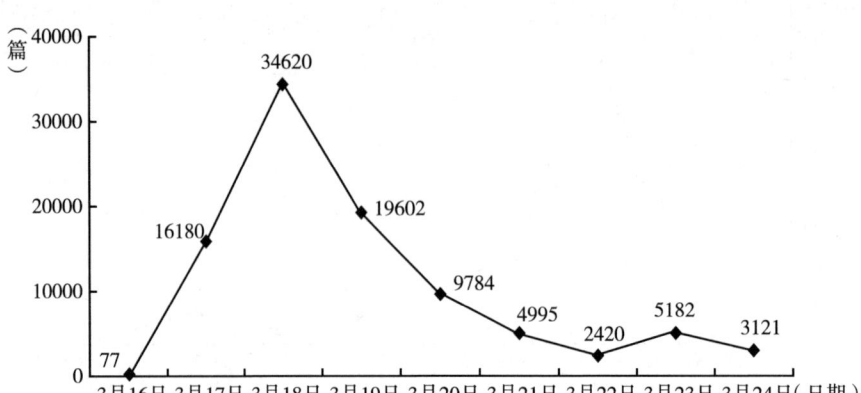

图 2　四川阆中公开宣判违法讨薪农民工事件微博舆情走势

2. 微信舆情走势

3月16日，微信中出现了3篇与事件相关的消息，信源都来自阆中本地，内容均为客观转述阆中法院的官网消息。最早的一篇是由公众号"阆中在线"17时发出，成为当日关注度最高的一篇，阅读量突破3万次。

3月17日，微信文章数量明显上涨。虽然大多数文章内容仍为客观转述16日公开审判大会情况，并以"四川阆中8名讨薪民工被公判"为主要标题设置，但标题中同时出现的"？""！"等标点，已明确表达了态度倾向。公众号"阆中在线"发起投票"你是否支持这次公判大会？"近80%的网民投了反对票。公众号"读讯网"发出的《阆中公审8名讨薪农民工　自媒体狂舞上演抓屎涂脸》，成为当日关注度最高的文章，阅读量突破4万次。

3月18日，事件关注热度达到顶点，文章数量急速上涨，总阅读量突破50万次。从内容看，评论性文章占大比重，对公判大会的否定和不认同成为舆论主调，"质疑""谴责""严批""痛心"等词语出现在文章标题中。其中，浙江省检察院检察官岳耀勇在个人公众号"劳月夜聊"发文《公判大会说明了什么？》，批评阆中法院公审讨薪者的行为，引发广泛关注。法制日报社浙江记者站公众号"法治浙江"对此文转发后，阅读量突破17万。

3月19日，微信文章数量有所减少，但对事件的讨论热度仍居高位，当日的总阅读量依然突破了30万。从内容来看，舆论视角从关注"农民工为何陷入违法讨薪的境地"向"法治"方向进一步延展。"法治浙江""法律读库""沪法网"等多个公众号纷纷发出《看律师法学教授怎么说》等文章，汇总司法界人士对事件发表的观点。检察官岳耀勇也再度发声，从程序法的角度对法治精神进行了解读。

从3月20日开始，事件关注热度大幅走低，相关文章数量明显减少。当地政府有关领导"躺枪"，因被晒出在多个公开场合讲话时有人为其打伞的照片，被舆论戏称"打伞哥"。还有舆论爆料此次事件涉及的开发商背景，也引起一定的关注。但事件整体走势趋降，至24日基本平息（见图3）。

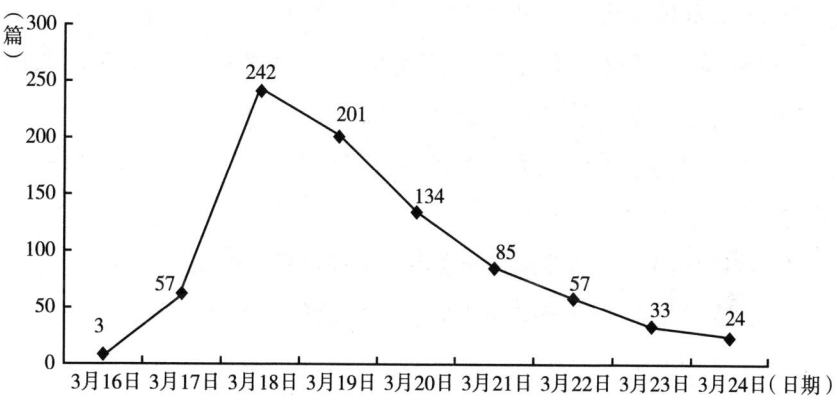

图3 四川阆中公开宣判违法讨薪农民工事件微信舆情走势

三 舆论主要议题

（一）媒体观点摘要

"公判大会"的司法形式备受质疑。媒体指出，"公判大会"是对司法尊严的消解，是法治建设的退步。《长江日报》说，公判与社会公平正义背

"三农"舆情蓝皮书

道而驰,早在20世纪80年代,国家司法部门便明文禁止了"游街示众"行为①。《东方早报》说,有合适的法庭不用,非把这起最高刑期只有几个月的轻罪案件,放在广场上宣判,让被告人在大庭广众之下听判,这不是法制宣传,是在羞辱法治。这种做法依然没有突破地方利益对司法的掣肘,是司法为地方维稳"保驾护航"的延续②。搜狐网说,宪法明文规定"中华人民共和国公民的人格尊严不受侵犯",公判大会是对公民宪法权利的践踏。示众是一种法外羞辱,有尊严的司法,首先要给公民以尊严③。

农民工成为公判主体招致反感情绪。媒体普遍认为,农民工讨薪方式违法乃至造成犯罪,依法应当受到制裁,但"公判"方式会让民众对法律的正义性产生误解。《钱江晚报》说,讨薪者违法犯罪是事实,但最需要警示的欠薪企业主却连"配角"都没给。这种本末倒置的司法诉求,无法让民众感受到弱势群体被法治给撑起了腰杆④。《北京青年报》说,这样的公判是"杀鸡儆猴",是给欠薪企业"打气撑腰",也掩盖了相关职能部门的"不作为",结果只能让被欠薪的农民工"讨不得"更"闹不得"⑤。《新京报》说,如果是为了警示世人,为何独挑了农民工,而不是贪腐官员或经济犯⑥?

呼吁政府部门关注事件暴露的农民工维权短板。中国青年网说,如果有别的办法,农民工也不至于铤而走险,踩着法律的红线,不计后果讨要工薪。恶意欠薪问题大量存在,讨薪维权渠道不畅、成本高等都是不争的事实。罔顾农民工权益,拖欠农民工薪资的问题得不到有效解决,类似的维权

---

① 高亚洲:《为何要对这样的"公开审判"说不》,《长江日报》2016年3月18日,第10版。
② 沈彬:《讨薪者被"公判示众"有违法治精神》,《东方早报》2016年3月18日,第A06版。
③ 尉迟不攻:《搜狐快评:公判大会肆虐,农民工该如何讨薪》,搜狐网,http://star.news.sohu.com/20160317/n440768856.shtml。
④ 刘雪松:《公判违法讨薪,一堂荒诞的普法课》,《钱江晚报》2016年3月18日,第A0021版。
⑤ 大矛:《"公判"农民工是震慑讨薪还是保护欠薪》,《北京青年报》2016年3月18日,第A02版。
⑥ 《新京报》社论:《公判讨薪民工消解司法尊严》,2016年3月18日,第A02版。

行为就很难从根本上杜绝①。长江网说,恶意欠薪入刑已5年,但威慑力没有得到很好发挥,导致恶意欠薪者肆无忌惮。全面推行依法治国,违法讨薪理应获刑,而违法讨薪获刑背后的很多问题,必须尽快想办法解决②。

(二)网民观点摘要

公开宣判违法讨薪农民工是"用错力"。总体看,大部分网民不认同农民工违法讨薪的做法,但也明确表达了对"公开宣判"的批评和否定。网民认为想借此达到普法和警示效果,是"用错了力"。"@谦卑的茅山"说,大奇葩,欠薪的逍遥,讨薪的公判,你见过大老虎拉街上公判吗。"@清云庵主6"说,这样公审的目的何在?难道是要告诉各位被拖欠工资的农民工,以后再不按规矩讨薪,就抓你。"@掖县布衣"说,与其说公判大会给围观群众营造了接受教育的严肃感,不如说给群众创造了看热闹不怕事大的场合。还是多从日常宣传普及入手吧,否则围观群众只是看客心态,不会有灵魂的触动。还有网民由此联系自身遭遇,表达了担忧情绪。"@传奇的妈咪"说,心情好沉重!弱势群体怎么办啊,家里工地干活摔成重伤,怪不得老板开发商叫我随便告!

此次事件折射出有关司法工作者专业素质的缺乏,司法工作者应是法治的忠实践行者。浙江省检察院检察官岳耀勇说,这次公判大会至少说明,法官、检察官的法律专业素质还很欠缺,缺少基本的法治理念。司法是公平正义的最后一条防线。守护这条底线的法官、检察官理应有责任和担当。守护公平正义并不是一件容易的事情。领导的干预、舆论的干扰和人情的影响都不可避免。法官、检察官没有一点勇气怎么行?九江市公安局民警段兴焱"@段郎说事"表示,司法人员应当具备追求公平正义的信仰精神、追求依法治国的理性精神、追求自由平等的博爱精神。在审理农民工讨薪等类似案

---

① 周磊:《公判讨薪民工为何引发舆论诟病?》,中国青年网,http://pinglun.youth.cn/wztt/201603/t20160319_7755359.htm。
② 毛开云:《违法讨薪获刑具有三重警示意义》,长江网,http://news.cjn.cn/cjsp/msgc/201603/t2798011.htm。

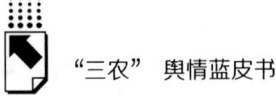

件时，司法人员应慎之又慎，恪守法律规定，保障他们的正当权益。依法治国，任重道远，司法人员应是法治的忠实践行者。

畅通渠道，保障农民工合法维权。新华社记者"@xh汤计"说，我们既支持农民工兄弟走法律维权之路，又希望法律之剑挥向那些长期恶意违法拖欠农民工工资的黑心老板，让他们感受一下被法律制裁的滋味，体会欠债不还钱的下场。网民"@宿宁是个好人"说，法理在于一码归一码。讨薪若侵害他人权益，是一码，该判；欠薪是另一码，另判。若欠薪能另案判处，下次就没人以非法手段讨薪。网民"@离异征婚诚实男"说，一些常规的维权渠道之所以不被民众认可，是因为成本高、效率低甚至坑你没商量。以维稳的官僚主义心态和方式处理社会不公，只会导致更多的不公和民怨。

四 事件启示

农民工工资拖欠、讨薪难问题一直是广受舆论关注的问题。近年来，由农民工另类讨薪引发多起热点舆情事件，从舆论倾向看，媒体和网民多对农民工讨薪抱以同情，认为另类讨薪甚至违法讨薪行为都是"走投无路""出于无奈"，而相关职能部门往往被质疑保障工作的缺失，欠薪企业更是被舆论一边倒地谴责。另外，从法律专业素养的角度看，"公判"早已被国家司法部门明文禁止。因此，对待农民工等弱势群体时，执法部门不仅不能高高在上，还要注重人性化普法，并及时疏通司法援助的渠道，才能让农民工相信司法、愿意仰仗司法的力量。

区 域 篇

Regional Public Opinions

B.15
上海市"三农"舆情分析

张向飞*

摘　要： 2016年，上海市"三农"舆情整体呈平缓波浪形走势。微信帖文占舆情总量的2/3以上。上海都市农业发展成就、积极推进"互联网+"现代农业、狠抓"五违四必"区域环境综合整治和崇明世界级生态岛建设、发布户籍制度改革意见等成为舆论关注的重点。菜篮子价格居高不下、治理农民工工资拖欠、农民工子女入学难等话题也被舆论热议。

关键词： 都市农业　科技创新　农业物联网　户籍制度改革

---

* 张向飞，现任上海市农业委员会信息中心副主任、副书记（主持工作），工学博士，高级工程师（教授级），主要研究方向为农业信息化。

一 舆情概况

1. 舆情总量概要分析

2016年,中心共监测到上海"三农"舆情信息11.14万条(含转载)。其中,新闻舆情信息2.61万条,占舆情总量的23.43%;微信帖文8.04万条,约占72.15%;微博帖文3861条,占3.47%;博客和论坛帖文分别为459条、600条,二者合计约占1%(见图1)。

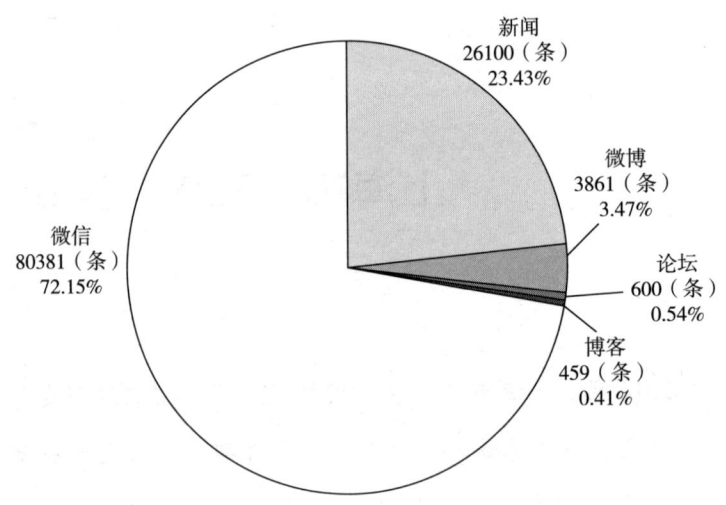

图1 2016年上海市"三农"舆情传播渠道

从传播特点看,微信在上海市"三农"舆情传播中起了重要作用,其数量是新闻数量的三倍。传统媒体,尤其是主流的新闻网站传播力强劲,其优质原创内容成为微信、微博二次传播的信息源,引导着舆论走向。

从传播趋势看,2016年上海市"三农"舆情整体呈平缓波浪形走势。2月,"上海女孩逃离江西农村"事件是舆论关注的焦点,致全年舆情达到峰值(见图2)。

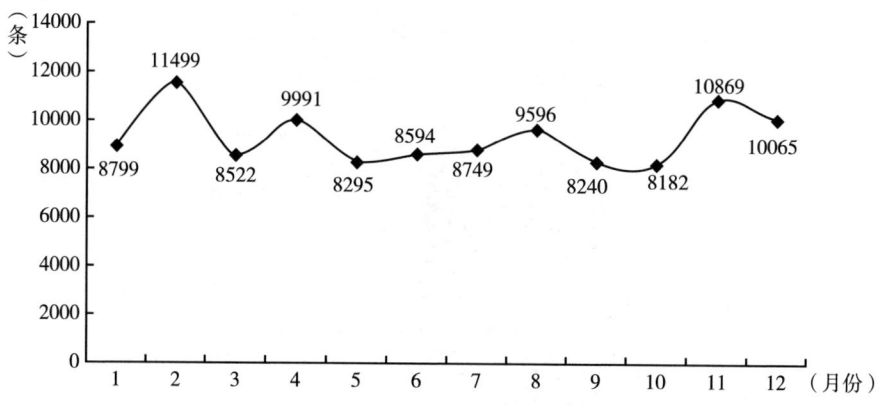

图2　2016年上海市"三农"舆情传播趋势

2.舆情内容概要分析

从舆情话题分类看，农业生产与粮食安全、农村土地、农村社会事业、乳业、农民工、农产品市场、农业农村信息化、农产品质量安全、产业扶贫、涉农金融保险成为上海"三农"舆情的十大热门话题。上述10个话题的舆情量占了全年"三农"舆情总量的96.79%。其中，农业生产与粮食安全话题舆情量占全年"三农"舆情总量的17.09%。其次，农村土地、农村社会事业、乳业话题舆情量所占比重也均在10%以上，分别为14.83%、14.46%、13.12%（见图3）。

从热点新闻看，"上海女孩逃离江西农村"虚假事件中，《新闻晨报》声援上海女孩的报道《放开那个上海女孩》被大量转载。"上海破获冒牌乳粉案""上海一超市'老鼠在冷柜吃肉'""上海幼儿园被斥毒厨房""上海破获销售过期烘焙用乳制品案"等食品安全事件备受网络媒体关注。"农民工当选上海市总工会副主席""上海农民工子女学校入学困境""上海公布恶意欠薪"等农民工话题被重点关注。"上海取消农业与非农业户口性质区分""上海出现H7N9禽流感病例"等消息也得到网络媒体较多转载（见表1）。

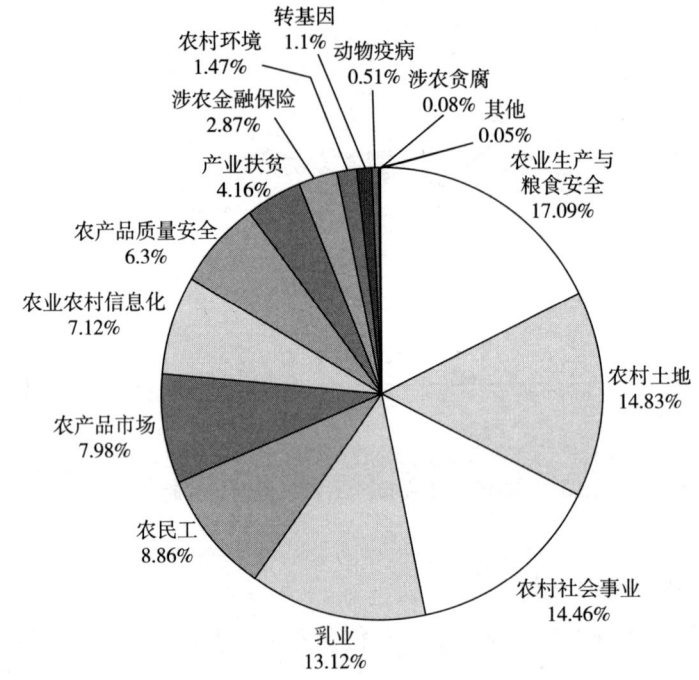

图3 2016年上海市"三农"舆情话题分类

表1 2016年上海"三农"热点新闻TOP10

排行	标题	首发媒体	日期	转载量(篇)
1	放开那个上海女孩	《新闻晨报》	2-6	265
2	食安办通报冒牌乳粉案:正追查冒牌乳粉去向	央视网	4-9	194
3	上海一超市"老鼠在冷柜吃肉"全部肉制品下架销毁	新华网	12-10	122
4	上海:取消农业与非农业户口性质区分	金羊网	4-26	107
5	农民工当选上海市总工会副主席	新华社	3-1	69
6	上海出现H7N9禽流感病例	《新闻晨报》	12-23	46
7	入学难生源荒上海农民工子女学校进入"门禁时代"	《中国青年报》	10-19	35
8	上海一幼儿园被疑"毒厨房"17天后,园长被撤职	澎湃新闻网	6-29	35
9	上海公布一批恶意欠薪案例无良老板被"晒"在阳光下	新华社	11-25	31
10	上海破获一违法销售过期烘焙用乳制品案,19人已被归案!	上海市人民政府新闻办公室	10-23	31

二 热点舆情分析

1. 上海都市农业发展"十年磨一剑",现代农业走出一片新天地

多年来,上海市立足都市农业,大力提升组织化程度,促进竞争力、科技水平、经济效益不断提高,保障农民收入不断提高。到2016年底,全市累计发展家庭农场4243户,其中粮食生产家庭农场3990户,占上海市郊区水稻常年种植面积的44.67%。通过近十年的探索实践,上海都市农业已经逐步形成了粮食生产以家庭农场为主、蔬菜生产以"合作社+农户"为主的生产模式,进一步提高了组织化程度和市场竞争力,走出了独具特色的现代农业之路。对此,上海市委书记韩正给予高度评价,称赞"上海都市农业十年磨一剑""走出一片新天地"。上海市委农办研究室主任方志权对上海农业提出了新的认识和思考,称上海农业是服务城市、宜居生态、传承农耕文明的农业。舆论指出,上海都市型农业发展既有农业性也有城市性,具备了经济、生态和服务的三重功能,属于一二三产业融合发展的"第六产业",对全国具有一定的示范意义。

针对上海都市农业快速发展的原因,舆论分析认为,是上海金融的创新推动了都市农业发展。根据上海银监局的数据,截至2016年8月底,上海中资银行涉农贷款余额已近2000亿元。财政支农力度也在不断加大,目前,上海市财政专项担保资金达1.1亿元,各区配套资金4000万元左右。另外,政策性金融产品不断创新,推出了农业机械购置补贴贷款、"互联网金融+品牌质押"贷款试点、农村土地经营权抵押贷款试点等创新项目。舆论还指出,上海社会化服务让都市现代农业"如虎添翼"。舆论称,在上海,以规模化、标准化、集约化生产为主要特征的都市现代农业,对新型农业社会化服务体系形成了倒逼机制。粮食生产高度机械化的背后,源自农业社会化服务的"高度配合"。舆论还表示,都市里的市民体验到了农业社会化服务带来的便捷与高效。

2. 上海市积极推进农业信息化发展,"互联网+"现代农业经验值得借鉴

近年来,上海市加快推进农业信息化,信息技术已成为引领农业生产、经营、管理、服务模式变革的创新驱动力量,特别是在智慧农业的实践中探索出一条以服务都市现代农业为核心的发展道路,形成一批具有可操作性、可复制的经验,为加快转变上海都市农业发展方式提供了有效支撑①。

舆论重点关注了上海农业信息化的顶层设计。2016年2月,上海市正式印发了《上海市推进"互联网+"行动实施意见》,其中提出推进第二阶段上海农业物联网工程建设,提升农业物联网的区域整体应用水平。业内专家认为,上海发展农业物联网的一个重要经验,就是将企业作为应用落地的实践者。舆论指出,上海专门成立了以重点骨干企业和行业龙头企业为核心的农业物联网产业技术创新联盟,该联盟以高校和科研院所为依托,整合农业物联网产业技术创新资源,联合研发共性关键技术和重要技术标准,有效推动了农业物联网技术和应用模式创新,加快了相关科研技术成果的共享和转化。

舆论还对上海各区生动丰富的农业信息化实践予以积极关注。以青浦区为例,2016年,"青浦三农"APP上线,充分利用"互联网+"为用户提供大量农业信息;青浦现代农业园区蓝莓园全面采用"互联网+"和物联网模式推广蓝莓采摘和销售,七成游客通过互联网获取信息或购票前来采摘体验,近一半果品通过网络下单、物流快递销售。

此外,舆论还指出,企业在上海农业信息化推进过程中发挥了重要作用。以上农信和国兴农为主要代表的上海农业信息化企业,正在推动互联网向农业生产、经营、服务领域拓展,不断推进互联网在农业领域融合的深度和广度。

3. 上海对国家"三农"政策产生重要影响,舆论思考上海农业成功经验

2016年,针对上海农业的思考成为上海市"三农"舆情中备受瞩目的

---

① 《"互联网+"上海现代农业经验可复制可推广》,《东方城乡报》,http://www.dfcxb.com/html/2016-09/08/content_2_1.htm。

一个关注点。上海是中国最大的都市，农业在三大产业中所占比重很小，全部耕地面积只有200多万亩，仅与一个产粮大县耕地面积相当。但舆论一致认为，上海农业是成功的，其输出的家庭农场、职业农民等成功经验对我国"三农"政策产生了重要影响。上海农业的风生水起，引起舆论的思考。

舆论指出，上海农业成功的最重要、最基本的一条，是有效整合了分散细碎的农地产权，使农地可以进行适度规模经营。当前，上海依托强大的财力为农民建立起相对健全的、高水平的社会保障体系，绝大部分农地经营权都集中到村集体手上，村集体再依据农业经营的要求进行集中连片的适度规模划分，为真正经营农地的农户提供了便利条件。

舆论还指出，科技兴农、人才强农之路助力上海农业发展。对此，上海市委常委姜平表示，农业科技是上海农业的核心竞争力所在，上海有资源、技术、人才优势，形成了城乡一体化等政策体系。在农业科技方面，舆论指出，上海农业"十二五"期间的科技进步贡献率达到70%，这是上海农业取得显著成效的重要原因。上海崇明生态农业科创中心、上海浦东孙桥现代农业科创中心和上海农科院都市现代农业科创中心三大农业科技创新平台先后成立，全面提升了上海农业科技自主创新能力，为上海率先实现农业现代化提供了创新驱动力。在农业人才方面，舆论指出，上海着力培育新型职业农民，补齐发展"短板"。上海市通过三大"创新中心"吸引国际一流农业人才到上海来创新、创业，计划到"十三五"末期培养两万名新型职业农民，比现有数量增加3倍[①]。上海市还采取引导、鼓励、支持政策，吸引"农二代"投身农业，鼓励有志于发展现代农业的各类人才服务农业，让更多的城市要素流向农业农村[②]。

舆论也关注到了上海农业发展道路的地域特殊性。有舆论指出，上海农业现代化的发展，得益于上海二、三产业的迅猛发展，一方面增强了当地政

[①]《市委农村工作办公室主任孙雷谈"十三五"农业供给侧改革：上海农业将建三大"创新中心"》，《解放日报》，http://news.xinhuanet.com/local/2016-07/31/c_129191317.htm。

[②]《上海农业供给侧改革路在何方》，《文汇报》，http://shzw.eastday.com/shzw/G/20160812/u1ai9623660.html。

府反哺农业的能力，另一方面为当地农民提供了就业机会，使得农民从土地中解放出来，促成了土地规模流转的实现①。

4. 上海狠抓"五违四必"综合整治，崇明世界级生态岛建设获舆论点赞

自2016年以来，上海狠抓"五违四必②"区域环境综合整治。畜禽退养是环境综合整治的重要任务之一。从2016年开始，浦东新区对区内规模畜禽场开展有计划、分步骤减量退养及布局调整，并设立"畜禽退养专项资金"，建立"定额补助+奖励"的财政保障机制。该区曹路镇居民曾反映，称养猪场附近环境脏乱、气味难闻。到年底，曹路镇畜禽退养工作全面完成。居民称，曹路从此再也见不到"二师兄"了，换来的则是河水更加清澈、环境更加美好。有舆论担忧大规模退养会影响上海本地畜禽市场的供应，对此，浦东新区农委专家表示，目前上海市场75%以上的猪肉来自外省市，本地养殖场的清退，不会影响到市场供应，也不会造成价格波动。另外，城乡中小河道水环境也是综合整治的重点对象。2016年底，上海市嘉定区对全区149条、197公里黑臭河道的水环境现状进行了全面的调查摸底，并提出"一河一档、一河一策、一河一长"的闭环式整治监管模式。舆论点赞上海推进中小河道综合整治攻坚战"水岸联动"补短板，"水清岸绿"筑底线。

上海崇明生态岛建设也吸引了社会各界广泛关注。2016年9月6日至8日，由上海市科学技术委员会、崇明区人民政府和解放日报社共同主办的"2016上海崇明生态岛国际论坛"（第六届）在崇明区召开。媒体称，"生态+"战略助推崇明迈向世界级生态岛。2016年底，上海印发《崇明世界级生态岛发展"十三五"规划》。舆论称崇明世界级生态岛的蓝图清晰起来，开启了世界级生态岛的新征程。上海媒体刊发了系列评论盛赞建设世界级生态岛"使命光荣，责任重大③"，肯定了崇明世界级生态岛建设对于长

---

① 《上海的农业是如何变成全国农业现代化典型的？》，澎湃新闻网，http://www.thepaper.cn/newsDetail_forward_1562046。

② "五违"是指违法用地、违法建筑、违法经营、违法排污和违法居住。"四必"是指安全隐患必须消除、违法无证建筑必须拆除、脏乱现象必须整治、违法经营必须取缔。

③ 《中国上海，使命光荣责任重大——崇明世界级生态岛建设系列评论》，http://www.shanghai.gov.cn/nw2/nw2314/nw2315/nw15343/u21aw1221251.html。

三角、长江流域乃至全国绿色发展的重要意义,同时也指出如何以更高的站位、更宽的视野、更坚定的目标导向推进崇明生态岛建设,体现出国家战略、上海使命、崇明愿景,值得深入研究和探讨①。

5. 上海市政府发布户籍制度改革意见,城乡一体化迈入新阶段

2016年4月,上海发布《关于进一步推进本市户籍制度改革的若干意见》指出,建立统一的城乡户口登记制度,取消农业户口和非农业户口性质区分,统一登记为居民户口。同时,调整并逐步完善与该项制度相适应的教育、就业、卫生计生、住房、社会保障、土地及人口统计制度。业内专家表示,统一的城乡户口登记制度的实施,是社会发展的一大进步,它打破了城乡分割的户籍壁垒,标志着"农村人"和"城里人"在身份上的统一。

舆论指出,取消农业与非农业户籍区分是历史的必然,是社会管理的进步。接下来,有关部门需要拿出更多精力做实户籍改革后的系列管理制度建设,尤其在户籍无差别化后,如何确保实现城乡居民教育、医疗、养老、失业等公民待遇的再平衡,是首要课题。各项配套制度逐步完善,消除城乡差别这项艰巨的工作将迈入一个崭新的阶段②。

有舆论表示,在上海最吃香的其实是农村户口。农村户口有宅基地和承包地,享有集体收益分配权,一旦征地还有征地补偿等,农村户口的含金量还在升值。从网民评论看,网民主要担心农村户口取消了,是不是意味着放弃宅基地和责任田。对此,国家行政学院竹立家教授表示,有不少人认为农民失了身份就会失地,这其实是一种误解。改革户籍登记制度,给予居民身份,是要给予农民平等的身份和待遇,而不是剥夺农民的财产。人口专家、北京大学社会学系教授陆杰华说,户籍改革有不同路径,农转非不一定就是放弃责任田和宅基地,即便是放弃土地,也不会简单地像过去那样给予现金补偿了事,还会在社保和基本公共服务上缩小与城市居民的差距。

---

① 《更高站位更宽视野推进生态岛建设》,上海环境热线,http://www.envir.gov.cn/info/2017/5/522679.htm。
② 《取消农业与非农业户口区分是社会治理的进步》,中国经济网,http://views.ce.cn/view/ent/201604/30/t20160430_11085617.shtml。

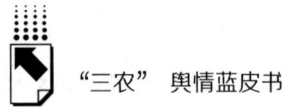
"三农" 舆情蓝皮书

三 舆论点评

1. 上海绿叶菜价格居高不下，政府提高补贴增设平价摊位

自2016年开春，受倒春寒等影响，上海菜价相对较高，一直到6月份，菜价才明显回落。不过，7、8月高温来袭，蔬菜价格再度上涨。上海社科院5月公布的一份调查报告显示，超过四成居民认为上海菜价偏贵，直呼"伤不起"。为应对高温导致的菜价异常波动，静安区在全区37家菜市场原有平价菜供应摊位的基础上，每家市场增加以基本绿叶菜为主的平价菜供应摊位，对绿叶菜平价供应的补贴则翻了一番。全市已开设783家社区智慧微菜场。

（1）上海社科院经济研究所所长石良平：上海菜价是三种"推力"的共同作用。首先是基于供求关系判断的"蛛网式"生产。其次是基于气候因素的不可控力。最后就是更深层次的供给侧失衡。在农产品领域，供给侧结构性改革的空间很大。近期菜价问题的凸显，或许也是变革生产方式的重要推动力，值得政府有关部门认真思考。

（2）上海市商务委市场运行调控处副处长李子顺：减少中间环节，发展智慧菜场。只有同时减少摊位费、人工成本和流通环节，才能真正遏制住终端菜价。为此，今年将在全市加快推进无人售菜机等智慧微菜场的建设。

（3）新浪网民：不但买不起房，还吃不起菜。

（4）网民"浪里白条946"：上海蔬菜价格居高不下，正在与世界接轨。从此以后，上海顿顿吃菜的都是有钱人，屌丝都吃肉！原本在上海只是买不起房，现在恐怕连菜也买不起了！

（5）网民"自然卷种生菜"：今年的菜真的很贵，越来越买不起了。

（6）网民"小杜320"：菜都吃不起咯，蔬菜比肉贵。

2. 上海出台意见全面治理欠薪，人社局发布24个欠薪入罪案例

2016年，上海为治理欠薪问题，采取一系列政策措施，受到舆论广泛关注。9月份，上海市公布的《全面治理拖欠农民工工资问题实施意见》

提出，要用一到两年时间，在工程建设领域全面落实农民工实名制管理及工资支付台账等制度；用3年时间，力争实现工程建设领域农民工工资按月支付；到2020年，努力实现该市农民工工资基本无拖欠。11月份，澎湃新闻网报道称，为确保在沪务工的农民工按时足额拿到工资，上海市成立解决企业欠薪问题联席会议，16个委办局联合出手启动了农民工工资支付专项检查。同时，公布一批恶意欠薪案例，无良老板被"晒"在阳光下。据不完全统计，截至12月下旬，上海各级劳动保障监察机构当年已为近10万名劳动者追发工资等待遇，责令用人机构补发工资1000余万元人民币。

（1）东方网：进一步推进欠薪入罪。只有进一步推进欠薪入罪，才能切实威慑恶意欠薪行为。彻底解决欠薪积累到年底成灾的问题，还需要其他相关措施配合。其中重要的一项，就是要全面规范企业的工资支付行为，要改变普遍存在的企业对于农民工工资只在年终支付的做法，编制农民工工资支付表，按月考核其工作量，并通过银行将工资直接划入其个人工资账户。

（2）《中国劳动保障报》：上海市善用媒体　为欠薪治理造声势。近年来，上海市加强综合运用电视、纸媒等传统媒介和微博、微信等新兴媒介，提高全社会对农民工工资支付情况专项检查、加大治理欠薪力度的关注度，形成强有力的执法声势。

（3）《经济日报》：治理欠薪需要大数据支持。上海市目前已经建立起所有入沪建筑企业的专业数据库，全市建筑工程不论大小，必须每月按规定期限在线支付农民工工资；哪一家企业有拖欠行为，劳动监察部门不只是在线实时监察，还会将该企业纳入监控黑名单库，等到年底，还要通过一系列综合惩罚手段对失信企业再算一次总账。这样，加大了企业欠薪失信的成本，与"恶意欠薪入刑"相比，威慑力更强。

3. 农民工子弟学校困境：一边入学难一边生源荒

上海市农民工子女入学难问题受热议。2016年3月，《劳动报》联合上海市总工会微信号对农民工做的调查显示，农民工最担心的问题是子女教育问题。10月份，《中国青年报》报道《农民工子弟学校困境：一边入学难

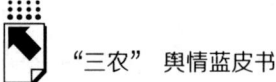

一边生源荒》引起舆论广泛关注。报道说，上海市流动儿童的入学门槛提高，上海多家农民工子弟学校学生数量大幅缩减，新学期甚至招不到人。与之对应的是，很多农民工随迁子女却面临无学可上的困境。

（1）《中国青年报》："以教育控人"让教育公平蒙上阴影①。控制城市人口过快增长，应该综合考虑城市功能定位、提高城市治理水平、调整产业布局结构等多项因素，而不能简单以限制适龄儿童入学的方式控制。

（2）桂西网评：破解农民工子女入学困局需要"大视野"②。"伟大的城市不要害怕有穷人"，这应该是破解农民工子女入学困局的一个基本立足点。办法总会比困难多，要切实为城市建设和发展以及居民百姓的切身利益着想，站在全局的高度，以"大视野"进行创新设计，就不难破解农民工子女入学难等诸多的"大城市病"。

（3）腾讯评论：流动儿童无学上、民工学校招不到人："教育赶人"是个昏招。居住证门槛实质就是上海版本的教育赶人。教育赶人效果并不明显，相反，赶人不成功甚至可能带来严重的社会问题，值得警惕。虽然关停学校、紧缩入学看上去只是温文尔雅的行政命令，但是在长长的因果链背后，却隐藏着暴力本质，这让人不得不心生忧虑。

（4）搜狐网民：上海此举是政策制造留守儿童。

（5）网民"东邪西毒"：关心留守儿童，却用政策制造留守儿童。

（6）网民"雪锋"：在上海想让孩子在身边读书比什么都难，上海的政策是赶人。

（7）网民落叶知秋：阻止农民工子女上学，这是下下策！谁的主意！考虑过未来吗？

---

① 熊丙奇：《"以教育控人"让教育公平蒙上阴影》，《中国青年报》，http://zqb.cyol.com/html/2016 - 10/25/nw. D110000zgqnb_ 20161025_ 6 - 02. htm。

② 付彪：《破解农民工子女入学困局需要"大视野"》，广西新闻网，http://opinion. gxnews. com. cn/staticpages/20161021/newgx580959f0 - 15560035. shtml。

B.16 山东省"三农"舆情分析

王钧 黄莎 李文静*

摘　要： 2016年，山东省"三农"舆情整体形势积极向好，主流舆论高度关注山东农业农村改革发展。全年舆情走势起伏较为明显，农业生产、农产品质量安全、农产品市场等话题受到舆论重点聚焦，曝出"韭菜地图""蒜薹蘸料""蒜你狠"等舆情事件。展望2017年，农业供给侧结构性改革、农产品质量安全、农村三产融合、农村改革等方面将会受到舆论持续关注。

关键词： 山东省　"三农"舆情　蒜你狠　韭菜地图

2016年，山东省着力推进农业供给侧结构性改革，农业农村经济平稳健康发展。山东省"三农"舆情整体形势积极向好，主流舆论高度关注山东农业农村改革发展，大力宣传报道山东省农业供给侧结构性改革的探索与实践，为加快山东农业转型升级、继续在现代化进程中走在全国前列营造了良好的舆论氛围。但也有部分舆情事件如"毒草莓""毒无籽葡萄""蒜薹蘸料视频""污染稻田绝收农户状告省政府"等，受到舆论聚焦。本报告对2016年山东省农业网络舆情进行梳理总结，分析舆情热点和演变趋势，并对2017年舆情趋势进行展望。

---

* 王钧，山东省农业信息中心经济师，主要从事农业监测预警、农业网络舆情监测等工作；黄莎，山东省农业信息中心农经师；李文静，山东省农业信息中心分析师。

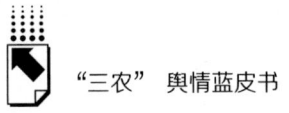

一 舆情概况

根据对全国与区域性重点新闻媒体、农业行业网站、境外中文网站的监测数据，山东"三农"热点舆情总量（以下简称舆情总量）共计1181条，涵盖山东农业农村经济热点难点问题、农业行业舆情、涉农政务舆情、涉农突发事件等。其中，部分舆情由山东省内媒体首发。

1. 舆情整体特点分析

（1）全年热点舆情走势有所起伏。从时间分布看，2016年山东"三农"热点舆情数量走势有明显起伏。1月，农业政策相关话题较多，2016年中央一号文件首提"农业供给侧结构性改革"引发舆论广泛关注，还出现了"山东固废污染持续 寿光农产品安全堪忧"等报道；2月，受春节假期影响，热点舆情数量明显减少，媒体多数关注农业农村改革话题；3月份，两会"三农"舆情受到聚焦，媒体关注山东农业供给侧结构性改革，也有"激素草莓"事件助推舆情数量上升；4~5月，农业生产、农产品质量安全、农产品市场信息继续受到关注，"蒜薹蘸料""蒜你狠"等高热舆情推进舆情热度上升；6~7月，农村土地、农业生产、农产品市场等话题关注量较多，如"山东2200吨大蒜遭韩国退货""蒜你狠到底谁在耍狠"等，多个话题发力助推整体舆情数量达到年内最高值；8月份，农业补贴、农产品品牌、农村"两权"抵押等话题继续发酵，农业网络舆情保持较高热度；9~10月，农业信息化、农产品市场类话题较多，加上"毒无籽葡萄"、鲁能球员金敬道药检查出"瘦肉精"以及食药监部门一系列抽检结果的公布，舆情数量减少但事件热度较高；11~12月，供给侧结构性改革、农村土地、农业发展趋势等农业农村改革话题再次成为关注焦点，省内舆情如"山东万亩稻田疑遭水污染绝收，11农户状告省政府"转载量较高，但舆情总量下降明显（见图1）。

（2）舆情话题相对集中。热点舆情主要集中在农业生产、农产品质量安全、农产品市场、农村土地、农村经营管理、农业环境、农业信息化、农

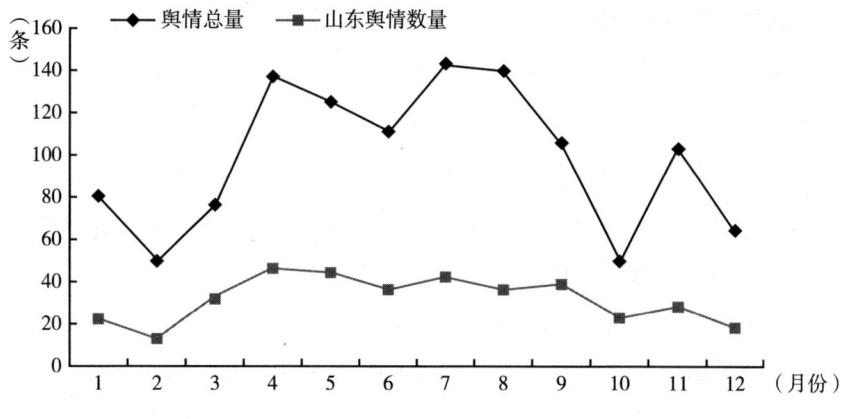

图1 2016年山东省"三农"舆情走势

注：图中舆情总量是指涉及山东"三农"的舆情数量，山东舆情数量主要是山东省内发生的涉农政务舆情、涉农突发事件等，下同。

业政策、农业农村发展等9大类，其中农产品市场、农业生产、农产品质量安全这三大类集中度高，占舆情总量的46.66%；山东省内舆情聚焦更加明显，农产品市场、农产品质量安全、农业生产这三类话题直接占到山东舆情事件数量的72.11%（见图2）。

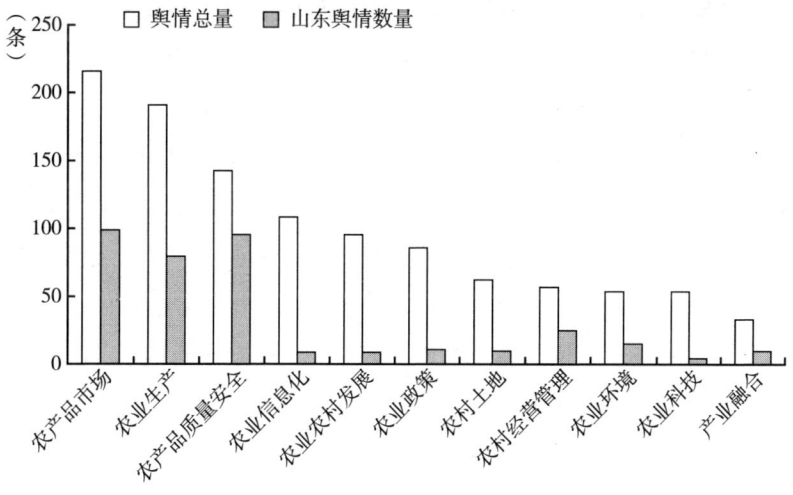

图2 2016年山东省"三农"舆情热点分布

2. 舆情话题概要分析

（1）农产品市场全年热点舆情216条，占总量的18.29%。2016年，山东省农产品滞销事件时有发生，部分地区出现苹果、生姜、大白菜、葡萄、山楂等农产品滞销事件，引起舆论关注。此外，在"蒜你狠"相关报道中，作为大蒜主产区，山东金乡备受舆论关注。媒体对"蒜你狠"背后的投机炒作、疯狂囤货等现象进行了较多报道。

（2）农业生产全年热点舆情192条，占总量的16.26%。其中，"烟台牟平部分乡镇遭雹灾苹果绝产""枣庄中国石榴城三万亩石榴冻蔫""冰雹突降滨州阳信 20分钟砸烂不少鸭梨"等灾情信息舆论关注度较高。灾情信息还引发舆论对农业保险的关注，"山东种地受灾，农业保险保不住本""农业保险为啥推广难？农民想买的险种还没推出""济南长清大于庄村10余亩玉米倒伏，村民称政策性农业保险难抵损失"等被媒体广泛报道。2016年12月19日，微信公众号"北京时间"发布"山东万亩稻田疑遭水污染绝收，11农户状告省政府"报道，在2016年山东省"三农"热点舆情中排行榜首。报道称，滨州市沾化区万亩稻田因灌溉水质问题几乎全部死亡，因无法确认责任方，农户联名起诉山东省人民政府和山东省环保厅。对此，山东省农业厅答复称，氯化物超标可能是稻苗致死主要原因，农户放弃管理也是致死原因之一。

（3）农产品质量安全热点舆情143条，占总量的12.11%。舆情事件主要来自抽检环节，媒体先后曝出"济南银座配送蔬菜检出高毒农药""青岛：4批次蔬菜检出剧毒农药氧乐果"等信息。种植业方面，全年未出现种植环节农药残留超标与滥用事件；养殖业方面，出现了"'速成鸭'养殖过程揭秘，27天出栏喂食抗生素"及个别肉产品检出瘦肉精事件。此外，农产品质量安全网络谣言依然多发，"毒草莓""毒无籽葡萄""蒜薹蘸料视频"等跨地域传播，对山东农业产业造成了一定影响。此外，"安丘：假种子之殇，农民不可承受之重！""种业市场乱象：二至四倍暴利致假种子屡禁不绝"等农资质量维权报道也不时出现。

（4）农业信息化全年热点舆情109条，占总量的9.23%。"互联网+"

现代农业、农产品电子商务等被舆论高度关注。媒体在山东深入采访，做出"农村电商背隐忧：资源分散、人才紧缺""山东农村电商'会电不会商'"等深度报道。

（5）农业政策全年热点舆情86条，占总量的7.28%，相关报道往往产生积极的正向舆论效果。其中，农业供给侧结构性改革话题备受关注。在首届山东农业科技智库高层论坛上，专家学者热议农业供给侧结构性改革。农业补贴政策改革也是媒体关注焦点。《半月谈》记者在湘鲁浙皖等采访发现，农业"三项补贴"改革试点中种粮大户补贴力度参差不齐等问题需关注。

（6）农村土地全年热点舆情62条，占总量的5.25%。《大众日报》多次对土地流转、农地抵押贷款、土地确权等方面做深入报道；《山东卫视》记者深入枣庄、济宁、菏泽等地调查，对工商资本非粮化等现象予以关注。

（7）农业农村发展全年热点舆情96条，占总量的8.13%。主要集中在我国现代农业发展趋势及任务分析等方面。舆论发出"中国农业全球扩张，未来人类食物或'中国制造'""中国农业正经历巨大变革，农民理念须改变""中国农业迎来现代化黎明"等声音。

（8）农村经营管理全年热点舆情57条，占总量的4.83%。其中，农民合作社舆情占近一半。2016年，聊城、菏泽、泰安等地曝出合作社违法吸收存款导致农民储户血本无归事件。《人民日报》对淄博农民专业合作社的调查指出，在合作社组织体系中，散户农民总体上处于相对弱势地位；有的合作社，效益好的时候农民争着加入，一旦经营困难便"树倒猢狲散"。

（9）产业融合全年热点舆情33条，占2.79%。山东是全国农村一二三产业融合试点省之一，2016年底，山东省人民政府办公厅印发了《关于贯彻国办发〔2015〕93号文件推进农村一二三产业融合发展的实施意见》，舆论予以积极关注。相关舆情多以新闻报道为主，正面导向明显。《山东新闻联播》称："建立起融合的产业链来，也需要尊重农民的意愿，不能拉郎配。"中央农办调研组文章《破解农民增收难题的"金钥匙"——山东农村新产业新业态发展的调研与思考》，新华社报道《山东大棚里"长"餐馆："农家乐"缘何成了"老板乐"》引起舆论关注。

3. 热点舆情排行分析

从2016年山东省排行前30位的"三农"热点舆情看，农产品市场、农产品质量安全、农业生产等舆情被高度聚焦（见表1）。

表1 2016年山东省"三农"热点舆情TOP30

排名	时间	标题	来源	转载量（篇）
1	12月19日	山东万亩稻田疑遭水污染绝收,11农户状告省政府	中青在线	319
2	4月18日	揭秘"蒜你狠"背后的投机炒作:大户炒家资金过亿	新华社	280
3	7月2日	山东2200吨大蒜遭韩国退货	观察者网	141
4	5月24日	蒜价疯涨:"蒜业华尔街"疯狂囤货	《中国经济周刊》	130
5	5月29日	地,究竟该咋种？（关注"谁来种地"）	《人民日报》	114
6	9月12日	冰雹突降滨州阳信,20分钟砸烂不少鸭梨	《齐鲁晚报》	97
7	9月9日	鲁能球员金敬道药检查出"瘦肉精"	新浪体育	83
8	4月15日	山东商人囤185万公斤大蒜	《山东商报》	80
9	4月5日	丰产不增收,种粮大户忍痛"退租"土地	《经济参考报》	74
10	7月4日	蒜你狠 到底谁在耍狠	《人民日报》	68
11	11月15日	谁在为大蒜推波助澜？	新华网	66
12	3月12日	山东农业供给侧改革到底怎么改？	新华网	60
13	4月21日	蒜农及业内专家希望更多舆论能够在价格下跌时给予更多关注帮助	新华社	48
14	4月28日	种业市场乱象:二至四倍暴利致假种子屡禁不绝	《经济参考报》	45
15	4月7日	专家再辟谣:"黄瓜涂抹避孕药"是谣言	光明网	44
16	4月26日	央视曝生姜跌至白菜价,4毛钱一斤无人问津	央视财经	39
17	1月3日	"速成鸭"养殖过程揭秘,27天出栏喂食抗生素	山东公共频道真相力量	35
18	9月1日	网传无核葡萄系避孕药培育致葡萄滞销,专家辟谣	齐鲁网	35
19	4月25日	青岛流入柠檬酸漂白藕,专家称摄入过多有害健康	山东生活频道生活帮	34
20	9月25日	近千吨不合格农药流入多地小麦主产区	央广网	34
21	5月17日	专家辟谣"蒜薹蘸料"视频	央广网	31

续表

排名	时间	标题	来源	转载量(篇)
22	9月11日	农民合作社调查:出现经营困难 便"树倒猢狲散"	《人民日报》	30
23	8月11日	农村"两权"抵押,点土难成金	《经济参考报》	29
24	8月31日	山东对肉鸡屠宰推行"临终关怀"	《新京报》	29
25	7月28日	山东抽检:恒隆餐厅熟牛肉含瘦肉精	《齐鲁壹点》	28
26	2月20日	山东绘制国内首张精准"韭菜地图"	山东新闻联播	27
27	4月29日	生姜价格5年来最低,种植户一亩地赔五千	《齐鲁晚报》	27
28	8月25日	济南:蔬菜农残超标仍不少	《齐鲁晚报》	27
29	10月19日	山东蒜价翻番,价格波动是因新蒜减产而非炒作	《齐鲁晚报》	27
30	3月16日	山东多地苹果产区遭遇"价低卖难"	新华社	25

二 热点舆情综述

1. "农业结构调整"话题关注情况

农业结构调整是一个常说常新的话题。2月25日,《大众日报》文章指出,山东省委1号文件强调保障粮食产能是农业结构调整的基本底线,要加快构建粮经饲三元种植结构,稳定小麦生产,适当调减玉米种植,扩大粮改饲试点。6月9日,《山东新闻联播》报道,玉米产业结构调整亟待破题,德州种粮大户魏德东对"到底种多少亩玉米"心里没了底。《农民日报》指出,山东省正着力借助政策调整的时机,提高大豆生产机械化水平,增加大豆种植效益。《大众日报》援引专家观点称,非转基因食用大豆仍有很大的市场需求,在需求和政策的双重利好下,山东省大豆产业发展迎来新机遇。

2. "谁来种地"问题关注情况

近年来,舆论称"种地一年不如打工一月","谁来种地"问题值得关注。5月29日,《人民日报》文章《地,究竟该咋种?——来自河南、山东两个农业大县的调查》提到,"70后"不愿种地,"80后"不会种地,"90后"不提种地的现象,引发了"谁来种地"的担忧。东方网评论称,正确的态度应该是谁愿意种地就去种地。《经济日报》对此作出解答称，专业大户、家庭农场、农民合作社等将扛起务农的大旗；新华社表示，在枣庄、临沂一些地区，土地托管服务解决了"谁来种地"的问题；《求是》杂志刊发的农业部副部长张桃林的文章认为，培育新型职业农民是解决"谁来种地"问题的关键举措。

3. "土地退租"现象关注情况

有媒体发现，有些种粮大户在减少种植面积，有些则退掉了租来的土地。《经济参考报》4月5日报道，高密市种粮大户王翠芬减少了400亩的面积，高密市已出现了调低土地租金，或者放弃租种的现象。《人民日报》文章《莫轻视种粮大户因亏本退租土地》指出，农民的生产积极性一旦受到影响，恢复起来真的没那么简单。省内媒体方面，《农村大众》调查，山东省土地流转遭遇"寒流"，很多苦苦支撑的合作社和大户都面临着入不敷出的困境，大户们心生退意；齐鲁网称，在潍坊、德州等地，种粮大户由于粮价下跌普遍遭遇了"丰产不丰收"的困境，减少种植面积、退租等现象频繁发生。

4. "植物生长调节剂"问题关注情况

在2016年多起农产品质量安全事件中，植物生长调节剂陷入舆论漩涡。8月下旬，"无籽葡萄蘸避孕药"视频刷爆微信朋友圈。大众网采访发现，仅有少数市民认为"无籽葡萄有毒"是无稽之谈，更多的人相信"无籽葡萄有毒"。受此影响，山东部分地区无籽葡萄滞销。山东农业部门及时辟谣，一定程度上减轻了负面影响。此外，舆论称"避孕药黄瓜""激素草莓""柿子打催熟针"等都与植物生长调节剂有关。《农民日报》认为，不少消费者依然对植物生长调节剂存在着"不安全"的固有印象。《人民日报》认为，应织密农产品安全保障网络，减少信息不对称，提高公众对谣言的辨别能力，多方合力才能让真相跑在谣言前面。

5. "蒜你狠"话题关注情况

2016年"蒜你狠"风波让媒体目光聚集山东金乡。4月份，有媒体分析称，"蒜你狠"背后是投机炒作："大户炒家资金过亿""蒜商包地炒蒜"。对此，商务部表示，这一轮蒜价上涨，主要是2015年大蒜种植面积减少、产量下降所致。早在3月初，就有媒体报道山东泰安地区、莱芜市等大蒜主产地近30万亩蒜田遭受冻害情况。10月31日，FT中文网报道，对收成不佳的预期导致了囤积大蒜现象发生，来自北京及其他大城市的资金正流入大蒜市场。11月11日，国家发改委在回应"蒜你狠"时表示，将严查哄抬价格行为。央广网呼吁，亟须建立全国大蒜信息平台。

三 热点话题分析

1. 山东省"韭菜地图"事件

2016年2月18日，山东省农业厅印发《全省韭菜产品质量安全专项整治行动实施方案》，此次行动在全国范围内属首例。方案称，将开展为期一年的韭菜质量安全专项整治行动，绘制国内首张精准"韭菜地图"，让居民放心食用。"韭菜地图"引发舆论热议。截至2月底，相关报道400余篇，网民新闻跟帖500余条，有近300余名网民参与讨论，微博微信中相关信息40余条。

（1）舆情发展阶段。第一阶段始于2015年12月24日，山东省农业厅发出《关于开展2016年元旦春节期间韭菜质量安全专项整治和专项监督抽查的通知》；第二阶段始于2月18日，山东省农业厅印发方案，韭菜产品质量安全专项整治行动正式开启；第三阶段始于2月24日，《方案》发布后，各地市积极响应，做出相对应的整治和监督抽查。

（2）媒体传播情况分析。从2月18日开始，该事件引起舆论广泛关注。"韭菜地图"的舆情信息量在2月22日达到峰值，25日之后稍有回落，28日开始又呈上升趋势。山东省省内主流媒体承担了报道主力的作用。从报道量和转载量来看，媒体对于此专项整治行动给予较大关注，以报道事实为主，整体舆情态势良好，未出现质疑和反对声音。网民评论方面，多数网友对此次行动表示支持和赞同，部分网友希望行动能常态化，少数网友对此次专项整治行动的落实存在疑虑（见图3）。

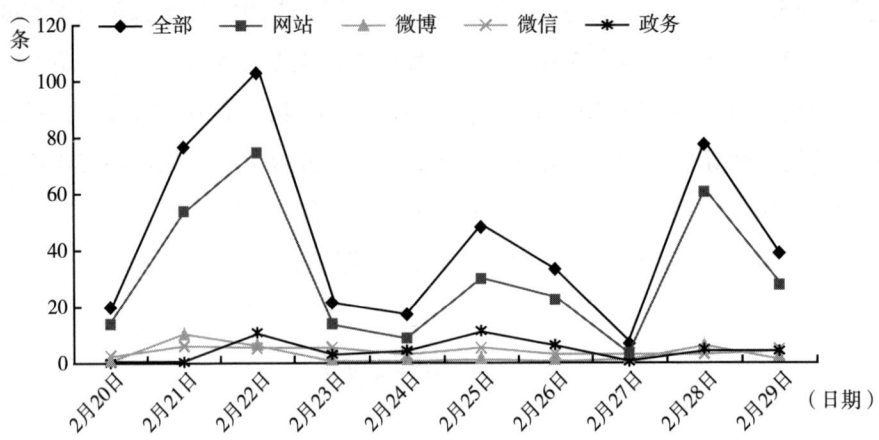

图3 山东"韭菜地图"舆情关注度走势

(3) 专家观点。《农民日报》时评员刘鹏认为,"韭菜地图"是保障消费安全与权利的有益举措。山东此次推出的"韭菜地图",是为农产品质量安全监管而绘制。地图本身明确韭菜产地、流向等,能有效防止韭菜农药残留等,保障韭菜供应与消费安全。"韭菜地图"除了保障安全,还可以在生产、销售、配送、减少流通环节、降低中间成本等方面大有作为。类似管理制度完善之后,可以在全国范围内更多地方推广。

2. 山东省农村承包土地确权登记颁证验收工作

山东省土地确权登记颁证验收工作于2016年6月8日全面完成,受到舆论广泛关注,新华社、人民网、新华网、中国网、中国青年网、《农民日报》、东方网、大众网、《大众日报》、《齐鲁晚报》等多家主流媒体以及新浪、搜狐、网易、凤凰等门户网站均对此予以报道。截至2016年7月2日,共有30余家媒体刊发相关报道200余篇,累计转载430余次(见图4)。

(1) 媒体传播情况分析。2016年6月1日至7月2日的监测数据显示,6月8、20、28日三天,该项工作形成舆论关注小高潮。28日报道量达到顶峰,之后舆情热度回落,进入相对稳定的关注期。

(2) 媒体报道导向分析。相关工作进展情况成为媒体报道重点,包括:"山东近9000万亩耕地完成确权登记颁证占全部耕地八成多""山东95%村

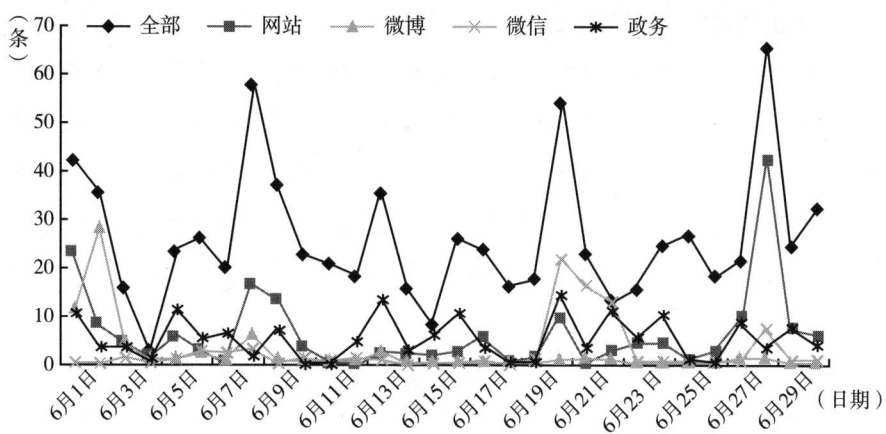

图4 山东省土地确权登记颁证验收工作关注度走势

（社区）完成土地确权颁证""淄博率先通过农村土地确权登记颁证成果省级验收""赵润田到聊城检查指导山东省土地确权登记颁证省级验收工作"等。舆论对暴露出的问题也予以关注。《济南日报》报道，十六里河石崮村土地确权证"难产"；《大众日报》报道，确权前的土地去哪了？网民评论方面，多数网友对实行农村土地确权制度表示赞同和支持，部分网友希望能从真正意义上保护农民的权益，少数网友对农村土地确权登记工作存在疑虑。

（3）专家观点。我国法律尚未对"农村集体经济组织成员"概念以及其资格的认定给出具体解释，具体决策和执行过程中，很多问题的解决方法也就不甚明确。由于土地确权后，承包关系将长久不变，这种不公平的现象也让许多家庭成员产生变化的农民感到不满。农地确权过程就是一个排除产权纠纷、解决矛盾隐患的过程，只有农民对土地确权的认知有了质的提升，农民的权益保护、新农村建设和城镇化进程才能得到真正有序的保障。

（4）舆情分析与应对。山东省开展土地确权登记颁证验收工作，在全国引起了不小的反响。但对于出现的耕地被收回、村民分地不均、土地被莫名流转等问题，建议定期或重点委派相关工作人员到基层调查了解有关情况，及时解决存在问题，促进确权工作开展。

3. 山东省农产品品牌建设

6月16日，山东省品牌建设大会召开，农产品品牌建设工作也受到媒体的持续关注。新华网、人民网、《农民日报》、中国新闻网、环球网、《大众日报》、大众网等主流媒体以及新浪、搜狐、网易、凤凰网等商业门户网站予以积极报道。仅2016年6月1日到12月7日，全网相关信息就多达7万余条，为宣传山东省农产品品牌起到了良好的作用（见图5）。

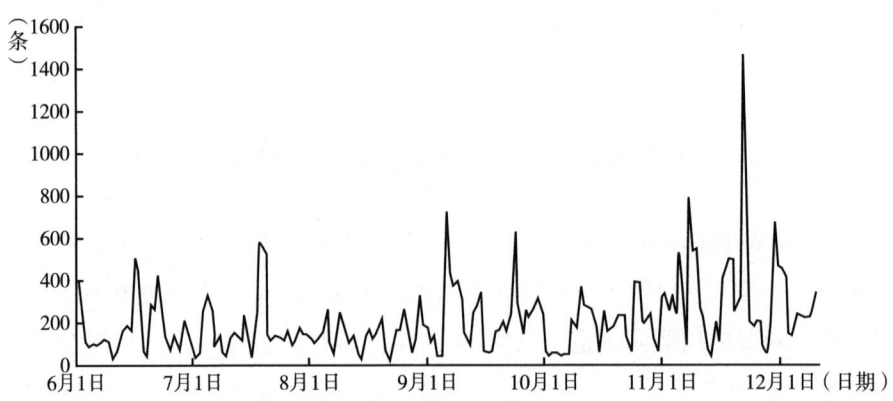

图5 山东省农产品品牌建设工作舆情走势

（1）舆情概述。山东省农产品品牌建设工作自开展以来，持续受到舆论关注，社会反响热烈。2016年，相关信息已出现多轮传播小高峰，舆论关注热度持续走高。新闻媒体成为报道农产品品牌建设工作的主要平台，相关报道占全部信息总量的63%。新媒体中以微信平台最为活跃，相关信息约占24%。此外，论坛、博客、微博等平台也进行了报道、讨论。

（2）媒体报道分析。媒体从工作部署、省领导重要讲话、取得的工作成效以及专家观点等角度进行了侧重报道。主流媒体的持续报道在宣传和舆论引导工作中起到了重要作用。专家建议，调整优化品种结构，大力推进优质专用安全产品生产，加强对名特优产品的提纯复壮，打造高端农业品牌。网民评论方面，多数网民对山东省农产品品牌建设工作表示支持；部分网民对农产品品牌建设工作提出建议；少数网民对农产品品牌建设工作提出质疑。网民"007青大左岸":谁组织评选的?没有权威性。莱阳梨、大泽山葡萄、章丘葱都没有。

（3）舆情分析。整体看，山东省农产品品牌建设工作受到舆论的广泛关注，网友的参与量和互动量较好，相关信息的阅读量和转发量数量可观，说明山东省农产品品牌建设工作有着很好的群众基础。对于网友反映的农产品品牌少、部分农产品没有包含在内等情况，可以通过丰富网友参与评选的形式，提升网友的参与度，并对结果予以实时公布。

四 舆情展望与应对

2017年是推进供给侧结构性改革深化之年，推进农业供给侧结构性改革，是其中重要一环。从山东农业自身来讲，面对经济社会发展的新形势和市场需求的变化，深化供给侧结构性改革，破解农产品供需结构性矛盾、提高农业比较效益和效率，缓解资源环境压力的要求日益迫切。2017年，热点话题或来自以下几方面。

（1）优化农业产业结构。我国农业生产已经进入新的历史阶段，主要矛盾由总量不足转变为结构性矛盾，这是推进农业供给侧结构性改革的重要基础。其中涉及的农业结构调整、粮食安全、玉米去库存等话题将会是媒体报道的切入点，并关注农产品价格波动对农民种植收益的影响。

（2）农产品质量安全问题。农产品质量安全是农业转方式、调结构的关键环节，民众对农产品质量安全的期待越来越高，所以该话题仍将是舆论的焦点。同时，让品牌为农产品担保，农业品牌有望成为热点。

（3）农村一二三产业融合。发展农村新产业新业态、推进农村一二三产融合发展，是农业供给侧结构性改革的重要内容，是培育农业农村发展新动能的突出亮点，其中涉及的休闲农业、乡村旅游、农产品电商、农产品加工业等话题将会受到媒体关注，农村创业创新或成为新亮点。

（4）农业农村改革。2016年底，国家接连出台了土地"三权分置"、集体产权制度改革的意见，2017年，这些仍将会被媒体热议，媒体对于农业保险、金融、农村改革试验区、农垦等各项改革举措会持续关注。

针对涉农突发事件增多的趋势和舆情传播速度快的特点，做好农业网络舆情应对，既要立足当前，做好舆情监测与研判，也要着眼长远，建立和完善舆情应对工作机制。其中，如何做好舆论引导至关重要：一是加大政策解读力度，发出权威声音，真正让农民能够了解和领会政策精神，树立舆论正确导向；二是及时回应舆论关切，对民众关注的焦点及时展开调查，妥善、有效地解决实际问题，并视情形进行回应，防止事态扩大；三是充分利用大数据工具进行数据挖掘，对热点事件进行科学预测，有效研判舆情发展走势；四是加强人才队伍建设，充分发挥政府部门、农业专家和新闻媒体三个方面的作用，构建一个农业产业发展的舆情引导体系；五是建立网评员队伍，发布积极、客观的评论文章，以明确的观点，说理性、易读性的文体风格，增强舆论引导效果；六是高度重视新媒体影响，将新媒体发展成为舆论引导的重要阵地，以新媒体形成舆论引导的矩阵效应，为深化农业供给侧结构性改革营造良好的舆论氛围。

参考文献

钟永玲、白玲：《"三农"网络舆情报告2015》，中国农业出版社，2016，第1~20页。

刘鹏：《"韭菜地图"值得完善推广》，《农民日报》2016年2月25日，第3版。

刘慧：《向农产品市场化改革要"效率"》，《经济日报》2017年2月8日，第1版。

南都社论：《保障农民权益，土地不能"被确权"》，《南方都市报》2016年5月12日，第2版。

新华网：《2016年度社会热点事件网络舆情报告》，《新华网舆情在线》2017年1月，第1~11页。

何丕洁：《明确农村集体经济组织成员身份认定条件》，《人民政协报》2015年7月6日，第3版。

杨尚勤：《产业融合绝不能把农民丢到一边》，《人民日报》2017年2月8日，第2版。

雷刘功：《新媒体环境下的涉农舆情应对》，《中国记者》2011年第10期，第100~101页。

B.17
广东省"三农"舆情分析

李华勇*

摘　要： 2016年广东省"三农"舆情呈现"宽U"型走势，农业供给侧结构性改革成为舆论关注重点，农业生产与市场、农村土地、农产品质量安全是全年舆情热度排行前三位的话题，精准扶贫也被聚焦，徐闻菠萝滞销、珠海注水羊、英德冬瓜滞销等事件引发舆论关注。展望2017年，农业供给侧结构性改革将继续备受瞩目，绿色发展会吸引更多关注，农产品质量安全和农产品滞销舆论压力不减，关于农民工、留守儿童、贫困群体的讨论将进一步深化。

关键词： 广东省　"三农"舆情　菠萝　滞销

一　舆情总体概况

2016年1月1日至12月31日，从新闻门户、论坛、贴吧、博客、微博、微信等渠道，累计采集127863条与广东省"三农"工作紧密相关的网络舆情信息。

1. 网络舆情走势分析

从舆情走势看，广东省"三农"全年舆情呈现"宽U"型走势，第一、四季度波动较大，第二、三季度相对平稳（见图1）。

---

* 李华勇，广东省农村信息中心政务信息科科长，网络工程师、农艺师，主要研究方向为农业新闻舆情。

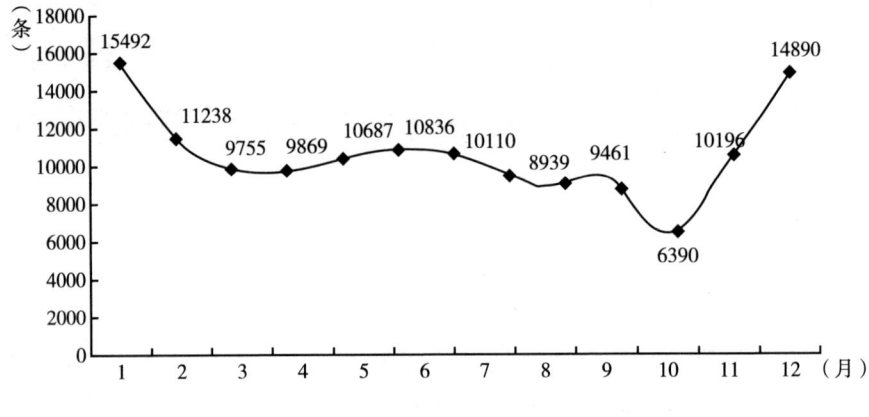

图1 2016年广东省"三农"舆情走势

第一季度：1月，中央一号文件发布，农业供给侧结构性改革引发大量报道，成为全年最热话题。禽流感疫病案例相继出现、农业遭寒潮创伤等事件也吸引了大量关注。受连串热点事件影响，1月成为全年网络舆情信息量最多的月份；2月，禽流感疫情持续发生、春节前后农产品价格波动等对当月新闻舆情走势影响较大；3月，全国两会召开，"三农"话题被热议。其中，转基因、猪肉价格大幅上涨、农产品质量安全等话题关注度较高。

第二季度：4月，媒体继续关注猪肉价格上涨话题，农业部监管转基因焦点问题及耕地受旱面积、阳东耕地作物被强推、生猪生产"十三五"规划等话题也受到关注；5月，突发事件有两起，一是电商助徐闻菠萝销售反遇亏损，二是深圳公厕旁藏毒豆芽作坊。另外，耕地保护、农家乐违法排污和涉农、扶贫资金长期"趴"账睡觉等话题也受到网友关注；6月，网络关注多为正面和中立，"土十条"印发、健康扶贫工程、农产品价补分离、农村集体经营性建设用地入市、农村贫困人口减少、耕地轮作休耕制度试点等受到关注。

第三季度：7月，城乡义务教育一体化改革、防汛抗洪抢险救灾工作、救灾资金拨付、全国受灾情况、农村土地经营权、汛期蔬菜价格调控监管等是媒体的关注热点；8月，媒体关注热点是基本农田保护、奶源供需矛盾、农村集体产权制度改革、精准扶贫、贫困村人居卫生等；9月，关注"互联网＋"现代农业、猪肉价格、农业保险、户籍改革、"粮改饲"试点、易地扶贫搬迁规划印发事件等热点。

第四季度：10月，扶贫脱贫、农产品质量安全、农民工等话题受到一定程度的关注，但无高热度舆情事件发生，网络舆情回落明显；11月和12月网络舆情信息量出现较大幅度上升。11月，"十三五"扶贫攻坚计划发布、全国摸底排查留守儿童、袁隆平种出"海水稻"、香港检出大闸蟹二噁英超标、瓜价涨跌如"过山车"等事件拉升了网络舆情；12月初曝出珠海私宰注水羊突发事件，央媒介入报道并引发网友讨论。中央农村工作会议召开、农村集体产权制度改革、国办发文力促农民增收、生猪屠宰监管加强等事件也引起大量网络关注。

2. 热点舆情话题分析

从话题分布看，农业生产与市场、农村土地、农产品质量安全等常规话题在2016年依然保持热度，分别占全年舆情总量的16.85%、14.89%、12.04%。值得注意的是，在国家系列政策推动下，精准扶贫话题备受关注，占全年舆情总量的11.75%。转基因话题热度不减，占全年舆情总量的7.33%。此外，抗灾救灾、农民工、禽流感、农村环境、留守儿童、"互联网+"现代农业等话题也获得了较多的社会关注（见图2）。

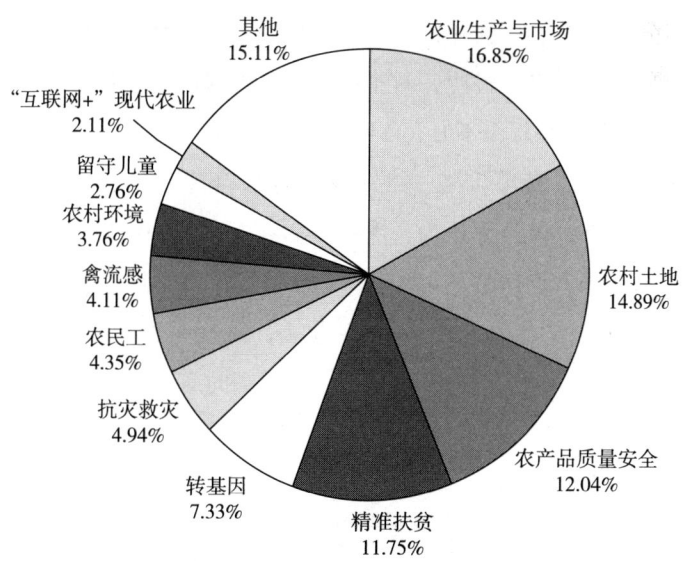

图2　2016年广东省"三农"舆情话题分布

二 热点话题解读

1. 农产品质量安全事故频发，舆论加强监管呼声高

1月，广州增城蔬菜被喷高毒农药经央视曝光后引起市民高度关注。媒体报道称广州增城区石滩镇一黄姓种植户使用农药水胺硫磷种植四季豆并销往附近的市场。5月，《南方都市报》发布题为"豆芽小作坊藏身公厕旁"的报道称，经过一个多星期的暗访，记者在该作坊内看不到任何安全措施，边上摆放有大量化学药剂。一名工人向记者介绍，附近有6家这样作坊，所生产的豆芽能覆盖市区大部分市场。8月，《南方农村报》发布报道《瘦肉精悬案惊现广东博罗　深圳屠宰场一度拒绝收猪》称，记者调查发现，博罗龙溪某生猪交易市场曾出现瘦肉精猪。12月，中央电视台新闻频道播放了一则发生在珠海的"注水羊"新闻。报道随后被人民网、新浪网、凤凰网、《南方日报》等近百家媒体转发。面对农产品质量安全事件接二连三发生，有网民表示：这种事大家都知道，关键问题是谁在监管，如何管？希望立法，抓到危害食品安全行为的，就地正法，看看以后还会不会有？还有网友对政府监管表示失望：问题依旧，政府监管缺失依然是中国健康之痛。对中国的食品监管体系早就失望，对中国人害人的底线早就绝望。

2. 农产品滞销现象层出不穷，各界热议破解之道

2016年清明后，菠萝价格一路暴跌，创20年来最低，菠萝主产区徐闻出现滞销现象。有媒体评论认为，滞销原因在于菠萝种植户还不是真正的市场主体，他们不知道如何参与市场竞争。让脆弱的农副产品"坚强"起来，要早做打算，而不是烂在地里后再想办法，这比单纯靠"市长吆喝"或"爱心奉献"好。在徐闻菠萝之后，农产品滞销时有发生。11月12日至21日，徐闻的青瓜价格一路下跌，品相差的"丑"瓜没人要，而品相好的"靓"瓜也跌至每斤0.05元至0.1元。不少种植户无奈之下，将上千斤青瓜倾倒在路边。同期，清远市清新县也出现大量冬瓜堆在家中无销路的困境。2016年冬瓜大丰收，一般亩产量从往年的4000公斤左右增加到了6000

公斤,个别的甚至上万公斤。而冬瓜价格却大幅下滑,从往年的每公斤0.8元降到0.3元。为解决农民卖瓜难问题,清新县有关部门还在107国道边上开设了一个冬瓜市场,方便商家集中采购,同时也积极开拓北方市场。冬瓜市场人士认为,冬瓜越种越大,一般家庭难以消费。

3. 气象灾害影响农产品生产和供应,价格波动和农户损失牵动民心

2016年农业气象灾害较上年偏重,影响农业生产和农产品供应。舆论重点关注农产品价格波动及其对百姓生活的影响。

1月22~25日,广东省遭遇了历史罕见的寒潮天气,多个地市发生低温冻害灾害。全省各级农业部门高度重视,积极应对,减少农户损失。气象灾害带来的农户经济损失成为关注焦点。超强寒潮使广东全省渔业受灾面积11.7万亩,鱼苗损失8865万尾,虾苗损失50万尾,渔业总经济损失9.9亿元。除各地受灾和救灾情况,媒体对冻死动物遗体处理也给予一定关注。1月28日《南方都市报》报道,有三水市民投诉称乐平镇古云桥附近的河堤边出现了数十头死猪,有些被骑摩托车的人带走,担心这些死猪肉会流入市场。三水农业部门则表示,这些死猪大多是寒潮中冻死的,目前已经进行了无害化处理。关于村民对死猪肉是否会流向市场的担心,农业部门人士表示,部分死猪被附近的村民捡走是作为田地里的肥料所用,不会流入市场。同样受寒潮影响的渔民,希望农业部门协助处理冻死的鱼。据2月2日大洋网报道称,寒潮令南沙龙穴岛养殖的黄鳍鲷和金鼓鱼几乎全部死亡,约3000亩鱼塘受到影响。这些鱼死后并非全部漂浮起来,反而沉入了塘底,因为天冷难以打捞。如何处理死鱼让农户很头疼。该区通报称,已向广州市农业局领取救灾物资(主要是消毒药物),通过各镇街农业工作部门下发至受灾养殖户。除南沙外,湛江的渔业也遭受打击,据金羊网报道,农业部渔业渔政管理局督导组到湛江市调研水产渔业寒潮受灾情况及水产品质量安全建设后指示,应全力做好鱼塘死鱼的处理,做好无公害化掩埋,并注意预防鱼病暴发。

除了新闻媒体关注,不少网友还通过微信寻求帮助,为农户减少损失。1月26日,一条题为《求转发,帮帮榄核蔗农,蔗被吹倒,5元一个人,任砍甘蔗！爱心接力》的微信文章在朋友圈热传。文中称，在寒潮期间，一场风雨将一位蔗农家的10亩甘蔗全部吹倒，蔗倒后两天，以5000元的低价出售仍无人问津，现在只需5元一个人就可以任意砍，并呼吁大家多多转发以帮助蔗农。文章发出后立即引发网友热传，不到一天阅读量就突破10万次。不少市民专门驱车前往广州南沙区榄核镇受灾蔗农地头购买。

4. 广东扶贫攻坚成效明显，实践经验引发媒体积极报道

8月，《羊城晚报》发布报道《3年扶贫成就"海珠经验"》，介绍海珠"靶向疗法、精准扶贫"经验。自2013年以来，海珠区对口帮扶湛江遂溪县杨柑、洋青、北坡、河头4个镇等12个重点贫困村。通过加强基础设施建设、民生保障、就业培训、产业扶持等措施，推动1383户贫困户、7044名贫困人口精准脱贫。在省扶贫开发工作考核验收中，海珠区对口帮扶的12个贫困村考核成绩均为优秀等级。10月，《南方日报》发布《珠三角6市对口帮扶粤东西北12市见成效》的报道。报道称，珠三角6市向对口帮扶的12个市派出驻市、县工作队52个，统筹推进精准扶贫工作，推动在产业对接、文化旅游、人才培养、教育医疗等方面深化合作，促进区域协调发展。11月，新华社发布报道《产业脱贫力避"短平快" 农村"化学反应"激发内生动力》，肯定韶关市乳源县、乐昌市等地注重因地制宜，避免"短、平、快"的产业雷同。通过发展贫困村的特色产业，带动贫困户加入专业合作社，防御市场风险，激发贫困户脱贫的内生动力。

三 热点事件回放

1. 电商"笨鲜生"好心助农卖菠萝却赔到破产

2016年清明节后，菠萝价格一路暴跌，创近20年来最低，菠萝主产区徐闻出现了滞销现象，情况经媒体报道后引起各方关注。各大电商平台纷纷启动"徐闻菠萝"促销活动，有效解除了徐闻菠萝农民的燃眉之急。然而，天猫一家生鲜店家在其销售平台上自述"天猫店一天卖60万斤菠萝，却赔到破产！"，引发舆论高度关注。店家自述，出于公益目的助农销售菠萝，一天销售出60万斤，却不料因农民失约、供应商掺假等问题导致产品质量失控，引发消费者差评如潮，企业损失近50万元，直接导致店铺关闭、濒临破产。

该事件过程如下：5月8日，天猫"笨鲜生旗舰店"在聚划算平台开展徐闻菠萝促销活动。该店表示，助农行动，传递正能量，徐闻菠萝10斤装29.9元包邮，坏果包赔。该网店原计划两天销完60万斤菠萝，而不到一天就被热情的网民抢购一空。然而，随后消费者却反馈，收到的菠萝大部分是坏的。消费者在商品评价中给予了极低的评分，并纷纷要求退货退款和赔偿；5月15日，该网店挂出道歉信，称由于部分果农坐地起价、部分答应提供果品的果农退定金不摘果、负责收果的代办掺杂熟果等原因，导致此次公益活动发货和品控超出可控范围。活动给店面带来近50万元的损失，已无力承担、濒临倒闭。店主自称为"80后农二代"，2年前开始创立该旗舰店，并有25位团队成员。道歉信言辞恳切地表示，目前该店已经下架所有商品，全力以赴做好此次活动的售后理赔工作，即使倾家荡产也会尽最大努力赔偿消费者。

事件5月15日曝光后，17日开始在微信朋友圈、今日头条、知乎等新媒体传播，尤其在农产品电商圈以及徐闻当地引起了较大关注。有人说是电商平台炒作，有人说农业打着公益的幌子是不能长久的，也有人说农民就是这样没有契约精神等。部分菠萝消费者在天猫店铺评价中对无良果农表示了谴责，同时也对店家表示了理解和支持。有网民说，虽然产品出了问题，但是店家也是受害者，这样的店家要予以支持。此外，也有业内人士指出，商家此次活动失败主要在自身品控把关不严，对菠萝行业不够了解。

2. 英德黑冬瓜丰产不丰收

7月11日，《广州日报》刊发报道《英德优质冬瓜滞销 收购价仅0.14元/斤》，引发舆论广泛关注。报道称，英德是广东省最大的黑皮冬瓜产区。今年当地冬瓜大丰收，但冬瓜收购价普遍只有一毛多，不及去年的一半。一斤冬瓜要4毛钱才能回本，一毛多意味着亏本。截至7月27日17时，新华网、中国广播网、中国经济网等72家媒体发布和转载相关报道

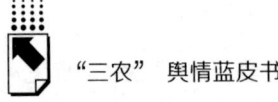

290余篇，微信53条。

媒体报道总体可归纳为三个方面：一是报道英德黑冬瓜丰产不丰收。7月11日，《广州日报》文章称，一只30多斤重的大冬瓜，还卖不到5元。7月15日，《清远日报》报道《英德4万余亩冬瓜丰产不丰收 一斤卖一毛四》说，一个二三十斤的大冬瓜，还抵不过早餐一碗汤粉钱。7月26日，《羊城晚报》文章《广东黑冬瓜丰产不丰收：1斤4毛回本 收购价1毛多》称，冬瓜收购价普遍在一毛多，还不到2015年的一半。

二是分析瓜农亏损原因。7月19日，南方网文章《冬瓜价贱伤农 英德瓜农盼"救市"》援引业内人士的分析称，英德冬瓜价格低的原因，一是瓜农无法及时、有效地掌握市场信息，存在跟风种植现象；二是瓜农习惯于坐等采购商前来收购，而不是积极地去开拓市场，联系销售点。7月26日，金羊网文章《英德黑冬瓜价格暴跌 谁能帮这群承受巨亏的瓜农？》称，英德市供销社新供销尚业商贸服务有限公司总经理王荣凯分析道，2016年冬瓜滞销的主要原因是，瓜农在没有充分了解市场信息的情况下，2015年盲目扩种。

三是讨论解决方法。7月26日，金羊网文章《英德黑冬瓜价格暴跌 谁能帮这群承受巨亏的瓜农？》，引述广东海洋大学经济学院闫玉科教授的建议称，当地甘蔗、冬瓜等经济作物种植，要在特色品种、树立品牌、组建专业合作社等方面下功夫。

3. 珠海一交易场私宰注水羊

12月1日下午6时，中央电视台新闻频道播发了一则发生在珠海的"注水羊"新闻。视频信息显示，11月25日记者在珠海市铭海三鸟批发市场内发现，该市场存在"注水羊"现象。报道随后被人民网、新浪网、凤凰网、《南方日报》等近百家媒体转发，并引发网友讨论。网友对鲜羊肉质量安全表示担忧，有网友表示会另行购买冷冻羊肉。面对视频曝光的有关部门不作为，网友希望能够加以惩处。

12月1日晚，珠海市海洋农业和水务局做出回应，表示在11月25日接到央视反映后，立即部署该事的查处工作。11月28日下午，召开全市畜禽屠宰管理工作会议，部署开展为期一个月的畜禽屠宰管理专项整治行动。农业部也高度重视，12月1日晚即要求广东省畜牧兽医局展开调查，迅速查处违规行为。同时，要求各地按照屠宰监管"扫雷行动"要求，加强屠宰检疫检验，严厉惩处私屠滥宰以及注水等违法违规行为，确保动物产品质量安全。

对此，舆论表示，私屠滥宰事件频发，折射出有关部门的监管不力。建议有关部门一是采用定期检查和突击检查相结合的方式，加强监管、从严查处；二是加强与媒体合作，积极处理媒体曝光的问题；三是建立举报奖励制度，鼓励群众提供线索。

四 2017年舆情热点展望

1. 农业农村改革备受瞩目

2017年中央一号文件对深入推进农业供给侧结构性改革做出顶层部署。在这样的背景下，农业产业产品结构优化、农村土地产权改革、"六次产业"融合发展、财政支农投入使用机制改革、脱贫攻坚、新型城镇化与农业现代化互促共进、农村"双创"等将成为热门议题。

2. 农产品质量安全舆论压力不减

近年来由于从中央到地方都在加大监管力度，农产品质量安全水平持续提升，总体向好。但不能掉以轻心，广东是人口大省，每天的农产品消费数量非常大，即便是很小的比例有问题，也是很大的绝对数。"舌尖上的安全"牵动着百姓的神经，舆论始终保持活跃。2017年需继续加强农产品质量安全事件监测，及时做好处理措施和处理结果回应。同时，政府监管政策和执行效果也备受瞩目，需主动发布相关信息。

3. 绿色发展吸引更多关注

中央农村工作会议明确要求，推行绿色生产方式，促进农业可持续发展。当前国家发展改革委等8部门已联合提出耕地草原河湖休养生息的阶段性目标和政策措施，推动实现农业资源永续利用，维护国家资源和生态安

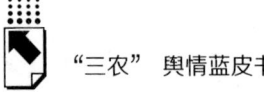

全。2017年，有关部门还将继续深入实施化肥农药使用量零增长行动，强化推进农业废弃物资源化利用，切实加强农业资源环境突出问题治理。预计2017年农业资源永续利用、生态安全维护、农药使用零增长等将成为关注重点。

4. 农产品价低卖难呼唤供给侧调整

2016年，广东阶段性出现了菠萝、辣椒、西瓜、甘蔗等农产品的卖难舆情，延展出现电商品质控制和物流快递等问题，引起了网络上的广泛讨论。为了帮助农民把产品及时卖出去、卖个好价钱，农业部门没少做工作。以往农产品价低卖难，大多是因为上市集中、供需信息不对称、运输不畅等。如今农产品的价低卖难在一定程度上反映的是供求结构问题。面积扩大，生产水平提高，农产品总量大幅增加，再加上也存在同质竞争、集中上市等情况，造成了价低卖难。同时，也和农业生产效率低、成本过高直接相关。2017年，农业供给侧结构性改革正在途中，在农产品市场预警机制和科学合理地指导调节生产等机制还没有完善的情况下，农产品供应一哄而上，无法均衡上市，价低卖难的问题继续困扰农民，出现舆情热点的概率依然很大。

5. 对农民工、留守儿童、贫困群体关注提高、讨论深化

近年来，恶意拖欠农民工工资、留守儿童屡遭侵犯、贫困群体心理危机蔓延等问题不绝于耳，媒体和网民对这些群体投以更多的目光。预计2017年，舆论会继续保持对农民工、留守儿童和贫困群体生存状态的关注，同时报道不单纯满足于简单的表象，对问题成因和救助措施的思考也将深化。

B.18 陕西省"三农"舆情分析

韩涛 殷华 艾青*

摘 要： 2016年，陕西省"三农"舆情总体平稳，主流新闻媒体决定着整体舆论走向。舆论关注焦点主要集中在以下三个方面。一是"七旬老人卖粮收假币""西安农民自掏腰包修路成违建"等涉农社会事件，引发网民热议；二是"二十国集团农业部长会议""第一届世界苹果大会"等重要会议活动，主流媒体均予以积极报道和评价；三是"岚皋县政府为农民工跨省讨薪""靖边4000亩非法种植转基因玉米被铲"等行业热点事件，吸引了媒体深入调查和网民热烈讨论。

关键词： 陕西省 "三农"舆情 农民工

一 舆情概况

1. 舆情总量概要分析

2016年，共监测到陕西省"三农"舆情信息109019条（含转载）。其中，新闻舆情信息39650条，占舆情总量的37%；微信帖文50260条，占46%；微博帖文12321条，占11%；博客和论坛帖文分别为3413条、3375

---

* 韩涛，陕西省农业厅新闻发言人助理，陕西省农业宣传信息主任；殷华，陕西省农业宣传信息副主任，经济师；艾青，陕西省农业宣传信息中心舆情分析师，农艺师。

条,各占3%。

从传播渠道看,陕西省"三农"舆情信息主要通过微信平台与新闻网站传播,二者累加超过舆情总量的4/5。微博、博客、论坛等平台舆情信息仅占了不到1/5(见图1)。

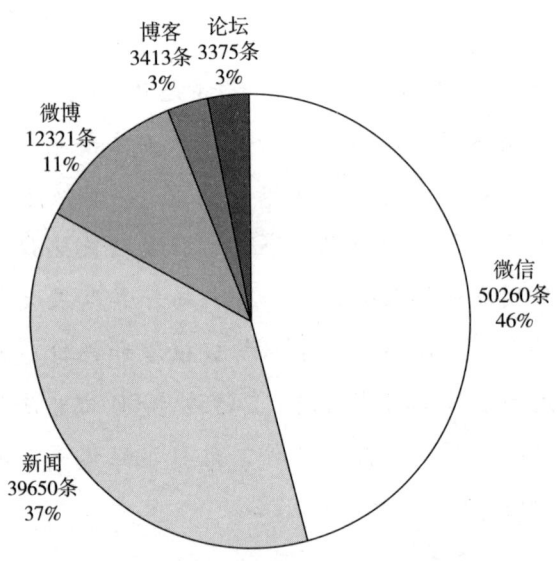

图1 2016年陕西省"三农"舆情传播渠道

从传播特点看,原创内容以新闻网站报道为主,微信平台大多进行二次转发,微博平台大多进行相关转发及评论,论坛、博客多为个人原创帖文。主流新闻媒体所发布的信息在整个陕西省"三农"舆情信息中的地位举足轻重,影响着微信、微博的舆论风向,从而在整体上决定着网络舆论的整体走向。

从传播趋势看,2016年陕西省"三农"舆情整体呈上扬走势。上半年,虽有"陕西羊奶粉安全问题频现""畜牧局局长数不清扶贫羊"等热点事件,但全省"三农"舆情平稳;下半年,受"二十国集团农业部长""20名农民被高校录取""岚皋县政府为农民工跨省讨薪""靖边4000亩非法种植转基因玉米被铲""农民自掏24万修路成违建"等高热舆情的影响,陕西省"三农"舆论场集中发力,舆情走势迅速攀升,与上半年形成较大反差(见图2)。

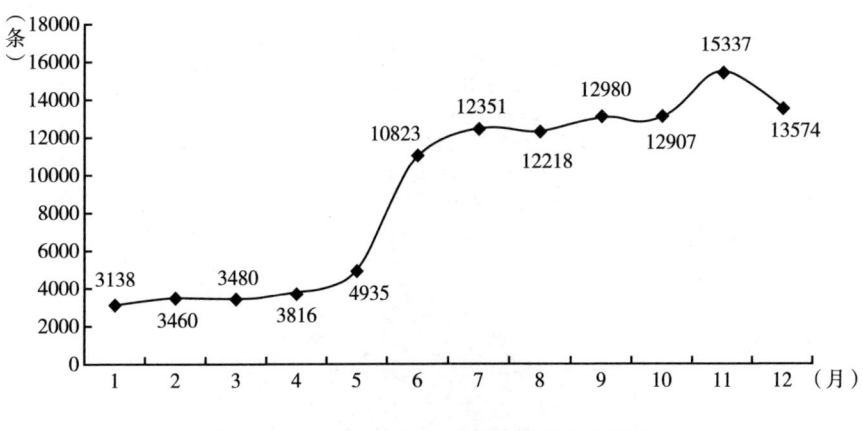

图2　2016年陕西省"三农"舆情传播趋势

2. 舆情内容概要分析

从舆情话题分类看,农业生产与粮食安全、农民工、产业扶贫、农产品市场、农村土地、乳业、农业农村信息化、农村环境、农产品质量安全、涉农贪腐成为陕西省"三农"舆情的十大热门话题。上述10个话题舆情量占了全年"三农"舆情总量的95.00%。其中,农业生产与粮食安全、农民工、产业扶贫是排行前3位的舆情话题,分别占全年"三农"舆情总量的18.00%、15.00%、13.00%,三者累计占比高达46.00%,接近全年"三农"舆情总量的一半。农产品市场、农村土地话题热度排行分列第4位和第5位,各占10.00%、9.00%。排行前5位的话题累加,占比高达65.00%,接近陕西省全年"三农"舆情总量的2/3(见图3)。

从舆情热点事件看,相关热点集中出现在下半年;"七旬老人卖粮收到万元假币""西安农民自掏24万元修路成违建""陕西延长村官灭门案""神木农业局副局长上老赖榜""彬县留守妇女遭强奸后自杀"等涉农社会事件成为舆论关注焦点;"二十国集团农业部长会议在西安召开""第一届世界苹果大

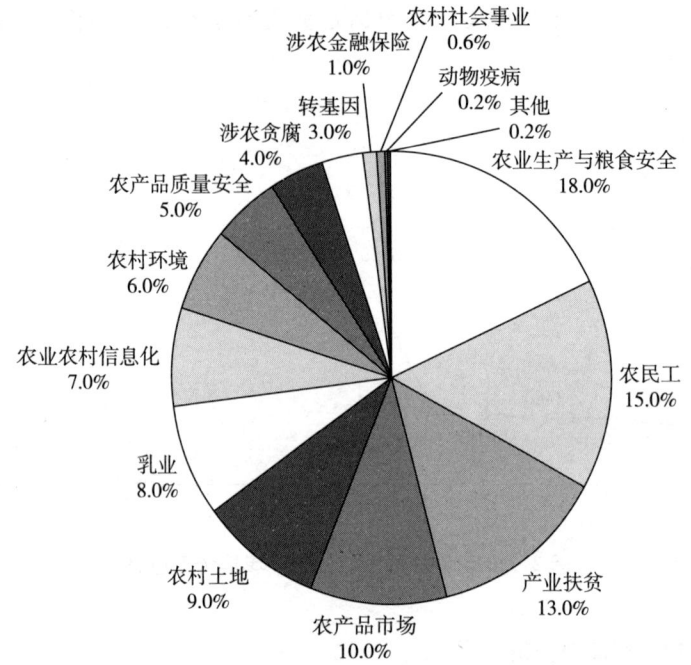

图3 2016年陕西省"三农"舆情话题分类

会""杨凌农业高新科技成果博览会"等涉农会议活动也被舆论重点关注；此外，"职业农民""转基因""农民工"等话题也曝出热点事件（见表1）。

表1 2016年陕西省"三农"舆情热点事件TOP20

排名	热点事件	月份	首发媒体	舆情热度
1	七旬老人卖粮收到万元假币	8月	《华商报》	12088
2	陕西职业农民上大学	6月	《新京报》	8990
3	杨凌农业高新科技成果博览会	11月	中国新闻网	6183
4	陕西靖边强铲转基因玉米事件	9月	《京华时报》	5397
5	西安农民自掏24万修路成违建	12月	澎湃新闻	4036
6	二十国集团农业部长会议在西安召开	6月	新华社	3739
7	第一届世界苹果大会	10月	新华社	3081
8	岚皋县政府为民工讨薪事件	6月	《京华时报》	2818
9	陕西延长村官灭门案	11月	《西安晚报》	2569
10	神木农业局副局长上老赖榜	7月	《华商报》	2285

续表

排名	热点事件	月份	首发媒体	舆情热度
11	彬县留守妇女遭强奸后自杀	1月	《重庆晨报》	2021
12	陕西羊奶粉安全问题频现	2月	《京华时报》	1905
13	陕西临潼芹菜滞销 农民忍泪铲菜	6月	《华商报》	1114
14	西安一村主任贪腐过亿元	8月	《经济参考报》	880
15	靖边"万只羊场"仅百只羊	2月	《华商报》	867
16	陕西留守儿童未满16周岁不得独居	7月	新华社	680
17	环保部挂牌督办陕垃圾场整治不到位	7月	中国新闻网	472
18	陕西华阴出现"要挟村规"	9月	《华商报》	414
19	副部级驻村第一书记刘满堂	9月	《陕西日报》	340
20	陕西商洛市商州区出现"丙肝村"	10月	《新京报》	316

二 热点舆情分析

1. 农民工讨薪事件频发 岚皋县政府为民跨省讨薪备受关注

陕西省是我国西部劳务输出大省。据国家统计局陕西调查总队2016年3月底发布的统计数据，截至2015年，陕西农民工总量达675.6万人，其中省外从业农民工155.8万人，省内从业农民工519.8万人。① 2016年，陕西省发生多起农民工讨薪事件，吸引了舆论广泛关注。其中，6月份发生"陕西岚皋县政府帮农民工跨省讨薪"事件成为全国舆论焦点，持续引发舆论热议。7月的"西安农民工悬赏十万元讨薪"，12月的"西安街头悬赏100斤腊肉讨薪""西安六旬老母带病替儿讨薪"等，也受到舆论重点关注。

综合舆论关注情况，备受热议的"陕西岚皋县政府帮农民工跨省讨薪"事件，其概要情况如下：从2012年开始，陕西岚皋县180余名农民工在河北省青龙县一矿业公司打工。2013~2015年，这些农民工累计遭欠薪达1500万元之巨。在多次和企业协商未果的情况下，部分农民工于2015年7

---

① 《陕西农民工总量近六年来首次下降 超五成农民工月入3000~5000元》，《西安晚报》2016年3月31日，第4版。

月前往青龙县政府表达诉求,却被青龙县有关部门以"聚众扰乱社会秩序"的罪名刑拘,并于2016年1月判刑。对此,岚皋县政府应农民工要求组成工作组跨省协调处理此事,但从2015年12月到2016年5月,先后5次遭遇青龙县政府的"闭门羹",既没进到政府大楼,更没见到青龙县政府主管领导。该事件于2016年6月曝光后,迅速成为舆论热点。在舆论压力之下,青龙县政府于6月29日以公函形式"正式邀请"岚皋县派员前往青龙县,成立联合调查组展开全面调查。经联合调查组反复核实,截至2016年9月,认定并发放的农民工工资达525万元,另有300余万元工资因农民工外出等原因尚待核实。此外,对于农民工被判刑案件,2016年12月26日,青龙县检察院决定书认为犯罪事实不清、证据不足,依法做出不起诉决定。随后,被抓获刑的岚皋县农民工全部获释并返回家乡。

围绕该事件,舆论进行了多方位解读。有舆论赞扬岚皋县政府,称政府为民工讨薪是合理的"地方保护"①;有舆论评论青龙县政府,称其"置身事外玩隐形""没有人情味"②;也有舆论指出,帮扶管一时,法治才长久。类似欠薪案件应该走出法治"洼地",迈向制度解决。③

针对农民工欠薪问题,陕西省政府各部门相关务实举措受到舆论积极关注。2016年12月初,陕西12部门"一厅式"集中办公帮农民工讨薪的报道引起关注,舆论在肯定这一做法的同时,期待年终"专项活动"变成长期"绿色通道"。12月中旬,陕西省政府新闻办就治理拖欠农民工工资问题召开新闻发布会,称2016年陕西省农民工工资支付情况总体好转,1月至11月共查处工资类违法案件3431件,涉及农民工7.7万人,追发工资待遇11.4亿元,与上年同期相比均有下降④,舆论也予以充分肯定。

---

① 《家乡政府为民工讨薪是合理"地方保护"》,《新京报》2016年6月18日,第A02版。
② 张伟宾:《不能把属地监管责任当球踢》,《农民日报》2016年6月23日,第3版。
③ 石朗渡:《人民网评:破解"讨薪之难"需填补"法治洼地"》,http://opinion.people.com.cn/n1/2016/0621/c1003-28465785.html。
④ 《陕西举行治理拖欠农民工工资问题有关情况发布会》,国务院新闻办公室网站,http://www.scio.gov.cn/xwfbh/gssxwfbh/xwfbh/shan_xi/Document/1536706/1536706.htm。

2. G20农业部长会议成功举办　会展活动提升陕西农业影响力

2016年5月30日至6月4日，二十国集团（G20）农业部长会议在陕西省西安市成功举办。与会代表共计32个代表团，分别来自二十国集团的20个成员国、6个嘉宾国和6个国际组织。围绕"农业创新与可持续发展"主题，代表团就构建粮食安全体系、农业可持续发展、机制和科技创新等议题进行了讨论，通过了《G20农业部长会议公报》等多项共识和成果。

对此，舆论予以积极关注，其中各国点赞中国农业、会议丰硕成果、会议陕西印迹成为媒体报道的重点。联合国世界粮食计划署执行干事埃瑟琳·卡津称赞，中国在应对贫困和饥饿问题上为世界树立了榜样；澳大利亚农业部常务副部长戴瑞·奎利文称赞，中国在全球农产品贸易中发挥着核心的作用。[1] 本次会议期间签订合作项目35个，签约资金总额245.8亿元，舆论称赞这是近年来陕西农业对外合作交流规格最高、规模最大、签约项目最多的一次盛会。[2] 会议的陕西味道、陕西印迹、陕西记忆也成为舆论关注焦点。利用这次机会，陕西特色现代农业发展成果和陕西农业农村经济新面貌得到充分展示。6月21日，陕西省农业厅举办新闻发布会，称这次会议陕西省有"五大收获""五大亮点"[3]。

从2016年10月开始，陕西省先后成功举办第一届世界苹果大会、猕猴桃产业发展大会、杨凌农业高新科技成果博览会等一系列农业博览会，受到舆论广泛关注。其中，第一届世界苹果大会得到社会各界赞誉，被形容为全球苹果产业的"奥运会"。舆论表示，大会是全球果业的盛会，更是陕西果农的节日。据不完全统计，大会签约合同和协议119份，苹果签约量35.2万吨，苹果销售额和项目投资总额达79.08亿元[4]。此外，杨凌农业高新科

---

[1] 《G20农业部长会议召开　各国纷纷点赞中国农业》，新华网，http://news.xinhuanet.com/fortune/2016-06/04/c_129039660.htm。

[2] 《G20农业部长会议　签约金额达245.8亿元》，《西安日报》2016年6月22日，第1版。

[3] 《陕西省农业厅就2016年二十国集团农业部长会议陕西取得成果进行新闻发布》，陕西农业网，http://www.sxny.gov.cn/templet/sxny_gov_cn/xcbdshowarticle.jsp?id=500450。

[4] 《第一届世界苹果大会回眸　精彩华章　异彩纷呈》，《陕西日报》2016年10月21日，第6版。

技成果博览会（以下简称杨凌农高会）也受到舆论关注。舆论形容杨凌农高会从"杨凌盛事"转变为"国际盛会"，称杨凌农高会是"农民寻梦的地方"。《农民日报》评论文章《实现"农科盛宴"新突破》称，作为全国"农科盛宴"，杨凌农高会已经是中国现代农业发展的"风向标"。《人民日报》（海外版）在《杨凌农高会更显"国际范儿"　农业合作劲吹"丝路风"》一文中评论说，本届大会市场化程度更高，国际范儿更足，丝路元素更凸显。《陕西日报》评论文章《杨凌农高会：农民的节日　科技的盛会》说，杨凌农高会是我国乃至世界各国农民朋友交流合作的盛大节日。它是一场"三农"元素当主角的"科技秀"，现代农业领域的"奥林匹克盛会"。

3. 陕西靖边制止非法转基因制种　铲除3600多亩转基因玉米

2016年9月21日，《京华时报》题为《陕西靖边4000亩转基因玉米遭强铲》的报道曝出，陕西省靖边县红墩界镇、黄蒿界镇、海则滩镇等地农户即将成熟的玉米因检出转基因成分被强铲，面积达4000余亩；政府部门承诺每亩给农户补偿1400元，但不少农户抱怨损失惨重。事件曝光后，迅速引起舆论关注。当天，相关新闻报道总量近600条，网易、新浪等社会商业门户网站网民跟帖参与量合计达25.6万次。9月23日，靖边县委宣传部官方微博发布《关于我县境内转基因玉米制种检测处置有关情况的说明》。该说明指出，2016年8月，陕西省种子管理站在对靖边县玉米制种田抽查时发现了转基因成分。经全面排查，该县转基因非法制种共计3630.9亩。靖边县于8月31日前依法将其全部铲除，并对种植户按照1400元/亩的标准进行补偿。9月28日，《陕西日报》发表《种地还会犯错误吗？——靖边制止非法转基因制种事件调查》，对事件进行了全方位反思。伴随着国庆节假日到来，舆论对事件关注趋于平息。10月8日，《陕西日报》发表《靖边：在玉米将要成熟时——陕西首例转基因玉米事件调查与思考》，对事件进行了进一步总结和思考。之后，该事件逐渐淡出舆论视野。

总体上看，舆论关注主要集中在以下三个方面。一是积极转发《京华时报》文章，突出报道"4000亩转基因玉米遭强铲"的事实。即便在靖边官方公布"铲除系玉米非法制种""数量3630.9亩"之后，很多媒体仍然坚持"强铲""4000亩"这样的字眼。对此,中国台湾网文章《为何刻意放大"铲除转基因玉米"的悲情?》指出,这则新闻,被无限放大了。各家商业网站都放在了很显眼的位置,而且都用了一个极富眼泪化的标题《农民种植的4000亩转基因玉米遭政府强铲》。笔者认为,铲除4000亩转基因玉米的政府是有担当的,是有作为的,是值得各地效仿的。如果说,农民有什么损失的话,那也是法律意识淡薄惹的祸,在这个过程中,非法种植户并非完全无辜。别放大"政府铲除转基因玉米"的悲情。①

二是深入调查,还原事件整个过程。《陕西日报》9月28日和10月8日的两篇文章,对该事件进行了全程调查和深入思考,使得该事件公开、透明地展现在公众面前,起到了引导舆论、平息舆论的积极作用。尤其是9月28日的文章,该文秉持客观中立的调查视角和行文口吻,以"种地还会犯错误吗?"为标题,指出在监管方面县政府完成了"规定动作"。文章仅凭几个标题就将事件中农民的无辜受累和政府部门的尽职尽责恰如其分地诉之于舆论,从而化解了舆论中一些偏颇责备的声音。10月8日的文章指出,靖边转基因玉米事件绝不是一场虚惊,绝不能以轻薄之心来侥幸甚或庆幸,更多的应该是后怕、悔恨、反省。作为中共陕西省委机关报,这样的表态赢得了舆论点赞。

三是深刻反思,对事件中暴露的问题提出建议建言。《京华时报》评论《陕西转基因玉米被铲事件,应成转基因成果转化提速契机》认为,陕西玉米被铲事件,应成为转基因科普的一个契机,并思考如何加强转基因作物的科学研究、品种审定、成果转化及相关法规建设。《北京青年报》评论《"强铲转基因玉米"别忽略监管失职》认为,除了合理补偿种植户的损失,监管部门也要加强事前监管,堵住监管漏洞。《陕西日报》评论《一把什么样的"筛子",才能阻止非法转基因的渗漏?》说,从检测和监管的职能看,目前只有省级管理部门有检测转基因的资质和权限,已经不能应对现实的挑

---

① 《为何刻意放大"铲除转基因玉米"的悲情?》,中国台湾网,http://www.taiwan.cn/plzhx/wyrt/201609/t20160923_11577664.htm。

战。检测资质和权力下放，已经成为必然之势。基层政府必须创新监管方式方法，才有可能打赢这场保卫农产品和农业安全的"战役"。

三 舆论点评

1. "万只羊场"只有几百只羊　畜牧局局长：谁能数得清

《华商报》记者2016年2月在靖边县几个养羊场调查时发现，对外宣称有上万只羊的养羊场，却只有几百只羊。养羊户表示，每年都有政府补贴，三年一毛没拿到。面对记者质疑，靖边县畜牧局局长田文涛说：羊是流动的，谁能数得清。

（1）光明时评："万只羊场百只羊"是封举报信[①]。只有几百只羊的羊场，却按"万只羊场"的标准领取了养羊补贴，而一些上规模的养殖场至今也没领取过一分钱的补贴，这无疑是封举报信。"万只羊场"只有几百只羊，这恐怕只是畜牧养殖骗补贴的冰山一角，其根源还在于补贴资金的发放、管理存在暗门。

（2）光明时评："万只羊场"是一只"腐败麻雀"[②]。"万只羊场几百只羊"是惠农补贴乱象的一个真实缩影，更是一只现实版的"腐败麻雀"。惠农政策屡屡打折甚至走向反面，严重污染了基层的政治生态，这是"万只羊场"事件背后的真问题。该事件再次表明：只有打通权力监督的"最后一公里"，使监督"阳光普照"，才能防止国家惠农政策被苍蝇叮上。

（3）长沙晚报网："万只羊场"再暴监管漏洞[③]。近年来，国家不断加大各项惠农补贴政策支持力度，但是农村基层监管缺位等原因，导致侵吞补贴现象时有发生。"数不清羊"再曝惠农政策的监管漏洞。

---

① 张立美:《"万只羊场百只羊"是封举报信》，光明网，http：//guancha.gmw.cn/2016-02/22/content_18979066.htm。
② 陈广江:《"万只羊场"是一只"腐败麻雀"》，光明网，http：//guancha.gmw.cn/2016-02/22/content_18984458.htm。
③ 《屈金轶:"万只羊场"再暴监管漏洞》，长沙晚报网，http：//news.changsha.cn/h/147/20160222/399313.html。

(4)《海南日报》：羊场骗补太离谱①。万只羊场几百羊，以少充多把钱诓；补贴就要补公平，监督审核岂能荒。

(5) 搜狐网民：纪委帮你来数清。

(6) 网民"大江东去"：局长请放心，纪委会帮你数得清，法院能帮你数得清。

(7) 网民"沧桑笑容"：五粮液多少度分得清，茅台多少度也分得清，国产车、进口车分得清，至于多少只羊嘛，谁能数得清。

(8) 网民"山里人依山傍水"：弄虚作假，欺下瞒上，唯利是图，是部分官员升迁的三大法宝。

2. 为有效破解"谁来种地""如何种地"难题　陕西首次录取二十名职业农民上大学

2016 年，陕西省杨凌职业技术学院采取自主招生方式，面向职业农民招录大学生。6 月，首批职业农民大学生，即来自陕西富平县的 20 名职业农民收到该院录取通知书。他们将从 2016 年 9 月起在该院接受 3 年的全日制系统学习。

(1)《安徽日报》（农村版）："职业农民上大学"是一个良好的开端②。让"职业农民上大学"，是一个良好的开端，也是为夯实农业现代化基础摸到的第一块石头，这契合中央精神，也符合国际惯例。希望不久的将来，无论是"大学生里出农民"还是"职业农民上大学"，都不再是新闻，也不再被舆论过分关注和解读。

(2)《南宁晚报》："职业农民上大学"具有样本意义③。职业农民上大学，具有样本意义。农民职业化，直接对应的是职业的美誉度、优越性和感召力，这一方面要有国家政策的支持和引导，另一方面也需要社会各方的认同和接纳。

---

① 张成林：《羊场骗补太离谱》，《海南日报》2016 年 2 月 23 日，第 A02 版。
② 龙敏飞：《"职业农民上大学"是一个良好的开端》，《安徽日报》（农村版）2016 年 7 月 8 日，第 6 版。
③ 张西流：《"职业农民上大学"具有样本意义》，《南宁晚报》2016 年 6 月 22 日，第 2 版。

(3)《西安晚报》：职业农民上大学意义重大[1]。过去对农民的培训，有简单化倾向。而现代农业的发展对农民的知识及培训提出了新的更高要求。职业农民上大学意义重大，顺应了农业现代化发展的时代方向。各地在加强政府人才、企业人才培养的同时，也要把农业专业人才的培养，特别是职业农民知识素养的提升放到更加重要的位置上来。

(4)红网：政府买单支持职业农民上大学有悖公平[2]。当地政府是以公共资源来补贴农民中收入较高的群体。虽然这种举措可能有助于在当地农民中引领一种尊重技术、钻研技术的风尚，但是，以公共资源补贴高收入者这种行为本身就很值得商榷。本质上来讲，这些上大学的职业农民是在享受一种特权，而政府的行为也无异于人为制造一个特权群体。这对于社会而言，对于广大的农民群体而言，显然是不公平的。

(5)腾讯网民：期待中国农民有文化、强素质。

(6)网民"多多"：如果中国的农民都变得有知识、有文化、有技能，那中国一定是世界强国。

(7)网民"三人禾水"：这才是真正的好方法。相信按这个路子走下去，农民也将获得更多的收益。

3. 农民掏24万元将村道改水泥路　国土局认定违建要拆除

2016年12月，"农民自费修路成违建"事件引发舆论关注。经核实，2016年11月，陕西省西安市未央区西查村村民查丁自掏腰包24万元，将村里的一条土路用水泥硬化。道路修建未经村两委会同意，主观上是为了方便查丁2015年违法修建的足球场经营，因此有关部门要求拆除上述违建。舆论关注后，西安市国土局迅速给出处理意见，考虑到该路客观上方便了部分村民出行，做出"拆除违建球场、保留道路、限期整改"决定。

(1)《长沙晚报》：岂能如此对待"农民自费修路"[3]。修路本不是村民

---

[1] 毛建国：《职业农民上大学意义重大》，《西安晚报》2016年6月22日，第2版。
[2] 《政府买单支持职业农民上大学有悖公平》，红网，http://hlj.rednet.cn/c/2016/06/22/4014207.htm。
[3] 郭文斌：《岂能如此对待"农民自费修路"》，《长沙晚报》2016年12月26日，第5版。

的事，村民有修路的要求，当地相关职能部门本应给予"呼应"，应该想方设法为村民修路，现在不但不积极为民修路，村民修了路却要让村民拆除，如此霸道的工作作风实在有违民意。职能部门要求村民修路按程序没错，但也要反思自己的工作作风，是否真正做到了为民服务，为民办实事？

（2）《新京报》：农民24万元修路，是"违建"也别拆除了事①。农民没有经过土地、规划、交通等部门批准，擅自大面积硬化道路，的确有程序不合法的问题。可是从民生角度讲，这类"违建"跟城市里那种占用公共资源的违建是两码事。如果这条路质量没有问题，就完全没有必要拆除，浪费钱。

（3）网易网民：修路要守"钱规则"②。

（4）深圳网友：按照正常程序，先要由村里向上面乡里打报告，乡里送县里审批，然后手续走下来一年后，可以开工了，工程预算2亿元，一个月完工。你看看，一没手续，二不报告，三没预算，哪点符合要求？你让领导们颜面何存？你让领导们还咋活啊？

（5）有态度网友：你把它修了！我们还怎么找国家要钱！我们还怎么捞油水！

（6）网民"明月藏鹭"：你自己24万元就修好了，挡了多少人的财路啊！！！

---

① 印荣生：《农民自费修路，怎成了违建》，《新京报》2016年12月25日，第2版。
② 《话题：农民掏24万将村道改水泥路国土局认定违建要拆除》，网易，http://comment.news.163.com/news2_bbs/C92L95TO000187VE.html。

B.19
甘肃省"三农"舆情分析

高兴明　鲁明　张百　赵婧*

摘　要： 2016年，甘肃省"三农"舆情整体呈波浪形走势。产业扶贫舆情量高居各类话题之首，占全省"三农"舆情总量的近四成；农产品电子商务、特色品牌产业发展受到舆论积极关注。年内先后出现兰州高原夏菜遭遇"价格寒流"、临洮县机场村百万"钱山"分红等舆情热点事件。康乐县农妇杨改兰事件引发舆论对于贫困问题的关注和深思。

关键词： 高原夏菜　甘肃省　"三农舆情"　产业扶贫

一　舆情概况

1.舆情总量概要分析

2016年，共监测到甘肃省"三农"舆情信息142982条（含转载）。其中，新闻舆情信息28342条，占舆情总量的20%；微信帖文97363条，占68%；微博帖文11300条，占8%；论坛和博客帖文分别为3035条、2942条，各占2%（见图1）。

从传播特点看，微信平台在舆情传播中得到了充分应用，利用微信平台

---

* 高兴明，甘肃省农业信息中心主任，注册会计师，高级会计师；鲁明，甘肃省农业信息中心副主任，高级农艺师；张百，甘肃省农业信息中心网络舆情分析科科长，助理工程师；赵婧，甘肃省农业信息中心网络舆情分析科副科长，助理农经师。

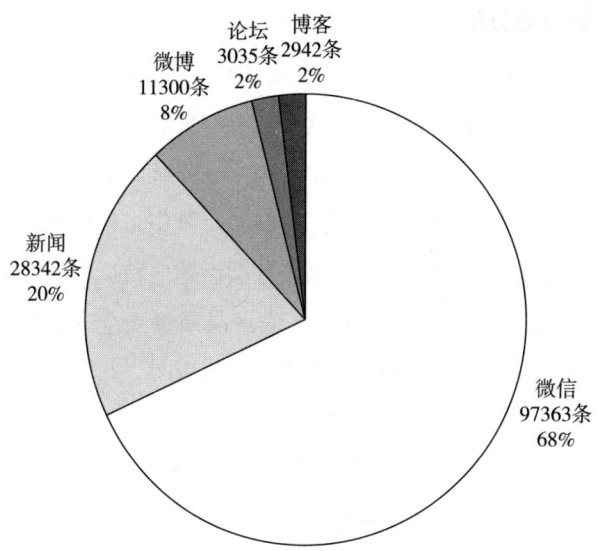

图1　2016年甘肃省"三农"舆情传播渠道

对新闻网站原创报道进行个性化编辑和加工，使得相关舆情信息得到了更加广泛、快捷的传播。主流新闻媒体是甘肃省"三农"舆情的主要信息源，是微博、微信信息平台的风向标，对整体舆论生态具有良好的导向作用。

从传播趋势看，2016年甘肃省"三农"舆情整体呈波浪形走势。兰州高原夏菜遭遇"价格寒流"、临洮县机场村百万"钱山"分红、甘肃康乐杨改兰事件等助推舆情轮番上涨（见图2）。

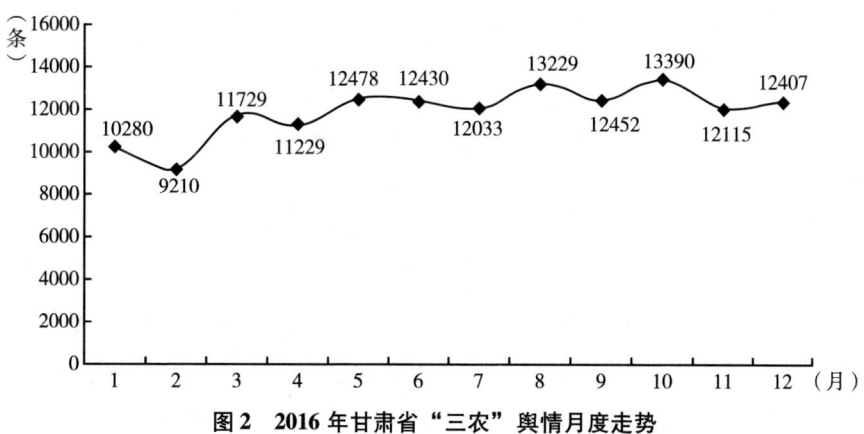

图2　2016年甘肃省"三农"舆情月度走势

2. 舆情内容概要分析

从舆情话题分类看，产业扶贫、农业生产与粮食安全、农民工、农产品质量安全、农村社会事业、农产品市场、农村环境、农村土地、农业农村信息化、动物疫病成为甘肃"三农"舆情的十大热门话题。上述 10 个话题舆情量占甘肃省全年"三农"舆情总量的 93.84%。其中，产业扶贫舆情占甘肃省全年"三农"舆情总量的 39.85%，高居各类话题之首。其次，农业生产与粮食安全话题舆情量占 15.21%。农民工、农产品质量安全、农村社会事业舆情热度排行分列第 3、4、5 位，分别占 7.47%、6.76%、6.01%（见图 3）。

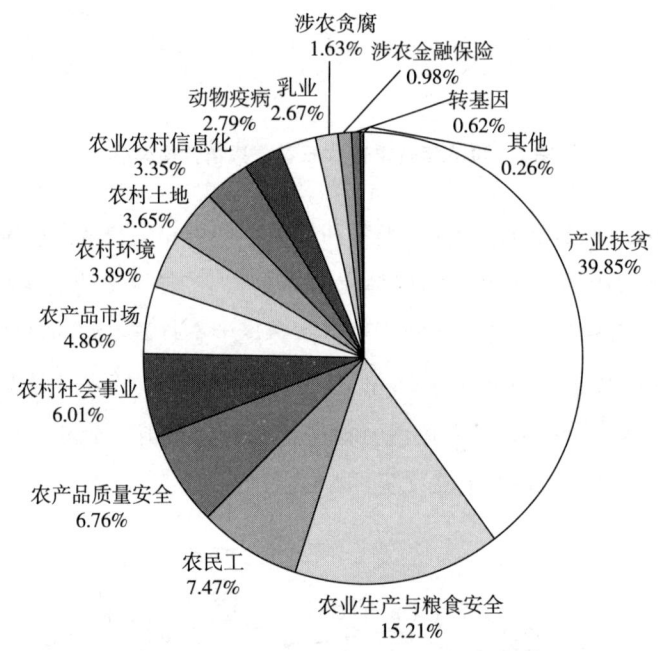

图 3　2016 年甘肃省"三农"舆情话题分类

从舆情热点事件看，全年出现多个热点事件。"甘肃康乐杨改兰事件""临洮县机场村百万'钱山'分红""甘肃引入第三方评估杜绝'虚假脱贫'""金昌发生家禽高致病性禽流感疫情""兰州夏菜滞销遭大面积倾倒"等涉农社会事件成为舆论关注焦点；"'阿里巴巴·陇南产业带'启动上线""静宁县第二届苹果节"等涉农活动也被舆论重点关注（见表 1）。

表1 2016年甘肃省"三农"舆情热点事件TOP20

排名	热点事件	月份	首发媒体	舆情热度
1	甘肃康乐杨改兰事件	9	新浪微博	19085
2	临洮县机场村百万"钱山"分红	8	中国新闻网	11174
3	甘肃金昌发生家禽高致病性禽流感疫情	10	新华社	4280
4	甘肃兰州"蒜你狠"卷土重来	2	中国新闻网	1251
5	静宁县第二届苹果节	10	中国新闻网	1138
6	兰州夏菜滞销遭大面积倾倒	6	《视觉中国》	1108
7	古象奶业被立案调查	11	新华社	936
8	甘肃引入第三方评估杜绝"虚假脱贫"	1	新华社	896
9	礼县几十吨农药随意倾倒	10	澎湃新闻网	662
10	甘肃省会宁县村干部私分低保名额	11	中央纪委监察部	611
11	"二师兄"身价不断走高	3	《兰州晨报》	330
12	甘肃省出台《加快推进生态文明建设实施方案》	1	《甘肃日报》	327
13	"阿里巴巴·陇南产业带"启动上线	8	《农民日报》	302
14	甘肃省纪委分批督办查"蝇贪"	3	《中国纪检监察报》	300
15	甘肃百余民工讨薪三年无果	12	央广网	260
16	甘肃"农田拼盘"节水增产	12	中国新闻网	242
17	临夏州精准扶贫精准脱贫一线带头人	4	《民族日报》	204
18	马铃薯产业助脱贫	11	新华社	195
19	定西今夏遭遇58年来最严重高温干旱	9	《西部商报》	154
20	甘肃省猪粮比价进入红色预警区域	3	《兰州晚报》	105

二 热点舆情分析

1. "互联网+"凸显甘肃农业发展亮点　农产品电子商务为农民带来真金白银

2016年,"互联网+"成为甘肃农业农村经济工作的突出亮点。在现代农业发展方面,舆论称,甘肃省立足农业生产经营特点实施"互联网+"现代农业行动计划,培育农业现代化发展新动力。5月,中国电信与甘肃省政府签署深入推进"互联网+"行动计划合作框架协议,"互联网+"现代农业成为此次合作的亮点之一。9月,农业部发布了全国"互联网+"现代农业百佳实践案例及新农民创业创新百佳成果，甘肃有4家企业入选。在电子商务方面，舆论称甘肃省"互联网+农产品"发展成燎原之势，为农民带来经济效益。从媒体报道情况看，甘肃省农产品电子商务可谓"遍地开花"。舆论称，"互联网+"为农产品销售插上翅膀，"电商"开启榆中县农民致富新模式，礼县农特产品搭上"互联网+"快车，"互联网+"架起金塔县农民致富金桥。其中，榆中县李家庄村更被舆论称为"甘肃省第一智慧村"。在扶贫方面，舆论称"互联网+"激发了山区群众脱贫致富的内生动力，"互联网+农业"成为扶贫新模式，"互联网+扶贫"将贫困地区带入发展快车道。

农产品电子商务蓬勃发展，成为甘肃农民致富增收的重要依靠。其中，舆论积极关注礼县苹果产业及其电子商务的发展。舆论指出，礼县将苹果作为电子商务的主推产品，通过苹果产销电商对接洽谈会等形式进行宣传推介，全力打造"礼县苹果"品牌，目前全县苹果淘宝店达1300家、微店2200个。2月，新华社报道称，2015年苹果价格大幅下跌，但陇南市礼县农民康维起经营的8家网店实现了3000万元的销售收入，销售额比上年上涨近3倍。报道还说，以前行情不好的时候，果农基本上就只能赔钱。现在有了电商，可以帮助农民制衡市场周期，让他们实现"旱涝保收"，这也相当于给苹果销售上了保险。11月，礼县苹果获第十四届中国国际农产品交易会金奖。12月，在阿里巴巴农村淘宝、优酷、湖南卫视联合制作的"翻滚吧原产地"节目中，礼县花牛苹果在短短3分钟内获得591万个点赞，一举拿下"镇店之宝"的名号，成为活动"人气王"。对此，舆论指出，"互联网+"助推礼县苹果走向世界，礼县苹果产业电子商务异军突起，电商发展和互联网思维拓展了当地农特产品销售渠道，为他们带来了真金白银。

此外，甘肃省政府办公厅4月印发《关于促进农村电子商务加快发展的实施意见》，提出电商发展目标。兰州、平凉等地区也相继出台本市意见，促进政策落实。有关部门还专门召开了农村电子商务工作推进会，对农村电商进行培训。对此，新华网、央广网、光明网等权威媒体予以积极关注。

2. 兰州等地高原夏菜遭遇"价格寒流" 舆论反思滞销现象反复出现

甘肃是西北地区蔬菜生产、供应和批发集散地,每年5至10月要向南方供应十余个品种、约450万吨的蔬菜。2016年6月,甘肃高原夏菜在集中上市季节遭遇"价格寒流",媒体曝出兰州市榆中县、定西市临洮县等高原夏菜种植区出现部分蔬菜价格低且滞销、大批好菜被扔进垃圾堆的现象。在多部门共同努力下,7月中旬,高原夏菜部分蔬菜价格平稳回升,外销数量明显增加,滞销情况得到缓解。据有关统计,截至7月中旬,甘肃省11个主要品种的高原夏菜产地平均收购价格每公斤2.23元,比2015年同期的2.92元下降0.69元,比6月初的1.99元上涨0.24元。舆论关注点主要集中在高原夏菜滞销情况、原因分析、应对措施及建议、问题反思等四个方面。

在滞销情况方面,舆论形容高原夏菜出现"断崖式"下跌,指出这次菜价暴跌为"史上最严重",菜农称倒掉比卖掉划算,分析人士称高原夏菜遭遇"本地消化不了、外地并不需要"的尴尬。据报道,在兰州市榆中县娃娃菜、青笋等新鲜蔬菜价格较往年同期下降80%以上,其中青笋从每斤1元跌至无人问津。媒体纷纷发布图文报道称,榆中县马路边的河沟内,随处可见大面积倾倒的枯萎、腐败的蔬菜。有报道指出,记者采访时发现,进入榆中地界,即可闻到空气中弥漫着腐烂蔬菜的刺鼻异味。7月,高原夏菜滞销情况缓解,但业内人士表示,由于前期菜价下跌过于迅猛,损失相当严重,很难扭转今年的颓势。对此,舆论指出,高原夏菜价格回升,"春天"仍远。

在原因分析方面,舆论指出,高原夏菜滞销现象每隔五六年就会出现一次,上一次出现如此规模的滞销是在十年前。此次滞销现象,原因主要集中在供求信息不畅致跟风种植严重、长期以来销售的目标地区和渠道过于集中单一、受气温影响南北方蔬菜上市期"撞车"等三个方面。有媒体指出,前两年当地蔬菜价格不断上涨,刺激了菜农的种植积极性,蔬菜面积不断扩大,市场饱和,再加上天气因素,榆中的高原夏菜滞销也可以说是市场调节的必然结果。

在应对措施及建议方面,舆论高度关注政府部门、社会各界相关举措,

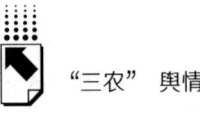

部分媒体积极建言建议。政府部门通过加大促销信息发布力度、多方拓展销售渠道、动员蔬菜企业提高收购量、引导农户错开种植茬口等方式帮助菜农销售蔬菜，引发媒体积极报道。针对兰州市委常委、副市长胥波带领市农委等相关部门负责人的实地走访，媒体称政府深入地头，为兰州市高原夏菜价格下跌"把脉""支招"；针对兰州手足外科医院院长师富贵购买20吨蔬菜送给环卫工人的爱心之举，媒体称社会爱心人士及企事业单位纷纷伸出援手，帮助菜农解决困难。有媒体建议，通过政府介入，及时收集、发布蔬菜产销信息，指导农民科学种植；还有媒体建议，发展互联网电商，实现订单化种植，助菜农打开销路。《农民日报》提出了试点蔬菜保险兜底农民损失、做大基地规模严控舌尖安全、打造高原夏菜品牌三条经验。有专家指出，破解蔬菜供需矛盾除了需要政府部门提供完备的市场信息，引导菜农的种植规模和品种外，还要在品牌培育、市场拓展、渠道建设等方面多花工夫，在蔬菜深加工方面多做文章。

在问题反思方面，部分媒体对屡屡出现的滞销现象予以评论。新华网评论文章《蔬菜倾倒，警钟都为谁敲响？》指出，倾倒现象的发生，对于当地经济的影响，对于菜农信心的打击，是巨大的，很容易产生"一朝被蛇咬，十年怕井绳"的心理。如何应对，需要深入的思考。面对严重滞销的现实，菜农要听到警钟，强化市场意识；当地政府和相关部门，更要发挥引导作用，促进产业结构的升级和转型发展。西北师范大学经济学院院长杨立勋表示，最核心的问题是要加快建立中间加工企业，如果不延长产业链条，滞销风险光靠政府控制不了，"菜贱伤农"问题依然会出现。

3. 甘肃产业扶贫主打"精准"牌　因地制宜帮助农民脱贫致富

作为欠发达、扶贫攻坚任务较重的省份，甘肃省在全面建成小康路上如何补齐短板，是舆论关注的焦点。2016年甘肃省各地因地制宜，合理规划，依托优势，调整结构，结合实际精准选择主导产业，实施产业扶贫，增强"造血"功能。舆论关注点主要集中在各地产业扶贫的效果、新型主体建设、各地政府的政策支持等三个方面。

从各地进行产业扶贫的效果看，舆论称近几年甘肃实施精准扶贫行动的一系列战略举措已有了一份漂亮的成绩单。比如，甘肃定西等地曾被称为"苦甲天下"，近些年这些地区着力打造马铃薯产业，促进种薯繁育、主粮化加工等全产业链升级，过去农民糊口的"洋芋蛋""救命薯"，如今已成为致富的"金蛋蛋"；对于陇南油橄榄产业扶贫，西班牙科尔多瓦省拜纳市市长赫苏斯评价陇南的油橄榄种植业"令人赞叹"，台湾地区一家梅子加工厂员工用"惊艳"形容陇南的油橄榄产业发展，联合国开发计划署专员黎明表示，陇南市是一个非常好的扶贫案例，值得推广；庆阳以"苹"扶贫，苹果已发展成为该市农民脱贫致富的"铁杆庄稼"；靖远特色名优农产品的标准化、品牌化水平不断提升，知名度和市场竞争力也不断提高，有27种蔬菜瓜果获得国家绿色食品A级认证，"小口大枣""靖远黑瓜子""靖远枸杞""靖远旱砂西瓜""靖远羊羔肉"先后获得国家地理标志保护产品，远销全国各地市场，不断鼓起靖远农民的"钱袋子"；甘肃东乡引导贫困户实现从"昨天给钱给物要我脱贫"向"今天主动参与我要脱贫"转变，村民感觉自家日子"已经进入良性循环"。

从新型主体建设上看，舆论称"庄园故事"助农户脱贫。甘肃省大力扶持各类新型农业经营主体，积极推广"公司＋基地＋合作社＋农户"模式并完善利益联结机制，提高贫困户的组织化程度和闯市场的能力。庆阳鼓励专业合作社、技术能手、种植大户和龙头企业大力发展苹果产业，积极推动实施市、县、乡三级苹果"千百十"示范园建设工程和国家、省级苹果标准化示范园创建项目。平凉市崇信县黄花乡组建油用牡丹产业合作社，采取"企业＋合作社＋农户"的模式和"企业＋种植大户"的模式种植油用牡丹。平凉市崆峒区扩大基地规模、壮大龙头企业、提高产业化水平，做大做强牛果优势产业。宁县围绕草畜、瓜菜、苹果、苗林等主导产业，家庭农场成为主要载体的新型农业生产经营主体，建成现代化家庭农场24家，农场经营耕地面积过万亩。农民李富仓说，如今家里土地都流转出去，自己在村子附近打工，还能照顾家里老人、孩子，比在外面打工强。

甘肃省把精准扶贫、精准脱贫作为全局工作的"一号工程"。舆论称甘肃省扶贫攻坚"一号工程"的展开使当地走上了脱贫致富快车道。甘肃出台《推进"1236"扶贫攻坚行动资金整合方案》，把扶贫、农牧、交通等15个部门管理的相关资金整合起来，有效解决以往资金分配"碎片化""下毛毛雨""撒胡椒面"等问题。同时，研究制定了《精准扶贫富民产业培育支持计划》，编制了《甘肃省产业精准扶贫规划》，有力推动了贫困地区农牧结合、种养循环、产加配套的新型产业体系建设。4月，甘肃省在2015年211亿元贷款计划的基础上，2016年一次性下达了两年贷款计划224亿元，累计达到435亿元。舆论称，此举必将为全省打赢脱贫攻坚战提供强有力的资金支撑。

4. 甘肃省发展特色品牌产业 构筑现代农业发展新格局

甘肃省地域狭长、东西纵横千里，地理气候资源非常适合发展特色农业产业。甘肃省充分依托这种资源优势，把农业品牌化建设作为重要抓手，发展形成缤纷多彩的区域化特色农产品，打造出多个名优特农产品品牌。从舆论关注情况看，其关注点主要集中在甘肃各地特色品牌产业发展情况、各地政府的政策支持、特色产业快速发展的原因和对后续发展的建议等三个方面。

在甘肃各地特色品牌产业发展情况方面，马铃薯、苹果、百合、橄榄油等品牌产业得到媒体积极报道。有舆论称，定西市马铃薯产业成为促进地方经济发展和农民增收中能叫得响的"金字招牌"，提升了产品知名度和市场竞争力；从过去"门可罗雀"到如今客商纷至沓来，"礼县苹果"已成为当地形象的重要代言品牌；洋芋、羊肉是东乡县的两个品牌，促进农民增收明显，该县以"布楞沟"注册商标的东乡手抓羊肉，在网上销路看好；"静宁苹果"以区域品牌价值132.15亿元荣登2016年中国品牌价值评价信息榜单初级农产品类地理标志产品第13位，品牌强度位列初级农产品第16位，苹果类产品第3位；兰州百合、甘南牦牛肉、陇南橄榄油、张掖花寨小米以及平凉、天水、庆阳苹果等一批质量过硬、品牌知名度高、示范带动作用强的绿色有机食品迅速进入国内外市场。

甘肃省特色品牌产业的快速发展，与各级政府的支持政策是分不开的。省政府于8月印发《关于推进农业供给侧结构性改革的指导意见》提出，实施农业品牌化战略，设计推出甘肃农产品整体品牌形象，构建形成以地方整体品牌为龙头、区域公用品牌和企业知名品牌为主体的农产品品牌体系；靖远县出台了农产品品牌建设奖励扶持办法，鼓励生产基地、专业合作社、种养大户申请质量安全认证；正宁县提出"以绿色品牌农业建设统领现代农业发展"的思路，充分发挥"三品一标"引领带动作用和品牌效应，做好基地创建、农产品认证申报等工作，推动农业增效、农民增收。舆论称这些政策推动了品牌农业发展，有效优化了农业产业结构，为全省发展现代农业提供了支撑。

舆论也对甘肃特色品牌快速发展的原因进行了深入探讨，并对后续发展提出了建议。舆论称，定西马铃薯产业的发展离不开资源定位、科技支撑、打响品牌。首先，找准本地的资源禀赋，根据本地资源优势，科学、理性准确地定位；其次，依靠农业科技进步，加快优良品种引进和改良，积极发展农产品加工专用品种；最后，对农业特色产业来说，知名度就是财富。甘肃省农业品牌化的发展，在清真食品、民族用品生产加工基地建设、促农增收等方面，发挥了重要作用。对于进一步提高农牧业产品附加值，舆论建议，一要通过提高科技含量，走生产精细化之路，扶持中小型种养殖企业，玉米要调整种植结构，实现农牧互补，进而与市场对接；二要通过发展牛羊肉产品精深加工，延伸农牧业产业链，使农民获得更多收益。

三 舆论点评

1. 甘肃康乐杨改兰事件到底是谁的错？

2016年8月26日，甘肃康乐县景古镇阿姑村老爷湾社发生一起惨案。28岁的年轻母亲杨改兰杀死自己的4个孩子后，自杀身亡。9月4日，杨改兰丈夫李克英被发现服毒身亡。该事件迅速引爆舆论对于贫困问题的关注。

（1）未来网：杀死甘肃一家六口身亡的是贫穷①。一个母亲怎么会对自

---

① 《杀死甘肃一家六口身亡的是贫穷》，未来网，http://view.k618.cn/wlgcy/201609/t20160911_8921248.htm。

己的孩子下手？原因恐怕只有贫穷。贫穷能够变相夺走人的生命，但比贫穷更为可怕的，是他们对于生活的绝望。这种绝望让他们失去信念，而一旦失去信念，死亡也只是个时间问题，只不过是方式不同罢了。与其说是惊人的贫穷夺走了他们一家六口的生命，不如说是贫穷的绝望。人世间，总是有一些极端绝望让我们无法体会，但是贫穷距离我们并不是千里之外的东西，而它就真实地存在于我们身边。

（2）中国产经新闻网：杨改兰悲剧凸显村民评议扶贫的短板[1]。村民评议作为农村基层扶贫的一项评选制度，在改善村民自治、促进公平公正方面无疑有很好的补充作用，但是杨改兰一家的悲剧也突显了这项制度亟待完善之处。在当下村民思想认识还有所局限、有待提高之时，村民的评议结果难免会产生一定偏差，而实际上也会沦为村民拉帮结派、攀龙附凤、谋取私利的工具。以此看来，仅仅依靠村民评议等现有制度，似乎很难实现精准扶贫。为完善精准扶贫制度，不仅要有上级部门、外界的监督和摸底工作，还要有村民的自荐制度。

（3）《钱江晚报》："精准扶贫"，把控公正公平尤为重要[2]。精准扶贫的第一要务应该是公正公平。杨改兰家享受的低保资格，在由村民代表、村委会、村支部和村监委会召开低保资格商议会上被取消。这意味着，杨改兰家在他们村里不算是贫困户，那么，"精准扶贫"的种种现实好处与希望也就成了这户人家的泡影。杨改兰家被踢出"精准扶贫"行列实在是农村基层有关部门工作不够细致、缺乏公平公正的结果。

（4）央广网：精神扶贫同样不可少[3]。在扶贫工作中，既要有物质扶贫，更要有精神扶贫。对于像甘肃、贵州等大山深处的贫困乡村，对于杨改兰这样的贫困人家，不仅要给予物质扶贫，同样也要精神扶贫。要通过发展

---

[1] 《杨改兰悲剧凸显村民评议扶贫的短板》，中国产经新闻网，http://www.cien.com.cn/content-141066.html。

[2] 刘雪松：《"精准扶贫"，把控公正公平尤为重要》，《钱江晚报》2016年9月12日，第A23版。

[3] 《精神扶贫同样不可少》，央广网，http://news.cnr.cn/native/comment/20160912/t20160912_523131063.shtml。

产业改变农村面貌，通过提升技能带动贫困人口勤劳致富，通过加大精神文明建设提升文明素养。总之，要切实以真情的行动、真切的关爱，给他们以希望和出路。

（5）《太行日报》：观念落后比贫穷更可怕①。导致年仅28岁农妇如此疯狂行为的长久诱因，恐怕是多子和家庭诸多不幸的糅合造成的重压。他们这户人家贫困的重要原因可能是观念上的落后，而观念落后也是导致杨改兰家庭悲剧的重要根源。可以说，脱贫攻坚，不仅需要精准扶贫，更需要改变落后的观念。观念变了，脱贫致富的路也会变宽。

2.定西临洮县堆百万"钱山"给80余农户分红

2016年8月底，"甘肃村支书向村民发500余万现金分红"成为一大热点新闻。8月27日，甘肃定西临洮县新添镇机场村村支书边国胜向80余户农民发放种植苗木的560万元现金分红，现场的现金堆积如山，最多的农户领到10万元分红。据报道，该村村支书边国胜利用自己创办的苗木公司带领全村村民"念苗经、发苗财"，成为临洮县带头脱贫致富的榜样。

（1）长江网：期待农村出现越来越多的土豪村官②。我国目前还处于社会主义初级阶段，仍有相当部分的农村没有实现脱贫致富。这固然受到地理、历史等客观因素的制约，但缺少能真正带领村民脱贫致富的领头雁也是这些地方仍然贫困的重要原因。村支部书记是党和政府在农村基层的形象代言人，是富民政策的践行者，他们的能力、素质和作风，很大程度上决定着农村的发展方向，也决定着党群关系和干群关系的走向。我们热切期待边国胜这样能带领村民发家致富的土豪村官越来越多。

（2）荆楚网：给农民分红为何总要堆"钱山"？③。农民伯伯喜笑颜开，高高举起一捆捆钞票这样的"分红镜头"不断重复上演，似乎已没有任何

---

① 关育兵：《观念落后比贫穷更可怕》，《太行日报》2016年9月20日，第4版。
② 钱桂林：《期待农村出现越来越多的土豪村官》，长江网，http：//news.cjn.cn/cjsp/msgc/201608/t2877572.htm。
③ 腾讯牛评：《百元大钞堆"钱山"：村支书千万现金分红村民》，http：//coral.qq.com/1518657061。

新意了。当然，我们不怀疑现场发钱也许可以鼓励农民积极性、增加他们致富信心的良好初衷，但也不免要猜想，是不是作秀、显摆、纯粹为了宣传需要等等。和村民合伙种植苗木，有利润就应该分成，这是理所当然的事。

（3）腾讯牛评：为甘肃这位村官点一百个赞。

（4）网民"村长"：其实这是鼓励大家致富，光靠国家扶贫不是长远之计。

（5）网民"黑豹"：真是农民的好官！这样的好官全国表扬学习！使每个农民腰包都鼓起来！使农民真正富起来！

（6）网民"清晨雨露"：真是难得的好村官，不像我们这里的村官一样刮民膏吃民脂，每次选举还要想尽一切方法去拉票，真为有这样的人而感到汗颜。为甘肃这位村官点一百个赞！

（7）网民"·"：这是鼓励我们也要团结起来，找个好的项目，带动大家发家致富。

境 外 篇

Overseas Public Opinions

B.20 港澳台媒体涉及大陆的"三农"舆情分析

施展 程晨*

摘　要： 2016年，港澳台媒体涉及大陆的"三农"舆情在5月、9月和12月出现了3次峰值。大陆与台湾的贸易与合作是最热的舆情话题。2016年中央一号文件印发、2016年粮食总产量同比减少、农业供给侧结构性改革等大陆农业动态被港澳台媒体大量报道。此外，中国解禁美国牛肉、中国农业海外并购等也成为关注重点。

关键词： 台湾地区　农产品　农业合作

---

* 施展，环球舆情调查中心舆情监测组组长；程晨，环球舆情调查中心舆情监测组研究员。

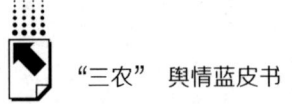
"三农"舆情蓝皮书

一 舆情总体概况

1. 舆情走势分析

2016年,中心共监测整理港澳台媒体涉及大陆的"三农"舆情信息740条,平均每月近62条。全年舆情整体呈波浪形走势,5月、9月和12月是港澳台媒体对大陆涉农信息关注度较高的月份,单月报道量均在90条以上。6月是全年关注量最少的月份,仅有23条报道(见图1)。

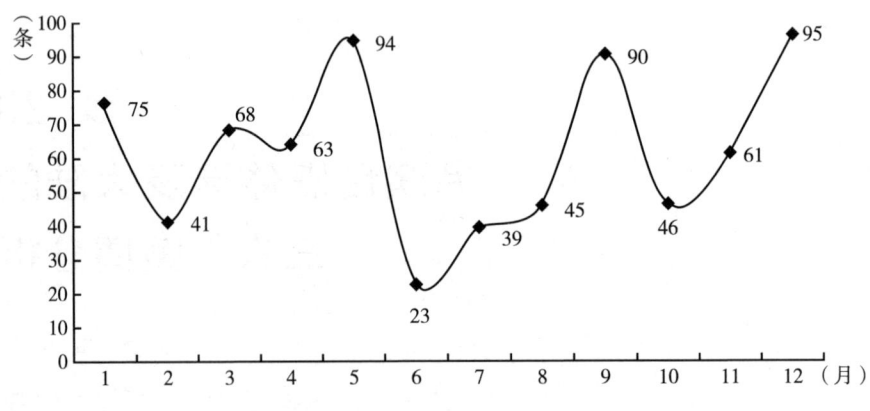

图1 2016年港澳台媒体涉及大陆的"三农"舆情走势

按月看,1~5月,港澳台媒体涉及大陆的"三农"舆情在经历一系列起伏波动后升至全年次高值。1月,媒体集中关注2016年中央一号文件。此外,关于2015年粮食总产量连续12年增产的报道较多,国家人社部全面实行农民工实名制以严查欠薪及部分城市尝试放开农民工落户这两个事件也吸引了港澳台媒体的较高关注。2月,中国化工收购瑞士先正达、中国买家2.2亿收购澳洲最大乳业公司Van Diemen's Land Company得到了较高关注;春节期间,农村天价彩礼和中国首次摸排农村留守儿童情况被关注。3月,港澳台媒体高度关注两会"三农"议题,农业部部长韩长赋就"转方式、调结构、加快发展现代农业"答记者问得到了港澳台媒体的大量报道。4月,农业部发布通知，要求进一步加强转基因作物监管工作，被港澳台媒体集中关注；此外，在美国向世界贸易组织（WTO）申诉后，中国同意取消农业等7大行业出口补贴，也引起媒体关注。据媒体报道，美国贸易代表迈克尔-弗罗曼（Michael Froman）称这项协议"对于在从农业到纺织品的7个不同行业受雇的美国人来说是一个胜利"。5月，"三农"舆情信息量升至全年次高值，大陆加强对台湾地区柑橘类水果检疫、南海进入为期两个半月的伏季休渔期和《"互联网+"现代农业三年行动实施方案》印发是报道量相对较高的事件。

6~8月，舆情处于全年低点。6月，大陆蝉联台湾地区农产品出口最大市场、南方暴雨灾害、中国渔业捕捞产能严重过剩及东海已无鱼可捕等事件有一定关注度。

9~12月，舆情走势再度迎来剧烈起伏。9月，台湾当局不承认"九二共识"致台湾农产品在大陆销量锐减相关报道被大量转载。与此形成鲜明对比的是，国台办表示计划年内在大陆举办台湾8县市农特产品展销会暨旅游推介会，该消息引发媒体争相报道。10月，菲律宾总统杜特尔特访华，中菲渔业合作成为当月关注热点。11月，大陆农经访问团赴台湾8县市参观访问被台湾媒体关注，农业部部长韩长赋在国新办新闻发布会上就农地"三权分置"答记者问也得到了港澳台媒体的较高关注。12月，舆情信息量升至全年最高值，国务院办公厅印发《关于推进农村一二三产业融合发展的指导意见》被港澳台媒体高度关注。美国起诉中国农产品关税配额和北京观光农业团赴台湾地区采购农产品也被大量报道（见图2）。

2. 媒体报道概况

在740条舆情信息中，台湾媒体报道的有473条，香港媒体有259条，澳门媒体有8条。所有信息共涉及35个国家和地区。

在报道量排名前10位的媒体中，台湾《中国时报》报道量最高，达185篇；香港中国通讯社、台湾《旺报》、香港《文汇报》的报道量均在60篇以上（见图3）。

3. 关注内容分析

从关注内容看，港澳台媒体涉及大陆的"三农"舆情可分为国际农业

"三农"舆情蓝皮书

图 2　2016 年港澳台媒体涉及大陆的"三农"热点信息月度分布

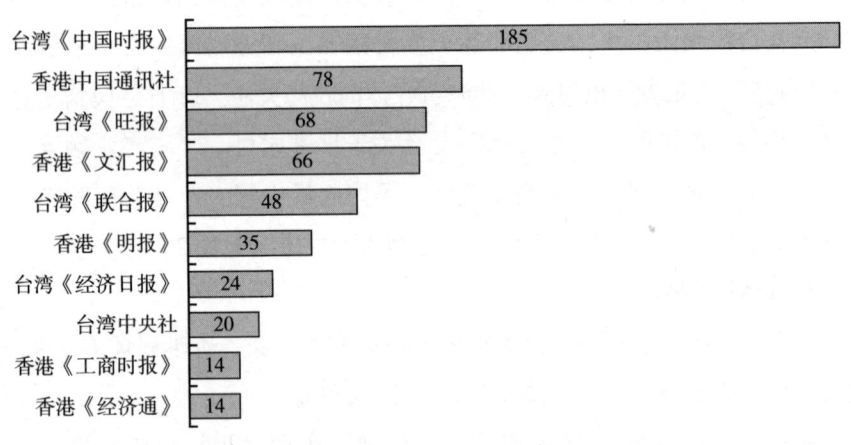

图 3　2016 年港澳台媒体涉及大陆"三农"信息报道量 TOP10

贸易与合作、港澳台与大陆的贸易与合作、大陆农业动态三大类。

其重点关注领域为大陆农业动态，相关信息为 437 条，占 59.1%。2016 年中央一号文件印发、中国首次摸排农村留守儿童情况、2016 年粮食

242

总产量同比减少、农业部进一步加强转基因作物监管工作、推进农村一二三产业融合发展等事件成为关注重点。整体看,港澳台媒体的关注点比较宏观,对于农业农村重大政策的敏感度比较高。

港澳台与大陆的贸易与合作相关信息为158条,占21.4%。其中,大陆与台湾地区的贸易与合作是关注重点。北京观光农业团赴台湾8县市采购农产品、台湾8县市农特产品展销暨旅游推介洽谈会在京开幕、蔡英文拒认"九二共识"导致台湾地区农产品在大陆销量锐减和台湾地区禁止虱目鱼业者与大陆洽谈等事件引发媒体大量报道。

国际农业贸易与合作相关信息为145条,占19.5%。美国在世贸组织投诉中国农产品关税配额、中国取消包括农业在内的7个行业多项出口补贴、中国资本在澳大利亚频频出手收购牧场和乳业企业、中国化工并购瑞士先正达、中国有条件解除对美国带骨牛肉进口禁令等事件被港澳台媒体集中关注。

二 热点话题分析

1. 农业贸易

2016年港澳台媒体报道的农业贸易领域相关信息包括国际农业贸易、港澳台与大陆的贸易两部分。其中,大陆与台湾地区的农产品贸易情况备受瞩目。民进党蔡英文就职后,新当局不承认"九二共识",不认同两岸同属一个中国,纵容支持一系列"台独"活动,阻挠两岸交流合作,极大阻碍了两岸关系的发展,导致大陆与台湾地区正常的农业贸易出现衰退。据台湾《旺报》报道,该报总编辑王绰中说,过去8年,台湾农渔业产品销往大陆比例很高。"5·20"① 之后销量衰退,影响非常大。农渔业者哀叹,台湾当局不承认"九二共识",农渔产品销往大陆大衰退,呼吁当局妥善处理两岸关系,造福百姓生计。为在新形势下推进两岸县市交流,2016年9月,国台办公布在"九二共识"基础上推动与台湾8县市交流合作的措施。在此

---

① 2016年5月20日,蔡英文就职台湾地区领导人。

推动下，大陆农经访问团赴台湾8县市参观访问、台湾8县市农特产品展销暨旅游推介洽谈会在北京举行，相关信息被媒体积极关注。

2. 农业合作

2016年港澳台媒体报道的农业合作领域相关信息包括国际农业合作、港澳台与大陆的合作两部分。其中，大陆与台湾地区的农业合作是关注重点。闽台合作打造农业示范区、川台农业合作论坛举办、黑龙江将与台湾地区加强农业合作、台农企扎根四川新津等事件的报道量较高。国际农业合作方面，中国化工并购瑞士先正达、中国买家2.2亿澳元收购澳洲最大乳业公司Van Diemen's Land Company和中澳财团收购澳大利亚最大牧场Kidman被港澳台媒体大量报道。针对中国化工收购先正达事件，台湾《苹果日报》从缓解粮食危机的角度对此进行了解读。报道指出，中国化工收购先正达是缓解粮食危机的必要之举。在资本正大量流出中国、外汇储备急剧减少情况下，中国以天价买入先正达，正凸显其面临的粮食危机日益严重。先正达是全球第一大农药公司，以及第三大种子公司，拥有中国迫切需要的先进农业技术，令中方不惜代价，志在必得。粮食安全和食品安全是近年来中央的工作重点。内地农业科技落后，唯有靠海外收购挽回劣势。中化集团2011年亦曾以24亿美元代价收购全球最大非专利农药制造商以色列MA公司60%的股份，预测类似收购将陆续发生。

3. 农业生产与粮食安全

农业生产与粮食安全相关话题备受港澳台媒体关注。报道量较高的事件是2016年粮食总产量同比减少。报道称，2004～2015年，大陆粮食总产量实现"十二连增"，这一势头在2016年中止。2016年粮食总产量12324.8亿斤，同比减少0.8%。港澳台媒体对这一情况非常关注。此外，储粮不善导致中国粮食浪费严重、中国在海水稻培育领域取得重大进展、夏季南方暴雨对农业收成造成影响也得到了港澳台媒体的关注。

4. 农业供给侧结构性改革

针对中央经济工作会议农业供给侧结构性改革话题，香港经济通新闻刊发了分析人士黎伟成的评论。评论指出，中国领导层于2016年12月14日至

16日举行一年一度的中央经济工作会议，论及2017年是"供给侧结构改革的深化之年"时，特别提到要深入推进农业供给侧结构性改革，重点是绿色优质农产品的供给，而绝对不可忽视的一点是质量安全监管。要是此两大问题办得好、办得妥，相信中国农业的发展将会提升至一个崭新的高度。中国历来都是以农耕为主，甚至以农立国，故历任政府都十分重视农业的发展。中央经济工作会议此番谈及农业问题时，是"要深入推进农业供给侧的结构性改革"，在相当程度上显示了中央对农业发展的高度期望和要求。评论还指出，"要把增加绿色优质农产品供给放在突出位置，狠抓农产品标准化生产、品牌创建、质量安全监管"，此语寥寥，唯所含的内容和意义却相当深刻，尤其是质量安全监管，十分重要。中央多年来一直十分重视处理食品安全的问题，现时加大质量安全监管一条，希望得到确切落实，使其行之有效。

5.渔业

2016年，渔业依然是港澳台媒体关注的重点。报道量较高的事件有长江流域暴雨导致上万吨外来鲟鱼从饲养网箱中逃逸、中国渔业资源衰减、中国计划压减渔船、南海伏季休渔期拟延长等。此外，与南海局势相关，中国与菲律宾的渔业纠纷被关注。菲律宾以"涉嫌偷猎"为由扣留25名中国渔民、菲律宾抗议中国渔船"非法捕捞"等事件被港澳台媒体所报道。此外，中国与韩国、日本以及印度尼西亚的渔业纠纷也有一定报道量。

6.农民工

农民工相关话题也是港澳台媒体报道的重点之一。中国政府对于农民工群体高度重视，积极解决农民进城务工带来的留守儿童问题。其中，中国首次摸排农村留守儿童情况、26个省份出台关爱留守儿童政策和27个部门建留守儿童联席会议制度等事件得到了较高关注。部分城市尝试放开农民工落户、国家人社部全面实行农民工实名制严查欠款、20余个省份出台政策鼓励农民工买房等事件也是港澳台媒体的关注重点。针对户籍制度改革，台湾中央通讯社予以积极评价。其报道指出，北京公布户籍改革方案后，除西藏外，大陆户改拼图总算接近完成，不仅迈出破除二元体制第一步，也是平权运动一大步,更是民主化的重要里程碑。改革几十年,城市化定义沦为大兴土木。十八大以来,发展模式已朝向以人为本,这是大陆民主化重要一步,也是解决城市高龄化问题的良策。

三 热点事件解读

2016年港澳台媒体涉及大陆的"三农"舆情热点事件大多集中在大陆与台湾地区的农业贸易与合作领域。此外,大陆一些重大"三农"政策频频出台,也引发港澳台媒体的高度关注。相关热点事件如表1所示。

表1 2016年港澳台媒体涉及大陆的"三农"舆情十大热点事件

序号	事件	报道量(篇)	媒体数量(家)	所属领域
1	大陆农经访问团赴台湾8县市参访农产品	30	8	农业贸易
2	台湾8县市农特产品展销暨旅游推介洽谈会在北京举行	25	10	农业贸易
3	2016年中央一号文件下发,首次写入"农业供给侧改革"	13	6	农业政策
4	蔡英文拒认"九二共识"导致台湾农产品在大陆销量锐减	12	4	农业贸易
5	中国化工并购瑞士种子及农业供应商先正达	11	6	农业合作
6	两会期间农业部韩长赋部长就"转方式调结构 加快发展现代农业"答记者问	11	11	政府动态
7	台湾禁止虱目鱼业者与大陆洽谈	10	2	农业贸易
8	美国就中国大米、小麦、玉米关税起诉中国	10	6	农业贸易
9	中国有条件解除美国牛肉进口禁令	9	7	农业贸易
10	2016年粮食总产量12324.8亿斤,同比减少0.8%	9	5	农业生产与粮食安全

1. 2016年中央一号文件首次写入"农业供给侧结构性改革"

针对农业供给侧结构性改革首次被写入2016年中央一号文件,台湾《中国时报》《旺报》《经济日报》《工商时报》,香港《文汇报》和经济通新闻等媒体予以积极关注。

台湾《旺报》评论称，2016年的中央一号文件再次对农业发展投以关爱眼光，与过往的不同之处在于，农业生产不求产量而讲质量，也聚焦如何提高农民收入，首度写入文件的供给侧结构性改革，或许能解决农产过剩问题。评论还指出，外界关心的号称"财富原子弹"的"两权抵押贷款试点"写入一号文件内，有可能释放出10兆元人民币价值的资金。台湾《中国时报》则对农业供给侧结构性改革的必要性进行了阐释。报道称，过去大陆强调粮食安全，对粮食生产主要追求数量，目前大陆已经实现了谷物基本自给、口粮绝对安全，但在质量上，高端农产品的丰富程度仍然不能满足需求。香港《文汇报》指出，2015年一号文件的主轴是确保农业产量与质量的"双安全"，但2016年一号文件去掉产量，着重质量提升，这跟国人消费、健康意识提高有关。

此外，台湾媒体还对一号文件中涉及的其他内容进行简单解读，对未来大陆农业的发展方向以及台湾农业企业可以参与的领域进行了预测。台湾《旺报》报道，一号文件还涉及农村电子商务、农垦改革、农村深改等内容，也是改革进程中的重要议题。大陆农业经营效率低，互联网应用空间巨大，未来农业大数据时代也将到来。台湾《中国日报》报道，一号文件也提到，要加强资源保护和生态修复、发展绿色农业。台商可瞄准土壤修复产业。生物农药、肥料等自然生态农法迎来发展契机，这与台湾长年推动精致、有机农业相吻合，难怪许多大陆政府官员频频向台湾高端农业人才招手，在大陆改变农业政策思维下，将引爆新一波的农业革命。

2. 蔡英文拒认"九二共识"导致台湾农产品在大陆销量锐减

9月29日，台湾《旺报》两岸高峰论坛之"两岸急冻 农渔民何辜"在台南举办。论坛指出，台湾新当局拒认"九二共识"导致台湾农产品在大陆销量锐减。对此，台湾《中国时报》《旺报》，香港《文汇报》和香港中国通讯社等媒体对此予以高度关注。相关报道关注了台湾农业的艰难现状，肯定了中国大陆对于台湾农业的重要意义，并对民进党当局不顾民众利益的做法进行了批评。

台湾《旺报》报道，过去8年，台湾农渔业产品销往大陆比例很高。

蔡英文"5.20讲话"之后销量衰退，影响非常大。大陆对台实施抵制式的"经济制裁"，农政单位早已感受到民间压力，但就是不愿意正面承认销往大陆受阻这个事实。2012年台湾石斑鱼销往大陆已达零关税，中国大陆一举成为台湾石斑鱼最大销售地。蔡英文"5·20讲话"后，石斑鱼销量骤减，台南虱目鱼甚至直接断炊，就连能解决两岸贸易问题的协商机制也已中断。两岸关系急冻之后，台南虱目鱼合作项目受害最严重，渔民不断表达心声，但政府却没有任何作为。台湾《中国时报》援引台南市议员谢龙的意见称，两岸交流有助于农渔产品出路，大陆采购台湾农渔产品，不管是从农渔合作社、协会或地方农会，均能对农渔民有帮助。台湾地区与大陆经济贸易自古以来就一直有交流，中间仅在1949年之后中断很短时间，自2005年连战与大陆牵起两岸的交流后，给台湾农渔业带来蓬勃活力，却在蔡英文"5·20讲话"之后，被民进党赶尽杀绝。香港《文汇报》报道称，渔民们表示认清了台湾地区新当局所谓"维持现状"的欺骗性，这种牺牲民众利益谋取一己之私的行为最后一定会遭到大家唾弃。

3. 大陆农经访问团赴台湾8县市参观访问

2016年11月21日，大陆农经访问团赴台湾"蓝营"（国民党执政）8县市参访农特产品。此次赴台参访活动由北京市台办牵线，国台办官员领队，被视为大陆官员首度以观光农业名义访台的踩线团。台湾媒体对此高度关注。台湾《中国时报》《联合报》《自由时报》《工商时报》《联合晚报》及中央社等媒体纷纷对此予以报道。

报道中，台湾媒体表现出对于台湾农产品继续销往大陆的期待。台湾《中国时报》报道称，观光农业团在行程结束后，大陆有关协会和企业对台湾的水果、茶叶和包装食品等都有合作意向。其中，有企业表示有意向采购台湾水果3000吨；其他品类也在积极沟通，有望取得更积极的成果。台湾中央通讯社报道称，期盼两岸相关交流有助于把台湾优良农产品推荐给中国大陆，并欢迎无论官方还是民间农业采购交流团来台，采购台湾水果。台湾《自由时报》报道称，观光农业团走访了"蓝营"的8个县市，路过了台中市和新竹市两个"绿营"县市，但仅路过未消费。台湾《中国时报》报道称,观光农业团只到"蓝营"8县市旅游,是"把观光政治化",多数台湾人民很难接受。对于大陆企业有意向采购3000吨台湾水果这一消息,台湾《工商时报》评论称,依过去经验,违反市场机制的"政治性采购",均无法维持长久,反而容易造成台湾农产品产销失衡。希望大陆对台采购能依循市场机制,透过正常化、透明化、制度化的方式进行,才能有利于两岸农业的交流合作发展,以及增进台湾地区相关企业与农民的福祉。

4. 台湾8县市农特产品展销暨旅游推介洽谈会在北京举行

2016年12月24日,台湾8县市农特产品展销暨旅游推介洽谈会在北京展览馆举行。台湾新北、新竹、苗栗、花莲、南投、台东、金门及连江等"蓝营"县市的近130家展商携当地特色农特产品参展。会上,大陆企业与台湾8县市签订产品供销合作意向,探讨以市场化原则开展常态化合作。

此项活动是国台办在"九二共识"基础上推动与台湾8县市交流合作的重要内容之一,港澳台媒体予以高度关注。台湾的《中国时报》《中国邮报》《联合报》《自由时报》《旺报》,香港的中国通讯社、《明报》、《文汇报》,以及澳门的《澳门日报》对此进行了报道。媒体报道内容以事实为主,许多媒体对此次洽谈会的意义给予高度评价。香港中国通讯社报道,民进党当局上台后,"两岸急冻经济冷飕飕",台湾观光和农渔产品出口受到冲击。当地人民对当局的经济表现不满,8县市首长前往大陆参加此次洽谈会是为县民找出路。民进党立委黄伟哲对于县市长赴陆交流推广观光也表示"乐观其成"。台湾《旺报》报道,台湾县市长参访团成员普遍认为,此番在北京取得的成果与他们预期达到的目标符合,为两岸僵局找到出路,是蔡英文发表"5.20讲话"后大陆释出的最大善意和大礼。民进党方面却通过媒体释放出质疑的声音。据台湾中央通讯社报道,"台湾行政院'大陆委员会'"表示,两岸交流合作不宜设置政治前提,或采取区隔对待做法。不论是农产品及观光展销,都应回到市场机制,中国大陆如以政治考量区隔对待,将无法得到台湾民众的认同,也无助两岸关系的正常化发展。

B.21
国外媒体涉及中国的"三农"舆情分析

施 展　张笑琪　吴 彤*

摘　要： 2016年国外媒体涉及中国的"三农"舆情整体呈上涨走势。国外媒体主要关注中国农业贸易、农业合作等国际动态，以及农业政策、农民工、奶业、渔业等国内动态。"海外并购"与"贸易摩擦"成为两大关键词。中国化工并购瑞士先正达、中澳财团收购澳大利亚最大牧场企业Kidman、中国有条件解除美国牛肉进口禁令，以及美国就中国大米、小麦、玉米关税起诉中国等事件引发国外媒体热议。

关键词：　"三农"舆情　农业贸易　农业合作　海外并购　中澳自贸协定

一　舆情总体概况

1. 舆情走势分析

2016年，共监测整理国外媒体涉及中国的"三农"舆情信息2541条。全年舆情整体呈波动上涨走势，舆情峰值出现在12月，信息量达483条，4月、9月也出现舆情小高峰，信息量分别为220条、253条（见图1）。

---

* 施展，环球舆情调查中心舆情监测组组长；张笑琪，环球舆情调查中心舆情监测员；吴彤，环球舆情调查中心监测组实习生。

国外媒体涉及中国的"三农"舆情分析

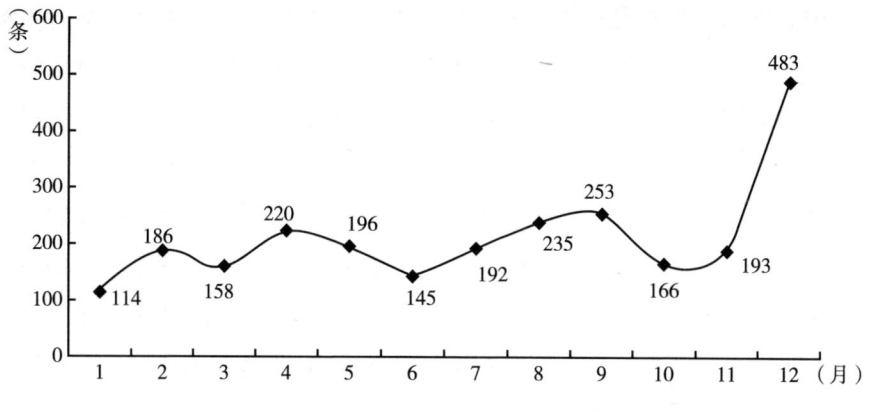

图1　2016年国外媒体涉及中国的"三农"舆情走势

按月看，1～6月，国外媒体涉及中国的"三农"舆情呈现M型走势。1月信息量为全年最低，媒体主要集中关注2016年中央一号文件话题，韩国首次对中国出口大米也得到较多关注；2月信息量回升明显，中国化工宣布收购瑞士种子及农业供应商先正达、中国买家2.2亿澳元收购澳洲最大乳业公司 Van Diemen's Land Company 等信息被重点关注；3月信息量走低，中国两会期间农业部韩长赋部长答记者问引发较热关注，中国首次摸排农村留守儿童这一话题也被关注；4月，舆情信息量达到上半年的小高峰，纳米比亚成为非洲首个对华出口牛肉国是当月报道量较高的事件，美国称中国同意取消农业等七大行业多项出口补贴被媒体关注；5月舆情信息量再次走低，蒙牛旗下富源牧业收购澳大利亚乳业企业 Burra Foods、中国进口减少致越南生猪价格下降面临亏损等事件被国外媒体集中关注；6月舆情信息量进一步下降，G20农业部长会议在西安召开，国外媒体予以积极报道。

7～9月，舆情呈缓慢上升趋势。7月，美国亿滋国际进军中国乳制品和巧克力市场、韩国就打击非法捕捞展开对话等受到国外媒体较多关注，中国南方暴雨也引发媒体报道；8月，中粮全面收购荷兰农产品巨头尼德拉、中国提高进口菜籽油质量要求引发加拿大农民担忧被较多报道；9月舆情量上升到一个小高峰，中国有条件解除美国牛肉进口禁令、美国向世界贸易组织提起诉讼反对中国农业补贴等信息引发大量关注。

10~12月，舆情呈现急遽上升走势，于12月到达年度峰值。10月舆情量较9月大幅走低，澳大利亚批准Van Diemen's Land公司向中国直销塔斯马尼亚牛奶被关注；11月，马来西亚首相访华推进中马农业合作被报道；12月，舆情量激增至全年最高，美国就中国大米、小麦、玉米关税起诉中国受到较多关注，中澳自贸协定签订一周年、澳大利亚批准中澳财团收购该国最大牧场企业Kidman、《婴幼儿配方乳粉产品配方注册管理办法》施行导致澳洲贝拉米粉在华面临困境也被重点关注。中国农业动态方面，中央农村工作会议、中国粮食产量十三年来首次下降、H7N9禽流感疫情等都引起了国外媒体广泛关注（见图2）。

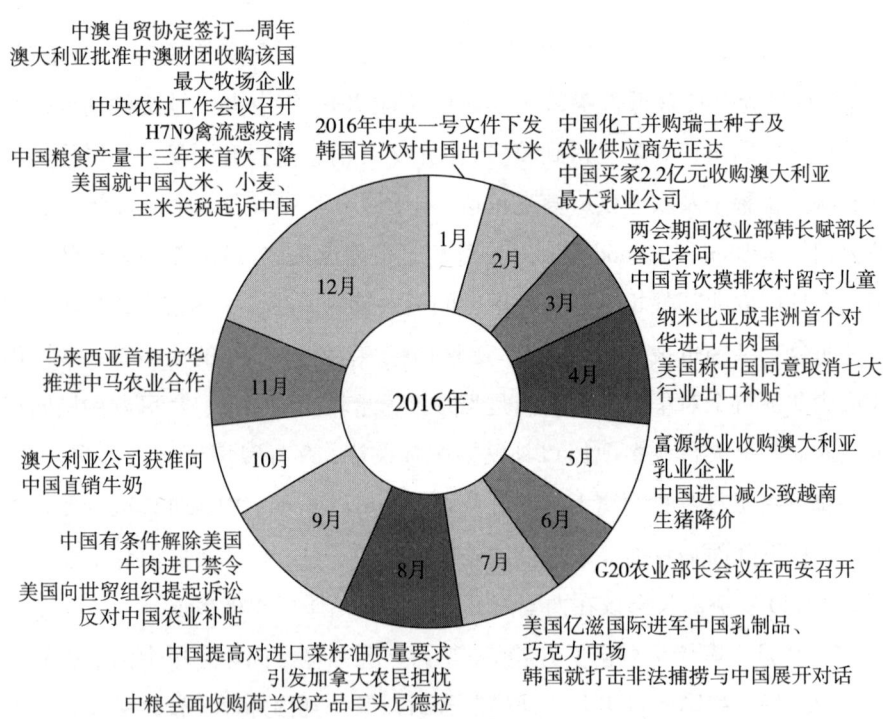

图2 2016年国外媒体涉及中国的"三农"舆情月度分布

2. 媒体语种分布

在2541条信息中，英文信息超过一半，占54.0%。韩文、俄文、法文和日文等小语种信息占总量的41.0%，分别为12.7%、10.9%、9.7%和7.7%。中文信息占5.0%（见图3）。

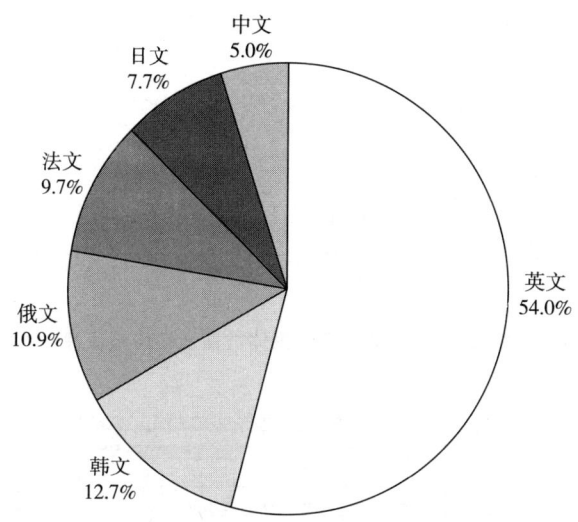

图3　2016年国外媒体涉及中国的"三农"舆情信息各语种占比

在参与报道的694家国外媒体中，英文媒体数量最多，有410家；法文、俄文媒体分别为88家和81家；韩文、日文、中文媒体分别为53家、44家、18家。从不同语种媒体的平均报道量来看，中文媒体平均报道量最高，每家媒体平均报道7.1篇。韩文和日文媒体分列第二、三位，分别为6.4篇、4.5篇。英文、俄文、法文媒体为3篇左右（见图4）。

在报道量排名前20位的媒体中，英国的路透社报道量最高，有115篇；其次是哈萨克斯坦的KZ Press-Club，有95篇；日本的时事通讯社列第三位，有86篇。此外，《越南新闻》（70篇）、新西兰国外事务网（60篇）以及南非的泛非通讯社（52篇）报道量也都超过了50篇。从报道量前20位的媒体的国家分布上看，韩国媒体有4家、俄罗斯媒体3家，英国、美国、马来西亚媒体各2家，哈萨克斯坦、日本、法国、南非、越南、新西兰、澳大利亚媒体各1家（见图5）。

参与报道的694家媒体，来自86个国家和地区，有9个国家参与报道媒体数量不少于28家，有18个国家的报道量不少于25条。其中，韩国62

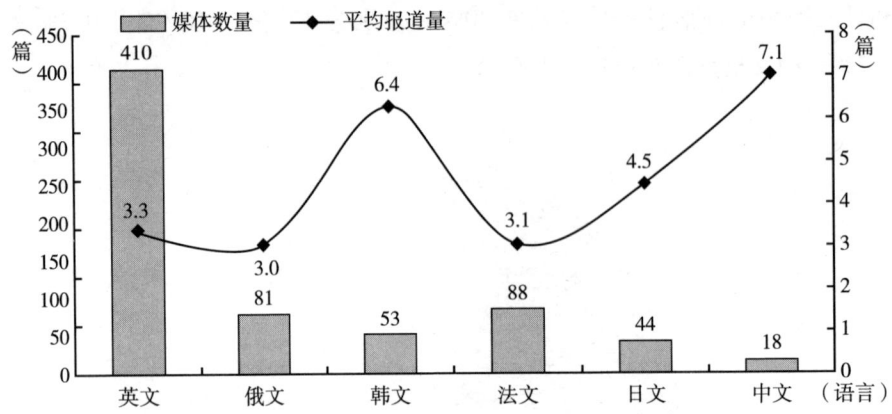

图4 2016年不同语种国外媒体数量及平均报道量对比

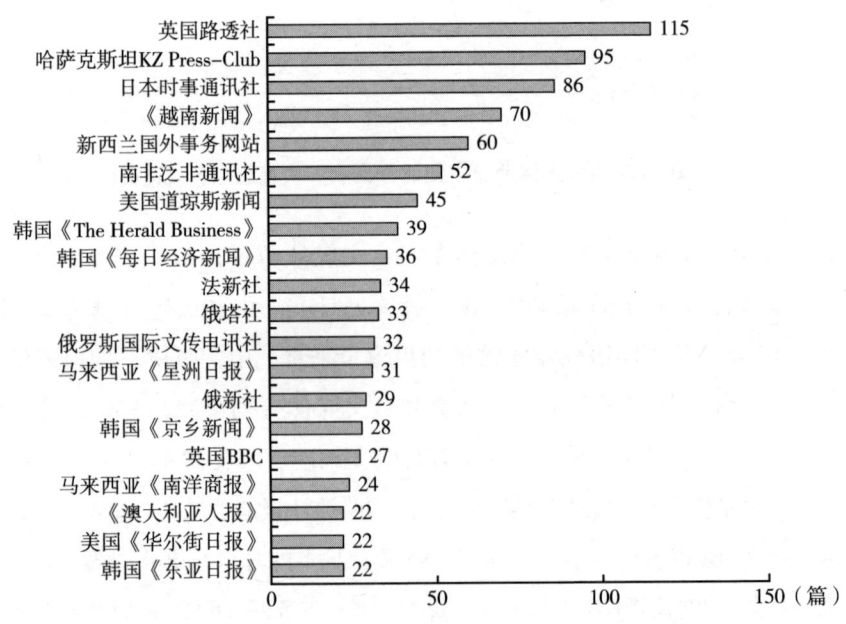

图5 2016年国外媒体涉及中国"三农"信息报道量TOP20

家媒体发布相关报道373条,俄罗斯74家报道发布相关报道250条,日本46家媒体发布相关报道215条,英国32家媒体发布相关报道205条,美国88家媒体发布相关报道203条(见表1)。

表1　2016年国外媒体涉及中国"三农"信息报道媒体数量及报道量

媒体所属国家	参与报道媒体数	报道篇数	媒体所属国家	参与报道媒体数	报道篇数
韩国	62	373	马来西亚	6	62
俄罗斯	74	250	南非	3	54
日本	46	215	巴基斯坦	18	50
英国	32	205	印度	21	46
美国	88	203	加拿大	27	45
哈萨克斯坦	19	164	新加坡	7	32
法国	44	140	乌克兰	10	30
澳大利亚	47	136	菲律宾	7	28
新西兰	28	125	泰国	4	25
越南	4	78	其他	<8	<25
媒体所属国家合计	86个		媒体合计		694家

3. 关注内容分析

在所有信息中，中英文报道信息共有1500条。通过对这1500条中英文信息内容分析，可以发现，国外媒体涉及中国的"三农"舆情主要关注内容可以分为国际农业贸易、国际农业合作、国内农业动态三类。其中，国际农业贸易类信息700条，占信息总量的46.7%；国际农业合作类信息557条，占37.1%。中澳畜牧业及奶业等方面的合作、中国有条件解除美国牛肉进口禁令等内容被国外媒体大量报道；国内农业动态信息有243条，占16.2%。国内农业动态关注点主要集中在农民工（55条，占信息总量的3.7%）、农业生产与粮食安全（46条，占信息总量的2.4%）、农业政策（占1.7%）、奶业（占1.7%）等方面。农业供给侧结构性改革首次写入中央一号文件、中央农村工作会议召开等相关话题也被国外媒体重点关注。

二　热点话题分析

1. 农业贸易

2016年国际农业贸易领域相关信息共700条，涉及58个国家。中美贸易和中澳贸易分别以116条和85条的报道量位居前两位。美国向中国出口大豆、花生、苹果、禽蛋等贸易动态是国外媒体关注的主要方面，中国有条件解除对美国牛肉进口限制等重要事件令国外媒体备感兴趣。4月，多家国外媒体报道，在美国向世界贸易组织提起申诉后，中国已同意取消向农业等七大行业出口企业提供的多种补贴。美国贸易代表表示，美国和中国已经签署了双边协议，中国同意停止通过示范基地公共服务平台体系提供出口补贴。国际货币基金组织总裁拉加德表示，取消出口补贴是一个积极的迹象，显示了中国政府改革和遵守国际贸易规则的决心。

中国是澳大利亚农牧业产品重要的进口国，牛奶、奶粉、牛肉等贸易量巨大，相关动态受到国外媒体较多关注，《婴幼儿配方乳粉产品配方注册管理办法》施行导致澳洲贝拉米奶粉在华面临困境、中澳自贸协定签订一周年等相关新闻关注量较大。此外，越南、俄罗斯、哈萨克斯坦、新西兰、乌克兰、加拿大、韩国和中国的农业贸易动态也引发较多报道，报道量都在20篇以上。中国是新西兰乳制品、越南大米、乌克兰粮食和乳制品、俄罗斯谷物、英国猪肉产品的重要进口国，相关贸易动态信息也经常见诸网络。

2. 农业合作

2016年国际农业合作领域相关舆情有557条，共涉及77个国家。其中，中澳农业合作信息最多，有76条。澳大利亚批准中澳财团收购该国最大牧场企业Kidman、中国买家以2.2亿澳元收购澳洲最大乳业公司Van Diemen's Land Company两个事件最受媒体关注。中美农业合作方面，美国Cargill公司在中国设立创新食品研发中心、河北省将建立一个模仿美国爱荷华州的示范农场、中国投资客瞄准美国农场等信息受到国外媒体较多关注。中国化工并购瑞士种子及农业供应商先正达受到国外媒体极大关注，相关报道达31篇。中国和新西兰在乳业领域的合作被媒体积极关注，其中，中牧集团收购新西兰Mataura Valley Milk乳业七成股份相关信息被集中报道。此外，中国公司将在巴基斯坦投资畜牧业和果蔬种植业、中巴合作进行冷水鱼养殖与生物能研究也引发媒体较多报道。3月，日本共同通讯社发布消息称，日本农林水产省和中国农业部将时隔约6年重启副部长级会议，日本农相表示期待双方在农业领域进一步深化友好与合作。

3. 农村改革

2016年10月,中共中央办公厅、国务院办公厅发布《关于完善农村土地所有权承包权经营权分置办法的意见》,实行农地所有权、承包权、经营权"三权分置"。不少国外媒体对此予以高度关注。英国路透社报道称,随着农民纷纷进城打工,中国已放宽允许农民流转土地的规定,以促进发展更高效的大规模农业经营主体。这项改革将有助于提高土地产出率和劳动生产率。对世界第一人口大国来说,确保足够的土地和农村劳动力以保持粮食安全是国家要务之一。英国《金融时报》表示,中国宣布的土地权利改革为私营部门投资大规模农业铺平了道路,使世界人口最多国家的农业迈入一个新时代。新的改革将加快转向农业资本主义的趋势,由商人与村委会签订合同,接管村里的所有土地,同时为村民提供就业和收入来源。《日本经济新闻》报道指出,过去以效率低下的零散农户为主体的中国农业正在迎来现代化的黎明,改革对于农业现代化的意义毋庸置疑。美国《华尔街日报》认为,在这一变革之下,农民将受益于政府推进城镇化和提高农业发展水平的目标。由于其土地的安全性提升,并且有权抵押其中一些土地,农民可以拥有更多的资金迁移到城市,或者投资扩大农场并使之机械化。

4. 奶业

中国与澳大利亚、新西兰等国在奶业方面的贸易与合作被国外媒体集中关注(相关情况已在上文农业贸易及农业合作两个板块中有所提及,此处不再赘述)。对于全行业的问题,外媒对此前大力发展的大型牧场现状进行了分析。美国《纽约时报》报道称"中国大型牧场问题重重"。报道指出,三聚氰胺丑闻之后,中国政府要求建立大型奶制品单位。自2000年以来乳制品行业年增长速度为12%,乳制品的生产也从小生产者转移到拥有1万头牛的大型农场。截至2014年,中国已有56个农场拥有超过1万头奶牛,数量占全球的80%。而这造成了大量浪费——牛奶成河、粪便堆山,随之而来的还有大量不需要的副产品。报道同时指出,关于农场规模的态度可能已有转变,中国政府越来越关注拥有350头左右奶牛的农场。关于中国奶企发展问题,外媒主要关注了蒙牛乳业2016年报巨额亏损事件。《日本经济新闻》报道,蒙牛的股价在2016年底遭遇大幅跳水，2016财年录得重大亏损。蒙牛和另一家奶制品企业雅士利都受到了海外奶粉批量进口和个人海淘奶粉热潮的冲击。国内高昂的生产成本和海外工厂目前的低投产率给蒙牛和雅士利的经营带来更多负担。

5. 渔业

针对渔业话题，韩国媒体的关注度较高，中韩渔业纠纷、中韩就打击"非法捕捞"展开对话等内容被韩国媒体报道。此外，过度捕捞导致的中国国内渔业资源过度消耗问题也受到外媒关注。据韩国联合通讯社报道，在西海朝鲜水域进行捕捞作业的中国渔船越界南下非法捕捞成为问题，中国相关部门应加强对相关渔船的管制。中方也强调将加强对非法行为的打击和管理力度。《韩国先驱报》报道，韩国海洋水产部官员表示，随着海警在西部海域打击非法捕捞的力度加大，中国渔船出没数量减少，但被查处数量则增加。中国政府对打击非法捕捞的必要性表示赞同。《朝鲜时报》报道，韩国外交部部长表示，解决非法捕捞问题中国政府的决心很重要。关于过度捕捞问题，美国彭博社称，过度捕捞和污染已经耗尽了中国的渔业资源。在南海水域，鱼类数量在50年代的水平上下降了95%；占中国淡水捕捞量60%的长江，养育的鱼类数量仅为1954年的四分之一，170多种物种中大部分濒临灭绝。海上情况更不乐观，中国监管机构实行了许多措施，但成效较小。

6. 农民工

农民工以及与此相关的留守儿童问题引发国外媒体较多关注。中国首次摸排农村留守儿童情况、中国经济放缓导致农民工就业难、中国农民工购房难、农民工春节返乡潮等问题被国外媒体报道。

针对该话题，美国《华尔街日报》文章《中国乡村可以承受无业农民工吗?》指出，由于各地工厂、饭店和建筑工地工资减少，工作机会削减，农民工首当其冲受到中国经济下滑带来的影响。而他们的故乡农村是他们最后可依靠的地方。过去几年，农村吸收了许多失业的返乡农民工，他们回乡等待下一波城市工作机会的到来。糟糕的是，随着中国城市化的推进，农村已经无法吸收这么多的返乡务工人员。中国政府正在尝试通过长期努力缩小城乡之间的经济差距。政府鼓励返乡人员进行创业，为新公司提供贷款，并简化了烦琐的申请程序。但这些措施应该不会很快带来成效。在可预见的未来，农民工仍然难以在缺乏工业深度的农村经济中找到就业机会。新加坡《联合早报》文章《农民工讨薪引发暴力案　四川阆中法院公判大会惹非议》关注了四川阆中农民工讨薪被公判事件。文章指出，中国四川阆中农民工讨薪引发暴力事件，当地法院通过公判大会判刑，引起争议。不少网民对讨薪民工表示同情。有网民说，"应该连开发商一起判刑""这是在自打脸，有关部门能有所作为，民工会这样吗？"马来西亚《南洋商报》文章《中国逾20省实施政策　鼓励农民工进城购屋》称，中国目前已有20余省先后推出政策，鼓励农民工进城购屋。主要举措包括将农民纳入住屋公积金制度范围、发放购屋租屋等补贴、允许申请公租屋以及推出针对性的贷款产品等。

三　热点事件解读

2016年国外媒体涉及中国的"三农"舆情热点事件大多集中在国际农业贸易与合作方面。随着"一带一路"建设的推进，中国企业在海外频频出手，这一情况令"海外并购"成为2016年国外媒体涉及中国的"三农"舆情事件的一大关键词。此外，2016年"黑天鹅"事件频发，贸易保护主义复兴，加大了全球经济的不确定性。在这一背景下，保护本国利益、抢占全球市场成为国际贸易常态。这也导致"贸易摩擦"成为国外媒体反复强调的关键词。美国就中国大米、小麦、玉米关税起诉中国，就是非常典型的国际农业贸易冲突事件，相关热点事件如表2所示。

表2　2016年国外媒体涉及中国"三农"的十大舆情热点事件

序号	事件	报道量(条)	媒体数量(家)	所属领域
1	中国化工并购瑞士种子及农业供应商先正达	31	26	农业合作
2	澳大利亚批准中澳财团收购该国最大牧场企业Kidman	30	22	农业合作
3	美国就中国大米、小麦、玉米关税起诉中国	25	17	农业贸易
4	中澳自贸协定签订一周年	15	9	农村贸易

续表

序号	事件	报道量（条）	媒体数量（家）	所属领域
5	中国有条件解除美国牛肉进口禁令	13	11	农业贸易
6	中国提高对进口菜籽油质量要求引发加拿大农民担忧	12	8	农业贸易
7	《婴幼儿配方乳粉产品配方注册管理办法》实行导致澳洲贝拉米奶粉在华面临困境	12	9	农业贸易
8	中央农村工作会议召开	11	5	农业政策
9	美国向世贸组织提起诉讼反对中国农业补贴	11	7	农业贸易
10	韩国就打击非法捕捞展开对话	11	7	渔业

1. 中国化工并购瑞士种子及农业供应商先正达

2016年2月，欧盟或批准中国化工并购瑞士种子及农业供应商先正达的消息传出。由于中国化工和先正达均为巨型企业且并购案涉及金额巨大，这一事件一经曝出即成为国外媒体的报道热点。由于收购审核程序冗长、反垄断调查几经转折，媒体对这一事件的报道与讨论伴随着并购流程的各个节点，该事件的舆情热度由年初延续至年底。共有26家国外媒体发布相关报道31篇，其中一向高度关注经济领域的美国《华尔街日报》共发布4篇报道，英国路透社和德国之声分别发布2篇报道。除了跟踪报道并购案的审核进度，国外媒体对于这一事件的讨论基本集中于"中国为何要耗费巨资收购先正达?"这个问题，尝试解读的角度基本围绕中国发力转基因农业和中国全力确保粮食安全这两个话题。

国外媒体认为，收购先正达是粮食安全压力下中国农业转型战略的一部分。新加坡《今日报》指出，中国在生产上获得的巨大收益很快就会赶不上不断增长的人口的需求。中产阶级在不断增加，他们消费的猪肉、牛肉等耗费的粮食比素食更多。虽然中国已经视全球市场为食品供应的保障，但中国的最终目标仍然是自给自足。中国似乎在几年前就放弃了在国内生产95%的谷物的官方目标，但实际上领导人还是非常想要确保能够自给自足。而先正达公司是世界上最大的农药生产公司之一，产品范围涵盖农药、杀菌剂以及促进收成增加的新型玉米、水稻、小麦种子。美国《华尔街日报》

称，中国如果希望大米和小麦全部自产，就需要再现20世纪50年代和70年代发生的两次技术大突破，这些技术都给农作物，尤其是大米，带来了巨大的生产力飞跃。为了在同样大小的土地上种植更多的大米，养活更多的人，中国研究人员认为，在未来十年左右，中国需要想办法增加超过30%的收成，也就是完成第三次生产力飞跃。

国外媒体还认为，收购先正达有利于消除中国国内生产与消费端对转基因技术的疑虑。美国《纽约时报》报道说，尽管中国领导人近年来不断为中国国内生物技术革命摇旗呐喊，但饱受食品安全丑闻伤害的中国消费者却对转基因作物保持警惕。德国之声报道说，为了最终保证粮食安全，中国政府高层需要说服中国农民和消费者。中国政府希望收购先正达能够消除消费者对现代农业技术的一些怀疑。美国《基督教科学箴言报》报道说，经过几十年的发展，中国的作物产量已经平稳，但农业现代化水平不高，政府担心中国农产品市场会过度依赖进口食品。中国政府高层希望中国要"大胆"地拥抱生物技术，促成国内农业转型。中国化工收购转基因种子前沿研发力量先正达，是该战略的一部分。

2. 澳大利亚批准中澳财团收购该国最大牧场企业Kidman

2016年12月，在历时20多个月后，澳大利亚政府批准将该国最大牧场企业Kidman出售给一个由澳大利亚和中国投资者组成的财团，结束了漫长的交易进程。作为一起旷日持久并且涉及金额巨大的收购案，这一事件在2016年被国外媒体持续关注，22家媒体发布报道30篇。美国道琼斯新闻、英国路透社，以及澳大利亚的《澳大利亚人报》《西澳大利亚人报》、澳洲有线广播公司等多家媒体参与报道。报道重点集中在中国资本涌入澳大利亚农业领域的相关讨论方面。

美国《华尔街日报》报道说，上海中房置业有限公司与澳大利亚矿业亿万富翁Gina Rinehart联手报价收购Kidman这个庞大的牧场。该牧场的面积比爱尔兰面积还要大。为阻止中国投资者收购澳洲最大牧场，澳洲四大农业家族曾发起竞购，提议Kidman应100%由澳洲人所有。美国《查尔斯顿公报》刊文《中国投资者受到澳大利亚怀疑》。文章指出，中国对澳大利亚农业投资猛增使澳大利亚人越来越担心,他们可能失去对珍贵的农业用地的控制。出于对中国资本大量收购澳大利亚农业用地的担心,澳大利亚正在推进对国外拥有的农业用地进行登记的工作。澳大利亚《时代报》报道,最近一个财年,获得外商投资审查委员会批准的投资项目中,由中国内地和香港实体提出的投资项目金额猛增至上一财年的4倍,达到25亿澳元。根据洛伊国际政策研究所的民调,约60%的澳大利亚人反对外国人投资澳大利亚农业,56%的受访者表示澳大利亚政府批准了太多来自中国的投资项目。澳大利亚《西澳大利亚人报》报道,澳洲政府试图通过公布各国在澳大利亚实际占用农业用地的数据来给汹涌的民意降温。数据显示,中国在澳大利亚拥有的农业用地占澳大利亚总农业用地面积的不到0.5%,英美两国才是拥有澳大利亚农业用地最多的国家。总体看,澳大利亚共有13.6%的农业用地为海外投资者所有,中国资本近来虽然大量涌入,但由于其基数较低,目前中国资本占有的农业用地只是很小的一部分。

3. 美国就中国大米、小麦、玉米关税起诉中国

2016年12月,美国贸易代表办公室向WTO申诉,指称中国设定的大米、小麦和玉米关税配额(TRQ),违反了中国在WTO的承诺,这是2009年以来美国在WTO针对中国提出的第15次有关贸易强制措施的申诉。该事件得到国外媒体的关注,《华尔街日报》、道琼斯新闻和俄罗斯卫星网等17家媒体发布报道25篇。

国外媒体在报道中批评中国为了保护其国内农业操纵贸易壁垒,违反了国际协议。美国《华尔街日报》报道指出,中国设定的大米、小麦和玉米关税配额仅在2015年将至少价值35亿美元的美国农产品拒之于国门之外。中国设置这一进口配额的目的就是为了限制粮食的进口量。中国的这一政策缺乏透明度,执行起来也存在诸多不合理之处。美国的种植业主因此受到了伤害。俄罗斯卫星网报道说,中国的关税配额政策违反了中国加入世贸组织时所做的承诺,并限制了美国农民向中国出口价格优惠的优质粮食的机会。道琼斯新闻报道说,2015年美国向中国出口大米、小麦和玉米的总金额降至3.81亿美元。而在2013年,这一金额为23亿美元。《华尔街日报》报道

说,在过去八年中,奥巴马政府在世贸组织中挑战了中国 15 次。而对于美国新任总统唐纳德·特朗普,批评中国的贸易操作是他的竞选的核心,在 2017 年可能进一步加大对中国的压力。

4. 中澳自贸协定签订一周年

2016 年 12 月,《中澳自由贸易协定》签订满一周年。一年内,中澳自由贸易协议的低关税约定在农业领域取得了明显成果。《中澳自由贸易协定》的签订虽然并非"新闻",但在全球民粹主义、保护主义兴起,自由贸易遭遇逆流的情况下,部分国外媒体对此仍予以关注。《华尔街日报》《澳大利亚人报》和路透社等 9 家媒体发布报道 15 篇。

国外媒体肯定《中澳自由贸易协定》签订一年来给中澳农业带来的积极促进作用。《西澳大利亚人报》报道指出,《中澳自由贸易协定》提高了澳大利亚企业的竞争优势,促进了澳大利亚的出口,增加了新的工作岗位。《中澳自由贸易协定》是中国与发达经济体签署的最为优惠的贸易协议,它将澳大利亚出口商置于最为有利的地位,使它们能够从中国不断壮大的中产阶级对来自澳大利亚的高品质产品和服务日益增加的需求中获益。《澳大利亚人报》刊文称,《中澳自由贸易协定》是一个"甜蜜的交易"。该报道援引一位澳大利亚养蜂人的说法称,中国是澳大利亚蜂蜜产品最大的进口国,这项贸易协议帮助了他的蜂蜜出口。尽管澳大利亚农业经济出现下滑,但这位养蜂人的蜂蜜出口比前几年增长了 18%,《中澳自由贸易协定》对于蜂蜜的销售有很大助益。

国外媒体还聚焦"非关税壁垒"这一负面概念,称削减关税并不足以为澳大利亚农产品进入中国市场带来足够便利。新加坡《海峡时报》报道说,《中澳自由贸易协定》已经签署超过一年,但未如预期那样促进贸易发展。尽管两国之间的关税已经得到削减甚至取消,但仍有许多农民称贸易壁垒让他们无法进入广阔的中国市场。该报道称,对于部分澳洲农民来说,削减关税带来了贸易的迅速增长。杧果、橘子、橙子、坚果和山核桃等出口增长强劲。但其他农民却面临着诸如检疫、食品安全和标签等"非关税壁垒",这会阻止或者延迟他们的产品进入中国市场。报道同时指出,对于澳大利亚传统优势产业乳业来说，中国关于婴儿配方奶粉和液体奶的规定变化以及电子商务政策的收紧都令澳大利亚乳业企业面临挑战。

5. 中国有条件解除美国牛肉进口禁令

2016年9月，农业部和国家质检总局发布《关于解除美国30月龄以下牛肉的公告》，宣布有条件解除对美国30个月以下剔骨牛肉、带骨牛肉的禁令，允许符合中国检验检疫要求的美国牛肉对华出口。对此，《华尔街日报》、道琼斯新闻、新西兰国外事务网站和英国路透社等11家国外媒体刊发13篇报道。

国外媒体对美国官方的反应予以关注，称美国政府对于这一消息表示欢迎，并且乐观预估此后美国牛肉出口中国的前景。道琼斯新闻报道，中国消费者对牛肉需求的快速上升使得中国已成为全球增长最快的牛肉市场。美国农业部"预计今年中国牛肉进口量将达到82.5万吨，超过日本成为全球第二大牛肉进口国"。美国农业部长维尔萨克欢迎中国农业部宣布解除美国牛肉进口禁令，期待美国牛肉及牛肉产品尽快恢复对华出口。澳大利亚《悉尼先驱晨报》报道，随着中国肉类进口数量的增长，这是自2003年以来两国间首次开放牛肉贸易。对美国畜农而言，由于国内供应量膨胀且价格显著下跌，重启一度无法进入的出口市场已成为至关重要之举。总部位于阿肯色州斯普林代尔的泰森食品公司在一份电邮声明中写道："这是向前迈进的积极一步，我们希望双方政府能够在不远的将来就这个重要市场达成一份坚实的准入协议。"

Abstract

The Report on Online Public Opinions on China's Agriculture, Rural Areas and Farmers (2016 – 2017) is compiled by relevant experts, scholars and front line staff as organized by the Information Center, Ministry of Agriculture. The Report has extensively summarized the online public opinions related to China's agriculture, rural Areas and farmers throughout 2016, reviewed the annual hot topics, comprehensively analysed the incidents and development of public opinion cases from different perspectives, according to different topics and regions, presented the voices of overseas media, and provided an outlook on the potential hotspots of online public opinions related to agriculture, rural Areas and farmers.

The report comprises five parts: the general report, sub-report, case analysis, regional public opinions and overseas public opinions. The general report has provided a highly condensed description of the online public opinions of 2016, comprehensively analysed the online hot topics, summarized the rules and characteristics of public opinion circulation, and looked forward to the potential hot topics of public opinions in 2017. The general report points out that, a series of major policy arrangements were rolled out in succession in 2016; the measures taken by government agencies caught the attention of public opinions, with topics such as agricultural production and food security, migrant workers, development-oriented poverty alleviation, rural land tenure, etc. continuously focused on, and the total volume of public opinions grew significantly on the basis of the previous year. With the trend of integration of various media, the public opinions related to agriculture are now also regularly reported in all forms of media, and the diversified channels of voices are full of positive energy.

The section on sub-report analyses the public opinions on the following 7 constant hot topics related to agriculture: agricultural production and food security, rural land tenure, agricultural product quality and safety, "internet + " modern agriculture, development-oriented poverty alleviation, rural environment, and migrant workers, focusing on the perspectives, hot spots and focuses of the press and netizens on these topics.

The section on case analysis focuses on 6 selected cases of online public opinions on hot topic events in 2016, including the , "overstocked pineapples in Xuwen of Guangdong province", "suspension of live fish sale in many a supermarket in Beijing", "problematic milk incidents in Liuzhou of Guanxi Autonomous Region", "Incident of Lethal Illegal Forced Relocation in Changsha of Hunan Province", "Incident of Ms. Yang Gailan in Kangle County of Gansu Province", "open trial and judgement of migrant workers for illegally demanding their overdue salary in Langzhong of Sichuan province", reviewing the development of the incidents, providing the number of reports and online posts, summarizing the main opinions of the media and netizens, making brief comments and summing up relevant inspirations.

The section on regional public opinions analyses the public opinions related to agriculture in 2016 in 5 hot regions including Shanghai, Shandong, Guangdong, Shaanxi and Gansu, reviewing the online hot topics and hot-spot incidents in these regions, and presenting relevant public opinions with unique regional features.

The section on overseas public opinions analyses the media reports from foreign countries and Hong Kong, Macao and Taiwan, interpreting the hot spots and focuses of overseas public opinions on China's agriculture, rural Areas and farmers, presenting a global perspective on China's agriculture, rural Areas and farmers.

Contents

Ⅰ General Report

B.1 Analysis of Online Public Opinions Over China's Agriculture,
Rural Areas and Farmers in 2016 and Outlook for 2017
Zhong Yongling, Zhang Zuoben, Wei Ke and Li Tingting / 001

Abstract: The total volume of online public opinions over China's agriculture, rural Areas and farmers in 2016 grew significantly. With the trend of integration of different media, the public opinions related to agriculture, rural Areas and farmers are now also regularly reported in all forms of media, and the diversified channels of voices are full of positive energy. A series of major policy arrangements were put forward in succession and the measures taken by government agencies caught the focus of public opinions. Topics such as agricultural production and food security, migrant workers, development-oriented poverty alleviation, rural land tenure, etc. were continuously focused on in public opinions. Looking into 2017, agriculture and rural reform will continue to be the hot topic, food safety issues still need to be followed with taut nerves, high expectation is attached to poverty alleviation, migrant worker and left-behind rural population issues may turn into flash points, and rural land issues may sparkle heated discussion.

Keywords: Public Opinions Over China's Agriculture, Rural Areas and Farmers; Modern Agriculture and Rural Reform; Omnimedia

Ⅱ Sub-report

B.2 Report on Public Opinions Concerning Agricultural Production and Food Security

Zhong Yongling, Zhang Wenjing / 031

Abstract: In 2016, the volume of public opinions concerning agricultural production and food security went upward on the previous year. Media reports highly focused on agricultural supply-side structural reform, with positive coverage of the new progress in agricultural structure adjustment and transformation at various localities. Continuous comprehensive and in-depth follow-up reports were made on the first marketing season of maize after the reform of the maize purchase and storage system. The media reports covered the food safety issue with the phenomena of "three-highs" problem of grains and difficulty in selling grains. Netizens were engaged in heated discussion on reports of events such as "double-crop super rice in South China sets new world record of yield", "Prof. Yuan Longping succeeded in sea water irrigated 'red rice'", etc. Government authorities worked closely with the media, providing effective guidance to public opinions on the internet.

Keywords: Agricultural Production; Structural Adjustment; Food Security; Public Opinions

B.3 Report on Public Opinions Concerning Rural Land

Zhang Zuoben, Zou Dejiao / 046

Abstract: In 2016, the volume of public opinions concerning rural land went upward on the previous year. Top-level deployment of rural land tenure reform and the reform practices of different localities were positively covered by media reports, with active public comments and suggestions from multiple perspectives. Incidents of brutally forced relocation took place in some localities, leading to heated public comments. Social media become the important platform for exposure of rural land conflicts. It is the focus of public opinions to properly handle the relationship between "farmers and land". The key to this problem is to improve rule of law, provide smooth channel for expression of claims, and enhance publicity and guidance for public opinions.

Keywords: Land Tenure Reform; Split of Rural Land Ownership Right; Contract Right and Management Right; Collective Property Right

B. 4   Report on Public Opinions Regarding Agricultural
       Product Quality and Safety   *Wei Ke, Wang Minghui* / 060

Abstract: In 2016, the public opinions regarding agricultural product quality and safety remain stable in general, with no hot issues throughout the year. Media reports concerning agricultural product quality and safety dropped significantly, while the netizens still maintained high interests. Food safety and agricultural product quality and safety work were focused on; "problematic meat" incidents were still encountered in large number and many locations; the focus on the use of veterinary drugs was still high, with the aquatic sector more vulnerable. Official communications were the main source of information, with good interaction between the government and the media a normal state; Weibo and WeChat platforms were differentiated, with different focuses; rumours concerning food safety happened frequently, with an urgent need to improve the network environment.

Keywords: Agricultural Product Quality and Safety; Problematic Meat; Pesticide and Veterinary Drug Residue Exceeding Limits; Online Rumours

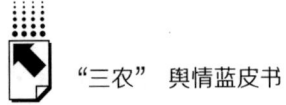

"三农"舆情蓝皮书

B.5 Report on Public Opinions Concerning Internet Plus Modern Agriculture *Wei Ke, Zhang Jin* / 074

Abstract: In 2016, a series of state strategic decisions and major deployments concerning "internet +" modern agriculture were launched in succession. Public opinions extensively focused on the comprehensive and in-depth integration and development of "internet +" and the whole agricultural value chain, with positive views on "internet +" in promoting the transformation and upgrading of traditional agriculture and increase of farmers' income, role played by new farmers in business start-up, innovation and village governance, etc. Rural e-commerce development triggered in-depth thinking and comments from multiple perspectives.

Keywords: "Internet +" Modern Agriculture; Rural E-Commerce

B.6 Report on Public Opinions Concerning Development-Oriented Poverty Alleviation *Zhang Zuoben, Zhao Jinsong* / 088

Abstract: In 2016, the volume of public opinions concerning development-oriented poverty alleviation doubled on the previous year. The campaign on poverty alleviation achieved initial success, with positive public opinions on the performance in the first year of the 13th Five Year Plan period. Highlights were observed in development-oriented poverty alleviation in various localities, while the public reviewed the experiences of success from multiple perspectives. In some places, ill-implemented poverty alleviation efforts and corruption problems were spotted, giving rise to heated public discussions on supervision mechanism. From the perspective of public opinions communication characteristics, the mainstream press is the guiding forces for public opinions on poverty alleviation work, while the poverty groups are prone to be stirred up by public opinions. There's still a long way to go for poverty alleviation.

Keywords: Poverty Alleviation Campaign; Development-Oriented Poverty Alleviation; Precision Poverty Alleviation

B. 7　Report on Public Opinions Concerning Rural Environment

Li Tingting, Zhang Bai / 101

Abstract: In 2016, the volume of public opinions concerning rural environment dropped markedly. Media reports highly focused on the top-level deployment of the State Council for soil pollution prevention and control, with positive coverage of the control measures of relevant agencies and local governments at various levels dealing with problems such as non-point pollution in agriculture and garbage encircling villages, etc. The public opinions concerning rural environment protection involve many diversified overlapping aspects, which can easily arouse the "empathy" of the public. Supervision obligations are the focus of attention, which put the competence of government authorities to the test.

Keywords: Rural Environment; Agricultural Non-Point Pollution; Industrial Pollution; Garbage Encircling Villages

B. 8　Report on Public Opinions Concerning Migrant Workers

Li Tingting, Zhao Jing / 113

Abstract: In 2016, the volume of public opinions concerning migrant workers increased significantly, with focuses on migrant workers struggling to get their overdue payment, left behind groups in the rural Areas, business start-up by migrant workers back to their hometown, etc. Government policy measures to protect the interests of these vulnerable groups were also in the range of public attention. Throughout the past year, the hot-issue incidents include the public trial and judgement of migrant workers for illegally demanding their overdue salary in

Langzhong county of Sichuan province, a Working Group from Langao county government traveling to Hebei Province to help 180 migrant workers get their overdue payment, to name but a few. The public opinions dynamic concerning migrant workers displayed a "holiday" feature. The public appeal to solve related problems needs lasting efforts.

Keywords: Migrant Workers; Left-Behind Children; Business Start-up by Migrant Workers at Hometown; Citizenship for Migrant Workers

Ⅲ Hot Topics

B. 9 Analysis of Public Opinions Over the Incident of Overstocked Pineapples in Xuwen County of Guangdong Province

Zhang Wenjing, Wang Minghui / 125

Abstract: In late April, 2016, information regarding the overstocked and low-priced pineapples in Xuwen County of Guangdong province started to appear on the internet. In early May, E-commerce company "Benxiansheng" facilitated the marketing of the overstocked pineapples, with a sales volume of 300, 000 kg per day. However, the frequent appearance of rotten fruits led to large amount of negative comments. The E-commerce company issued a announcement that the company was on the brink of bankruptcy because the local farmers unexpectedly raised the price and mixed inferior fruits in the shipment. The local pineapple farmer's cooperative denied the accusation and pointed out that the cause of business losses was inadequate packaging and protracted transportation, which resulted in rotten fruits. The incident of overstocked pineapples in Xuwen county sparked public discussion from multiple perspectives, with creation of agricultural brand name, addressing the marketing problems according to the rules of market economy, and breaking the bottleneck of E-commerce for fresh and perishable agri-produce as the main topics.

Keywords: Xuwen County; Pineapple; Overstocked Products; E-commerce for Fresh and Perishable Agri-produce

B. 10　Analysis of Public Opinions Regarding the Suspension of Live Fish Sale in Many a Supermarket in Beijing　　*Bai Yang* / 133

Abstract: On November 23, Beijing Youth Daily and several other media reported the suspension of live fish sale in many a supermarket in Beijing. Since the causes were unclear, the rumour of "water contamination leading to suspension of live fish" went viral. Facing the public misgivings, Beijing Municipal Food and Drug Administration made an announcement on its official Weibo to deny the speculation that the suspension of live fish sale was due to water contamination. Later, there were reports, claiming the incident was related to the leaks of information concerning the special inspection campaign of the State Food and Drug Administration, with dealers trying to evade inspection. This suspicion pushed the public opinions to the apex on November 24. Once again, Beijing Municipal Food and Drug Administration deny the claim. With live fish returned to the supermarket after November 25, the public opinions cooled down eventually.

Keywords: Beijing Suspension of Live Fish Sale; Water Contamination; Food Safety; Supervision

B. 11　Analysis of the Public Opinions Regarding the Incident of "Problematic Milk" in Kindergartens of Liuzhou, Guangxi Zhuang Autonomous Region　　*Bai Yang* / 141

Abstract: On May 10, 2016, the enforcement officers of the Food and Drug Administration of Liunan District of Liuzhou City of Guangxi Autonomous Region discovered that Red Sun Dairy Farm of Liunan District was suspected to be engaged in illegal operations including production without permit, invalid production permit, labelling with fake date of production etc. This dairy farm was involved in supply of dairy beverages to a number of local kindergartens. After the

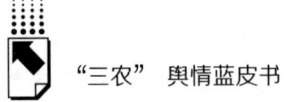

media coverage of this incident by major local press, the citizens of Liuzhou was widely concerned. Meanwhile, a number of children showed the symptoms of vomiting and haemorrhage, etc. A chain reaction was triggered with increasing volume of public opinions. On May 24, Liuzhou Municipal Government held a press conference to release investigation outcomes, and the companies involved were punished. After that, the public attention cooled down gradually.

Keywords: Liuzhou; Problematic Milk; Kindergarten; Food Safety

B. 12 Analysis of Public Opinions Over the Incident of Lethal Illegal Forced Relocation in Changsha of Hunan Province

Ye Qing, Zhang Weili / 150

Abstract: On July 7, 2016, a post titled "Body of villager discovered in her demolished house as the result of forced relocation 21 days later in Changsha, Hunan province" went viral on the internet. Expressions such as "buried by forced house demolition", "photo showing the horrible scene" filled the title of articles on the media, and "forced demolition" got into the center of public opinions. Changsha Municipal Government released a circular on the treatment of incident on the evening of July 12, and the public sentiment cooled down on July 13.

Keywords: Changsha; Forced Demolition; Villager; Rule of Law

B. 13 Analysis of Public Opinions Over the Incident of Ms. Yang Gailan in Kangle County of Gansu Province

Ma Yan / 159

Abstract: On August 26, Yang Gailan, a farm woman aged 28 in Kangle county, Gansu province, slayed her four children before killing herself with agrochemicals. A few days later, her husband committed suicide too with agrochemicals. The tragedy drew great attention of the public after media report, and the public opinions gradually fade away after September 20. The press and netizens extensively discussed the problem of ill-implemented poverty alleviation policy reflected in this incident, articulated the difficult situation in rural subsistence allowance programme, and called for attention to the mental health of rural vulnerable groups.

Keywords: Kangle County; Subsistence Allowanceprogramme; Poverty Alleviation; Mental Health

B. 14 Analysis of Public Opinions Over the Incident of Public Trial and Judgement of Migrant Workers for Illegally Demanding Their Overdue Salary in Langzhong of Sichuan Province

Zou Dejiao, Bai Yonghao / 168

Abstract: On March 16, 2016, the Intermediate People's Court of Langzhong City, Sichuan province organized an open trial rally and sentenced 8 migrant workers for illegally demanding their overdue salary in the name of interference with public function, which aroused much attention of the public. The open trial rally was widely criticized for its inclination. Questions were raised by the press on the accessibility of justice for protection of migrant worker's legitimate right. Netizens argued what was the objective of the trial: to deter migrant workers from demanding their overdue salary or to protect salary arrears. The legal sector also gave their voices, condemning the open trial as a retrogression in the judicial system, and calling the judicial sector to practice the rule of law and safeguard justice.

Keywords: Langzhong City; Migrant Workers; Demanding Salary; Open Trial and Judgement; Judiciary

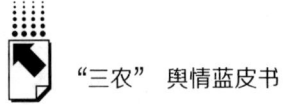

"三农"舆情蓝皮书

Ⅳ　Regional Public Opinions

B. 15　Analysis of the Public Opinions Concerning Agriculture,

　　　　Farmers and Rural Areas of Shanghai　　*Zhang Xiangfei* / 177

Abstract: In 2016, the public opinions concerning agriculture, farmers and rural Areas remained steady with slight fluctuations, with WeChat posts accounting for 2/3 of the public opinions. Public attention focused on the achievements of Shanghai in urban agriculture, Shanghai actively promoting IT application in agriculture, comprehensively improving environment, policy guidelines of Shanghai Municipal Government on household registration system reform, etc. Besides, topics such as high food price, arrears of migrant workers' salary, difficulty in education for the children of migrant workers, etc. were also heatedly discussed by the public.

Keywords: Urban Agriculture; Science and Technology Lnnovation; Agriculturalinternet of Things; Household Registration System Reform

B. 16　Analysis of Public Opinions Concerning Agriculture,

　　　　Farmers and Rural Areas in Shandong Province

　　　　　　　　　　　Wang Jun, Huang Sha and Li Wenjing / 189

Abstract: In 2016, the public opinions concerning agriculture, rural Areas and farmers in Shandong province remained stable in general, with the mainstream public opinions focused on rural reform and development. The trend of public opinions showed marked fluctuation, focusing on agricultural production, agricultural product quality and safety, agricultural commodity market, etc. Public opinion incidents included "Map of Chives", "Chive Stem Sauce", "Garlic Price Spike", etc. Looking into 2017, agricultural supply-side reform, agricultural product quality and safety, integration of the primary, secondary and tertiary industries in the rural Areas, rural reforms, etc. will continue to be the focuses of public opinions.

Keywords: Shandong Province; Public Opinions Concerning Agriculture, Farmers and Rural Areas; Garlic Price Spike; Map of Chives

B.17 Analysis of Public Opinions Concerning Agriculture, Farmers and Rural Areas in Guangdong Province *Li Huayong* / 203

Abstract: In 2016, the public opinions concerning agriculture, rural Areas and farmers in Guangdong province displayed a "broad U-shape" development, with agricultural supply-side structural reform becoming the focus of public opinions. Agricultural production and market, rural land, agricultural product qualityand safety were the top 3 topics of public attention. Precision poverty alleviation also caught the public attention and hot events included overstocked pineapples in Xuwen County, water-injected mutton in Zhuhai City, overstocked winter melon in Yingde City, among others. Looking into 2017, agricultural supply-side structural reform will continue to be focused by the public opinions, while more attention will be attracted by the green development. Public attention pressure will continue on agricultural product quality and safety, together with the dull sale of some agricultural products.

Keywords: Guangdong Province; Public Opinions Concerning Agriculture, Farmers and Rural Areas; Pineapples; Dull Sale

B.18 Analysis of Public Opinions Concerning Agriculture, Rural Areas and Farmers in Shaanxi Province

Han Tao, Yin Hua and Ai Qing / 213

Abstract: In the year of 2016, the public opinions concerning agriculture, farmers and rural Areas in Shaanxi province remained stable in general, with the mainstream press dominating the direction of public opinions. The main focuses of the public opinions comprise the following 3 aspects: First, relevant social incidents such as "old farmer in his seventies received fake money selling grains" and "road constructed with farmers' own money became illegal building works" aroused heated discussion among netizens; Second, mainstream press made positive coverage and comment of major conference activities such as the "G20 Agriculture Ministers Meeting" and the "First World Apple Conference"; Third, sectoral hot issues such as "Langao County Government helped migrant workers to get their overdue salary across provinces" attracted the press to conduct in-depth investigation and heated discussion among netizens.

Keywords: Shaanxi Province; Public Opinions Concerning Agriculture, Rural Areas and Farmers; Misrant Workers

B.19 Analysis of the Public Opinions Concerning Agriculture, Farmers and Rural Areas of Gansu Province

Gao Xingming, Lu Ming, Zhang Bai and Zhao Jing / 226

Abstract: In 2016, the public opinions concerning agriculture, farmers and rural Areas showed a wavy development. Development-oriented poverty alleviation topped all topics, accounting for 40% of the public opinions concerning agriculture, farmers and rural Areas in the province. Public attention positively focused on agricultural E-commerce and feature brand industry development. Hot issues include "Lanzhou Plateau summer vegetables encounters price winter", "villagers of Jichang Village of Lintao County get dividend that formed a money hill". The incident of a poor farm woman Yang Gailan killing her children caused people to pay attention to and seriously consider poverty problem.

Keywords: Gansu Province; Plateau Summer Vegetables; Public Opinions Concerning Agriculture, Farmers and Rural Areas; Development-oriented Poverty Alleviation

Contents

V Overseas Public Opinions

B. 20 Analysis of the Public Opinions in the Media of Hong Kong,
Macao and Taiwan Concerning Agriculture, Farmers and
Rural Areas of the Mainland   *Shi Zhan, Cheng Chen* / 239

Abstract: In 2016, the public opinions in the media of Hong Kong, Macao and Taiwan concerning agriculture, farmers and rural Areas of the mainland experienced 3 peaks in May, September and December respectively. Trade and cooperation between the mainland and Taiwan was the most popular topic. There're extensive coverage of the release of Document No. 1, decrease of grain production on the previous year, agricultural supply-side structural reform, among other agricultural news, in the media of Hong Kong, Macao and Taiwan. Besides, the media reports also focused on events such as "China lifts the ban on US beef", "Chinese enterprises overseas mergers and acquisitions in the field of agriculture".

Keywords: Taiwan; Agricultural Product; Agriculture Cooperation

B. 21 Analysis of the Public Opinions in Foreign Media
Concerning Agriculture, Farmers and Rural Areas of China
Shi Zhan, Zhang Xiaoqi and Wu Tong / 250

Abstract: In 2016, the public opinions in foreign media concerning agriculture, farmers and rural Areas of China exhibited an upward trend. Foreign media mainly focused on China's agricultural trade and international agricultural cooperation development, along with China's domestic agricultural policy, migrant workers, dairy industry, fisheries, etc. "Overseas mergers and acquisitions" and "trade frictions" became the key words. Following events aroused heated discussion in foreign media, including ChemChina's acquisition of Syngenta, Chinese/Australian consortium's acquisition of the largest Australian livestock company Kidman, China conditionally lifts ban on US beef, as well as US litigation against China on its tariff rate on rice, wheat and corn, etc.

Keywords: Public Opinions Concerning Agriculture, Farmers and Rural Areas; Agricultural Trade; Agricultural Cooperation; Overseas Mergers and Acquisitions; China-Australia Free Trade Agreement

声　明

　　基于"三农"舆情分析和研究的公益性需要,本书对舆论在相关问题上所阐述的内容及观点进行了如实引用和客观呈现。这并不代表编者赞同其内容或观点,也不代表编者对上述内容或观点的真实性予以保证和负责。对于直接引用文字,谨向有关单位和个人表示衷心感谢。如有关单位及个人认为本书引用文字涉及著作权等问题,请与本书编者联系解决。

　　联系电话 010-59191597。

本书编委会

社会科学文献出版社　　皮书系列

❖ 皮书起源 ❖

"皮书"起源于十七、十八世纪的英国，主要指官方或社会组织正式发表的重要文件或报告，多以"白皮书"命名。在中国，"皮书"这一概念被社会广泛接受，并被成功运作、发展成为一种全新的出版形态，则源于中国社会科学院社会科学文献出版社。

❖ 皮书定义 ❖

皮书是对中国与世界发展状况和热点问题进行年度监测，以专业的角度、专家的视野和实证研究方法，针对某一领域或区域现状与发展态势展开分析和预测，具备原创性、实证性、专业性、连续性、前沿性、时效性等特点的公开出版物，由一系列权威研究报告组成。

❖ 皮书作者 ❖

皮书系列的作者以中国社会科学院、著名高校、地方社会科学院的研究人员为主，多为国内一流研究机构的权威专家学者，他们的看法和观点代表了学界对中国与世界的现实和未来最高水平的解读与分析。

❖ 皮书荣誉 ❖

皮书系列已成为社会科学文献出版社的著名图书品牌和中国社会科学院的知名学术品牌。2016年，皮书系列正式列入"十三五"国家重点出版规划项目；2012~2016年，重点皮书列入中国社会科学院承担的国家哲学社会科学创新工程项目；2017年，55种院外皮书使用"中国社会科学院创新工程学术出版项目"标识。

中国皮书网

发布皮书研创资讯，传播皮书精彩内容
引领皮书出版潮流，打造皮书服务平台

栏目设置

关于皮书：何谓皮书、皮书分类、皮书大事记、皮书荣誉、
皮书出版第一人、皮书编辑部

最新资讯：通知公告、新闻动态、媒体聚焦、网站专题、视频直播、下载专区

皮书研创：皮书规范、皮书选题、皮书出版、皮书研究、研创团队

皮书评奖评价：指标体系、皮书评价、皮书评奖

互动专区：皮书说、皮书智库、皮书微博、数据库微博

所获荣誉

2008年、2011年，中国皮书网均在全国新闻出版业网站荣誉评选中获得"最具商业价值网站"称号；

2012年，获得"出版业网站百强"称号。

网库合一

2014年，中国皮书网与皮书数据库端口合一，实现资源共享。更多详情请登录www.pishu.cn。

权威报告·热点资讯·特色资源

皮书数据库
ANNUAL REPORT(YEARBOOK) DATABASE

当代中国与世界发展高端智库平台

所获荣誉

- 2016年，入选"国家'十三五'电子出版物出版规划骨干工程"
- 2015年，荣获"搜索中国正能量 点赞2015""创新中国科技创新奖"
- 2013年，荣获"中国出版政府奖·网络出版物奖"提名奖
- 连续多年荣获中国数字出版博览会"数字出版·优秀品牌"奖

成为会员

通过网址www.pishu.com.cn或使用手机扫描二维码进入皮书数据库网站，进行手机号码验证或邮箱验证即可成为皮书数据库会员（建议通过手机号码快速验证注册）。

会员福利

- 使用手机号码首次注册会员可直接获得100元体验金，不需充值即可购买和查看数据库内容（仅限使用手机号码快速注册）。
- 已注册用户购书后可免费获赠100元皮书数据库充值卡。刮开充值卡涂层获取充值密码，登录并进入"会员中心"—"在线充值"—"充值卡充值"，充值成功后即可购买和查看数据库内容。

卡号：178481488261
密码：

数据库服务热线：400-008-6695
数据库服务QQ：2475522410
数据库服务邮箱：database@ssap.cn
图书销售热线：010-59367070/7028
图书服务QQ：1265056568
图书服务邮箱：duzhe@ssap.cn

子库介绍
Sub-Database Introduction

中国经济发展数据库

涵盖宏观经济、农业经济、工业经济、产业经济、财政金融、交通旅游、商业贸易、劳动经济、企业经济、房地产经济、城市经济、区域经济等领域，为用户实时了解经济运行态势、把握经济发展规律、洞察经济形势、做出经济决策提供参考和依据。

中国社会发展数据库

全面整合国内外有关中国社会发展的统计数据、深度分析报告、专家解读和热点资讯构建而成的专业学术数据库。涉及宗教、社会、人口、政治、外交、法律、文化、教育、体育、文学艺术、医药卫生、资源环境等多个领域。

中国行业发展数据库

以中国国民经济行业分类为依据，跟踪分析国民经济各行业市场运行状况和政策导向，提供行业发展最前沿的资讯，为用户投资、从业及各种经济决策提供理论基础和实践指导。内容涵盖农业，能源与矿产业，交通运输业，制造业，金融业，房地产业，租赁和商务服务业，科学研究，环境和公共设施管理，居民服务业，教育，卫生和社会保障，文化、体育和娱乐业等100余个行业。

中国区域发展数据库

对特定区域内的经济、社会、文化、法治、资源环境等领域的现状与发展情况进行分析和预测。涵盖中部、西部、东北、西北等地区，长三角、珠三角、黄三角、京津冀、环渤海、合肥经济圈、长株潭城市群、关中—天水经济区、海峡经济区等区域经济体和城市圈，北京、上海、浙江、河南、陕西等34个省份及中国台湾地区。

中国文化传媒数据库

包括文化事业、文化产业、宗教、群众文化、图书馆事业、博物馆事业、档案事业、语言文字、文学、历史地理、新闻传播、广播电视、出版事业、艺术、电影、娱乐等多个子库。

世界经济与国际关系数据库

以皮书系列中涉及世界经济与国际关系的研究成果为基础，全面整合国内外有关世界经济与国际关系的统计数据、深度分析报告、专家解读和热点资讯构建而成的专业学术数据库。包括世界经济、国际政治、世界文化与科技、全球性问题、国际组织与国际法、区域研究等多个子库。

法律声明

"皮书系列"（含蓝皮书、绿皮书、黄皮书）之品牌由社会科学文献出版社最早使用并持续至今，现已被中国图书市场所熟知。"皮书系列"的LOGO（ ）与"经济蓝皮书""社会蓝皮书"均已在中华人民共和国国家工商行政管理总局商标局登记注册。"皮书系列"图书的注册商标专用权及封面设计、版式设计的著作权均为社会科学文献出版社所有。未经社会科学文献出版社书面授权许可，任何使用与"皮书系列"图书注册商标、封面设计、版式设计相同或者近似的文字、图形或其组合的行为均系侵权行为。

经作者授权，本书的专有出版权及信息网络传播权为社会科学文献出版社享有。未经社会科学文献出版社书面授权许可，任何就本书内容的复制、发行或以数字形式进行网络传播的行为均系侵权行为。

社会科学文献出版社将通过法律途径追究上述侵权行为的法律责任，维护自身合法权益。

欢迎社会各界人士对侵犯社会科学文献出版社上述权利的侵权行为进行举报。电话：010-59367121，电子邮箱：fawubu@ssap.cn。

社会科学文献出版社

皮书系列

2017年

智库成果出版与传播平台

社会科学文献出版社
SOCIAL SCIENCES ACADEMIC PRESS (CHINA)

社长致辞

2017年正值皮书品牌专业化二十周年之际，世界每天都在发生着让人眼花缭乱的变化，而唯一不变的，是面向未来无数的可能性。作为个体，如何获取专业信息以备不时之需？作为行政主体或企事业主体，如何提高决策的科学性让这个世界变得更好而不是更糟？原创、实证、专业、前沿、及时、持续，这是1997年"皮书系列"品牌创立的初衷。

1997～2017，从最初一个出版社的学术产品名称到媒体和公众使用频率极高的热点词语，从专业术语到大众话语，从官方文件到独特的出版型态，作为重要的智库成果，"皮书"始终致力于成为海量信息时代的信息过滤器，成为经济社会发展的记录仪，成为政策制定、评估、调整的智力源，社会科学研究的资料集成库。"皮书"的概念不断延展，"皮书"的种类更加丰富，"皮书"的功能日渐完善。

1997～2017，皮书及皮书数据库已成为中国新型智库建设不可或缺的抓手与平台，成为政府、企业和各类社会组织决策的利器，成为人文社科研究最基本的资料库，成为世界系统完整及时认知当代中国的窗口和通道！"皮书"所具有的凝聚力正在形成一种无形的力量，吸引着社会各界关注中国的发展，参与中国的发展。

二十年的"皮书"正值青春，愿每一位皮书人付出的年华与智慧不辜负这个时代！

社会科学文献出版社社长
中国社会学会秘书长

2016年11月

社会科学文献出版社简介

社会科学文献出版社成立于1985年，是直属于中国社会科学院的人文社会科学学术出版机构。成立以来，社科文献出版社依托于中国社会科学院和国内外人文社会科学界丰厚的学术出版和专家学者资源，始终坚持"创社科经典，出传世文献"的出版理念、"权威、前沿、原创"的产品定位以及学术成果和智库成果出版的专业化、数字化、国际化、市场化的经营道路。

社科文献出版社是中国新闻出版业转型与文化体制改革的先行者。积极探索文化体制改革的先进方向和现代企业经营决策机制，社科文献出版社先后荣获"全国文化体制改革工作先进单位"、中国出版政府奖·先进出版单位奖、中国社会科学院先进集体、全国科普工作先进集体等荣誉称号。多人次荣获"第十届韬奋出版奖""全国新闻出版行业领军人才""数字出版先进人物""北京市新闻出版广电行业领军人才"等称号。

社科文献出版社是中国人文社会科学学术出版的大社名社，也是以皮书为代表的智库成果出版的专业强社。年出版图书2000余种，其中皮书350余种，出版新书字数5.5亿字，承印与发行中国社科院院属期刊72种，先后创立了皮书系列、列国志、中国史话、社科文献学术译库、社科文献学术文库、甲骨文书系等一大批既有学术影响又有市场价值的品牌，确立了在社会学、近代史、苏东问题研究等专业学科及领域出版的领先地位。图书多次荣获中国出版政府奖、"三个一百"原创图书出版工程、"五个'一'工程奖"、"大众喜爱的50种图书"等奖项，在中央国家机关"强素质·做表率"读书活动中，入选图书品种数位居各大出版社之首。

社科文献出版社是中国学术出版规范与标准的倡议者与制定者，代表全国50多家出版社发起实施学术著作出版规范的倡议，承担学术著作规范国家标准的起草工作，率先编撰完成《皮书手册》对皮书品牌进行规范化管理，并在此基础上推出中国版芝加哥手册——《SSAP学术出版手册》。

社科文献出版社是中国数字出版的引领者，拥有皮书数据库、列国志数据库、"一带一路"数据库、减贫数据库、集刊数据库等4大产品线11个数据库产品，机构用户达1300余家，海外用户百余家，荣获"数字出版转型示范单位""新闻出版标准化先进单位""专业数字内容资源知识服务模式试点企业标准化示范单位"等称号。

社科文献出版社是中国学术出版走出去的践行者。社科文献出版社海外图书出版与学术合作业务遍及全球40余个国家和地区并于2016年成立俄罗斯分社，累计输出图书500余种，涉及近20个语种，累计获得国家社科基金中华学术外译项目资助76种、"丝路书香工程"项目资助60种、中国图书对外推广计划项目资助71种以及经典中国国际出版工程资助28种，被商务部认定为"2015-2016年度国家文化出口重点企业"。

如今，社科文献出版社拥有固定资产3.6亿元，年收入近3亿元，设置了七大出版分社、六大专业部门，成立了皮书研究院和博士后科研工作站，培养了一支近400人的高素质与高效率的编辑、出版、营销和国际推广队伍，为未来成为学术出版的大社、名社、强社，成为文化体制改革与文化企业转型发展的排头兵奠定了坚实的基础。

经济类

皮书系列
重点推荐

经 济 类

经济类皮书涵盖宏观经济、城市经济、大区域经济，提供权威、前沿的分析与预测

经济蓝皮书
2017年中国经济形势分析与预测

李扬 / 主编　2017年1月出版　定价：89.00元

◆ 本书为总理基金项目，由著名经济学家李扬领衔，联合中国社会科学院等数十家科研机构、国家部委和高等院校的专家共同撰写，系统分析了2016年的中国经济形势并预测2017年中国经济运行情况。

中国省域竞争力蓝皮书
中国省域经济综合竞争力发展报告（2015～2016）

李建平　李闽榕　高燕京 / 主编　2017年5月出版　定价：198.00元

◆ 本书融多学科的理论为一体，深入追踪研究了省域经济发展与中国国家竞争力的内在关系，为提升中国省域经济综合竞争力提供有价值的决策依据。

城市蓝皮书
中国城市发展报告No.10

潘家华　单菁菁 / 主编　2017年9月出版　估价：89.00元

◆ 本书是由中国社会科学院城市发展与环境研究中心编著的，多角度、全方位地立体展示了中国城市的发展状况，并对中国城市的未来发展提出了许多建议。该书有强烈的时代感，对中国城市发展实践有重要的参考价值。

人口与劳动绿皮书
中国人口与劳动问题报告 No.18

蔡昉 张车伟 / 主编　2017年10月出版　估价：89.00元

◆ 本书为中国社会科学院人口与劳动经济研究所主编的年度报告，对当前中国人口与劳动形势做了比较全面和系统的深入讨论，为研究中国人口与劳动问题提供了一个专业性的视角。

世界经济黄皮书
2017年世界经济形势分析与预测

张宇燕 / 主编　2017年1月出版　定价：89.00元

◆ 本书由中国社会科学院世界经济与政治研究所的研究团队撰写，2016年世界经济增速进一步放缓，就业增长放慢。世界经济面临许多重大挑战同时，地缘政治风险、难民危机、大国政治周期、恐怖主义等问题也仍然在影响世界经济的稳定与发展。预计2017年按PPP计算的世界GDP增长率约为3.0%。

国际城市蓝皮书
国际城市发展报告（2017）

屠启宇 / 主编　2017年2月出版　定价：79.00元

◆ 本书作者以上海社会科学院从事国际城市研究的学者团队为核心，汇集同济大学、华东师范大学、复旦大学、上海交通大学、南京大学、浙江大学相关城市研究专业学者。立足动态跟踪介绍国际城市发展时间中，最新出现的重大战略、重大理念、重大项目、重大报告和最佳案例。

金融蓝皮书
中国金融发展报告（2017）

王国刚 / 主编　2017年2月出版　定价：79.00元

◆ 本书由中国社会科学院金融研究所组织编写，概括和分析了2016年中国金融发展和运行中的各方面情况，研讨和评论了2016年发生的主要金融事件，有利于读者了解掌握2016年中国的金融状况，把握2017年中国金融的走势。

经济类　皮书系列重点推荐

农村绿皮书
中国农村经济形势分析与预测（2016～2017）

魏后凯　杜志雄　黄秉信／主编　2017年4月出版　估价：89.00元

◆ 本书描述了2016年中国农业农村经济发展的一些主要指标和变化，并对2017年中国农业农村经济形势的一些展望和预测，提出相应的政策建议。

西部蓝皮书
中国西部发展报告（2017）

徐璋勇／主编　2017年7月出版　估价：89.00元

◆ 本书由西北大学中国西部经济发展研究中心主编，汇集了源自西部本土以及国内研究西部问题的权威专家的第一手资料，对国家实施西部大开发战略进行年度动态跟踪，并对2017年西部经济、社会发展态势进行预测和展望。

经济蓝皮书·夏季号
中国经济增长报告（2016～2017）

李扬／主编　2017年9月出版　估价：98.00元

◆ 中国经济增长报告主要探讨2016~2017年中国经济增长问题，以专业视角解读中国经济增长，力求将其打造成一个研究中国经济增长、服务宏微观各级决策的周期性、权威性读物。

就业蓝皮书
2017年中国本科生就业报告

麦可思研究院／编著　2017年6月出版　估价：98.00元

◆ 本书基于大量的数据和调研，内容翔实，调查独到，分析到位，用数据说话，对中国大学生就业及学校专业设置起到了很好的建言献策作用。

皮书系列 重点推荐   社会政法类

社 会 政 法 类

社会政法类皮书聚焦社会发展领域的热点、难点问题，提供权威、原创的资讯与视点

社会蓝皮书
2017年中国社会形势分析与预测
李培林　陈光金　张翼 / 主编　2016年12月出版　定价：89.00元

◆ 本书由中国社会科学院社会学研究所组织研究机构专家、高校学者和政府研究人员撰写，聚焦当下社会热点，对2016年中国社会发展的各个方面内容进行了权威解读，同时对2017年社会形势发展趋势进行了预测。

法治蓝皮书
中国法治发展报告No.15（2017）
李林　田禾 / 主编　2017年3月出版　定价：118.00元

◆ 本年度法治蓝皮书回顾总结了2016年度中国法治发展取得的成就和存在的不足，对中国政府、司法、检务透明度进行了跟踪调研，并对2017年中国法治发展形势进行了预测和展望。

社会体制蓝皮书
中国社会体制改革报告No.5（2017）
龚维斌 / 主编　2017年3月出版　定价：89.00元

◆ 本书由国家行政学院社会治理研究中心和北京师范大学中国社会管理研究院共同组织编写，主要对2016年社会体制改革情况进行回顾和总结，对2017年的改革走向进行分析，提出相关政策建议。

皮书系列 重点推荐

社会政法类

社会心态蓝皮书
中国社会心态研究报告（2017）
王俊秀 杨宜音/主编　2017年12月出版　估价：89.00元

◆ 本书是中国社会科学院社会学研究所社会心理研究中心"社会心态蓝皮书课题组"的年度研究成果，运用社会心理学、社会学、经济学、传播学等多种学科的方法进行了调查和研究，对于目前中国社会心态状况有较广泛和深入的揭示。

生态城市绿皮书
中国生态城市建设发展报告（2017）
刘举科 孙伟平 胡文臻/主编　2017年7月出版　估价：118.00元

◆ 报告以绿色发展、循环经济、低碳生活、民生宜居为理念，以更新民众观念、提供决策咨询、指导工程实践、引领绿色发展为宗旨，试图探索一条具有中国特色的城市生态文明建设新路。

城市生活质量蓝皮书
中国城市生活质量报告（2017）
中国经济实验研究院/主编　2017年7月出版　估价：89.00元

◆ 本书对全国35个城市居民的生活质量主观满意度进行了电话调查，同时对35个城市居民的客观生活质量指数进行了计算，为中国城市居民生活质量的提升，提出了针对性的政策建议。

公共服务蓝皮书
中国城市基本公共服务力评价（2017）
钟君 刘志昌 吴正杲/主编　2017年12月出版　估价：89.00元

◆ 中国社会科学院经济与社会建设研究室与华图政信调查组成联合课题组，从2010年开始对基本公共服务力进行研究，研创了基本公共服务力评价指标体系，为政府考核公共服务与社会管理工作提供了理论工具。

皮书系列 重点推荐　行业报告类

行业报告类

行业报告类皮书立足重点行业、新兴行业领域，提供及时、前瞻的数据与信息

企业社会责任蓝皮书
中国企业社会责任研究报告（2017）

黄群慧　钟宏武　张蒽　翟利峰 / 著　2017年10月出版　估价：89.00元

◆ 本书剖析了中国企业社会责任在2016～2017年度的最新发展特征，详细解读了省域国有企业在社会责任方面的阶段性特征，生动呈现了国内外优秀企业的社会责任实践。对了解中国企业社会责任履行现状、未来发展，以及推动社会责任建设有重要的参考价值。

新能源汽车蓝皮书
中国新能源汽车产业发展报告（2017）

中国汽车技术研究中心　日产（中国）投资有限公司　东风汽车有限公司 / 编著　2017年7月出版　估价：98.00元

◆ 本书对中国2016年新能源汽车产业发展进行了全面系统的分析，并介绍了国外的发展经验。有助于相关机构、行业和社会公众等了解中国新能源汽车产业发展的最新动态，为政府部门出台新能源汽车产业相关政策法规、企业制定相关战略规划，提供必要的借鉴和参考。

杜仲产业绿皮书
中国杜仲橡胶资源与产业发展报告（2016～2017）

杜红岩　胡文臻　俞锐 / 主编　2017年4月出版　估价：85.00元

◆ 本书对2016年杜仲产业的发展情况、研究团队在杜仲研究方面取得的重要成果、部分地区杜仲产业发展的具体情况、杜仲新标准的制定情况等进行了较为详细的分析与介绍，使广大关心杜仲产业发展的读者能够及时跟踪产业最新进展。

行业报告类　皮书系列 重点推荐

企业蓝皮书
中国企业绿色发展报告 No.2（2017）

李红玉　朱光辉 / 主编　　2017 年 8 月出版　　估价：89.00 元

◆ 本书深入分析中国企业能源消费、资源利用、绿色金融、绿色产品、绿色管理、信息化、绿色发展政策及绿色文化方面的现状，并对目前存在的问题进行研究，剖析因果，谋划对策，为企业绿色发展提供借鉴，为中国生态文明建设提供支撑。

中国上市公司蓝皮书
中国上市公司发展报告（2017）

张平　王宏淼 / 主编　　2017 年 10 月出版　　估价：98.00 元

◆ 本书由中国社会科学院上市公司研究中心组织编写的，着力于全面、真实、客观反映当前中国上市公司财务状况和价值评估的综合性年度报告。本书详尽分析了 2016 年中国上市公司情况，特别是现实中暴露出的制度性、基础性问题，并对资本市场改革进行了探讨。

资产管理蓝皮书
中国资产管理行业发展报告（2017）

智信资产管理研究院 / 编著　　2017 年 6 月出版　　估价：89.00 元

◆ 中国资产管理行业刚刚兴起，未来将成为中国金融市场最有看点的行业。本书主要分析了 2016 年度资产管理行业的发展情况，同时对资产管理行业的未来发展做出科学的预测。

体育蓝皮书
中国体育产业发展报告（2017）

阮伟　钟秉枢 / 主编　　2017 年 12 月出版　　估价：89.00 元

◆ 本书运用多种研究方法，在体育竞赛业、体育用品业、体育场馆业、体育传媒业等传统产业研究的基础上，并对 2016 年体育领域内的各种热点事件进行研究和梳理，进一步拓宽了研究的广度、提升了研究的高度、挖掘了研究的深度。

皮书系列 重点推荐 　国别与地区类

国际问题类

国际问题类皮书关注全球重点国家与地区，提供全面、独特的解读与研究

美国蓝皮书
美国研究报告（2017）

郑秉文　黄平／主编　2017年6月出版　估价：89.00元

◆ 本书是由中国社会科学院美国研究所主持完成的研究成果，它回顾了美国2016年的经济、政治形势与外交战略，对2017年以来美国内政外交发生的重大事件及重要政策进行了较为全面的回顾和梳理。

日本蓝皮书
日本研究报告（2017）

杨伯江／主编　2017年5月出版　估价：89.00元

◆ 本书对2016年日本的政治、经济、社会、外交等方面的发展情况做了系统介绍，对日本的热点及焦点问题进行了总结和分析，并在此基础上对该国2017年的发展前景做出预测。

亚太蓝皮书
亚太地区发展报告（2017）

李向阳／主编　2017年4月出版　估价：89.00元

◆ 本书是中国社会科学院亚太与全球战略研究院的集体研究成果。2017年的"亚太蓝皮书"继续关注中国周边环境的变化。该书盘点了2016年亚太地区的焦点和热点问题，为深入了解2016年及未来中国与周边环境的复杂形势提供了重要参考。

国别与地区类 皮书系列 重点推荐

德国蓝皮书
德国发展报告（2017）

郑春荣 / 主编　2017年6月出版　估价：89.00元

◆ 本报告由同济大学德国研究所组织编撰，由该领域的专家学者对德国的政治、经济、社会文化、外交等方面的形势发展情况，进行全面的阐述与分析。

日本经济蓝皮书
日本经济与中日经贸关系研究报告（2017）

张季风 / 编著　2017年5月出版　估价：89.00元

◆ 本书系统、详细地介绍了2016年日本经济以及中日经贸关系发展情况，在进行了大量数据分析的基础上，对2017年日本经济以及中日经贸关系的大致发展趋势进行了分析与预测。

俄罗斯黄皮书
俄罗斯发展报告（2017）

李永全 / 主编　2017年7月出版　估价：89.00元

◆ 本书系统介绍了2016年俄罗斯经济政治情况，并对2016年该地区发生的焦点、热点问题进行了分析与回顾；在此基础上，对该地区2017年的发展前景进行了预测。

非洲黄皮书
非洲发展报告No.19（2016～2017）

张宏明 / 主编　2017年8月出版　估价：89.00元

◆ 本书是由中国社会科学院西亚非洲研究所组织编撰的非洲形势年度报告，比较全面、系统地分析了2016年非洲政治形势和热点问题，探讨了非洲经济形势和市场走向，剖析了大国对非洲关系的新动向；此外，还介绍了国内非洲研究的新成果。

地方发展类

地方发展类

地方发展类皮书关注中国各省份、经济区域，提供科学、多元的预判与资政信息

北京蓝皮书
北京公共服务发展报告（2016~2017）

施昌奎 / 主编　2017年3月出版　定价：79.00元

◆ 本书是由北京市政府职能部门的领导、首都著名高校的教授、知名研究机构的专家共同完成的关于北京市公共服务发展与创新的研究成果。

河南蓝皮书
河南经济发展报告（2017）

张占仓　完世伟 / 主编　2017年4月出版　估价：89.00元

◆ 本书以国内外经济发展环境和走向为背景，主要分析当前河南经济形势，预测未来发展趋势，全面反映河南经济发展的最新动态、热点和问题，为地方经济发展和领导决策提供参考。

广州蓝皮书
2017年中国广州经济形势分析与预测

庾建设　陈浩钿　谢博能 / 主编　2017年7月出版　估价：85.00元

◆ 本书由广州大学与广州市委政策研究室、广州市统计局联合主编，汇集了广州科研团体、高等院校和政府部门诸多经济问题研究专家、学者和实际部门工作者的最新研究成果，是关于广州经济运行情况和相关专题分析、预测的重要参考资料。

 文化传媒类

文 化 传 媒 类

文化传媒类皮书透视文化领域、文化产业，
探索文化大繁荣、大发展的路径

新媒体蓝皮书

中国新媒体发展报告 No.8（2017）

唐绪军 / 主编　2017年6月出版　估价：89.00元

◆ 本书是由中国社会科学院新闻与传播研究所组织编写的关于新媒体发展的最新年度报告，旨在全面分析中国新媒体的发展现状，解读新媒体的发展趋势，探析新媒体的深刻影响。

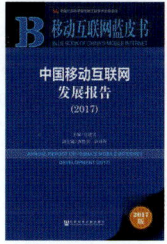

移动互联网蓝皮书

中国移动互联网发展报告（2017）

官建文 / 主编　2017年6月出版　估价：89.00元

◆ 本书着眼于对2016年度中国移动互联网的发展情况做深入解析，对未来发展趋势进行预测，力求从不同视角、不同层面全面剖析中国移动互联网发展的现状、年度突破及热点趋势等。

传媒蓝皮书

中国传媒产业发展报告（2017）

崔保国 / 主编　2017年5月出版　估价：98.00元

◆ "传媒蓝皮书"连续十多年跟踪观察和系统研究中国传媒产业发展。本报告在对传媒产业总体以及各细分行业发展状况与趋势进行深入分析基础上，对年度发展热点进行跟踪，剖析新技术引领下的商业模式，对传媒各领域发展趋势、内体经营、传媒投资进行解析，为中国传媒产业正在发生的变革提供前瞻行参考。

经济类

"三农"互联网金融蓝皮书
中国"三农"互联网金融发展报告(2017)
著(编)者：李勇坚 王弢 2017年8月出版 / 估价：98.00元
PSN B-2016-561-1/1

G20国家创新竞争力黄皮书
二十国集团(G20)国家创新竞争力发展报告(2016~2017)
著(编)者：李建平 李闽榕 赵新力 周天勇
2017年8月出版 / 估价：158.00元
PSN Y-2011-229-1/1

产业蓝皮书
中国产业竞争力报告(2017)No.7
著(编)者：张其仔 2017年12月出版 / 估价：98.00元
PSN B-2010-175-1/1

城市创新蓝皮书
中国城市创新报告(2017)
著(编)者：周天勇 旷建伟 2017年11月出版 / 估价：89.00元
PSN B-2013-340-1/1

城市蓝皮书
中国城市发展报告 No.10
著(编)者：潘家华 单菁菁 2017年9月出版 / 估价：89.00元
PSN B-2007-091-1/1

城乡一体化蓝皮书
中国城乡一体化发展报告(2016~2017)
著(编)者：汝信 付崇兰 2017年7月出版 / 估价：85.00元
PSN B-2011-226-1/2

城镇化蓝皮书
中国新型城镇化健康发展报告(2017)
著(编)者：张占斌 2017年8月出版 / 估价：89.00元
PSN B-2014-396-1/1

创新蓝皮书
创新型国家建设报告(2016~2017)
著(编)者：詹正茂 2017年12月出版 / 估价：89.00元
PSN B-2009-140-1/1

创业蓝皮书
中国创业发展报告(2016~2017)
著(编)者：黄群慧 赵卫星 钟宏武等
2017年11月出版 / 估价：89.00元
PSN B-2016-578-1/1

低碳发展蓝皮书
中国低碳发展报告(2016~2017)
著(编)者：齐晔 张希良 2017年3月出版 / 估价：98.00元
PSN B-2011-223-1/1

低碳经济蓝皮书
中国低碳经济发展报告(2017)
著(编)者：薛进军 赵忠秀 2017年6月出版 / 估价：85.00元
PSN B-2011-194-1/1

东北蓝皮书
中国东北地区发展报告(2017)
著(编)者：姜晓秋 2017年2月出版 / 定价：79.00元
PSN B-2006-067-1/1

发展与改革蓝皮书
中国经济发展和体制改革报告No.8
著(编)者：邹东涛 王再文 2017年4月出版 / 估价：98.00元
PSN B-2008-122-1/1

工业化蓝皮书
中国工业化进程报告(2017)
著(编)者：黄群慧 2017年12月出版 / 估价：158.00元
PSN B-2007-095-1/1

管理蓝皮书
中国管理发展报告(2017)
著(编)者：张晓东 2017年10月出版 / 估价：98.00元
PSN B-2014-416-1/1

国际城市蓝皮书
国际城市发展报告(2017)
著(编)者：屠启宇 2017年2月出版 / 定价：79.00元
PSN B-2012-260-1/1

国家创新蓝皮书
中国创新发展报告(2017)
著(编)者：陈劲 2017年12月出版 / 估价：89.00元
PSN B-2014-370-1/1

金融蓝皮书
中国金融发展报告(2017)
著(编)者：王国刚 2017年2月出版 / 定价：79.00元
PSN B-2004-031-1/6

京津冀金融蓝皮书
京津冀金融发展报告(2017)
著(编)者：王爱俭 李向前
2017年4月出版 / 估价：89.00元
PSN B-2016-528-1/1

京津冀蓝皮书
京津冀蓝皮发展报告(2017)
著(编)者：文魁 祝尔娟 2017年4月出版 / 估价：89.00元
PSN B-2012-262-1/1

经济蓝皮书
2017年中国经济形势分析与预测
著(编)者：李扬 2017年1月出版 / 定价：89.00元
PSN B-1996-001-1/1

经济蓝皮书·春季号
2017年中国经济前景分析
著(编)者：李扬 2017年6月出版 / 估价：89.00元
PSN B-1999-008-1/1

经济蓝皮书·夏季号
中国经济增长报告(2016~2017)
著(编)者：李扬 2017年9月出版 / 估价：98.00元
PSN B-2010-176-1/1

经济信息绿皮书
中国与世界经济发展报告(2017)
著(编)者：杜平 2017年12月出版 / 定价：89.00元
PSN G-2003-023-1/1

就业蓝皮书
2017年中国本科生就业报告
著(编)者：麦可思研究院 2017年6月出版 / 估价：98.00元
PSN B-2009-146-1/2

 经济类

皮书系列 2017全品种

就业蓝皮书
2017年中国高职高专生就业报告
著(编)者：麦可思研究院　2017年6月出版／估价：98.00元
PSN B-2015-472-2/2

科普能力蓝皮书
中国科普能力评价报告（2017）
著(编)者：李富 强李群　2017年8月出版／估价：89.00元
PSN B-2016-556-1/1

临空经济蓝皮书
中国临空经济发展报告（2017）
著(编)者：连玉明　2017年9月出版／估价：89.00元
PSN B-2014-421-1/1

农村绿皮书
中国农村经济形势分析与预测（2016~2017）
著(编)者：魏后凯 杜志雄 黄秉信
2017年4月出版／估价：89.00元
PSN B-1998-003-1/1

农业应对气候变化蓝皮书
气候变化对中国农业影响评估报告 No.3
著(编)者：矫梅燕　2017年8月出版／估价：98.00元
PSN B-2014-413-1/1

气候变化绿皮书
应对气候变化报告（2017）
著(编)者：王伟光 郑国光　2017年6月出版／估价：89.00元
PSN G-2009-144-1/1

区域蓝皮书
中国区域经济发展报告（2016~2017）
著(编)者：赵弘　2017年6月出版／估价：89.00元
PSN B-2004-034-1/1

全球环境竞争力绿皮书
全球环境竞争力报告（2017）
著(编)者：李建平 李闽榕 王金南
2017年12月出版／估价：198.00元
PSN G-2013-363-1/1

人口与劳动绿皮书
中国人口与劳动问题报告 No.18
著(编)者：蔡昉 张车伟　2017年11月出版／估价：89.00元
PSN G-2000-012-1/1

商务中心区蓝皮书
中国商务中心区发展报告 No.3（2016）
著(编)者：李国红 單菁菁　2017年4月出版／估价：89.00元
PSN B-2015-444-1/1

世界经济黄皮书
2017年世界经济形势分析与预测
著(编)者：张宇燕　2017年1月出版／定价：89.00元
PSN Y-1999-006-1/1

世界旅游城市绿皮书
世界旅游城市发展报告（2017）
著(编)者：宋宇　2017年4月出版／估价：128.00元
PSN G-2014-400-1/1

土地市场蓝皮书
中国农村土地市场发展报告（2016~2017）
著(编)者：李光荣　2017年4月出版／估价：89.00元
PSN B-2016-527-1/1

西北蓝皮书
中国西北发展报告（2017）
著(编)者：高建龙　2017年4月出版／估价：89.00元
PSN B-2012-261-1/1

西部蓝皮书
中国西部发展报告（2017）
著(编)者：徐璋勇　2017年7月出版／估价：89.00元
PSN B-2005-039-1/1

新型城镇化蓝皮书
新型城镇化发展报告（2017）
著(编)者：李伟 宋敏 沈体雁　2017年4月出版／估价：98.00元
PSN B-2014-431-1/1

新兴经济体蓝皮书
金砖国家发展报告（2017）
著(编)者：林跃勤 周文　2017年12月出版／估价：89.00元
PSN B-2011-195-1/1

长三角蓝皮书
2017年新常态下深化一体化的长三角
著(编)者：王庆五　2017年12月出版／估价：88.00元
PSN B-2005-038-1/1

中部竞争力蓝皮书
中国中部经济社会竞争力报告（2017）
著(编)者：教育部人文社会科学重点研究基地
　　　　　南昌大学中国中部经济社会发展研究中心
2017年12月出版／估价：89.00元
PSN B-2012-276-1/1

中部蓝皮书
中国中部地区发展报告（2017）
著(编)者：宋亚平　2017年12月出版／估价：88.00元
PSN B-2007-089-1/1

中国省域竞争力蓝皮书
中国省域经济综合竞争力发展报告（2017）
著(编)者：李建平 李闽榕 高燕京
2017年2月出版／定价：198.00元
PSN B-2007-088-1/1

中三角蓝皮书
长江中游城市群发展报告（2017）
著(编)者：秦尊文　2017年9月出版／估价：89.00元
PSN B-2014-417-1/1

中小城市绿皮书
中国中小城市发展报告（2017）
著(编)者：中国城市经济学会中小城市经济发展委员会
　　　　　中国城镇化促进会中小城市发展委员会
　　　　　《中国中小城市发展报告》编纂委员会
　　　　　中小城市发展战略研究院
2017年11月出版／估价：128.00元
PSN G-2010-161-1/1

中原蓝皮书
中原经济区发展报告（2017）
著(编)者：李英杰　2017年6月出版／估价：88.00元
PSN B-2011-192-1/1

自贸区蓝皮书
中国自贸区发展报告（2017）
著(编)者：王力　2017年7月出版／估价：89.00元
PSN B-2016-559-1/1

社会政法类

北京蓝皮书
中国社区发展报告（2017）
著(编)者：于燕燕　2017年4月出版／估价：89.00元
PSN B-2007-083-5/8

殡葬绿皮书
中国殡葬事业发展报告（2017）
著(编)者：李伯森　2017年4月出版／估价：158.00元
PSN G-2010-180-1/1

城市管理蓝皮书
中国城市管理报告（2016~2017）
著(编)者：刘林　刘承水　2017年5月出版／估价：158.00元
PSN B-2013-336-1/1

城市生活质量蓝皮书
中国城市生活质量报告（2017）
著(编)者：中国经济实验研究院
2018年7月出版／估价：89.00元
PSN B-2013-326-1/1

城市政府能力蓝皮书
中国城市政府公共服务能力评估报告（2017）
著(编)者：何艳玲　2017年4月出版／估价：89.00元
PSN B-2013-338-1/1

慈善蓝皮书
中国慈善发展报告（2017）
著(编)者：杨团　2017年6月出版／估价：89.00元
PSN B-2009-142-1/1

党建蓝皮书
党的建设研究报告No.2（2017）
著(编)者：崔建民　陈东平　2017年4月出版／估价：89.00元
PSN B-2016-524-1/1

地方法治蓝皮书
中国地方法治发展报告No.3（2017）
著(编)者：李林　田禾　2017年4月出版／估价：108.00元
PSN B-2015-442-1/1

法治蓝皮书
中国法治发展报告No.15（2017）
著(编)者：李林　田禾　2017年3月出版／定价：118.00元
PSN B-2004-027-1/1

法治政府蓝皮书
中国法治政府发展报告（2017）
著(编)者：中国政法大学法治政府研究院
2017年4月出版／估价：98.00元
PSN B-2015-502-1/2

法治政府蓝皮书
中国法治政府评估报告（2017）
著(编)者：中国政法大学法治政府研究院
2017年11月出版／估价：98.00元
PSN B-2016-577-2/2

法治蓝皮书
中国法院信息化发展报告No.1（2017）
著(编)者：李林　田禾　2017年2月出版／定价：108.00元
PSN B-2017-604-3/3

反腐倡廉蓝皮书
中国反腐倡廉建设报告No.7
著(编)者：张英伟　2017年12月出版／估价：89.00元
PSN B-2012-259-1/1

非传统安全蓝皮书
中国非传统安全研究报告（2016~2017）
著(编)者：余潇枫　魏志江　2017年6月出版／估价：89.00元
PSN B-2012-273-1/1

妇女发展蓝皮书
中国妇女发展报告No.7
著(编)者：王金玲　2017年9月出版／估价：148.00元
PSN B-2006-069-1/1

妇女教育蓝皮书
中国妇女教育发展报告No.4
著(编)者：张李玺　2017年10月出版／估价：78.00元
PSN B-2008-121-1/1

妇女绿皮书
中国性别平等与妇女发展报告（2017）
著(编)者：谭琳　2017年12月出版／估价：99.00元
PSN G-2006-073-1/1

公共服务蓝皮书
中国城市基本公共服务力评价（2017）
著(编)者：钟君　刘志昌　吴正呆　2017年12月出版／估价：89.00元
PSN B-2011-214-1/1

公民科学素质蓝皮书
中国公民科学素质报告（2016~2017）
著(编)者：李群　陈雄　马宗文
2017年4月出版／估价：89.00元
PSN B-2014-379-1/1

公共关系蓝皮书
中国公共关系发展报告（2017）
著(编)者：柳斌杰　2017年11月出版／估价：89.00元
PSN B-2016-580-1/1

公益蓝皮书
中国公益慈善发展报告（2017）
著(编)者：朱健刚　2018年4月出版／估价：118.00元
PSN B-2012-283-1/1

国际人才蓝皮书
中国国际移民报告（2017）
著(编)者：王辉耀　2017年4月出版／估价：89.00元
PSN B-2012-304-3/4

国际人才蓝皮书
中国留学发展报告（2017）No.5
著(编)者：王辉耀　苗绿　2017年10月出版／估价：89.00元
PSN B-2012-244-2/4

海洋社会蓝皮书
中国海洋社会发展报告（2017）
著(编)者：崔凤　宋宁而　2017年7月出版／估价：89.00元
PSN B-2015-478-1/1

社会政法类 | **皮书系列 2017全品种**

行政改革蓝皮书
中国行政体制改革报告（2017）No.6
著(编)者：魏礼群　2017年5月出版／估价：98.00元
PSN B-2011-231-1/1

华侨华人蓝皮书
华侨华人研究报告（2017）
著(编)者：贾益民　2017年12月出版／估价：128.00元
PSN B-2011-204-1/1

环境竞争力绿皮书
中国省域环境竞争力发展报告（2017）
著(编)者：李建平　李闽榕　王金南
2017年11月出版／估价：198.00元
PSN G-2010-165-1/1

环境绿皮书
中国环境发展报告（2017）
著(编)者：刘鉴强　2017年4月出版／估价：89.00元
PSN G-2006-048-1/1

基金会蓝皮书
中国基金会发展报告（2016~2017）
著(编)者：中国基金会发展报告课题组
2017年4月出版／估价：85.00元
PSN B-2013-368-1/1

基金会绿皮书
中国基金会发展独立研究报告（2017）
著(编)者：基金会中心网　中央民族大学基金会研究中心
2017年6月出版／估价：88.00元
PSN G-2011-213-1/1

基金会透明度蓝皮书
中国基金会透明度发展研究报告（2017）
著(编)者：基金会中心网　清华大学廉政与治理研究中心
2017年12月出版／估价：89.00元
PSN B-2015-509-1/1

家庭蓝皮书
中国"创建幸福家庭活动"评估报告（2017）
国务院发展研究中心"创建幸福家庭活动评估"课题组著
2017年8月出版／估价：89.00元
PSN B-2015-508-1/1

健康城市蓝皮书
中国健康城市建设研究报告（2017）
著(编)者：王鸿春　解树江　盛继洪
2017年9月出版／估价：89.00元
PSN B-2016-565-2/2

教师蓝皮书
中国中小学教师发展报告（2017）
著(编)者：曾晓东　鱼霞　2017年6月出版／估价：89.00元
PSN B-2012-289-1/1

教育蓝皮书
中国教育发展报告（2017）
著(编)者：杨东平　2017年4月出版／估价：89.00元
PSN B-2006-047-1/1

科普蓝皮书
中国基层科普发展报告（2016~2017）
著(编)者：赵立　新陈玲　2017年9月出版／估价：89.00元
PSN B-2016-569-3/3

科普蓝皮书
中国科普基础设施发展报告（2017）
著(编)者：任福君　2017年6月出版／估价：89.00元
PSN B-2010-174-1/3

科普蓝皮书
中国科普人才发展报告（2017）
著(编)者：郑念　任嵘嵘　2017年4月出版／估价：98.00元
PSN B-2015-512-2/3

科学教育蓝皮书
中国科学教育发展报告（2017）
著(编)者：罗晖　王康友　2017年10月出版／估价：89.00元
PSN B-2015-487-1/1

劳动保障蓝皮书
中国劳动保障发展报告（2017）
著(编)者：刘燕斌　2017年9月出版／估价：188.00元
PSN B-2014-415-1/1

老龄蓝皮书
中国老年宜居环境发展报告（2017）
著(编)者：党俊武　周燕珉　2017年4月出版／估价：89.00元
PSN B-2013-320-1/1

连片特困区蓝皮书
中国连片特困区发展报告（2017）
著(编)者：游俊　冷志明　丁建军
2017年4月出版／估价：98.00元
PSN B-2013-321-1/1

流动儿童蓝皮书
中国流动儿童教育发展报告（2016）
著(编)者：杨东平　2017年1月出版／定价：79.00元
PSN B-2017-600-1/1

民调蓝皮书
中国民生调查报告（2017）
著(编)者：谢耘耕　2017年12月出版／估价：98.00元
PSN B-2014-398-1/1

民族发展蓝皮书
中国民族发展报告（2017）
著(编)者：郝时远　王延中　王希恩
2017年4月出版／估价：98.00元
PSN B-2006-070-1/1

女性生活蓝皮书
中国女性生活状况报告No.11（2017）
著(编)者：韩湘景　2017年10月出版／估价：98.00元
PSN B-2006-071-1/1

汽车社会蓝皮书
中国汽车社会发展报告（2017）
著(编)者：王俊秀　2017年12月出版／估价：89.00元
PSN B-2011-224-1/1

皮书系列 2017全品种 — 社会政法类

青年蓝皮书
中国青年发展报告（2017）No.3
著(编)者：廉思 等　2017年4月出版／估价：89.00元
PSN B-2013-333-1/1

青少年蓝皮书
中国未成年人互联网运用报告（2017）
著(编)者：李文革 沈洁 李为民
2017年11月出版／估价：89.00元
PSN B-2010-165-1/1

青少年体育蓝皮书
中国青少年体育发展报告（2017）
著(编)者：郭建军 杨桦　2017年9月出版／估价：89.00元
PSN B-2015-482-1/1

群众体育蓝皮书
中国群众体育发展报告（2017）
著(编)者：刘国永 杨桦　2017年12月出版／估价：89.00元
PSN B-2016-519-2/3

人权蓝皮书
中国人权事业发展报告 No.7（2017）
著(编)者：李君如　2017年9月出版／估价：98.00元
PSN B-2011-215-1/1

社会保障绿皮书
中国社会保障发展报告（2017）No.8
著(编)者：王延中　2017年1月出版／估价：98.00元
PSN G-2001-014-1/1

社会风险评估蓝皮书
风险评估与危机预警评估报告（2017）
著(编)者：唐钧　2017年8月出版／估价：85.00元
PSN B-2016-521-1/1

社会管理蓝皮书
中国社会管理创新报告 No.5
著(编)者：连玉明　2017年11月出版／估价：89.00元
PSN B-2012-300-1/1

社会蓝皮书
2017年中国社会形势分析与预测
著(编)者：李培林 陈光金 张翼
2016年12月出版／定价：89.00元
PSN B-1998-002-1/1

社会体制蓝皮书
中国社会体制改革报告No.5（2017）
著(编)者：龚维斌　2017年3月出版／定价：89.00元
PSN B-2013-330-1/1

社会心态蓝皮书
中国社会心态研究报告（2017）
著(编)者：王俊秀 杨宜音　2017年12月出版／估价：89.00元
PSN B-2011-199-1/1

社会组织蓝皮书
中国社会组织发展报告（2016~2017）
著(编)者：黄晓勇　2017年1月出版／定价：89.00元
PSN B-2008-118-1/2

社会组织蓝皮书
中国社会组织评估发展报告（2017）
著(编)者：徐家良 廖鸿　2017年12月出版／估价：89.00元
PSN B-2013-366-1/1

生态城市绿皮书
中国生态城市建设发展报告（2017）
著(编)者：刘举科 孙伟平 胡文臻
2017年9月出版／估价：118.00元
PSN B-2012-269-1/1

生态文明绿皮书
中国省域生态文明建设评价报告（ECI 2017）
著(编)者：严耕　2017年12月出版／估价：98.00元
PSN G-2010-170-1/1

土地整治蓝皮书
中国土地整治发展研究报告 No.4
著(编)者：国土资源部土地整治中心
2017年7月出版／估价：89.00元
PSN B-2014-401-1/1

土地政策蓝皮书
中国土地政策研究报告（2017）
著(编)者：高延利 李宪文
2017年12月出版／定价：89.00元
PSN B-2015-506-1/1

医改蓝皮书
中国医药卫生体制改革报告（2017）
著(编)者：文学国 房志武　2017年11月出版／估价：98.00元
PSN B-2014-432-1/1

医疗卫生绿皮书
中国医疗卫生发展报告 No.7（2017）
著(编)者：申宝忠 韩玉珍　2017年4月出版／估价：85.00元
PSN G-2004-033-1/1

应急管理蓝皮书
中国应急管理报告（2017）
著(编)者：宋英华　2017年9月出版／估价：98.00元
PSN B-2016-563-1/1

政治参与蓝皮书
中国政治参与报告（2017）
著(编)者：房宁　2017年9月出版／估价：118.00元
PSN B-2011-200-1/1

宗教蓝皮书
中国宗教报告（2016）
著(编)者：邱永辉　2017年4月出版／估价：89.00元
PSN B-2008-117-1/1

行业报告类

SUV蓝皮书
中国SUV市场发展报告（2016~2017）
著（编）者：靳军　2017年9月出版／估价：89.00元
PSN B-2016-572-1/1

保健蓝皮书
中国保健服务产业发展报告 No.2
著（编）者：中国保健协会 中共中央党校
2017年7月出版／估价：198.00元
PSN B-2012-272-3/3

保健蓝皮书
中国保健食品产业发展报告 No.2
著（编）者：中国保健协会
　　　　　中国社会科学院食品药品产业发展与监管研究中心
2017年7月出版／估价：198.00元
PSN B-2012-271-2/3

保健蓝皮书
中国保健用品产业发展报告 No.2
著（编）者：中国保健协会
　　　　　国务院国有资产监督管理委员会研究中心
2017年4月出版／估价：198.00元
PSN B-2012-270-1/3

保险蓝皮书
中国保险业竞争力报告（2017）
著（编）者：项俊波　2017年12月出版／估价：99.00元
PSN B-2013-311-1/1

冰雪蓝皮书
中国滑雪产业发展报告（2017）
著（编）者：孙承华 伍斌 魏庆华 张鸿俊
2017年8月出版／估价：89.00元
PSN B-2016-560-1/1

彩票蓝皮书
中国彩票发展报告（2017）
著（编）者：益彩基金　2017年4月出版／估价：98.00元
PSN B-2015-462-1/1

餐饮产业蓝皮书
中国餐饮产业发展报告（2017）
著（编）者：邢颖　2017年6月出版／估价：98.00元
PSN B-2009-151-1/1

测绘地理信息蓝皮书
新常态下的测绘地理信息研究报告（2017）
著（编）者：库热西·买合苏提
2017年12月出版／估价：118.00元
PSN B-2009-145-1/1

茶业蓝皮书
中国茶产业发展报告（2017）
著（编）者：杨江帆 李闽榕　2017年10月出版／估价：88.00元
PSN B-2010-164-1/1

产权市场蓝皮书
中国产权市场发展报告（2016~2017）
著（编）者：曹和平　2017年5月出版／估价：89.00元
PSN B-2009-147-1/1

产业安全蓝皮书
中国出版传媒产业安全报告（2016~2017）
著（编）者：北京印刷学院文化产业安全研究院
2017年4月出版／估价：89.00元
PSN B-2014-384-13/14

产业安全蓝皮书
中国文化产业安全报告（2017）
著（编）者：北京印刷学院文化产业安全研究院
2017年12月出版／估价：89.00元
PSN B-2014-378-12/14

产业安全蓝皮书
中国新媒体产业安全报告（2017）
著（编）者：北京印刷学院文化产业安全研究院
2017年12月出版／估价：89.00元
PSN B-2015-500-14/14

城投蓝皮书
中国城投行业发展报告（2017）
著（编）者：王晨艳 丁伯康　2017年11月出版／估价：300.00元
PSN B-2016-514-1/1

电子政务蓝皮书
中国电子政务发展报告（2016~2017）
著（编）者：李季 杜平　2017年7月出版／估价：89.00元
PSN B-2003-022-1/1

杜仲产业绿皮书
中国杜仲橡胶资源与产业发展报告（2016~2017）
著（编）者：杜红岩 胡文臻 俞锐
2017年6月出版／估价：85.00元
PSN G-2013-350-1/1

房地产蓝皮书
中国房地产发展报告 No.14（2017）
著（编）者：李春华 王业强　2017年5月出版／估价：89.00元
PSN B-2004-028-1/1

服务外包蓝皮书
中国服务外包产业发展报告（2017）
著（编）者：王晓红 刘德军
2017年6月出版／估价：89.00元
PSN B-2013-331-2/2

服务外包蓝皮书
中国服务外包竞争力报告（2017）
著（编）者：王力 刘春生 黄育华
2017年11月出版／估价：85.00元
PSN B-2011-216-1/2

工业和信息化蓝皮书
世界网络安全发展报告（2016~2017）
著（编）者：洪京一　2017年4月出版／估价：89.00元
PSN B-2015-452-5/5

工业和信息化蓝皮书
世界信息化发展报告（2016~2017）
著（编）者：洪京一　2017年4月出版／估价：89.00元
PSN B-2015-451-4/5

皮书系列 2017全品种 — 行业报告类

工业和信息化蓝皮书
世界信息技术产业发展报告（2016~2017）
著（编）者：洪京一　2017年4月出版／估价：89.00元
PSN B-2015-449-2/5

工业和信息化蓝皮书
移动互联网产业发展报告（2016~2017）
著（编）者：洪京一　2017年4月出版／估价：89.00元
PSN B-2015-448-1/5

工业和信息化蓝皮书
战略性新兴产业发展报告（2016~2017）
著（编）者：洪京一　2017年4月出版／估价：89.00元
PSN B-2015-450-3/5

工业设计蓝皮书
中国工业设计发展报告（2017）
著（编）者：王晓红　于炜　张立群
2017年9月出版／估价：138.00元
PSN B-2014-420-1/1

黄金市场蓝皮书
中国商业银行黄金业务发展报告（2016~2017）
著（编）者：平安银行　2017年4月出版／估价：98.00元
PSN B-2016-525-1/1

互联网金融蓝皮书
中国互联网金融发展报告（2017）
著（编）者：李东荣　2017年9月出版／估价：128.00元
PSN B-2014-374-1/1

互联网医疗蓝皮书
中国互联网医疗发展报告（2017）
著（编）者：宫晓东　2017年9月出版／估价：89.00元
PSN B-2016-568-1/1

会展蓝皮书
中外会展业动态评估年度报告（2017）
著（编）者：张敏　2017年4月出版／估价：88.00元
PSN B-2013-327-1/1

金融监管蓝皮书
中国金融监管报告（2017）
著（编）者：胡滨　2017年6月出版／估价：89.00元
PSN B-2012-281-1/1

金融蓝皮书
中国金融中心发展报告（2017）
著（编）者：王力　黄育华　2017年11月出版／估价：85.00元
PSN B-2011-186-6/6

建筑装饰蓝皮书
中国建筑装饰行业发展报告（2017）
著（编）者：刘晓一　葛道顺　2017年7月出版／估价：198.00元
PSN B-2016-554-1/1

客车蓝皮书
中国客车产业发展报告（2016~2017）
著（编）者：姚蔚　2017年10月出版／估价：85.00元
PSN B-2013-361-1/1

旅游安全蓝皮书
中国旅游安全报告（2017）
著（编）者：郑向敏　谢朝武　2017年5月出版／估价：128.00元
PSN B-2012-280-1/1

旅游绿皮书
2016~2017年中国旅游发展分析与预测
著（编）者：宋瑞　2017年2月出版／定价：89.00元
PSN G-2002-018-1/1

煤炭蓝皮书
中国煤炭工业发展报告（2017）
著（编）者：岳福斌　2017年12月出版／估价：85.00元
PSN B-2008-123-1/1

民营企业社会责任蓝皮书
中国民营企业社会责任报告（2017）
著（编）者：中华全国工商业联合会
2017年12月出版／估价：89.00元
PSN B-2015-510-1/1

民营医院蓝皮书
中国民营医院发展报告（2017）
著（编）者：庄一强　2017年10月出版／估价：85.00元
PSN B-2012-299-1/1

闽商蓝皮书
闽商发展报告（2017）
著（编）者：李闽榕　王日根　林琛
2017年12月出版／估价：89.00元
PSN B-2012-298-1/1

能源蓝皮书
中国能源发展报告（2017）
著（编）者：崔民选　王军生　陈义和
2017年10月出版／估价：98.00元
PSN B-2006-049-1/1

农产品流通蓝皮书
中国农产品流通产业发展报告（2017）
著（编）者：贾敬敦　张东科　张玉玺　张鹏毅　周伟
2017年4月出版／估价：89.00元
PSN B-2012-288-1/1

企业公益蓝皮书
中国企业公益研究报告（2017）
著（编）者：钟宏武　汪杰　顾一　黄晓娟　等
2017年12月出版／估价：89.00元
PSN B-2015-501-1/1

企业国际化蓝皮书
中国企业国际化报告（2017）
著（编）者：王辉耀　2017年11月出版／估价：98.00元
PSN B-2014-427-1/1

企业蓝皮书
中国企业绿色发展报告 No.2（2017）
著（编）者：李红玉　朱光辉　2017年8月出版／估价：89.00元
PSN B-2015-481-2/2

企业社会责任蓝皮书
中国企业社会责任研究报告（2017）
著（编）者：黄群慧　钟宏武　张蒽　翟利峰
2017年11月出版／估价：89.00元
PSN B-2009-149-1/1

企业社会责任蓝皮书
中资企业海外社会责任研究报告（2016~2017）
著（编）者：钟宏武　叶柳红　张蒽
2017年1月出版／定价：79.00元
PSN B-2017-603-2/2

行业报告类

皮书系列 2017全品种

汽车安全蓝皮书
中国汽车安全发展报告（2017）
著(编)者：中国汽车技术研究中心
2017年7月出版 / 估价：89.00元
PSN B-2014-385-1/1

汽车电子商务蓝皮书
中国汽车电子商务发展报告（2017）
著(编)者：中华全国工商业联合会汽车经销商商会
　　　　　北京易观智库网络科技有限公司
2017年10月出版 / 估价：128.00元
PSN B-2015-485-1/1

汽车工业蓝皮书
中国汽车工业发展年度报告（2017）
著(编)者：中国汽车工业协会 中国汽车技术研究中心
　　　　　丰田汽车（中国）投资有限公司
2017年4月出版 / 估价：128.00元
PSN B-2015-463-1/2

汽车工业蓝皮书
中国汽车零部件产业发展报告（2017）
著(编)者：中国汽车工业协会 中国汽车工程研究院
2017年10月出版 / 估价：98.00元
PSN B-2016-515-2/2

汽车蓝皮书
中国汽车产业发展报告（2017）
著(编)者：国务院发展研究中心产业经济研究部
　　　　　中国汽车工程学会 大众汽车集团（中国）
2017年8月出版 / 估价：98.00元
PSN B-2008-124-1/1

人力资源蓝皮书
中国人力资源发展报告（2017）
著(编)者：余兴安　2017年11月出版 / 估价：89.00元
PSN B-2012-287-1/1

融资租赁蓝皮书
中国融资租赁业发展报告（2016~2017）
著(编)者：李光荣 王力　2017年8月出版 / 估价：89.00元
PSN B-2015-443-1/1

商会蓝皮书
中国商会发展报告No.5（2017）
著(编)者：王钦敏　2017年7月出版 / 估价：89.00元
PSN B-2008-125-1/1

输血服务蓝皮书
中国输血行业发展报告（2017）
著(编)者：朱永明 耿鸿武　2016年8月出版 / 估价：89.00元
PSN B-2016-583-1/1

社会责任管理蓝皮书
中国上市公司社会责任能力成熟度报告（2017）No.2
著(编)者：肖红军 王晓光 李伟阳
2017年12月出版 / 估价：98.00元
PSN B-2015-507-2/2

社会责任管理蓝皮书
中国企业公众透明度报告(2017)No.3
著(编)者：黄速建 熊梦 王晓光 肖红军
2017年4月出版 / 估价：98.00元
PSN B-2015-440-1/2

食品药品蓝皮书
食品药品安全与监管政策研究报告（2016~2017）
著(编)者：唐民皓　2017年6月出版 / 估价：89.00元
PSN B-2009-129-1/1

世界能源蓝皮书
世界能源发展报告（2017）
著(编)者：黄晓勇　2017年6月出版 / 估价：99.00元
PSN B-2013-349-1/1

水利风景区蓝皮书
中国水利风景区发展报告（2017）
著(编)者：谢婵才 兰思仁　2017年5月出版 / 估价：89.00元
PSN B-2015-480-1/1

碳市场蓝皮书
中国碳市场报告（2017）
著(编)者：定金彪　2017年11月出版 / 估价：89.00元
PSN B-2014-430-1/1

体育蓝皮书
中国体育产业发展报告（2017）
著(编)者：阮伟 钟秉枢　2017年12月出版 / 估价：89.00元
PSN B-2010-179-1/4

网络空间安全蓝皮书
中国网络空间安全发展报告（2017）
著(编)者：惠志斌 唐涛　2017年4月出版 / 估价：89.00元
PSN B-2015-466-1/1

西部金融蓝皮书
中国西部金融发展报告（2017）
著(编)者：李忠民　2017年8月出版 / 估价：85.00元
PSN B-2010-160-1/1

协会商会蓝皮书
中国行业协会商会发展报告（2017）
著(编)者：景朝阳 李勇　2017年4月出版 / 估价：99.00元
PSN B-2015-461-1/1

新能源汽车蓝皮书
中国新能源汽车产业发展报告（2017）
著(编)者：中国汽车技术研究中心
　　　　　日产（中国）投资有限公司 东风汽车有限公司
2017年7月出版 / 估价：98.00元
PSN B-2013-347-1/1

新三板蓝皮书
中国新三板市场发展报告（2017）
著(编)者：王力　2017年6月出版 / 估价：89.00元
PSN B-2016-534-1/1

信托市场蓝皮书
中国信托业市场报告（2016~2017）
著(编)者：用益信托研究院
2017年1月出版 / 估价：198.00元
PSN B-2014-371-1/1

信息化蓝皮书
中国信息化形势分析与预测（2016~2017）
著(编)者：周宏仁　2017年8月出版 / 估价：98.00元
PSN B-2010-168-1/1

皮书系列 2017全品种 — 行业报告类

信用蓝皮书
中国信用发展报告（2017）
著(编)者：章政 田侃　2017年4月出版／估价：99.00元
PSN B-2013-328-1/1

休闲绿皮书
2017年中国休闲发展报告
著(编)者：宋瑞　2017年10月出版／估价：89.00元
PSN G-2010-158-1/1

休闲体育蓝皮书
中国休闲体育发展报告（2016~2017）
著(编)者：李相如 钟炳枢　2017年10月出版／估价：89.00元
PSN G-2016-516-1/1

养老金融蓝皮书
中国养老金融发展报告（2017）
著(编)者：董克用 姚余栋
2017年8月出版／估价：89.00元
PSN B-2016-584-1/1

药品流通蓝皮书
中国药品流通行业发展报告（2017）
著(编)者：佘鲁林 温再兴　2017年8月出版／估价：158.00元
PSN B-2014-429-1/1

医院蓝皮书
中国医院竞争力报告（2017）
著(编)者：庄一强 曾益新　2017年3月出版／定价：108.00元
PSN B-2016-529-1/1

邮轮绿皮书
中国邮轮产业发展报告（2017）
著(编)者：汪泓　2017年10月出版／估价：89.00元
PSN B-2014-419-1/1

智能养老蓝皮书
中国智能养老产业发展报告（2017）
著(编)者：朱勇　2017年10月出版／估价：89.00元
PSN B-2015-488-1/1

债券市场蓝皮书
中国债券市场发展报告（2016~2017）
著(编)者：杨农　2017年10月出版／估价：89.00元
PSN B-2016-573-1/1

中国节能汽车蓝皮书
中国节能汽车发展报告（2016~2017）
著(编)者：中国汽车工程研究院股份有限公司
2017年9月出版／估价：98.00元
PSN B-2016-566-1/1

中国上市公司蓝皮书
中国上市公司发展报告（2017）
著(编)者：张平 王宏淼
2017年10月出版／估价：98.00元
PSN B-2014-414-1/1

中国陶瓷产业蓝皮书
中国陶瓷产业发展报告（2017）
著(编)者：左和平 黄速建　2017年10月出版／估价：98.00元
PSN B-2016-574-1/1

中国总部经济蓝皮书
中国总部经济发展报告（2016~2017）
著(编)者：赵弘　2017年9月出版／估价：89.00元
PSN B-2005-036-1/1

中医文化蓝皮书
中国中医药文化传播发展报告（2017）
著(编)者：毛嘉陵　2017年7月出版／估价：89.00元
PSN B-2015-468-1/1

装备制造业蓝皮书
中国装备制造业发展报告（2017）
著(编)者：徐东华　2017年12月出版／估价：148.00元
PSN B-2015-505-1/1

资本市场蓝皮书
中国场外交易市场发展报告（2016~2017）
著(编)者：高峦　2017年4月出版／估价：89.00元
PSN B-2009-153-1/1

资产管理蓝皮书
中国资产管理行业发展报告（2017）
著(编)者：智信资产管理研究院
2017年6月出版／估价：89.00元
PSN B-2014-407-2/2

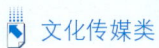

文化传媒类

传媒竞争力蓝皮书
中国传媒国际竞争力研究报告（2017）
著（编）者：李本乾 刘强
2017年11月出版 / 估价：148.00元
PSN B-2013-356-1/1

传媒蓝皮书
中国传媒产业发展报告（2017）
著（编）者：崔保国 2017年5月出版 / 估价：98.00元
PSN B-2005-035-1/1

传媒投资蓝皮书
中国传媒投资发展报告（2017）
著（编）者：张向东 谭云明
2017年6月出版 / 估价：128.00元
PSN B-2015-474-1/1

动漫蓝皮书
中国动漫产业发展报告（2017）
著（编）者：卢斌 郑玉明 牛兴侦
2017年9月出版 / 估价：89.00元
PSN B-2011-198-1/1

非物质文化遗产蓝皮书
中国非物质文化遗产发展报告（2017）
著（编）者：陈平 2017年5月出版 / 估价：98.00元
PSN B-2015-469-1/1

广电蓝皮书
中国广播电影电视发展报告（2017）
著（编）者：国家新闻出版广电总局发展研究中心
2017年7月出版 / 估价：98.00元
PSN B-2006-072-1/1

广告主蓝皮书
中国广告主营销传播趋势报告 No.9
著（编）者：黄升民 杜国清 邵华冬 等
2017年10月出版 / 估价：148.00元
PSN B-2005-041-1/1

国际传播蓝皮书
中国国际传播发展报告（2017）
著（编）者：胡正荣 李继东 姬德强
2017年11月出版 / 估价：89.00元
PSN B-2014-408-1/1

国家形象蓝皮书
中国国家形象传播报告（2016）
著（编）者：张昆 2017年3月出版 / 定价：98.00元
PSN B-2017-605-1/1

纪录片蓝皮书
中国纪录片发展报告（2017）
著（编）者：何苏六 2017年9月出版 / 估价：89.00元
PSN B-2011-222-1/1

科学传播蓝皮书
中国科学传播报告（2017）
著（编）者：詹正茂 2017年7月出版 / 估价：89.00元
PSN B-2008-120-1/1

两岸创意经济蓝皮书
两岸创意经济研究报告（2017）
著（编）者：罗昌智 林咏能
2017年10月出版 / 估价：98.00元
PSN B-2014-437-1/1

媒介与女性蓝皮书
中国媒介与女性发展报告(2016~2017)
著（编）者：刘利群 2017年9月出版 / 估价：118.00元
PSN B-2013-345-1/1

媒体融合蓝皮书
中国媒体融合发展报告（2017）
著（编）者：梅宁华 宋建武 2017年7月出版 / 估价：89.00元
PSN B-2015-479-1/1

全球传媒蓝皮书
全球传媒发展报告（2017）
著（编）者：胡正荣 李继东 唐晓芬
2017年11月出版 / 估价：89.00元
PSN B-2012-237-1/1

少数民族非遗蓝皮书
中国少数民族非物质文化遗产发展报告（2017）
著（编）者：肖远平（彝） 柴立（满）
2017年8月出版 / 估价：98.00元
PSN B-2015-467-1/1

视听新媒体蓝皮书
中国视听新媒体发展报告（2017）
著（编）者：国家新闻出版广电总局发展研究中心
2017年7月出版 / 估价：98.00元
PSN B-2011-184-1/1

文化创新蓝皮书
中国文化创新报告（2017）No.7
著（编）者：于平 傅才武 2017年7月出版 / 估价：98.00元
PSN B-2009-143-1/1

文化建设蓝皮书
中国文化发展报告（2016~2017）
著（编）者：江畅 孙伟平 戴茂堂
2017年6月出版 / 估价：116.00元
PSN B-2014-392-1/1

文化科技蓝皮书
文化科技创新发展报告（2017）
著（编）者：于平 李凤亮 2017年11月出版 / 估价：89.00元
PSN B-2013-342-1/1

文化蓝皮书
中国公共文化服务发展报告（2017）
著（编）者：刘新成 张永新 张旭
2017年12月出版 / 估价：98.00元
PSN B-2007-093-2/10

文化蓝皮书
中国公共文化投入增长测评报告（2017）
著（编）者：王亚南 2017年2月出版 / 定价：79.00元
PSN B-2014-435-10/10

皮书系列 2017全品种

文化传媒类·地方发展类

文化蓝皮书
中国少数民族文化发展报告（2016~2017）
著(编)者：武翠英 张晓明 任乌晶
2017年9月出版 / 估价：89.00元
PSN B-2013-369-9/10

文化蓝皮书
中国文化产业发展报告（2016~2017）
著(编)者：张晓明 王家新 章建刚
2017年4月出版 / 估价：89.00元
PSN B-2002-019-1/10

文化蓝皮书
中国文化产业供需协调检测报告（2017）
著(编)者：王亚南 2017年2月出版 / 定价：79.00元
PSN B-2013-323-8/10

文化蓝皮书
中国文化消费需求景气评价报告（2017）
著(编)者：王亚南 2017年2月出版 / 定价：79.00元
PSN B-2011-236-4/10

文化品牌蓝皮书
中国文化品牌发展报告（2017）
著(编)者：欧阳友权 2017年5月出版 / 估价：98.00元
PSN B-2012-277-1/1

文化遗产蓝皮书
中国文化遗产事业发展报告（2017）
著(编)者：苏杨 张颖岚 王宇飞
2017年8月出版 / 估价：98.00元
PSN B-2008-119-1/1

文学蓝皮书
中国文情报告（2016~2017）
著(编)者：白烨 2017年5月出版 / 估价：49.00元
PSN B-2011-221-1/1

新媒体蓝皮书
中国新媒体发展报告No.8（2017）
著(编)者：唐绪军 2017年6月出版 / 估价：89.00元
PSN B-2010-169-1/1

新媒体社会责任蓝皮书
中国新媒体社会责任研究报告（2017）
著(编)者：钟瑛 2017年11月出版 / 估价：89.00元
PSN B-2014-423-1/1

移动互联网蓝皮书
中国移动互联网发展报告（2017）
著(编)者：官建文 2017年6月出版 / 估价：89.00元
PSN B-2012-282-1/1

舆情蓝皮书
中国社会舆情与危机管理报告（2017）
著(编)者：谢耘耕 2017年9月出版 / 估价：128.00元
PSN B-2011-235-1/1

影视蓝皮书
中国影视产业发展报告（2017）
著(编)者：司若 2017年4月出版 / 估价：138.00元
PSN B-2016-530-1/1

地方发展类

安徽经济蓝皮书
合芜蚌国家自主创新综合示范区研究报告（2016~2017）
著(编)者：黄家海 王开玉 蔡宪
2017年7月出版 / 估价：89.00元
PSN B-2014-383-1/1

安徽蓝皮书
安徽社会发展报告（2017）
著(编)者：程桦 2017年4月出版 / 估价：89.00元
PSN B-2013-325-1/1

澳门蓝皮书
澳门经济社会发展报告（2016~2017）
著(编)者：吴志良 郝雨凡 2017年6月出版 / 估价：98.00元
PSN B-2009-138-1/1

北京蓝皮书
北京公共服务发展报告（2016~2017）
著(编)者：施昌奎 2017年3月出版 / 定价：79.00元
PSN B-2008-103-7/8

北京蓝皮书
北京经济发展报告（2016~2017）
著(编)者：杨松 2017年6月出版 / 估价：89.00元
PSN B-2006-054-2/8

北京蓝皮书
北京社会发展报告（2016~2017）
著(编)者：李伟东 2017年6月出版 / 估价：89.00元
PSN B-2006-055-3/8

北京蓝皮书
北京社会治理发展报告（2016~2017）
著(编)者：殷星辰 2017年5月出版 / 估价：89.00元
PSN B-2014-391-8/8

北京蓝皮书
北京文化发展报告（2016~2017）
著(编)者：李建盛 2017年4月出版 / 估价：89.00元
PSN B-2007-082-4/8

北京律师绿皮书
北京律师发展报告No.3（2017）
著(编)者：王隽 2017年7月出版 / 估价：88.00元
PSN G-2012-301-1/1

北京旅游蓝皮书
北京旅游发展报告（2017）
著(编)者：北京旅游学会 2017年4月出版 / 估价：88.00元
PSN B-2011-217-1/1

地方发展类

皮书系列 2017全品种

北京人才蓝皮书
北京人才发展报告（2017）
著(编)者：于淼　2017年12月出版／估价：128.00元
PSN B-2011-201-1/1

北京社会心态蓝皮书
北京社会心态分析报告（2016~2017）
著(编)者：北京社会心理研究所
2017年8月出版／估价：89.00元
PSN B-2014-422-1/1

北京社会组织管理蓝皮书
北京社会组织发展与管理（2016~2017）
著(编)者：黄江松　2017年4月出版／估价：88.00元
PSN B-2015-446-1/1

北京体育蓝皮书
北京体育产业发展报告（2016~2017）
著(编)者：钟秉枢　陈杰　杨铁黎
2017年9月出版／估价：89.00元
PSN B-2015-475-1/1

北京养老产业蓝皮书
北京养老产业发展报告（2017）
著(编)者：周明明　冯喜良　2017年8月出版／估价：89.00元
PSN B-2015-465-1/1

滨海金融蓝皮书
滨海新区金融发展报告（2017）
著(编)者：王爱俭　张锐钢　2017年12月出版／估价：89.00元
PSN B-2014-424-1/1

城乡一体化蓝皮书
中国城乡一体化发展报告·北京卷（2016~2017）
著(编)者：张宝秀　黄序　2017年5月出版／估价：89.00元
PSN B-2012-258-2/2

创意城市蓝皮书
北京文化创意产业发展报告（2017）
著(编)者：张京成　王国华　2017年10月出版／估价：89.00元
PSN B-2012-263-1/7

创意城市蓝皮书
天津文化创意产业发展报告（2016~2017）
著(编)者：谢思全　2017年6月出版／估价：89.00元
PSN B-2016-537-7/7

创意城市蓝皮书
武汉文化创意产业发展报告（2017）
著(编)者：黄永林　陈汉桥　2017年9月出版／估价：99.00元
PSN B-2013-354-4/7

创意上海蓝皮书
上海文化创意产业发展报告（2016~2017）
著(编)者：王慧敏　王兴全　2017年8月出版／估价：89.00元
PSN B-2016-562-1/1

福建妇女发展蓝皮书
福建省妇女发展报告（2017）
著(编)者：刘群英　2017年11月出版／估价：88.00元
PSN B-2011-220-1/1

福建自贸区蓝皮书
中国（福建）自由贸易实验区发展报告（2016~2017）
著(编)者：黄茂兴　2017年4月出版／估价：108.00元
PSN B-2017-532-1/1

甘肃蓝皮书
甘肃经济发展分析与预测（2017）
著(编)者：安文华　罗哲　2017年1月出版／定价：79.00元
PSN B-2013-312-1/6

甘肃蓝皮书
甘肃社会发展分析与预测（2017）
著(编)者：安文华　包晓霞　谢增虎
2017年1月出版／定价：79.00元
PSN B-2013-313-2/6

甘肃蓝皮书
甘肃文化发展分析与预测（2017）
著(编)者：王俊莲　周小华　2017年1月出版／定价：79.00元
PSN B-2013-314-3/6

甘肃蓝皮书
甘肃县域和农村发展报告（2017）
著(编)者：朱智文　包东红　王建兵
2017年1月出版／定价：79.00元
PSN B-2013-316-5/6

甘肃蓝皮书
甘肃舆情分析与预测（2017）
著(编)者：陈双梅　张谦元　2017年1月出版／定价：79.00元
PSN B-2013-315-4/6

甘肃蓝皮书
甘肃商贸流通发展报告（2017）
著(编)者：张应华　王福生　王晓芳
2017年1月出版／定价：79.00元
PSN B-2016-523-6/6

广东蓝皮书
广东全面深化改革发展报告（2017）
著(编)者：周林生　涂成林　2017年12月出版／估价：89.00元
PSN B-2015-504-3/3

广东蓝皮书
广东社会工作发展报告（2017）
著(编)者：罗观翠　2017年6月出版／估价：89.00元
PSN B-2014-402-2/3

广东外经贸蓝皮书
广东对外经济贸易发展研究报告（2016~2017）
著(编)者：陈万灵　2017年8月出版／估价：98.00元
PSN B-2012-286-1/1

广西北部湾经济区蓝皮书
广西北部湾经济区开放开发报告（2017）
著(编)者：广西北部湾经济区规划建设管理委员会办公室　广西社会科学院广西北部湾发展研究院
2017年4月出版／估价：89.00元
PSN B-2010-181-1/1

巩义蓝皮书
巩义经济社会发展报告（2017）
著(编)者：丁同民　朱军　2017年4月出版／估价：58.00元
PSN B-2016-533-1/1

广州蓝皮书
2017年中国广州经济形势分析与预测
著(编)者：庾建设　陈浩钿　谢博能
2017年7月出版／估价：85.00元
PSN B-2011-185-9/14

皮书系列 2017全品种 — 地方发展类

广州蓝皮书
2017年中国广州社会形势分析与预测
著(编)者：张强 陈怡霓 杨秦　2017年6月出版 / 估价：85.00元
PSN B-2008-110-5/14

广州蓝皮书
广州城市国际化发展报告（2017）
著(编)者：朱名宏　2017年8月出版 / 估价：79.00元
PSN B-2012-246-11/14

广州蓝皮书
广州创新型城市发展报告（2017）
著(编)者：尹涛　2017年7月出版 / 估价：79.00元
PSN B-2012-247-12/14

广州蓝皮书
广州经济发展报告（2017）
著(编)者：朱名宏　2017年7月出版 / 估价：79.00元
PSN B-2005-040-1/14

广州蓝皮书
广州农村发展报告（2017）
著(编)者：朱名宏　2017年8月出版 / 估价：79.00元
PSN B-2010-167-8/14

广州蓝皮书
广州汽车产业发展报告（2017）
著(编)者：杨再高 冯兴亚　2017年7月出版 / 估价：79.00元
PSN B-2006-066-3/14

广州蓝皮书
广州青年发展报告（2016~2017）
著(编)者：徐柳 张强　2017年9月出版 / 估价：79.00元
PSN B-2013-352-13/14

广州蓝皮书
广州商贸业发展报告（2017）
著(编)者：李江涛 肖振宇 荀振英
2017年7月出版 / 估价：79.00元
PSN B-2012-245-10/14

广州蓝皮书
广州社会保障发展报告（2017）
著(编)者：蔡国萱　2017年8月出版 / 估价：79.00元
PSN B-2014-425-14/14

广州蓝皮书
广州文化创意产业发展报告（2017）
著(编)者：徐咏虹　2017年7月出版 / 估价：79.00元
PSN B-2008-111-6/14

广州蓝皮书
中国广州城市建设与管理发展报告（2017）
著(编)者：董皞 陈小钢 李江涛
2017年7月出版 / 估价：85.00元
PSN B-2007-087-4/14

广州蓝皮书
中国广州科技创新发展报告（2017）
著(编)者：邹采荣 马正勇 陈爽
2017年7月出版 / 估价：79.00元
PSN B-2006-065-2/14

广州蓝皮书
中国广州文化发展报告（2017）
著(编)者：徐俊忠 陆志强 顾涧清
2017年7月出版 / 估价：79.00元
PSN B-2009-134-7/14

贵阳蓝皮书
贵阳城市创新发展报告No.2（白云篇）
著(编)者：连玉明　2017年10月出版 / 估价：89.00元
PSN B-2015-491-3/10

贵阳蓝皮书
贵阳城市创新发展报告No.2（观山湖篇）
著(编)者：连玉明　2017年10月出版 / 估价：89.00元
PSN B-2011-235-1/1

贵阳蓝皮书
贵阳城市创新发展报告No.2（花溪篇）
著(编)者：连玉明　2017年10月出版 / 估价：89.00元
PSN B-2015-490-2/10

贵阳蓝皮书
贵阳城市创新发展报告No.2（开阳篇）
著(编)者：连玉明　2017年10月出版 / 估价：89.00元
PSN B-2015-492-4/10

贵阳蓝皮书
贵阳城市创新发展报告No.2（南明篇）
著(编)者：连玉明　2017年10月出版 / 估价：89.00元
PSN B-2015-496-8/10

贵阳蓝皮书
贵阳城市创新发展报告No.2（清镇篇）
著(编)者：连玉明　2017年10月出版 / 估价：89.00元
PSN B-2015-489-1/10

贵阳蓝皮书
贵阳城市创新发展报告No.2（乌当篇）
著(编)者：连玉明　2017年10月出版 / 估价：89.00元
PSN B-2015-495-7/10

贵阳蓝皮书
贵阳城市创新发展报告No.2（息烽篇）
著(编)者：连玉明　2017年10月出版 / 估价：89.00元
PSN B-2015-493-5/10

贵阳蓝皮书
贵阳城市创新发展报告No.2（修文篇）
著(编)者：连玉明　2017年10月出版 / 估价：89.00元
PSN B-2015-494-6/10

贵阳蓝皮书
贵阳城市创新发展报告No.2（云岩篇）
著(编)者：连玉明　2017年10月出版 / 估价：89.00元
PSN B-2015-498-10/10

贵州房地产蓝皮书
贵州房地产发展报告No.4（2017）
著(编)者：武廷方　2017年7月出版 / 估价：89.00元
PSN B-2014-426-1/1

贵州蓝皮书
贵州册亨经济社会发展报告(2017)
著(编)者：黄德林　2017年3月出版 / 估价：89.00元
PSN B-2016-526-8/9

地方发展类 | 皮书系列 2017全品种

贵州蓝皮书
贵安新区发展报告（2016~2017）
著(编)者：马长青 吴大华　2017年6月出版／估价：89.00元
PSN B-2015-459-4/9

贵州蓝皮书
贵州法治发展报告（2017）
著(编)者：吴大华　2017年5月出版／估价：89.00元
PSN B-2012-254-2/9

贵州蓝皮书
贵州国有企业社会责任发展报告（2016~2017）
著(编)者：郭丽 周航 万强
2017年12月出版／估价：89.00元
PSN B-2015-511-6/9

贵州蓝皮书
贵州民航业发展报告（2017）
著(编)者：申振东 吴大华　2017年10月出版／估价：89.00元
PSN B-2015-471-5/9

贵州蓝皮书
贵州民营经济发展报告（2017）
著(编)者：杨静 吴大华　2017年4月出版／估价：89.00元
PSN B-2016-531-9/9

贵州蓝皮书
贵州人才发展报告（2017）
著(编)者：于杰 吴大华　2017年9月出版／估价：89.00元
PSN B-2014-382-3/9

贵州蓝皮书
贵州社会发展报告（2017）
著(编)者：王兴骥　2017年6月出版／估价：89.00元
PSN B-2010-166-1/9

贵州蓝皮书
贵州国家级开放创新平台发展报告（2017）
著(编)者：申晓庆 吴大华 李泓
2017年6月出版／估价：89.00元
PSN B-2016-518-1/9

海淀蓝皮书
海淀区文化和科技融合发展报告（2017）
著(编)者：陈名杰 孟景伟　2017年5月出版／估价：85.00元
PSN B-2013-329-1/1

杭州都市圈蓝皮书
杭州都市圈发展报告（2017）
著(编)者：沈翔 戚建国　2017年5月出版／估价：128.00元
PSN B-2012-302-1/1

杭州蓝皮书
杭州妇女发展报告（2017）
著(编)者：魏颖　2017年6月出版／估价：89.00元
PSN B-2014-403-1/1

河北经济蓝皮书
河北省经济发展报告（2017）
著(编)者：马树强 金浩 张贵
2017年4月出版／估价：89.00元
PSN B-2014-380-1/1

河北蓝皮书
河北经济社会发展报告（2017）
著(编)者：郭金平　2017年1月出版／定价：79.00元
PSN B-2014-372-1/2

河北蓝皮书
京津冀协同发展报告（2017）
著(编)者：陈路　2017年1月出版／定价：79.00元
PSN B-2017-601-2/2

河北食品药品安全蓝皮书
河北食品药品安全研究报告（2017）
著(编)者：丁锦霞　2017年6月出版／估价：89.00元
PSN B-2015-473-1/1

河南经济蓝皮书
2017年河南经济形势分析与预测
著(编)者：王世炎　2017年3月出版／定价：79.00元
PSN B-2007-086-1/1

河南蓝皮书
2017年河南社会形势分析与预测
著(编)者：刘道兴 牛苏林　2017年4月出版／估价89.00元
PSN B-2005-043-1/8

河南蓝皮书
河南城市发展报告（2017）
著(编)者：张占仓 王建国　2017年5月出版／估价：89.00元
PSN B-2009-131-3/8

河南蓝皮书
河南法治发展报告（2017）
著(编)者：丁同民 张林海　2017年5月出版／估价：89.00元
PSN B-2014-376-6/8

河南蓝皮书
河南工业发展报告（2017）
著(编)者：张占仓 丁同民　2017年5月出版／估价：89.00元
PSN B-2013-317-5/8

河南蓝皮书
河南金融发展报告（2017）
著(编)者：河南省社会科学院
2017年6月出版／估价：89.00元
PSN B-2014-390-7/8

河南蓝皮书
河南经济发展报告（2017）
著(编)者：张占仓 完世伟　2017年4月出版／估价：89.00元
PSN B-2010-157-4/8

河南蓝皮书
河南农业农村发展报告（2017）
著(编)者：吴海峰　2017年4月出版／估价：89.00元
PSN B-2015-445-8/8

河南蓝皮书
河南文化发展报告（2017）
著(编)者：卫绍生　2017年4月出版／估价：88.00元
PSN B-2008-106-2/8

河南商务蓝皮书
河南商务发展报告（2017）
著(编)者：焦锦淼 穆荣国　2017年6月出版／估价：88.00元
PSN B-2014-399-1/1

黑龙江蓝皮书
黑龙江经济发展报告（2017）
著(编)者：朱宇　2017年1月出版／定价：79.00元
PSN B-2011-190-2/2

皮书系列 重点推荐

地方发展类

黑龙江蓝皮书
黑龙江社会发展报告（2017）
著(编)者：谢宝禄　2017年1月出版 / 定价：79.00元
PSN B-2011-189-1/2

湖北文化蓝皮书
湖北文化发展报告（2017）
著(编)者：吴成国　2017年10月出版 / 估价：95.00元
PSN B-2016-567-1/1

湖南城市蓝皮书
区域城市群整合
著(编)者：童中贤　韩未名
2017年12月出版 / 定价：89.00元
PSN B-2006-064-1/1

湖南蓝皮书
2017年湖南产业发展报告
著(编)者：梁志峰　2017年5月出版 / 估价：128.00元
PSN B-2011-207-2/8

湖南蓝皮书
2017年湖南电子政务发展报告
著(编)者：梁志峰　2017年5月出版 / 估价：128.00元
PSN B-2014-394-6/8

湖南蓝皮书
2017年湖南经济展望
著(编)者：梁志峰　2017年5月出版 / 估价：128.00元
PSN B-2011-206-1/8

湖南蓝皮书
2017年湖南两型社会与生态文明发展报告
著(编)者：梁志峰　2017年5月出版 / 估价：128.00元
PSN B-2011-208-3/8

湖南蓝皮书
2017年湖南社会发展报告
著(编)者：梁志峰　2017年5月出版 / 估价：128.00元
PSN B-2014-393-5/8

湖南蓝皮书
2017年湖南县域经济社会发展报告
著(编)者：梁志峰　2017年5月出版 / 估价：128.00元
PSN B-2014-395-7/8

湖南蓝皮书
湖南城乡一体化发展报告（2017）
著(编)者：陈文胜　王文强　陆福兴　邝奕轩
2017年6月出版 / 估价：89.00元
PSN B-2015-477-8/8

湖南县域绿皮书
湖南县域发展报告 No.3
著(编)者：袁准　周小毛　黎仁寅
2017年3月出版 / 估价：79.00元
PSN G-2012-274-1/1

沪港蓝皮书
沪港发展报告（2017）
著(编)者：尤安山　2017年9月出版 / 估价：89.00元
PSN B-2013-362-1/1

吉林蓝皮书
2017年吉林经济社会形势分析与预测
著(编)者：邵汉明　2016年12月出版 / 定价：79.00元
PSN B-2013-319-1/1

吉林省城市竞争力蓝皮书
吉林省城市竞争力报告（2016~2017）
著(编)者：崔岳春　张磊　2016年12月出版 / 定价：79.00元
PSN B-2015-513-1/1

济源蓝皮书
济源经济社会发展报告（2017）
著(编)者：喻新安　2017年4月出版 / 估价：89.00元
PSN B-2014-387-1/1

健康城市蓝皮书
北京健康城市建设研究报告（2017）
著(编)者：王鸿春　2017年8月出版 / 估价：89.00元
PSN B-2015-460-1/2

江苏法治蓝皮书
江苏法治发展报告 No.6（2017）
著(编)者：蔡道通　龚廷泰　2017年8月出版 / 估价：98.00元
PSN B-2012-290-1/1

江西蓝皮书
江西经济社会发展报告（2017）
著(编)者：张勇　姜玮　梁勇　2017年10月出版 / 估价：89.00元
PSN B-2015-484-1/2

江西蓝皮书
江西设区市发展报告（2017）
著(编)者：姜玮　梁勇　2017年10月出版 / 估价：79.00元
PSN B-2016-517-2/2

江西文化蓝皮书
江西文化产业发展报告（2017）
著(编)者：张圣才　汪春翔
2017年10月出版 / 估价：128.00元
PSN B-2015-499-1/1

街道蓝皮书
北京街道发展报告 No.2（白纸坊篇）
著(编)者：连玉明　2017年8月出版 / 估价：98.00元
PSN B-2016-544-7/15

街道蓝皮书
北京街道发展报告 No.2（椿树篇）
著(编)者：连玉明　2017年8月出版 / 估价：98.00元
PSN B-2016-548-11/15

街道蓝皮书
北京街道发展报告 No.2（大栅栏篇）
著(编)者：连玉明　2017年8月出版 / 估价：98.00元
PSN B-2016-552-15/15

街道蓝皮书
北京街道发展报告 No.2（德胜篇）
著(编)者：连玉明　2017年8月出版 / 估价：98.00元
PSN B-2016-551-14/15

街道蓝皮书
北京街道发展报告 No.2（广安门内篇）
著(编)者：连玉明　2017年8月出版 / 估价：98.00元
PSN B-2016-540-3/15

皮书系列 重点推荐 — 地方发展类

街道蓝皮书
北京街道发展报告No.2（广安门外篇）
著(编)者：连玉明　2017年8月出版 / 估价：98.00元
PSN B-2016-547-10/15

街道蓝皮书
北京街道发展报告No.2（金融街篇）
著(编)者：连玉明　2017年8月出版 / 估价：98.00元
PSN B-2016-538-1/15

街道蓝皮书
北京街道发展报告No.2（牛街篇）
著(编)者：连玉明　2017年8月出版 / 估价：98.00元
PSN B-2016-545-8/15

街道蓝皮书
北京街道发展报告No.2（什刹海篇）
著(编)者：连玉明　2017年8月出版 / 估价：98.00元
PSN B-2016-546-9/15

街道蓝皮书
北京街道发展报告No.2（陶然亭篇）
著(编)者：连玉明　2017年8月出版 / 估价：98.00元
PSN B-2016-542-5/15

街道蓝皮书
北京街道发展报告No.2（天桥篇）
著(编)者：连玉明　2017年8月出版 / 估价：98.00元
PSN B-2016-549-12/15

街道蓝皮书
北京街道发展报告No.2（西长安街篇）
著(编)者：连玉明　2017年8月出版 / 估价：98.00元
PSN B-2016-543-6/15

街道蓝皮书
北京街道发展报告No.2（新街口篇）
著(编)者：连玉明　2017年8月出版 / 估价：98.00元
PSN B-2016-541-4/15

街道蓝皮书
北京街道发展报告No.2（月坛篇）
著(编)者：连玉明　2017年8月出版 / 估价：98.00元
PSN B-2016-539-2/15

街道蓝皮书
北京街道发展报告No.2（展览路篇）
著(编)者：连玉明　2017年8月出版 / 估价：98.00元
PSN B-2016-550-13/15

经济特区蓝皮书
中国经济特区发展报告（2017）
著(编)者：陶一桃　2017年12月出版 / 估价：98.00元
PSN B-2009-139-1/1

辽宁蓝皮书
2017年辽宁经济社会形势分析与预测
著(编)者：曹晓峰　梁启东
2017年4月出版 / 估价：79.00元
PSN B-2006-053-1/1

洛阳蓝皮书
洛阳文化发展报告（2017）
著(编)者：刘福兴　陈启明　2017年7月出版 / 估价：89.00元
PSN B-2015-476-1/1

南京蓝皮书
南京文化发展报告（2017）
著(编)者：徐宁　2017年10月出版 / 估价：89.00元
PSN B-2014-439-1/1

南宁蓝皮书
南宁法治发展报告（2017）
著(编)者：杨维超　2017年12月出版 / 估价：79.00元
PSN B-2015-509-1/3

南宁蓝皮书
南宁经济发展报告（2017）
著(编)者：胡建华　2017年9月出版 / 估价：79.00元
PSN B-2016-570-2/3

南宁蓝皮书
南宁社会发展报告（2017）
著(编)者：胡建华　2017年9月出版 / 估价：79.00元
PSN B-2016-571-3/3

内蒙古蓝皮书
内蒙古反腐倡廉建设报告 No.2
著(编)者：张志华　无咎　2017年12月出版 / 估价：79.00元
PSN B-2013-365-1/1

浦东新区蓝皮书
上海浦东经济发展报告（2017）
著(编)者：沈开艳　周奇　2017年2月出版 / 定价：79.00元
PSN B-2011-225-1/1

青海蓝皮书
2017年青海经济社会形势分析与预测
著(编)者：陈玮　2016年12月出版 / 定价：79.00元
PSN B-2012-275-1/1

人口与健康蓝皮书
深圳人口与健康发展报告（2017）
著(编)者：陆杰华　罗乐宣　苏杨
2017年11月出版 / 估价：89.00元
PSN B-2011-228-1/1

山东蓝皮书
山东经济形势分析与预测（2017）
著(编)者：李广杰　2017年7月出版 / 估价：89.00元
PSN B-2014-404-1/4

山东蓝皮书
山东社会形势分析与预测（2017）
著(编)者：张华　唐洲雁　2017年6月出版 / 估价：89.00元
PSN B-2014-405-2/4

山东蓝皮书
山东文化发展报告（2017）
著(编)者：涂可国　2017年11月出版 / 估价：98.00元
PSN B-2014-406-3/4

山西蓝皮书
山西资源型经济转型发展报告（2017）
著(编)者：李志强　2017年7月出版 / 估价：89.00元
PSN B-2011-197-1/1

皮书系列 重点推荐 —— 地方发展类

陕西蓝皮书
陕西经济发展报告（2017）
著(编)者：任宗哲 白宽犁 裴成荣
2017年1月出版 / 定价：69.00元
PSN B-2009-135-1/5

陕西蓝皮书
陕西社会发展报告（2017）
著(编)者：任宗哲 白宽犁 牛昉
2017年1月出版 / 定价：69.00元
PSN B-2009-136-2/5

陕西蓝皮书
陕西文化发展报告（2017）
著(编)者：任宗哲 白宽犁 王长寿
2017年1月出版 / 定价：69.00元
PSN B-2009-137-3/5

上海蓝皮书
上海传媒发展报告（2017）
著(编)者：强荧 焦雨虹 2017年2月出版 / 定价：79.00元
PSN B-2012-295-5/7

上海蓝皮书
上海法治发展报告（2017）
著(编)者：叶青 2017年6月出版 / 估价：89.00元
PSN B-2012-296-6/7

上海蓝皮书
上海经济发展报告（2017）
著(编)者：沈开艳 2017年2月出版 / 定价：79.00元
PSN B-2006-057-1/7

上海蓝皮书
上海社会发展报告（2017）
著(编)者：杨雄 周海旺 2017年2月出版 / 定价：79.00元
PSN B-2006-058-2/7

上海蓝皮书
上海文化发展报告（2017）
著(编)者：荣跃明 2017年2月出版 / 定价：79.00元
PSN B-2006-059-3/7

上海蓝皮书
上海文学发展报告（2017）
著(编)者：陈圣来 2017年6月出版 / 估价：89.00元
PSN B-2012-297-7/7

上海蓝皮书
上海资源环境发展报告（2017）
著(编)者：周冯琦 汤庆合
2017年2月出版 / 定价：79.00元
PSN B-2006-060-4/7

社会建设蓝皮书
2017年北京社会建设分析报告
著(编)者：宋贵伦 冯虹 2017年10月出版 / 估价：89.00元
PSN B-2010-173-1/1

深圳蓝皮书
深圳法治发展报告（2017）
著(编)者：张骁儒 2017年6月出版 / 估价：89.00元
PSN B-2015-470-6/7

深圳蓝皮书
深圳经济发展报告（2017）
著(编)者：张骁儒 2017年7月出版 / 估价：89.00元
PSN B-2008-112-3/7

深圳蓝皮书
深圳劳动关系发展报告（2017）
著(编)者：汤庭芬 2017年6月出版 / 估价：89.00元
PSN B-2007-097-2/7

深圳蓝皮书
深圳社会建设与发展报告（2017）
著(编)者：张骁儒 陈东平 2017年7月出版 / 估价：89.00元
PSN B-2008-113-4/7

深圳蓝皮书
深圳文化发展报告(2017)
著(编)者：张骁儒 2017年7月出版 / 估价：89.00元
PSN B-2016-555-7/7

丝绸之路蓝皮书
丝绸之路经济带发展报告（2017）
著(编)者：任宗哲 白宽犁 谷孟宾
2017年1月出版 / 定价：75.00元
PSN B-2014-410-1/1

法治蓝皮书
四川依法治省年度报告 No.3（2017）
著(编)者：李林 杨天宗 田禾
2017年3月出版 / 估价：118.00元
PSN B-2015-447-1/1

四川蓝皮书
2017年四川经济形势分析与预测
著(编)者：杨钢 2017年1月出版 / 定价：98.00元
PSN B-2007-098-2/7

四川蓝皮书
四川城镇化发展报告（2017）
著(编)者：侯水平 陈炜 2017年4月出版 / 估价：85.00元
PSN B-2015-456-7/7

四川蓝皮书
四川法治发展报告（2017）
著(编)者：郑泰安 2017年4月出版 / 估价：89.00元
PSN B-2015-441-5/7

四川蓝皮书
四川企业社会责任研究报告（2016~2017）
著(编)者：侯水平 盛毅 翟刚
2017年4月出版 / 估价：89.00元
PSN B-2014-386-4/7

四川蓝皮书
四川社会发展报告（2017）
著(编)者：李羚 2017年5月出版 / 估价：89.00元
PSN B-2008-127-3/7

四川蓝皮书
四川生态建设报告（2017）
著(编)者：李晟之 2017年4月出版 / 估价：85.00元
PSN B-2015-455-6/7

皮书系列 重点推荐

地方发展类・国际问题类

四川蓝皮书
四川文化产业发展报告（2017）
著(编)者：向宝云 张立伟
2017年4月出版 / 估价：89.00元
PSN B-2006-074-1/7

体育蓝皮书
上海体育产业发展报告（2016~2017）
著(编)者：张林 黄海燕
2017年10月出版 / 估价：89.00元
PSN B-2015-454-4/4

体育蓝皮书
长三角地区体育产业发展报告（2016~2017）
著(编)者：张林
2017年4月出版 / 估价：89.00元
PSN B-2015-453-3/4

天津金融蓝皮书
天津金融发展报告（2017）
著(编)者：王爱俭 孔德昌
2017年12月出版 / 估价：98.00元
PSN B-2014-418-1/1

图们江区域合作蓝皮书
图们江区域合作发展报告（2017）
著(编)者：李铁
2017年6月出版 / 估价：98.00元
PSN B-2015-464-1/1

温州蓝皮书
2017年温州经济社会形势分析与预测
著(编)者：潘忠强 王春光 金浩
2017年4月出版 / 估价：89.00元
PSN B-2008-105-1/1

西咸新区蓝皮书
西咸新区发展报告（2016~2017）
著(编)者：李扬 王军
2017年6月出版 / 估价：89.00元
PSN B-2016-535-1/1

扬州蓝皮书
扬州经济社会发展报告（2017）
著(编)者：丁纯
2017年12月出版 / 估价：98.00元
PSN B-2011-191-1/1

长株潭城市群蓝皮书
长株潭城市群发展报告（2017）
著(编)者：张萍
2017年12月出版 / 估价：89.00元
PSN B-2008-109-1/1

中医文化蓝皮书
北京中医文化传播发展报告（2017）
著(编)者：毛嘉陵
2017年5月出版 / 估价：79.00元
PSN B-2015-468-1/2

珠三角流通蓝皮书
珠三角商圈发展研究报告（2017）
著(编)者：王先庆 林至颖
2017年7月出版 / 估价：98.00元
PSN B-2012-292-1/1

遵义蓝皮书
遵义发展报告（2017）
著(编)者：曾征 龚永育 雍思强
2017年12月出版 / 估价：89.00元
PSN B-2014-433-1/1

国际问题类

"一带一路"跨境通道蓝皮书
"一带一路"跨境通道建设研究报告（2017）
著(编)者：郭业洲
2017年8月出版 / 估价：89.00元
PSN B-2016-558-1/1

"一带一路"蓝皮书
"一带一路"建设发展报告（2017）
著(编)者：孔丹 李永全
2017年7月出版 / 估价：89.00元
PSN B-2016-553-1/1

阿拉伯黄皮书
阿拉伯发展报告（2016~2017）
著(编)者：罗林
2017年11月出版 / 估价：89.00元
PSN Y-2014-381-1/1

北部湾蓝皮书
泛北部湾合作发展报告（2017）
著(编)者：吕余生
2017年12月出版 / 估价：85.00元
PSN B-2008-114-1/1

大湄公河次区域蓝皮书
大湄公河次区域合作发展报告（2017）
著(编)者：刘稚
2017年8月出版 / 估价：89.00元
PSN B-2011-196-1/1

大洋洲蓝皮书
大洋洲发展报告（2017）
著(编)者：喻常森
2017年10月出版 / 估价：89.00元
PSN B-2013-341-1/1

皮书系列 重点推荐 — 国际问题类

德国蓝皮书
德国发展报告（2017）
著(编)者：郑春荣　2017年6月出版 / 估价：89.00元
PSN B-2012-278-1/1

东盟黄皮书
东盟发展报告（2017）
著(编)者：杨晓强　庄国土
2017年4月出版 / 估价：89.00元
PSN Y-2012-303-1/1

东南亚蓝皮书
东南亚地区发展报告（2016~2017）
著(编)者：厦门大学东南亚研究中心　王勤
2017年12月出版 / 估价：89.00元
PSN B-2012-240-1/1

俄罗斯黄皮书
俄罗斯发展报告（2017）
著(编)者：李永全　2017年7月出版 / 估价：89.00元
PSN Y-2006-061-1/1

非洲黄皮书
非洲发展报告 No.19（2016~2017）
著(编)者：张宏明　2017年8月出版 / 估价：89.00元
PSN Y-2012-239-1/1

公共外交蓝皮书
中国公共外交发展报告（2017）
著(编)者：赵启正　雷蔚真
2017年4月出版 / 估价：89.00元
PSN B-2015-457-1/1

国际安全蓝皮书
中国国际安全研究报告(2017)
著(编)者：刘慧　2017年7月出版 / 估价：98.00元
PSN B-2016-522-1/1

国际形势黄皮书
全球政治与安全报告（2017）
著(编)者：张宇燕
2017年1月出版 / 定价：89.00元
PSN Y-2001-016-1/1

韩国蓝皮书
韩国发展报告（2017）
著(编)者：牛林杰　刘宝全
2017年11月出版 / 估价：89.00元
PSN B-2010-155-1/1

加拿大蓝皮书
加拿大发展报告（2017）
著(编)者：仲伟合　2017年9月出版 / 估价：89.00元
PSN B-2014-389-1/1

拉美黄皮书
拉丁美洲和加勒比发展报告（2016~2017）
著(编)者：吴白乙　2017年6月出版 / 估价：89.00元
PSN Y-1999-007-1/1

美国蓝皮书
美国研究报告（2017）
著(编)者：郑秉文　黄平　2017年6月出版 / 估价：89.00元
PSN B-2011-210-1/1

缅甸蓝皮书
缅甸国情报告（2017）
著(编)者：李晨阳　2017年12月出版 / 估价：86.00元
PSN B-2013-343-1/1

欧洲蓝皮书
欧洲发展报告（2016~2017）
著(编)者：黄平　周弘　江时学
2017年6月出版 / 估价：89.00元
PSN B-1999-009-1/1

葡语国家蓝皮书
葡语国家发展报告（2017）
著(编)者：王成安　张敏　2017年12月出版 / 估价：89.00元
PSN B-2015-503-1/2

葡语国家蓝皮书
中国与葡语国家关系发展报告·巴西（2017）
著(编)者：张曙光　2017年8月出版 / 估价：89.00元
PSN B-2016-564-2/2

日本经济蓝皮书
日本经济与中日经贸关系研究报告（2017）
著(编)者：张季风　2017年5月出版 / 估价：89.00元
PSN B-2008-102-1/1

日本蓝皮书
日本研究报告（2017）
著(编)者：杨伯江　2017年5月出版 / 估价：89.00元
PSN B-2002-020-1/1

上海合作组织黄皮书
上海合作组织发展报告（2017）
著(编)者：李进峰　吴宏伟　李少捷
2017年6月出版 / 估价：89.00元
PSN Y-2009-130-1/1

世界创新竞争力黄皮书
世界创新竞争力发展报告（2017）
著(编)者：李闽榕　李建平　赵新力
2017年4月出版 / 估价：148.00元
PSN Y-2013-318-1/1

泰国蓝皮书
泰国研究报告（2017）
著(编)者：庄国土　张禹东
2017年8月出版 / 估价：118.00元
PSN B-2016-557-1/1

土耳其蓝皮书
土耳其发展报告（2017）
著(编)者：郭长刚　刘义　2017年9月出版 / 估价：89.00元
PSN B-2014-412-1/1

亚太蓝皮书
亚太地区发展报告（2017）
著(编)者：李向阳　2017年4月出版 / 估价：89.00元
PSN B-2001-015-1/1

印度蓝皮书
印度国情报告（2017）
著(编)者：吕昭义　2017年12月出版 / 估价：89.00元
PSN B-2012-241-1/1

皮书系列重点推荐 — 国际问题类

印度洋地区蓝皮书
印度洋地区发展报告（2017）
著(编)者：汪戎　2017年6月出版 / 估价：89.00元
PSN B-2013-334-1/1

英国蓝皮书
英国发展报告（2016~2017）
著(编)者：王展鹏　2017年11月出版 / 估价：89.00元
PSN B-2015-486-1/1

越南蓝皮书
越南国情报告（2017）
著(编)者：谢林城
2017年12月出版 / 估价：89.00元
PSN B-2006-056-1/1

以色列蓝皮书
以色列发展报告（2017）
著(编)者：张倩红　2017年8月出版 / 估价：89.00元
PSN B-2015-483-1/1

伊朗蓝皮书
伊朗发展报告（2017）
著(编)者：冀开远　2017年10月出版 / 估价：89.00元
PSN B-2016-575-1/1

中东黄皮书
中东发展报告 No.19（2016~2017）
著(编)者：杨光　2017年10月出版 / 估价：89.00元
PSN Y-1998-004-1/1

中亚黄皮书
中亚国家发展报告（2017）
著(编)者：孙力　吴宏伟　2017年7月出版 / 估价：98.00元
PSN Y-2012-238-1/1

　　皮书序列号是社会科学文献出版社专门为识别皮书、管理皮书而设计的编号。皮书序列号是出版皮书的许可证号，是区别皮书与其他图书的重要标志。

　　它由一个前缀和四部分构成。这四部分之间用连字符"-"连接。前缀和这四部分之间空半个汉字（见示例）。

《国际人才蓝皮书：中国留学发展报告》序列号示例

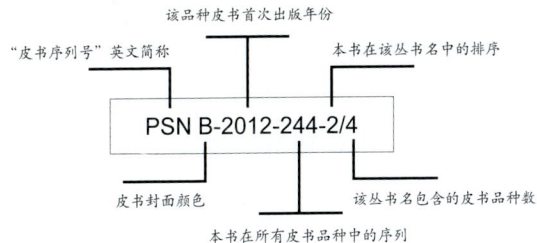

　　从示例中可以看出，《国际人才蓝皮书：中国留学发展报告》的首次出版年份是2012年，是社科文献出版社出版的第244个皮书品种，是"国际人才蓝皮书"系列的第2个品种（共4个品种）。

社会科学文献出版社　　皮书系列

✣ 皮书起源 ✣

"皮书"起源于十七、十八世纪的英国,主要指官方或社会组织正式发表的重要文件或报告,多以"白皮书"命名。在中国,"皮书"这一概念被社会广泛接受,并被成功运作、发展成为一种全新的出版形态,则源于中国社会科学院社会科学文献出版社。

✣ 皮书定义 ✣

皮书是对中国与世界发展状况和热点问题进行年度监测,以专业的角度、专家的视野和实证研究方法,针对某一领域或区域现状与发展态势展开分析和预测,具备原创性、实证性、专业性、连续性、前沿性、时效性等特点的公开出版物,由一系列权威研究报告组成。

✣ 皮书作者 ✣

皮书系列的作者以中国社会科学院、著名高校、地方社会科学院的研究人员为主,多为国内一流研究机构的权威专家学者,他们的看法和观点代表了学界对中国与世界的现实和未来最高水平的解读与分析。

✣ 皮书荣誉 ✣

皮书系列已成为社会科学文献出版社的著名图书品牌和中国社会科学院的知名学术品牌。2016年,皮书系列正式列入"十三五"国家重点出版规划项目;2012~2016年,重点皮书列入中国社会科学院承担的国家哲学社会科学创新工程项目;2017年,55种院外皮书使用"中国社会科学院创新工程学术出版项目"标识。

中国皮书网
www.pishu.cn

发布皮书研创资讯，传播皮书精彩内容
引领皮书出版潮流，打造皮书服务平台

栏目设置

关于皮书：何谓皮书、皮书分类、皮书大事记、皮书荣誉、
皮书出版第一人、皮书编辑部
最新资讯：通知公告、新闻动态、媒体聚焦、网站专题、视频直播、下载专区
皮书研创：皮书规范、皮书选题、皮书出版、皮书研究、研创团队
皮书评奖评价：指标体系、皮书评价、皮书评奖
互动专区：皮书说、皮书智库、皮书微博、数据库微博

所获荣誉

2008年、2011年，中国皮书网均在全国新闻出版业网站荣誉评选中获得"最具商业价值网站"称号；

2012年，获得"出版业网站百强"称号。

网库合一

2014年，中国皮书网与皮书数据库端口合一，实现资源共享。更多详情请登录www.pishu.cn。

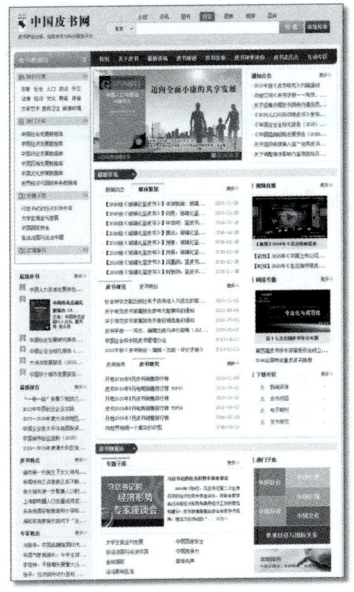

权威报告·热点资讯·特色资源

皮书数据库
ANNUAL REPORT(YEARBOOK) DATABASE

当代中国与世界发展高端智库平台

所获荣誉

- 2016年,入选"国家'十三五'电子出版物出版规划骨干工程"
- 2015年,荣获"搜索中国正能量 点赞2015""创新中国科技创新奖"
- 2013年,荣获"中国出版政府奖·网络出版物奖"提名奖
- 连续多年荣获中国数字出版博览会"数字出版·优秀品牌"奖

成为会员

通过网址www.pishu.com.cn或使用手机扫描二维码进入皮书数据库网站,进行手机号码验证或邮箱验证即可成为皮书数据库会员(建议通过手机号码快速验证注册)。

会员福利

- 使用手机号码首次注册会员可直接获得100元体验金,不需充值即可购买和查看数据库内容(仅限使用手机号码快速注册)。
- 已注册用户购书后可免费获赠100元皮书数据库充值卡。刮开充值卡涂层获取充值密码,登录并进入"会员中心"—"在线充值"—"充值卡充值",充值成功后即可购买和查看数据库内容。

数据库服务热线:400-008-6695　　　　图书销售热线:010-59367070/7028
数据库服务QQ:2475522410　　　　　　图书服务QQ:1265056568
数据库服务邮箱:database@ssap.cn　　　图书服务邮箱:duzhe@ssap.cn

1997~2017
皮书品牌20年
YEAR BOOKS

更多信息请登录

皮书数据库
http://www.pishu.com.cn

中国皮书网
http://www.pishu.cn

皮书微博
http://weibo.com/pishu

皮书博客
http://blog.sina.com.cn/pishu

皮书微信"皮书说"

请到当当、亚马逊、京东或各地书店购买，也可办理邮购

咨询 / 邮购电话：010-59367028　59367070
邮　　　箱：duzhe@ssap.cn
邮购地址：北京市西城区北三环中路甲29号院3号楼
　　　　　华龙大厦13层读者服务中心
邮　　编：100029
银行户名：社会科学文献出版社
开户银行：中国工商银行北京北太平庄支行
账　　号：0200010019200365434